現代社会政策の
フロンティア
10

知識経済をジェンダー化する

労働組織・規制・福祉国家

S.ウォルビー／H.ゴットフリート／K.ゴットシャル／大沢真理 編著
大沢真理 編訳

ミネルヴァ書房

GENDERING THE KNOWLEDGE ECONOMY
Edited by
Sylvia Walby, Heidi Gottfried, Karin Gottschall & Mari Osawa.
Individual Chapters©2007 Their Respective Authors.
All rights reserved.
Japanese Translation rights arranged with
Palgrave Macmillan Ltd. in U.K.
through The Asano Agency, Inc. in Tokyo.

社会政策にかかわる研究の飛躍的な発展のために
―― 現代社会政策のフロンティアの発刊に際して ――

現代は、社会政策システムの転換期にある。

第二次世界大戦後における日本の社会政策システムには、その主要な前提の一つとして、男性労働者とその家族の生活が企業にふかく依存する、という関係があった。この依存関係は、いわゆる高度経済成長期と、それにつづく安定成長期のどちらにおいても、きわめて強固であった。その依存は、労働者の企業への献身と表裏であり、日本の経済的パフォーマンスの高さの主要な源泉ともみなされていた。

しかし、バブル経済が崩壊し、1990年代に経済が停滞するなかで、この依存関係は大きく揺らぐこととなった。そして、この揺らぎとともに、社会のさまざまな問題が顕在化するようになった。それまでの社会政策システムが行き詰まったこと、これが明白になったのである。

とはいえ、現在までのところ、これに代わる新しい社会政策システムが形成されたわけではない。それどころか、どのような社会政策システムが望ましいのかについて、社会的な合意が形成されたとはいえず、むしろ、諸見解の間に鋭い対立がみられる。そして、これに類似する社会状況は、現代日本のみならず、他の国にも存在する。総じていえば、20世紀後半に先進諸国の社会政策が機能する前提であった諸条件が失われたのであり、まさに現代は社会政策システムの転換期である。

このような社会状況のもとで、ひろい意味の社会政策システムにかかわる研究を飛躍的に発展させる必要性を、私たちはつよく感じている。研究を発展させ、それによって豊富な知的資源を蓄積し、新しい社会政策システムをより望ましいものとするために役立てたいと考えている。

社会政策システムにかかわる研究とは何かについて、私たちはひろい意味に理解している。政府による社会保障制度や税制、教育、福祉、医療、住宅などの社会サービス施策、雇用と労働にかかわる諸施策等々の研究は、もとよりこれに含まれる。また、これら分野の少なからずは、政府による諸施策のみでは十分な成果を期待できず、NPO／NGO、労働組合／協同組合、社会的企業などの機能も等しく重要である。したがって、それらに関連する事項の研究も含まれよう。そして、諸政策が取り上げるべき問題やその担い手に関する研究も不可欠であり、大いに期待される。

これらについての新しい研究成果は蓄積されつつあり、より広範な読者を得る機会を待っている。私たちは、さまざまな研究成果に目を配り、より広範な読者との出会いを促したいと考える。

2010年12月

現代社会政策のフロンティア

監修者　岩田正美　遠藤公嗣　大沢真理　武川正吾　野村正實

はしがき

GLOW：グローバル化，ジェンダー，労働の変容

　グローバル化，ジェンダー，労働の変容にかんする国際的なネットワークであるGLOWは，アメリカ，イギリス，ドイツ，日本の研究者からなり，ジェンダー，知識経済，新しい雇用形態に関連するトピックについて，グローバルな文脈で連携している。

　このネットワークは1998年から会合しており，現在では年に2回ほどのイベントを通常はネットワークメンバーの国で開催している。私たちがこの研究について市民や研究者に発表したのは，アメリカ社会学会の2001年アナハイム大会，東京大学での2002年と2004年のシンポジウム，社会経済学推進協会（SASE）の2003年プロバンス大学における大会，ブレーメン大学での2003年のシンポジウム，リーズ大学での2004年のシンポジウムである。私たちは，1998年と2000年にドルトムント社会研究センター，2002年と2004年に東京大学，2003年と2005年にリーズ大学で，ワークショップを行い，また公開発表の際にも会合を開催してきた。ネットワークの会合は，多数の助成金により支えられた。すなわち，コロンビア大学の欧州研究協議会，アメリカ社会学会および国立科学基金，デルメンホルストのハンザ先端研究所およびブレーメン大学，日本学術振興会，日本の国際交流基金のグローバル・パートナーシップ・センター，東京大学，大和日英基金，イギリス経済社会研究協議会，そしてリーズ大学である。

　本書の各章は，GLOWネットワークの現在の研究の枢要な側面を代表しており，スーザン・ダービン，カリン・ゴットシャル，ウルスラ・ホルトグレーヴェ，ダニエラ・クロース，イルゼ・レンツ，西川真規子，大沢真理，ダイアン・ペロンズ，グレンダ・S・ロバーツ，カレン・シャイア，田中かず子，シルヴィア・ウォルビーが寄稿している。私たちはまた，議論をしてくれた仲間たちに感謝する。その議論は，さまざまな段階で，GLOWネットワークにおける私たちのア

イディアを発展させてくれた。その仲間とは，ジョアン・アッカー，合場敬子，モニカ・ゴルドマン，ジュディス・ローバー，ロニー・スタインバーグ，ジェニー・トムリンソン，アン・ビッツなどである。そして，原稿の作成を助けてくれたシルケ・バーケンストック＝ニーカンプとタチアナ・ベズロードナイアに感謝したい。

シルヴィア・ウォルビー
ハイディ・ゴットフリート
カリン・ゴットシャル
大沢真理

日本語版への序文

　本書はアメリカ，イギリス，ドイツ，日本の4か国を対象に，知識経済の状況と展開を，非標準的な雇用形態および労働市場の規制に焦点を当てて，ジェンダーの視点から比較検討している。書名の「ジェンダー化する（gendering）」の意味を，さしあたり規定すると，それは分析にジェンダーの視点を組み込むことである。また各章を通じて，労働市場規制などが「ジェンダー化されている（gendered）」という表現がもちいられており，この場合のジェンダー化は，性別によって偏った意図や効果をもつことなどを指す。

　知識経済化は経済発展の先端の現象であるが，さかのぼって工業化や都市化，サービス化といった経済発展一般にかんして，それまでの研究は，家庭内の（主として女性が担う）無償労働を無視するなど，ジェンダーについて「戦略的沈黙」（バッカー）というべき状況にあった。そうした状況にたいして異議を申し立て，理論的にも実証的にも新たな研究領域を切り開く出版であることを強調するべく，本書の題名は選ばれている。

　初版は2007年に出版され，2009年にペーパーバックが刊行された。この日本語訳では，日本にかんする章のうち第3章（大沢）が，最新のデータにもとづく書きおろし論文に差し替えられている。また新たに終章（大沢）を設け，初版刊行以来の8年間の経済社会の変動，およびそれらを捉える研究の変化を概観し，ジェンダー研究に求められる課題を展望している。それ以外は初版の翻訳である（節・項見出しを加筆）。初版刊行から8年が経過したにもかかわらず，本書の問題設定と分析は時宜を逸していない。それだけでなく，この「日本語版への序文」でふれ，終章でも述べるように，最近の注目すべき事象をもあらかじめ射程にいれており，現時点で日本語版を刊行する意義は大きいと考える。

　さて本書の第1章（ウォルビー）では，知識経済の展開状況をジェンダーの視点から比較検討するうえで，資本主義の多様性というアプローチとジェンダー・

レジームの多様性というアプローチという，2つのアプローチの差異が，概念化されている。資本主義の多様性の分析としては，生産システムを焦点とするもの（ホールとソスキスら）と福祉国家を焦点とするもの（エスピン=アンデルセンら）が検討される。ジェンダー関係のパターンの多様性の分析では，「男性稼ぎ主」モデル，比較ジェンダー政治，ジェンダー・レジームという3つのテーマが取り上げられる。知識経済の展開は種々の非標準的な雇用形態の増大をともなっており，その実態とともに関連する労働市場の規制は，資本主義の多様性とジェンダー・レジームの多様性とが交差する領域として重視される。

　ジェンダー・レジームは，ウォルビーによってやや複雑に概念化されており，その際に「男性稼ぎ主」モデルの限界が指摘されている。しかし，要約表（表1‒4）のうえでは，公共的な「形態」か否かという区別になっており，「男性稼ぎ主」型の強弱と反対の結果になるなど，「男性稼ぎ主」モデルが棄却されるわけではない。なおジェンダー・レジームの形態は，ジェンダー不平等の度合いとは理論的に切り離されている。「公共的」形態とは，「家内的」形態と対になる語であり，女性が，フォーマルな有償労働や高等教育や政治に参加し，出産育児も法律婚の内側には限定されていないこと，などを指す（表1‒3）。公共的と家内的は2分法ではなく，連続体のうえでのグラデーションとして捉えられている。また，公共的な形態に移行する経路には，市場主導型と国家主導型とがあると区別されている。日本のジェンダー・レジームは，4か国のなかで「男性稼ぎ主」型が最も強固であり，最も公共的でないと整理される。

　雇用規制については，社会階級の次元で見ると，4か国のなかでドイツが最も規制が強く，つぎに日本，イギリス，アメリカ，となる（表1‒5）。日本の位置は，表1‒5が示すよりも，イギリスに近かったと思われるが（第**1**章の訳注［2］［3］を参照），順位が入れ替わるほどではない。有期雇用・自営業・パートタイム雇用のような非標準的な雇用形態は，アメリカとイギリスでは少なく，日本とドイツで多い。規制が弱い自由主義的市場経済では雇用の非正規化もいちじるしいと，想定されてきたとすれば，本書の分析はそこに再考を迫るものである。なお本書の原書の出版後，経済協力開発機構（OECD）などの分析や政策提言では，雇用保護法制が強固な諸国では雇用がより非標準化している，という点が，共通

認識になっている。ただし，ジェンダー分析はあいかわらず弱い。また，日本の年次経済財政報告2009年度版によれば，日本は雇用保護指標があまり高くないわりには非正規比率が高い（第3章）。

　他方で，雇用の性差別の禁止やワーク・ライフ・バランスなどジェンダー平等にかんする規制の次元では，EUに属するイギリス，ついでドイツにおいて規制が強く，つぎがアメリカであり，日本が最も低い（表1-5）。繰り返しになるが，本書による4か国のジェンダー・レジームの特徴づけは，ジェンダー不平等の度合いとは理論的に切り離されている。それにしても，階級次元の規制において，日本は英米よりは強く，しかも規制の度合いから予想されるよりも雇用の非標準化がいちじるしく，他方でジェンダー次元の規制では最も低い。そうしたパターンからは，4か国のなかでも日本女性において，知識経済の「敗者」である度合いが強いことが浮かび上がらざるをえない。日本女性が「敗者」とはおこがましい決めつけと受け取るむきもあろう。しかし，終章で述べるように，日本においてジェンダー平等が遅々として進まないことは，日本の内輪の問題ではなく，グローバル経済の安定と社会の持続可能性を脅かすグローバル課題なのである。

　ところで私はかつて，研究のジェンダー化を「ジェンダーを組み込む」と説明するのは，じつは不正確であると述べたことがある（大沢 2006）。以下では，その別稿の結語を引用して，この日本語版への序文でも結びとさせていただきたい。

　ジェンダーはすでにこの世界のあり方のなかに深く埋めこまれている。学問の体系，制度・政策の設計や運用，企業や労働組合などの組織，家族のあり方，個人個人の意識や行為……どこのなにをとってもジェンダーにかかわらないものを見つけるほうがむずかしい。たとえていえば，地球上にいるかぎり重力の影響から逃れられないように。

　ジェンダーは組み込まれたうえで不可視になっている。重力があまりにもあまねく作用しているためになかなか「発見」できなかったように，ジェンダーも，ジェンダー・バイアスそのものに立脚する従来の学問，知の体系では，問題化できなかった。ジェンダー化の意味は，より正確には，すでに深く埋めこまれているジェンダーを問題化すること，というべきだろう。人間が無重力の宇宙に飛びたつ道程を開いたのは，リンゴが落ちることにこだわった1人の天才ニュートン

だったとすれば，ジェンダーに縛られない社会をこの地上に創造するという壮大な事業には，女性の貧困や女性への暴力，職場の男女格差などを，あたりまえともささいなこととも受けいれない草の根の女たちが，同時多発的に踏みだした。学問を職業とする者は，それぞれの専門分野でアカデミズムをジェンダー化することを通じてこそ，この隊列に遅れないことができる。

2016年7月　　　　　　　　　　　　　　　　　　　　　大沢真理

知識経済をジェンダー化する
——労働組織・規制・福祉国家——

目　次

はしがき

日本語版への序文

第Ⅰ部　知識経済，ジェンダーおよび規制の概念を再構築する

第1章　知識経済のジェンダー化の理論を
構築する………………………………シルヴィア・ウォルビー…*3*
──比較のアプローチ──

1　本章の目的………………………………………………………… *3*

2　主要概念を規定する……………………………………………… *6*

3　資本主義の多様性とジェンダー・レジームの多様性………… *14*

4　雇用慣行のジェンダー化，脱ジェンダー化，再ジェンダー化………… *29*

5　本書の構成………………………………………………………… *45*

6　知識経済の多様性──ジェンダーの次元と階級の次元………… *50*

第2章　ジェンダーと知識経済の概念化を
比較する…………………………………カレン・シャイア…*59*

1　本章の課題と構成………………………………………………… *59*

2　ジェンダー・レジームの収斂と分岐…………………………… *60*

3　ニュー・エコノミーとジェンダー化された雇用……………… *65*

4　ニュー・エコノミーを測る──経済活動の新たな分類……… *68*

5　ジェンダーと知識経済部門……………………………………… *75*

6　新たな雇用形態のジェンダー化………………………………… *82*

7　ニュー・エコノミーのジェンダー化──比較の視点から……… *84*

x

第Ⅱ部　規制を比較する

第3章　日本の生活保障システムは逆機能している ……… 大沢真理…*91*
──2000年代の比較ガバナンス──

1　本章の課題……………………………………………………………… *91*

2　雇用パフォーマンス…………………………………………………… *93*

3　政府による再分配の特質……………………………………………… *96*

4　生活保障のガバナンスを比較する………………………………… *104*

5　逆機能する日本のシステム………………………………………… *110*

第4章　多様なジェンダー・レジームと職場における
　　　　ジェンダー平等規制…………………………… イルゼ・レンツ…*115*
──グローバルな文脈で──

1　本章の課題と構成…………………………………………………… *115*

2　グローバル化と新たなグローバル・アクター…………………… *117*

3　グローバルな女性運動と国連女性の10年──平等な規制と
　　グローバルなジェンダー民主主義を求めて…………………… *119*

4　EUにおけるジェンダー平等に向けた規制……………………… *123*

5　グルーバル・ガバナンスか，グローバルな多層システムに沿った規制か？…*125*

6　ジェンダー化された福祉レジーム，資本主義の多様性，
　　ジェンダー規制の新しい形態…………………………………… *127*

7　ドイツのコーポラティズムの利点と限界……………………… *136*

8　日本における新しい女性運動──国内のコーポラティズムからの
　　排除およびグローバル指向性…………………………………… *141*

9　自由主義における機会均等と規制──イギリスとアメリカ………… *148*

10　ジェンダー・レジームが多様性を説明──資本主義・福祉国家
　　の類型よりも……………………………………………………… *149*

xi

第5章　似たような成果だが経路は異なる …グレンダ・S・ロバーツ…*155*
　　　　　——ジェンダー化された雇用規制の国際移転——

　　1　本章の対象と課題……………………………………………………*155*
　　2　日本における女性の雇用……………………………………………*156*
　　3　少子化社会，ジェンダー平等，「ファミリー・フレンドリー」な
　　　　職場への政策…………………………………………………………*160*
　　4　調査対象の特徴………………………………………………………*163*
　　5　MNFとナルセのジェンダー平等…………………………………*164*
　　6　仕事と家庭の調和のための政策と企業環境………………………*167*
　　7　日系企業のほうが「子育て」フレンドリー？……………………*175*

第Ⅲ部　新たな雇用形態をジェンダー化する

第6章　自営業の比較………カリン・ゴットシャル／ダニエラ・クロース…*183*
　　　　　——全般的動向とニューメディアの事例——

　　1　本章の課題と構成……………………………………………………*183*
　　2　単独自営業の規模，構成，社会的リスク…………………………*186*
　　3　文化産業におけるリスク管理——グローバル化，脱ジェンダー化は
　　　　生じているのか………………………………………………………*196*
　　4　ジェンダー効果，階級効果とリスク管理戦略……………………*206*

第7章　新しい知識経済における生活と
　　　　　労働のパターン…………………………………ダイアン・ペロンズ…*213*
　　　　　——ニューメディアとケア労働における新たな機会と旧来の社会的分断——

　　1　本章の課題……………………………………………………………*213*
　　2　ニュー・エコノミーを理論化する…………………………………*214*
　　3　イギリスのIT労働者とケア労働者………………………………*219*

目　次

  4　ブライトン・アンド・ホーブのニューメディア労働者とケア労働者…222

  5　共有されていないニュー・エコノミーの利得……………………………234

第**8**章　ケア労働者は知識労働者か？………**西川真規子／田中かず子**…237

  1　本章の課題と構成………………………………………………………237

  2　柔軟化されたジェンダー化労働としての在宅介護労働……………239

  3　日本の在宅介護労働──柔軟化されたジェンダー化労働…………242

  4　知識労働としての在宅介護労働………………………………………246

  5　データ分析………………………………………………………………251

  6　柔軟化が介護知識の共有を阻む………………………………………258

第**9**章　誰が知識労働者になるのか？……………**スーザン・ダービン**…261

　　　　──イギリスのコールセンターの事例──

  1　本章の課題………………………………………………………………261

  2　方法論……………………………………………………………………262

  3　知識基盤経済とは何か？………………………………………………263

  4　知識とは何か？…………………………………………………………264

  5　知識経済とコールセンター……………………………………………268

  6　イギリスの銀行業とコールセンター…………………………………269

  7　コールセンターの柔軟性の再ジェンダー化…………………………271

  8　組織知……………………………………………………………………273

  9　FincoとBankco──ジェンダー化された知識の事例………………276

  10　コールセンターの女性は「敗者」……………………………………282

第**10**章　組織におけるジェンダー化された柔軟性を
　　　　　再構築する…………………………**ウルスラ・ホルトグレーヴェ**…285
　　　　　──ドイツのコールセンターの比較分析──

  1　本章の目的………………………………………………………………285

xiii

2　ジェンダー，再構築，組織……………………………………286

　3　コールセンターの労働の再ジェンダー化と脱ジェンダー化…………295

　4　銀行業のジェンダー化された雇用と再編成………………………306

　5　ドイツとイギリスのコールセンター労働とジェンダーの比較………308

　6　銀行業のジェンダー化とコールセンターの脱ジェンダー化…………311

終　章　ジェンダー平等が持続可能なグローバル・コミュニティ

　　　　をつくる………………………………………………大沢真理…315

　1　2007-15年の世界と日本における変動………………………315

　2　2007-15年の研究動向…………………………………………317

　3　ジェンダー研究の地平の広がり………………………………322

引用文献………………………………………………………………327

人名索引………………………………………………………………373

事項索引………………………………………………………………377

図表一覧

表1-1　事例研究対象国の経済開発と人間開発の規模と水準 ……………………………… 31

表1-2　資本主義の諸形態 ……………………………………………………………………… 31

表1-3　ジェンダー関係の比較 ………………………………………………………………… 31

表1-4　ジェンダー関係のパターン─男性稼ぎ主，ジェンダー・レジーム ……………… 31

表1-5　雇用規制の比較─階級とジェンダー ……………………………………………… 33

表1-6　知識経済部門の雇用に占める女性の比率（％）…………………………………… 35

表1-7　個人特性および職務特性別に見た有期雇用発生率（2000年）…………………… 36

表1-8　雇用者全体に占める有期雇用者の比率 …………………………………………… 37

表1-9　雇用増加への有期雇用と常勤雇用の貢献度（1990-2000年）…………………… 37

表1-10　自営業（1973-2004年）……………………………………………………………… 39

表1-11　自営業に占める女性の比率と女性自営業者の増加率 …………………………… 40

表1-12　雇用全体に占めるパートタイムの比率（1973-2004年）………………………… 41

表1-13　パートタイム雇用に占める女性の比率 …………………………………………… 41

表1-14　女性の雇用に占めるパートタイマーの比率 ……………………………………… 44

表2-1　情報通信技術（ICT）部門を構成する経済活動 ………………………………… 69

表2-2　情報部門を構成する経済活動 ……………………………………………………… 71

表2-3　知識集約型サービス（KIS）部門を構成する経済活動 ………………………… 73

表2-4　イギリス，ドイツ，日本，アメリカの雇用に占めるニュー・エコノミー
　　　　部門の比率（女性／男性）…………………………………………………………… 76

表2-5　イギリス，ドイツ，日本，アメリカのニュー・エコノミー部門の雇用に
　　　　占める女性の比率 …………………………………………………………………… 76

表2-6　イギリス，ドイツ，日本，アメリカのKIS部門の雇用に占める産業別割合
　　　　（括弧内は女性雇用率）……………………………………………………………… 78

表2-7　ICT関連職業のジェンダー構成 …………………………………………………… 80

表2-8　部門別パートタイム雇用の割合，女性のパートタイム雇用率…………………… 83

付表　2014年におけるひとり親の純負担の内訳…………………………………………… 113

xv

表 6 - 1	自営業者の比率（農業部門を除く，%）⋯⋯⋯⋯⋯⋯⋯⋯⋯	*186*
表 6 - 2	自営業の部門構成の傾向（農業を除く）⋯⋯⋯⋯⋯⋯⋯⋯⋯⋯	*188*
表 8 - 1	経験と雇用形態別回答者分布（N=595）⋯⋯⋯⋯⋯⋯⋯⋯⋯⋯	*252*
表 8 - 2	在宅介護の仕事をうまく行うための重要な要因（M.A.）⋯⋯⋯⋯⋯	*253*
表 8 - 3	知識とスキルの発達に効果的な方法（M.A.）⋯⋯⋯⋯⋯⋯⋯⋯	*253*
表 8 - 4	雇用の地位別に見る事業所で過ごす週平均時間⋯⋯⋯⋯⋯⋯⋯⋯	*254*
表 8 - 5	雇用の地位別に見る在宅介護の仕事をうまく行うための重要な要因（M.A.）⋯	*255*
表 8 - 6	雇用の地位別に見る知識とスキル発達のための効果的な方法（M.A.）⋯⋯	*255*
表 8 - 7	雇用の地位別に見る同僚と話しあう機会⋯⋯⋯⋯⋯⋯⋯⋯⋯⋯	*257*
表 8 - 8	仕事の質の判断に使う基準（S.A.）⋯⋯⋯⋯⋯⋯⋯⋯⋯⋯⋯	*257*
表 9 - 1	雇用の地位（アドバイザー，チーム・マネージャー，シニア・マネージャー）⋯	*272*
表 9 - 2	チーム・マネージャーの教育資格⋯⋯⋯⋯⋯⋯⋯⋯⋯⋯⋯⋯	*277*

図 3 - 1	労働時間当たり雇用者報酬の伸び（1995年=100）⋯⋯⋯⋯⋯⋯⋯	*93*
図 3 - 2	非正規雇用者の比率の推移，性別・年齢階級別⋯⋯⋯⋯⋯⋯⋯⋯	*94*
図 3 - 3	OECD雇用保護指標（1990，2000，2004，2013年）⋯⋯⋯⋯⋯⋯	*95*
図 3 - 4	福祉の純支出（2009年），市場価格表示GDPにたいする比率⋯⋯⋯⋯	*99*
図 3 - 5	ひとり親の純負担の推移⋯⋯⋯⋯⋯⋯⋯⋯⋯⋯⋯⋯⋯⋯⋯	*100*
図 3 - 6	子ども 2 人世帯の純負担率の推移⋯⋯⋯⋯⋯⋯⋯⋯⋯⋯⋯⋯	*102*
図 3 - 7	2014年の純負担率，子ども 2 人の世帯（ひとり親，夫婦片稼ぎ）と単身者⋯	*103*
図 3 - 8	全人口の貧困率と貧困削減率（2009年）⋯⋯⋯⋯⋯⋯⋯⋯⋯⋯	*107*
図 3 - 9	子どもがいて有業者がいる世帯の人口の相対的貧困率（%），成人数・	
	有業者数別（2000年代半ば）⋯⋯⋯⋯⋯⋯⋯⋯⋯⋯⋯⋯⋯	*109*
図 4 - 1	女性運動にとっての規制の制度的文脈⋯⋯⋯⋯⋯⋯⋯⋯⋯⋯⋯	*118*
図 4 - 2	市場により調整された資本主義の規制の枠組み⋯⋯⋯⋯⋯⋯⋯⋯	*129*
図 4 - 3	コーポラティスト型資本主義の規制の枠組み⋯⋯⋯⋯⋯⋯⋯⋯⋯	*130*
図 4 - 4	ジェンダー・レジームの規制の枠組み⋯⋯⋯⋯⋯⋯⋯⋯⋯⋯⋯	*132*
図 8 - 1	知識変換の 4 つの様式⋯⋯⋯⋯⋯⋯⋯⋯⋯⋯⋯⋯⋯⋯⋯	*248*

第Ⅰ部

知識経済，ジェンダーおよび規制の概念を再構築する

第1章

知識経済のジェンダー化の理論を構築する
──比較のアプローチ──

シルヴィア・ウォルビー

1 本章の目的

　知識経済は，労働の世界の未来である。知識経済をジェンダー化することは，知識経済にともなう雇用慣行の性質と，知識経済が労働生活の質にもたらす影響を理解するうえで中心的な意味をもつ。知識経済の発展は，分野横断的なグローバルなプロセスと各国の経路の影響を受ける。そうしたプロセスの比較分析を進めるには，階級関係やジェンダー関係がとるであろうさまざまな形態を概念化することがカギとなる。知識経済，ジェンダー，グローバル化はいずれも現代の社会思想における枢要な課題である。本書の執筆者たちは，知識経済，多様な資本主義の比較分析，グローバル化の文脈におけるジェンダー関係の比較分析をめぐって，一般に主張されている説に挑戦し，それらを覆している。本書は，国際ネットワーク「グローバル化，ジェンダー，労働の変容（GLOW）」の共同研究にもとづくものである。

　この第1章では新たな理論的枠組みを提示する。この枠組みには，本書の各章がさまざまに寄与しているが，本章では，グローバル時代における知識経済のジェンダー化の比較分析をめぐる諸理論を批判的に検討し，新たなアプローチを示す。さらに本書の意義を，社会科学の枢要な論議のなかに位置づける。とくに知識経済と非標準的な雇用形態という概念の構築，グローバル化と政治組織・国家のさまざまな再編，雇用にかんする規制と規制緩和，雇用慣行の脱ジェンダー化と再ジェンダー化，多様なジェンダー・レジームと多様な資本主義の理論化，などである。

第Ⅰ部　知識経済，ジェンダーおよび規制の概念を再構築する

　知識経済の定義は盛んに論争されている。本章ではそれぞれの定義が知識経済のジェンダー化にどう影響するのかを検討する。知識経済とは，情報通信技術を基盤とした産業をもつ経済という定義もあれば，情報部門をもつ経済という定義，知識集約型サービス産業をもつ経済という定義もある。そのほか，知識創造の過程に着目した定義もある（Castells 1996；Nonaka and Takeuchi 1995）。「知識」経済の概念のほうが「ニュー」・エコノミーの概念より一般に知られるようになった。この２つの概念には違った意味合いがあり，それらのあいだには緊張関係があることを検討したい。「ニュー」・エコノミーという場合，雇用形態にかんする規制の変遷や，とくに競争の激しいグローバル経済の圧力にともなう再編に，焦点が当てられることが多い。本書では新たな雇用形態の「時間性（temporalities）」（期間が一時的な〔有期〕仕事，パートタイム雇用など），「契約性（contractualities）」（自営業など），「空間性（spatialities）」（コールセンターなど）と，それらのジェンダー化を考察する。

　知識経済はまったく違った２つのプロセスに関係している。第一に，知識経済が発展すると，高スキルで自律性が大きい仕事が提供され，ハイエラーキーが平坦になり，労働時間が柔軟になり，労働生活の質が高くなる。第二に，新たな情報通信技術（ICT）を基盤としたニュー・エコノミーが発展すると，グローバル化が促進されると見られ，そのグローバル化は資本と労働の力関係をさらに資本側へ傾け，そのために労働生活の質が低下する。雇用がいっそう不安定になる場合はとくにそうなる。この２つのプロセスの相対的バランスについては，次章以下で具体的に論じられる。

　こうした知識経済の発展は国を問わず共通するものなのか，それともそれぞれ違った経路依存的な発展パターンがあるのか。本書の執筆者たちはジェンダー関係のパターンの多様性と資本主義の形態の多様性を概念化する方法を探り，概念化を試みる。本書の各章で，こうした複数の社会関係がどう交差しているかを考察する。「資本主義の多様性」にかんする研究は，自由主義的市場経済と調整された市場経済の区別をはじめ，異なる形態の資本主義を区別してきた（Hall and Soskice 2001）。とはいえ，こうした議論は階級関係に焦点を当て，ジェンダーなど他の社会的区分を軽視しがちである。本書では，ジェンダー関係のあり方の多

4

様性をどのような方法で概念化し分析すべきかが，理論的・実証的に検討される。ジェンダー・レジームの多様性を分析する枠組みを示すが，ここでいう多様性には，福祉国家のジェンダー研究で指摘されている分岐（divergence）だけでなく（Orloff 1993；O'Connor et al. 1999；Sainsbury 1994, 1996），雇用関係の規制の差異も含まれる。

　グローバルなプロセスはこうした発展経路を横断する。多くの場合，グローバル化は階級間の不平等というレンズを通して見られ，経済競争の圧力が強まって規制が緩和され，労働の質が低下すると理解されてきた。私たちは視野を広げて，政治過程と経済過程，ジェンダー不平等と階級間格差も取り上げる。欧州連合（EU）など，グローバルな舞台に登場した新たな統治体は，これまでとは違った影響を雇用の規制に与えている。ジェンダーの視点で見ると，職場の規制が増えていることが見えてくる。たとえば，仕事と家庭の両立（ワーク・ライフ・バランス）に向けた労働時間規制や，機会均等を確保する規制がある。規制にも規制緩和にも複雑なパターンがあり，それが階級関係やジェンダー関係にさまざまな影響を与えている。新たな雇用形態の規制パターンの変化が，ジェンダー関係にどう影響しているかについても，各章で検討される。

　本書ではアメリカ，イギリス，ドイツ，日本の 4 か国について比較を行う。これら 4 か国は，資本主義的生産，福祉国家レジーム，ジェンダー・レジームの主要な形態にまたがっている。アメリカとイギリスは制度的要素が弱い自由主義的市場経済であるが，ドイツは制度的要素が強いコーポラティストの市場経済であり，日本もコーポラティストとみなされることが多いものの，じつは両者のハイブリッド型の経済といえる。ジェンダー・レジームが最も公共的な形態であるのはアメリカ，ついでイギリス，ドイツ，日本の順である。ジェンダー化された労働市場の規制については，ドイツとイギリスはEUの規制に従うので，アメリカや日本に比べて，ジェンダー平等や仕事と家庭の両立を支援するような規制が進んでいる。

　本章では知識経済のジェンダー化，ジェンダー化された比較の理論的枠組みの構築，ジェンダー平等への影響度の考察，さらには 4 か国における非標準的な労働の増大にかんする比較分析において重要な概念的問題を明らかにする。

第Ⅰ部　知識経済，ジェンダーおよび規制の概念を再構築する

2　主要概念を規定する

（1）知識経済を定義する？

　「知識」とは何か。知識経済の定義はいくつもあって盛んに議論されており，定義によって知識経済のジェンダー化に及ぼす影響が異なる。あるアプローチは，「知識」を最も所有する産業部門を区別して取り上げる。別のアプローチは経済全体を捉え，知識経済の発展は経済全体のさまざまな部門にどのような変化をもたらすのかと問いかける。また，知識創造のプロセスに焦点を当てるアプローチもある。

　第一のアプローチでは，知識経済は経済の特定の産業部門として定義される。このアプローチはEU，経済協力開発機構（OECD），国際連合の統計担当者が知識経済の分類に用いており（European Commission 2001a；Eurostat 2005；OECD 2002a, 2002b, 2005a, 2005b, 2005c；UN Statistics Division 2005a, 2005b），本書の第**2**章でさらにくわしく取り上げられる。このアプローチのなかにも差異があり，知識というものをどう捉えるのか，とりわけ，知識は高度技術にどの程度組み込まれているのか，また知識は高等教育を受けた労働者にどの程度取り込まれているのかについて，見解が異なってくる。知識経済を経済の知識部門と定義すれば，新しい情報通信技術（ICT）と関係する産業部門に限定されるが，ここでいうICTにはバイオテクノロジーなどの高度な新技術も含まれる。EUの定義ではハイテク製造業と同一視され，関連機器の製造のほか，通信事業，ソフトウェア製作，出版，データ処理などへのICTの利用も含まれる。

　別の定義では，知識産業の焦点が情報の概念に移り，情報をさまざまな形で処理する産業が含まれる。ICTよりも狭く定義された情報部門は，出版やメディアなどのコンテンツ産業や，通信，ソフトウェア製作，データ処理などのICTサービス業に重点を置き，従来のように製造業とサービス業を区別しない点で斬新である。三つ目の定義では知識集約型サービス部門を指し，通信や調査などのハイテク・サービスだけでなく，不動産などの知識集約型市場サービス，保険などの知識集約型金融サービス，広範囲にわたる教育・保健・レクリエーション部門を

含む。この3番目の定義はサービス部門に限定されるものの，雇用に占める比率は他の2つの定義より大きい。第一，第二の定義は革新的な技術開発に焦点を当て，第三の定義は教育による人材育成に焦点を当てている。あるカテゴリーの経済活動を含めたり，あるいは除外したりするため，いずれの定義にも長所と短所がある。知識経済部門の定義や分類基準がそれぞれジェンダーにどう影響するかについては，本章で後述するほか，シャイアにより第2章でも詳述される。

　第二のアプローチは経済を全体として捉え，変化があらゆる形態の雇用にどう影響するかを考察する。というのは，ペロンズが述べるように（Perrons 2003；本書第7章），機能している経済においては，あらゆる変化が相互に関連しているからである。上記の知識経済の定義は，経済のなかの新たに生成した特定部門を対象としている。そのように定義すると，対象が限定されるために，知識経済は質の高い労働を生み出すという見解が暗に支持される。とはいえ，知識経済の発展は他の経済部門（「非知識」部門）にさまざまな点で影響する可能性がある。ICTは金融資本の移動を促進し，グローバルな競争圧力を高め，力の重心を労働者（とくに女性とマイノリティ）から資本に傾かせ，質の低い雇用形態を新たに生み出す。その結果，非知識部門も影響を受けかねない。したがって，ニュー・エコノミーはハイテク部門や知識集約型部門以外の雇用の質に，そうした部門とはまったく違った影響を与えるかもしれない。ペロンズは本書で，経済の新旧部門におけるジェンダー化された雇用形態の相関関係と，新たな雇用形態における「従来の」不平等の再生産について考察している（第7章）。

　知識の定義への第三のアプローチが焦点を当てるのは，知識創造のプロセスと，暗黙知（tacit knowledge）を形式知（explicit knowledge）に変え，直接交換し合えるものにすることの重要性である（Nonaka and Nishiguchi 2001；Nonaka and Takeuchi 1995）。このアプローチでは，相対的にスキルが低いと思われがちな労働も含めて，すべての労働に何らかの暗黙知が含まれるとされるが，それが形式知になるかどうかは，それぞれの状況によるという。本書では，ジェンダー化された労働慣行がいかに知識の創造を制限しているかが論じられる。本書で西川・田中（第8章）が知識労働の潜在的形態であるケア労働を分析したところ，ジェンダー化された柔軟な労働慣行は暗黙知と形式知の交換による知識創造のプロセ

第Ⅰ部　知識経済，ジェンダーおよび規制の概念を再構築する

スを制限するという。またダービン（第**9**章）は，女性労働者による知識創造が
コールセンターのジェンダー化された組織的慣行によっていかに制限されている
かを分析している。

（2）非標準的な雇用形態──「新たな」時間性・空間性・契約性

　労働生活の質に影響する新たな非標準的な雇用形態が，知識経済の発展にとも
なって増大している。従来とは違った労働の時間性，契約性，空間性をもつさま
ざまな雇用形態が新たに生まれている。1事業主のために，その事業主の職場で，
事業主と直接雇用契約を結んで朝9時から夕方5時まで，月曜から金曜まで働く
という，表向き「標準的な」労働形態は，新たな雇用形態の出現にともなって変
容している。

　時間性の非標準的形態には，パートタイム労働や特別かつ柔軟な労働時間制が
含まれ，後者の例としてはフレックスタイム，年間労働時間制，有期雇用，ジョ
ブ・シェアリング，2週間9日制，週4.5日制，ゼロ時間契約などがある。非標
準的な契約には自営業が含まれる。有期契約には労働時間と契約が標準的でない
ものを含む。非標準的な空間とはコールセンターでの労働，テレワーキング，在
宅労働に見られるように労働の構成と場所を変容させている。コールセンターは
情報通信技術を用いて新たな労働空間をつくり出し，遠方の顧客からの電話に応
対する労働者を配置する。コールセンターは新たな時間性や契約性と関連する場
合が多い。

　こうした新たな時間性や契約性，空間性は知識経済にかんするさまざまな主張
と関係する。いっぽうでは知識経済の出現により，とくに労働者の自律性と柔軟
性という面で労働条件が改善されたと理解されてきた。他方では，グローバル化
と規制緩和が相まって労働生活の質が悪化し，生活が不安定になり，雇用が保障
されなくなったとみなされてきた。

　標準的でない労働の範囲や性格は，国やスキル水準，階級，民族，ジェンダー
によってかなり異なる。こうした新たな非標準的雇用形態は，多様な資本主義的
生産のあいだの区分にかんする主張に含まれている。調整された資本主義は経済
と労働生活にたいする規制と結びつけられ，自由主義的資本主義には規制が少な

い。たとえばホールとソスキスによれば，ドイツなどの調整された市場経済では長期労働契約が必要であり，実際にそのような契約が交わされている（Hall and Soskice 2001）。非標準的雇用形態はジェンダー関係をめぐる主張ともかかわっており，ジェンダー不平等にともなう不利な状況の実例とみなされている。ジェンダー不平等の改善とさまざまな形態のジェンダー・レジームの創出に，いくつもの要素が関係していると考えられてきた。公的なケアサービスの提供や国家によるジェンダー化された労働市場規制もそうした要素の1つである。これらの違いを説明するには，多様な資本主義とジェンダー・レジームの多様性との交差を，これまでとは違った形で概念化する必要がある。

　本書の各章はさまざまな形態の非標準的労働の性格と影響を分析している。ダービンは，イギリスのコールセンターではあまりにも多くの労働時間の取り決めがあることを明らかにしている。ダービンが調査したコールセンターの「労働パラメータ」，つまり労働時間を見ると，1日24時間週7日稼動させるために100以上のパターンがあり，そこではフルタイムとパートタイムのあいだ，標準的な労働時間とシフトとのあいだという単純な区別はない。ホルトグレーヴェ（第**10**章）によれば，ドイツのコールセンターにおいて柔軟な労働時間がいろいろと採用され，ジェンダー関係のパターンの変化に影響した。ホルトグレーヴェはコールセンターにおける各種のフレックス制を取り上げ，労働形態の脱ジェンダー化や再ジェンダー化との関係がそれぞれ異なり，コールセンターによってジェンダー構成やスキル水準，労働の時間性が異なることを明らかにしている。ゴットシャルとクロースの分析（第**6**章）によれば，ジェンダー化された自営業は労働生活の質やリスク管理にさまざまな影響を与えている。新しい情報通信技術によって生まれる新たな労働空間については，ホルトグレーヴェとダービンがコールセンターを事例として分析している。そうした労働空間は労働生活の質の向上や低下と関係があるのか，ジェンダー化されているのか，その場合どのようにジェンダー化されているのかといった問題が論じられている。本章の後半では，アメリカ，イギリス，ドイツ，日本においてこうした状況がジェンダー化している状況を比較するデータを示す。本書のいくつかの章は，ジェンダー化された非標準的労働が増大する経路を比較し，ジェンダー化された非標準的労働が労働生

第Ⅰ部　知識経済，ジェンダーおよび規制の概念を再構築する

活の質に与える影響を考察している。ゴットシャルとクロースはドイツとイギリスにおける自営業の新たな契約関係について，ペロンズはイギリスのニューメディア産業における新たな契約性と時間性の影響について，ダービンはイギリスにおけるコールセンター労働の新たな空間性について，ホルトグレーヴェはドイツのコールセンター労働の新たな空間性について，それぞれ論じている。

　これらの章に共通する中心的な課題は，つぎの諸点である。すなわち，労働の空間性，時間性，契約性の変化は知識経済にともなうものなのか，あるいはグローバル化にともなう資本主義の変化が資本と労働のバランスを崩し，その結果として社会関係が変化したことと関係があるのか。それとも，福祉の提供ないし労働市場規制とかかわるジェンダー・レジームが，家内的なものから公共的なものに変容したことと関係があるのか。そして，もしそれらの関係があるなら，それはどの程度のものなのか，ということである。

（3）知識経済が労働生活の質に与える影響

　知識経済の発展は，相反する社会プロセスと関連づけられてきた。第一に，知識経済の発展はスキル，自律性，質の高い雇用を生み出し，これらはより平坦なハイエラーキーやネットワークを通じて調整されるといわれている。知識が初めて生産性と競争力の主たる源泉になっているのだ。工業経済から知識経済への移行は，雇用の中身にも組織形態にも影響する。労働が本来必要とするのは協力とコミュニケーションであって，単純なハイエラーキーによる調整ではないからだ。知識経済になれば，労働時間の利用を柔軟化でき，労働を行う場所にたいするある種の空間的制約が取り除かれ，これまでとは違ったキャリア形成が奨励され，労働力の供給者が尊重される（Castells 1996；Drucker 1993b；Handy 1994；Lam 2002；Nonaka and Takeuchi 1995；Nonaka and Nishiguchi 2001；Quinn 1992；Reich 1991；Rodrigues 2003）。人間を基礎とした知識が重視されるが，教育と人的資本に重点を置く見解もあれば（Reich 1991），労働者や管理職の暗黙知と形式知の動的な相互作用による企業内での知識創造に重点を置く見解もある（Nonaka and Takeuchi 1995；Nonaka and Nishiguchi 2001）。

　欧州理事会が2000年に採択したリスボン戦略にあるように，知識経済は質の高

い雇用をもっと多く創出できるという見解がEUの経済政策の根底にある。リスボン戦略は，EUが「よりよい雇用をより多く創出し，社会的結束を強化したうえで，持続的な経済成長を達成しうる，世界で最も競争力がありダイナミックな知識経済」に移行することを目標としている（European Commission 2000b；Rodrigues 2003）。

第二のアプローチによれば，最新ICTの利用でグローバルな相互接続が増えた結果，ICTを基盤とするニュー・エコノミーは規制緩和に動き，労働生活を悪化させる。ICTは資本と労働の力のバランスを崩し，資本のほうが労働力より移動しやすいこともあって労資の力関係を資本に優位に傾斜させる（Castells 1996，1997，1998；Crouch and Streeck 1997；Standing 1999）。これにともない，国家は社会的保護を減らし労働力の柔軟性を高めて，グローバル市場で競争する最良の方法にかんする一般的見解に従おうとする（Cerny 1996）。マーティンとシューマンはグローバル資本が労働生活を蝕んでいるとし（Martin and Schumann 1997），クラウチとストリークは資本が福祉国家を弱体化させていると見るが（Crouch and Streeck 1997），セネットは，人々は旧来の働き方での安定を必要としており，これらの変化が状況を悪化させていると論じている（Sennett 1998）。たとえば，デックスとマッカロはイギリス世帯パネル調査（BHPS）データにもとづいて，「イギリスは雇用の質が低下していく低賃金・低スキルの経済に向かいつつある」と結論づけている（Dex and McCulloch 1997：187-188）。また，保守党政権が「労働組合の力を弱め，労働市場の規制を緩和し，労働組合が主要な役割を果たしたコーポラティズムの三者機関の多くを解体し」ようとしたとする見解もある（Millward, Bryson and Forth 2000：224）。

知識とICTにもとづく経済発展は，雇用を増やすいっぽうで労働条件を悪化させるという2つのプロセスをともなうが，この2つは必ずしも矛盾しない。この両方ではなく一方をグローバル化と結びつけて考える研究者もいれば，2つのプロセスが同じ空間ではなく同じ時期に発生することに注目した研究者もいる。2つのプロセスが進めば，知識経済で必要とされる新たなスキルをもっているかどうかによって，世界的に貧富の二極化が進む（Castells 1996，1997，1998；Standing 1999）。つまり，職場での個人の経験は社会的位置によって変わる。社会的位置

第Ⅰ部　知識経済，ジェンダーおよび規制の概念を再構築する

とは，どのような国，地域，都市に住んでいるかという意味でもあれば，階級や学歴，民族，国籍，ジェンダーなどの社会的位置でもある。たとえばテレワーキングは，手ごろな料金で通信機能が使え，労働市場の規制が比較的緩和されていて，世帯規模と世帯構造が適当で，高スキル労働者がいる国へと，グローバルに移転すると予想される（Huws, Jager and O'Regan 1999）。その結果，必要なスキルが使える者は恩恵を受けるが，使えない者にとっては問題が生じかねない（Castells 1996, 1997, 1998 ; Standing 1999）。

　そうした社会的位置ゆえに，知識経済に必要なスキルをもっている者には有利であるが，もたざる者はさまざまな不利益を被る。したがって，2つのプロセスのバランスをいかにして図るのか，2つのプロセスは違った場所でどの程度起きているのかという問題はまだ残っている。2つのプロセスが生じる場所や状況は，一般的な発展形態ではなく，国によって異なる経路依存的な発展形態と関係するのかもしれない。グローバルなネットワークやプロセスへの参加に差があるためかもしれない。たしかに，新しい職業には質の高い面と低い面が同時に現れる場合がある。ゴットシャルとクロースは本書で，こうした問題を象徴する事例として文化産業における自営業者を分析している（第**6**章）。文化的専門職は高いスキルを備え，かなりの自律性と柔軟性をもっているが，抱えているリスクも大きい（失業，病気など）。他の職であれば，そうしたリスクの大部分を負うのは雇用主か国家である。

　知識経済の定義が違えば，知識経済の概観や規模もまったく違ってくる。ハイテク製造業やICT部門，情報部門が雇用に占める比率はかなり小さいが，知識集約型部門は雇用に占める比率がかなり大きい。知識経済は一般に産業部門として定義され，職業として定義されるわけではない。とはいえ，職業は労働生活の質を決定づける重要な要素であるから，知識経済部門とそこに含まれる職業の関係を調べることは役に立つはずだ。そうすれば，知識経済はスキルの高い職を増やすのかどうかという疑問についても調べることができる。技術が最新のものであっても，それに関連する職業が不釣り合いに高いスキルのものでなければならないという必然的理由はない。それは経験的に検証されるべき設問である。女性は知識産業においてどのような地位にあるのかという問題もある。知識経済に関

第1章　知識経済のジェンダー化の理論を構築する

係する職業の特定は難しく，OECD全体で合意されている職業分類はないが，OECDはアメリカの「人口動態調査（CPS）」と欧州委員会統計局（EUROSTAT）「労働力調査」のISCO-88職業データを用いて，暫定的な基準を定めている（OECD 2002b）。OECDによると，ICT関連の職業はどの国でも増えている。ICT分野の高スキル労働者が高スキル労働者全体に占める比率が急速に増大している。ICT関連の高スキル労働者のなかで最も多いのが，コンピュータ労働者である。もっとも，国によって比率はかなり違う。アメリカの場合，1999年の時点でICT労働者の占める比率（77%）がEUより高かった。とはいえ，EUのなかでも国によって大きく違う。EU（14か国）では低スキル職がICT関連職の44%を占めるが，アメリカでは23%である（OECD 2002b）。EU内ではハイテク部門の雇用者のほぼ30%はスキル度が高く（ここでは高等教育修了を意味する），知識集約型部門では42%がスキル労働者である。これはスキル労働者全体の24%に相当する。したがって，ハイテク・知識集約型部門は他の経済部門に比べてスキル労働者の比率がずっと高い。EUではハイテク部門が労働者の約11%を雇用している。EU内では1995年から2001年までの期間にハイテク部門の雇用が年々2.2%増加し，知識集約型サービス部門で年々2.9%増加した。この間に創出された雇用のうち20%近くがハイテク部門で，約70%が知識集約型部門であった。1995年から2000年にEUで最も急成長している部門は，「その他の事業」，保健・ソーシャルワーク，教育，コンピュータおよび関連事業の4つで，これらを合わせると創出された雇用の58%を占める（European Commission 2002 : 9, 23, 28, 29）。こうした動向は，人的資本の開発が知識経済の発展と経済成長のカギになるという見解と一致する。たとえば，デ・ラ・フエンテとチッコーネは，人的資本への投資が生産性の向上，技術の変革と普及に大きく寄与すると述べている（de la Fuente and Ciccone 2002）。

　それにたいし，こうしたプロセスを女性について単純に一般化せずに，女性は高スキル職が増加することの恩恵を男性と同様に受けているのかどうか，もっとくわしく調べる必要があるとも指摘されている（Serrano-Pascual and Mósesdóttir 2003）。一般化に慎重であるべき理由は2つある。第一の類の理由は，性別による職域分離が依然としてあらゆる労働市場で作用していることだ（Anker 1998）。女性はICT部門に男性ほど進出していないことに留意すべきである。たとえばイ

13

第Ⅰ部　知識経済，ジェンダーおよび規制の概念を再構築する

ギリスの場合，女性は情報技術職，とくに高度な職では少数者である（Walby 2001）。第二に，女性は学校教育で得たスキルを雇用上の資産に変えることが男性並みにできるのかという問題がある。この2つは今なお分析すべき重要な問題であり，本書の各章で検討される。

3　資本主義の多様性とジェンダー・レジームの多様性

（1）本節の課題

ジェンダー化された知識経済の発展状況を複数の国について比較分析するには，資本主義的社会関係の形態とジェンダー化された社会関係の形態の差異を概念化する必要がある。雇用の比較分析にジェンダーを組み込むには，比較分析でこれまで用いられてきた概念を再考しなければならない。ここでは資本主義の多様性にかんする研究とジェンダー・レジームの多様性にかんする研究を批判的に検討する。資本主義の形態とジェンダー・レジームの形態の差異には，いくつか原因がある。たとえば経済発展の度合い，経路依存的な発展形態，それが国際的体制に占める位置，国境を越えた政治組織，グローバルな政治動向をあげることができる。

（2）経済発展

経済発展のレベルはいくつか違った方法で捉えることができる。従来のアプローチは1人当たりの所得水準，もっと正確にいうなら1人当たりの国内総生産（GDP）を指標とする。もっとも，近年それらが疑問視されて，とくに人間の潜在能力アプローチ（Sen 1984, 1999；Nussbaum 2000）をもとにした発展の尺度が生み出され，国連開発計画（UNDP）はそれを人間開発指数（HDI）として発表している。また，経済の発展段階に重点を置くアプローチもある。この発展段階は農業から工業，サービス業への移行と見られてきたが，キャッスルは，「情報化時代を経済発展の最新形態とみなすべきだ」と述べている（Castells 1996, 2001）。

経済発展の従来の分析はジェンダーをほとんど組み込んでいない。バッカーが指摘しているように（Bakker 1998），ジェンダーについては「戦略的沈黙」があ

り，とくに，家庭内のケア労働が経済の概念や評価から抜け落ちている。実際には，経済には市場の有償労働だけでなく，家庭内の無償労働も含まれる。とくに，女性が無償の家庭内ケア労働ではなく有償労働にどの程度携わっているのかを考えるなら，経済発展には重要なジェンダーの側面がある（Orloff 1993；Walby 1997）。

経済発展の道筋は1つではなく，経路依存的なものがいくつかある。一般的プロセスと経路依存的プロセスの相対的重要性は本書で論じられている。一般的プロセスと経路依存的プロセスは資本主義の動態にもジェンダー・レジームの動態にも関係する。経路依存的形態の概念化については資本主義の多様性にかんする研究で取り上げられている。ここで論じたいのは，ジェンダー関係のパターンの差異を概念化し，さらには資本主義の多様性とジェンダー・レジームの多様性の交差について考察することが必要である，という点である。

（3）資本主義の多様性

資本主義の多様性の分析では主に2つの点，国家の文脈では資本主義的生産体制，資本主義的生産体制の文脈では福祉国家に，重点が置かれてきた。

資本主義的生産体制の多様性の分析はさまざまな形で行われているが，市場を基盤とした生産にかかわる制度を重視する点は共通している。とくに雇用主，労働者，政府機関の関係は経済を調整するカギになるもので，その性格が分析の対象とされる（Boyer and Durand 1997；Crouch 1982, 1993；Hall and Soskice 2001；Hirst and Zeitlin 1997；Hollingsworth 1997；Hollingsworth and Boyer 1997a, 1997b；Jessop 2002；Lash and Urry 1987, 1994；Streeck 1992；Streeck and Yamamura 2002；Yamamura and Streeck 2003）。これらの研究はより広い社会的文脈で生産体制を分析し，それによって国を類型化している。そうした区別は概念化が同じではなく，重点を置く制度が違うが，2つに類型化されることが多い。コーポラティズムにたいして自由主義（Crouch 1982），自由主義的市場経済にたいして調整された市場経済（Hall and Soskice 2001），制度的要素が薄い社会にたいして厚い社会（Streeck 1992），自由主義にたいして非自由主義（Streeck and Yamamura 2002），フォード主義にたいしてポスト・フォード主義の柔軟な専門化（Piore and Sabel

第Ⅰ部 知識経済，ジェンダーおよび規制の概念を再構築する

1984）などである。

資本主義的生産体制の多様性にかんするこうした説明は，それぞれ次元が異なる。そのなかでもとくに重要なのは次の7つ点である。(1)資本主義の多様性が二重であることを表すのに違った用語が使われていること，(2)「コーポラティズム」や類似のカテゴリーにさらに下位区分があるのか，(3)主要な組織（とくに雇用主団体，労働者組織とそれぞれの相対的重要性，企業，資本・労働・国家，あらゆる社会制度)，(4)体制内の諸制度の結合の緊密さと性質，(5)違いは主としておのずと生まれるのか経路依存的であるのか，(6)階級以外の複雑な不平等があるのか，(7)グローバル化やその他の国際関係は含まれるのか。

初期の区別は，自由主義的であるかコーポラティスト的であるかだった。自由主義的な形態は主として市場を通して調整され，コーポラティスト的な形態は国家を含む制度によって調整される（Crouch 1982；Olson 1982)。重点は資本と労働の役割，とりわけそれらの組織化された形態，資本と労働の関係への国家の介入度にあった。ストリークが示したように（Streeck 1992)，資本主義の形態が二重であることは，制度的要素が「厚い」社会と「薄い」社会を区別し，関連すると判断される制度の範囲を広げる。「制度的要素が『薄い』社会では，あまり規制されていない市場やハイエラーキーのなかで，自由な契約や個人の選択ができる余地が比較的大きいが，制度的要素が『厚い』社会では，合理的な個人の行動がさまざまな規制や制約を受ける」(Streeck 1992：37)。ストリークは関連すると判断される制度の範囲を広げることに寄与した。ストリークとヤマムラの研究では，概念的区別が資本主義の自由主義的形態と非自由主義的形態の区別に変わっている（Streeck and Yamamura 2002)。

同列の資本主義の形態の二重性を，ホールとソスキスも立てている（Hall and Soskice 2001：8)。一つは「自由主義的な市場経済（LME)」で，「企業は主にハイエラーキーと市場の競争関係を通じて活動を調整する」。もう一つは「調整された市場経済（CME)」で，「企業はむしろ市場以外の関係に頼って，その努力を他のアクターと調整し，企業の中核的能力を構築する」。LMEでは市場の需要と供給が重要であり，CMEでは企業と他のアクターとの戦略的相互作用が重要である。従来のように資本と労働の組織間の関係に重点を置くのではなく，この分析

第 1 章　知識経済のジェンダー化の理論を構築する

では企業が主たるアクターとされる。資本主義の多様性にかんする初期の理論は，主として労働の組織力の差異に重点を置いていたが，ホールとソスキスではだいぶ違う。とはいえ，関連すると判断される制度の範囲には，従来の雇用主団体や労働組合，株主のネットワーク，法制度が含まれる。したがって実際には，分析の力学は労働中心ではなく企業中心であるという違いはあっても，制度の範囲はそう違わない。

　資本主義の形態を2つのカテゴリーに分ける理論は他にもある。たとえば，フォード主義とポスト・フォード主義あるいは柔軟な専門化に分けられる。フォード主義は大量生産・大量消費と関係する社会組織であり，柔軟な専門化は技術の特殊化とニッチ消費にかかわる社会組織である（Piore and Sabel 1984）。この分析には発展プロセスの時間概念のほか，同時に存在する異なる発展諸経路の時間概念も含まれる。この区別を時間的な発展プロセスとして扱うか，あるいは経路依存性として扱うかの程度は，関連文献によって異なる。ボアイエとデュランは，「生産体制」への「レギュラシオン」アプローチにおいて，フォード主義とフォード主義以降を区別している（Boyer and Durand 1997）。主要な要素は「社会技術」であり，これは技術と労働組織形態にもとづく消費・生産連関の規制を意味するが，全体的なモデルでは関連する社会制度とのあいだにきわめて緊密な相互接続がある。「大量標準化された」社会的生産システムと「柔軟な専門化」の社会的生産システムを区別し，日本の「質の高い多角的大量生産」やドイツの「質の高い多角的生産」など，さらに下位区分を設けている研究もある（Hollingsworth 1997 ; Hollingsworth and Boyer 1997b）。大量標準化システムには規模の経済や標準化された生産システムが含まれるが，柔軟な専門化は汎用資源による財の生産であり，市場のさまざまな需要に柔軟に適合する生産システムである（Hollingsworth 1997 : 271-272）。「社会的生産システム」の概念は，特定のシステムの構成に向けて諸制度の連結を把握するために用いられる。市民社会組織をはじめ，すべての社会制度はこのシステムを構成しうるが，実際に重視されるのは企業の性質，技術，労使関係，他の企業との関係，スキル，教育，法律であり，つまり，資本，労働，国家という従来の三者構成とそれほど変わらない。

　資本主義の多様性を分析する別の視点としては，他の社会・政治・経済制度の

17

第Ⅰ部　知識経済，ジェンダーおよび規制の概念を再構築する

文脈に位置する国家に焦点を当てた研究がある（Esping-Andersen 1990, 1997a, 1999；Huber and Stephens 2000, 2001a；Jessop 2002）。エスピン＝アンデルセンは労働の脱商品化の度合い，および経済組織形態との関連にもとづいて福祉国家レジームを類型化した。そうして，資本主義の発展に単一の論理はなく，複数の経路依存的な多様性があると論じている。初期（1990年）の研究では，自由主義レジーム（アメリカ，イギリスなど），保守コーポラティストレジーム（ドイツなど），社会民主主義レジームの３つをあげ（Esping-Andersen 1990），その後，広範な議論を経てその他の類型を追加したが（Esping-Andersen 1999），日本はハイブリッドモデルとみなされた（Esping-Andersen 1997a）。

　資本主義の多様性にたいするこれら複数のアプローチは，生産または国家に焦点を当てており，統合するのは難題である（Ebbinghaus and Manow 2001）。とはいえ，意義ある試みはいくつかある（Huber and Stephens 2000, 2001a；Jessop 2002）。フーバーとスティーブンスの研究は，差異の分析に政治制度とジェンダー政治を含めた点で重要である。システムの諸要素の範囲と要素間の関係にかんする概念は複数あり，諸制度が結合している度合いや結合が生じたプロセスの性質はかなり異なる。つまり諸制度が結合している緊密度に差があるのである。

　資本主義の多様性にかんするこれらの論考は，経路依存的発展と一般的発展の分析を可能とする重要かつ微妙な区別を示してきたが，限界もある。現時点での関心事からして最も重要なのは，階級以外の社会的区分が相対的に軽視されていることである。とくにジェンダーにかかわる社会的区分が考慮されず（例外はたとえば，Huber and Stephens 2000, 2001a），ジェンダーは説明的に扱われるか，派生的なもの，あるいは周縁的なものとして扱われる傾向にある。エスピン＝アンデルセンはジェンダー関係の経験的・政治的重要性を指摘してはいるが，資本主義の動態からは自律的にジェンダー関係を理論化することには抵抗している。これらにたいして私たちが論じたいのは，ジェンダーを単純に階級関係に還元することはできないという点だ。

（4）ジェンダー関係のパターンの多様性

　ジェンダー関係は絶対的なものではなく，時間と場所によって変わる。そうし

た変化を理論化することが本書で取り上げる主要なテーマの1つである。初期の研究は経験にもとづいてジェンダー関係の可変性を指摘してはいるが，その変化を理論化して説明するのは難しいとされた。ジェンダー関係の変化が経験的に認識されても，理論化が難しかったのはなぜか。ここではその理由から検討する。続いて，ジェンダー関係システムの変化を理論化してきたきわめて重要な研究のなかから，3つの主題，すなわち家庭における「男性稼ぎ主」モデル，ジェンダー化された政治，ジェンダー・レジームを取り上げる。

初期のフェミニズム理論には，ジェンダー不平等の単純な還元主義的な理論があるいっぽうで，あまりに複雑な説明であるために実際には濃密な記述に終わるものがあり，そのあいだを揺れ動く傾向にあった。初期のジェンダー関係論の多くは，暗黙の下部構造／上部構造モデル（implicit base-superstructure model）を用いた。このモデルでは，ある1つの要素（セクシュアリティから家事労働にいたる諸要素のなかの）がジェンダー不平等のあらゆる側面を理解するカギとみなされた。こうした分析は単純で，本質主義，還元主義だと批判された（Segal 1987）。これと正反対のアプローチは，ジェンダー関係の異なる諸側面が体系的に相関しているという考え方を否定した（Spellman 1988）。むしろ差異の分析，たとえば「人種」や「民族」，国の分析が優先された（Yuval-Davis 1997）。その結果，ジェンダーの分析が断片化されて差異が現に存在するものとされ（Felski 1997），差異の原因をくわしく記述できるにもかかわらず，それを理論化することができなくなった。

近年はこの両極端の中間，つまり，下部構造／上部構造モデル（base-superstructure model）も差異を重視するアプローチも否定し，一定の主要要素を含むシステムとしてジェンダー関係を理論化する手法が生まれている。これにはいくつかの形態があり，男性の稼ぎ手が家計を担う度合いの変化，フェミニズム政治の変化，ジェンダー・レジームの概念にかんする分析が含まれる。

（5）男性稼ぎ主モデル

ジェンダー関係システムの初期の主要な比較分析では，男性の稼ぎ手が家計を担う度合いの変化や，このモデルは修正されたのか，あるいは共稼ぎ世帯も含ま

第Ⅰ部　知識経済，ジェンダーおよび規制の概念を再構築する

れるのかという点に重点が置かれた（Hobson 1994；Jenson 1997；Lewis 1992, 1993；O'Connor, Orloff and Shaver 1999；Ostner and Lewis 1995；Sainsbury 1994, 1996）。この議論の出発点は，エスピン＝アンデルセンの福祉資本主義の 3 類型（自由主義，社会民主主義，コーポラティスト）である（Esping-Andersen 1990, 1999）。エスピン＝アンデルセンはジェンダーに注目しながら，ジェンダー関係の重要性を過小評価した。脱商品化（賃金への依存から国家の援助へ）が平等の実現に最も有効な基本的手法だと主張するような理論的枠組みをとるため（Orloff 1993），女性労働の商品化（家事労働から賃金労働へ）が女性の福利に与える影響を過小評価したのである。ジェンダー関係の特異性を組み込んだモデルとして最も用いられているのは，ルイスの 3 類型であり（Lewis 1992），オストナーと共同で作成された（Ostner and Lewis 1995）。もっとも，これはその後の議論でさらに修正・補足された。ルイスの1992年の研究では，3 類型の分類基準は「男性稼ぎ主・女性主婦モデル」がどの程度存在するかであった。これは「強固な男性稼ぎ主」「緩和された男性稼ぎ主」「弱い男性稼ぎ主」（「共稼ぎ」ともいう）に分類され，文献によって多少異なる。それぞれについて例をあげると（論文によって多少違うが），強い男性稼ぎ主モデルの典型はアイルランドで，イギリスが含まれる場合もある（Lewis 1992）。ドイツやフランスなどは緩和された男性稼ぎ主モデルとみなされ（Lewis 1992, 1993），スウェーデンは「弱い」男性稼ぎ主モデルとみなされる（Lewis 1992）。

　ルイスのモデルにかんしては，ルイス自身，初歩的な分析の試みにすぎないと述べているが（Lewis 1992, 1997），3 つの区分はあまりにも単純である。そのため，「強固な」「緩和された」「弱い」稼ぎ手という基準のほかに，差異の要因を付加することが提案されてきた（Hobson 1994；Jenson 1997；Korpi 2000；Orloff 1993；Sainsbury 1994, 1996）。その一つは，労働者という側面に加え，家庭での女性の役割を，妻や母親という観点から考慮するのかどうかということである。それらを考慮するなら，妻，母親，労働者としての女性への福祉国家の支援の基礎にかんして，3 類型が考えられる（Sainsbury 1996）。さらにケアにかんしては，サービスとして提供される（対価を払う）のかどうかによっても差異が生じる。ジェンソンは労働と福祉の枠組みに無償労働を組み込むのではなく，ケアに焦点

を当てるよう提案し，ケア労働は有償の場合もあるので，無償労働と同じではないと述べている（Jenson 1997）。ジェンソンは，誰がケアするのか，誰が対価を払うのか，どれくらいのケアが提供されるのかという 3 つの問題を区別している。労働市場の規制，フェミニズム運動の重要性，身体的自律性（避妊，中絶，性的表現の権利など）へのアクセスの提供または制限における国家の役割を含めて，関連すると判断される論点をさらに広げている研究もある（O'Connor, Orloff and Shaver 1999）。とはいえ，比較分析は自由主義国家間に限られたため，こうした広範な変数が他の国家形態との比較に与える影響はまだ考察されていない。ゴットシャルとバードはさまざまな教育制度の重要性とそれらがジェンダー関係に与える影響について論じ，教育制度と雇用の関係も考察している（Gottschall and Bird 2003）。ゴットフリート（Gottfried 2000），ゴットフリートとオライリー（Gottfried and O'Reilly 2002）およびゴットフリートとリース（Gottfried and Reese 2003）は，階級分析の伝統とジェンダー分析の伝統とを結びつけるには，ジェンダー化された福祉国家の分析を，やはりジェンダー化された福祉分析の諸派および労使関係アプローチと総合することが重要だと論じている。

　こうした研究には長所も短所もあるが，その一つは焦点の当て方である。いっぽうでは，1 つの側面（男性稼ぎ手への依存度）に絞ることで領域が定まり，知識の分散ではなく蓄積を促す状況が生まれた。他方では，働く母親の主たる関心事に焦点を当てるために，ジェンダー関係のさまざまな側面が考慮されないか，わずかしか考慮されていない（Brush 2002）。したがって，こうした一連の研究は，ジェンダー・レジームのさまざまな要素をモデルに含めることに消極的である。

　しかし，分析の対象として組み込めそうな領域はほかにもある。第一に，ジェンダー化された雇用関係の形態の変異はどのような性質をもち，なぜ変異するのか，理解を深める必要がある。ここで疑問にさらされるのは，女性がどの程度雇用されるかが，主として国家が家事労働をどの程度社会化しているかによる，という前提である。国家によるサービスの提供だけでは，女性の雇用の変異を十分に説明できないからである。第二に，民主主義と政治的行為を考察する必要がある。国家がジェンダーに与える影響への関心から構築されたはずの枠組みにおいて，政治参加，とくに民主的な政治参加の性格と度合いが奇妙なことに無視されている。

第Ⅰ部　知識経済，ジェンダーおよび規制の概念を再構築する

（6）比較フェミニスト政治

　ジェンダー関係の比較研究における第二のアプローチは，女性の政治的力の大きさと性質に関心を寄せるものである。この研究はとくに，「ジェンダー，政治，国家にかんする研究ネットワーク（RNGSグループ）」で進められている。このプロジェクトは女性運動の影響と女性の政策的な行為主体の役割を比較分析する方法を開発してきた（RNGS 2005；Mazur 2002）。分析するうえで重要な課題は，女性運動が多かれ少なかれ国家に影響を与えうるのは，どのような状況にある場合かを明らかにすることである。比較の方法論が依拠しているのは，民主的代表制のジェンダー化（とくに，女性国会議員の増加によって女性の関心事の実質的な表明がどの程度増えるのか），新しい形態の制度（とくに政府内の女性担当ユニット）の役割，社会運動論（とくに枠組み分析）にかんする研究，などである。比較研究の分析単位は国民国家ではなく，「政策論議」である。とはいえ，複数の国の政策論議が比較されている。国家への影響というのは，「問題の定義，政策の内容，政策形成過程」だと理解され，ギャムソンの研究（Gamson 1975）以後，2つの側面から分析されている。1つは政策の内容への実質的な対応という側面，もう1つは女性と女性団体の政策形成過程への参加という側面であり，これは必然的に4つの結果をもたらしうる。公式的なモデルでは，従属変数はここでいう「影響」であり，独立変数は女性運動の特性と政策環境であるが，媒介変数は女性の政策的な行為主体の特性と活動である。RNGSプロジェクトでは国家フェミニズムにかんする初期の比較研究（Stetson and Mazur 1995a）を発展させ，職業訓練（Mazur 2001b），中絶（McBride 2001），売春（Outshoorn 2004），政治的代表（Lovenduski 2005）にかんする実証的研究を取り入れている。

　RNGSプロジェクトはジェンダーと政治にかんする比較研究を大きく発展させ，さまざまな政治形態を取り上げ，それを驚くほどまとまった理論枠組みに組み込んでいる。とはいえ，こんにちの課題から見れば，その枠組みは経済的要素にあまり目を向けておらず，不十分と思えるかもしれない。

（7）比較ジェンダー・レジーム

　比較研究の第三のアプローチでは，ジェンダー関係の比較研究を理論化するた

めに用いるモデルに，より広範囲の要素が組み込まれている。ウォルビーとコンネルは，並行しながらもそれぞれ独自に，ウォルビーはジェンダー・レジームの理論モデルをつくり（Walby 1986, 1990, 1994, 1997），コンネルはジェンダー秩序の理論モデルをつくった（Connell 1987, 2002）。そうしたモデルには，ジェンダー関係を形成した，広範ではあるが一定数の要素が組み込まれた。コンネルとウォルビーの場合，主要な要素が多元的であるので，それらの理論的枠組みを使って，ジェンダー・システムの形態が時間や空間に応じて変化することを理論化できる。

ウォルビーのモデルは（Walby 1994, 2007），４つのレベルで抽象化している。(1)**システム**，(2)**形態**（家内的なものから公共的なものへ徐々に変化し，公共的なものはさらに市場主導型と国家主導型に分かれる），(3)経済（市場経済と家内経済に分かれる）と，統治体（polity），および市民社会（ジェンダーにもとづく暴力，セクシュアリティを含む），という３つの**領域**[1]，(4)細部にわたるさまざまな**具体的慣行**。ジェンダー・レジームの諸**形態**は家内的なものから公共的なものにまたがっている。それゆえ，時間や空間によるジェンダー関係の違いを理論化することができる。とくに，ジェンダー不平等の度合いをどう理解するかという問題と，ジェンダー・レジームの形態をどう捉えるかという問題が，理論上切り離される。これにより，公共空間に進出する女性，とくに雇用される女性が増えても，かならずしもジェンダー不平等は縮小しないという可能性について，理論的な余地が生じる。むしろ，これは経験的に捉えられる問題である。ウォルビーは（Walby 1990），ジェンダー・レジームが家内的な形態から公共的な形態にいたる経路を，市場主導型と国家主導型に区別した（つねに政治闘争の文脈で）。これは明示的な比較枠組みを構築する基礎となった（Walby 1994）。さらにウォルビーの研究（Walby 1997, 2007）は，時間・空間にわたるジェンダー・レジームとジェンダー不平等の形態の多様性に焦点を当て，地域による違いを分析している。このようにしてウォルビーはコンネルより体系的に，ジェンダー・レジームの形態を区別している。

ジェンダー・レジームの概念は，ジェンダー関係のさまざまな側面の体系的相関関係を捉えようとするものである。さまざまなジェンダー領域が複雑かつ相互に組み合わさっている。公共的な形態と家内的な形態とでは，ジェンダー関係の形態が違うということが，ジェンダー関係の主要な領域のいずれにおいても見ら

第Ⅰ部　知識経済，ジェンダーおよび規制の概念を再構築する

れるし，システム全体のレベルでも見られる。こうした変容において，家内的な形態から公共的な形態への変化は，経済，統治体，市民社会のいずれの領域においても生じ，それが他の領域のさらなる変容に影響する。家内的な形態のジェンダー・レジームから公共的な形態のジェンダー・レジームへ向かう，さまざまな経路を区別することができる。とくに，市場主導型経路と国家主導型経路はジェンダー不平等の度合いに違った影響を与えるもので，両者を区別することができる。国によって異なるジェンダー・レジーム形態の複雑な差異は，領域と慣行のこうした変化によって構成される。これらは固定したシステムではなく，流動的で変化し，変わりゆく適応度地形のなかで他の複雑な適応システムとともに進化していく。多くのジェンダー領域は国境を越えているので，国は閉じたシステムではない。集団的な政治の行為主体はレジームの形態が変容するプロセスの重要な一部を成す。個々の行為者や社会構造ではなく，複数の形態と場所の行為主体がある。ジェンダー関係はつねに階級，民族，国家，宗教，その他多くの異なった形態のプロセスと関連して形成される。経験からわかるとおり，ジェンダーはジェンダー関係と他の社会関係システムとの複雑な共進化の結果である。

　経済，統治体，市民社会においてジェンダー化された関係をジェンダー・レジームに組み込むならば，「男性稼ぎ主」にかんする研究やジェンダー政治へのRNGSアプローチが扱うよりも広範な社会勢力が，ジェンダー関係を構成していることが考慮されるのである。

（8）資本主義の多様性とジェンダー・レジームの多様性を統合する

　本書の執筆者はみな，資本主義の多様性とジェンダー関係の多様性の相互作用がもたらす影響を考察しようとしているが，その方法はそれぞれ異なる。それが絶えず創造的かつ生産的な知的緊張をもたらし，議論を刺激している。ウォルビーはジェンダー・レジームの多様性の概念を用いて，資本主義の多様性との交差を分析している。シャイア（第**2**章）もジェンダー・レジームの概念を用いて，自由主義的資本主義と非自由主義的資本主義を区別している。また，別の概念を用いて，ジェンダー・階級関係の変化と相関関係を捉えようとしている執筆者もいる。ゴットシャルとクロース（第**6**章）は男性稼ぎ主の概念を用いている。

もっとも，福祉国家レジームの関連概念を拡大して多様な教育組織を重視している（Gottschall and Bird 2003も参照）。大沢（原書第3章）は他の国との比較にもとづき，日本の福祉国家レジームの性質にかんしてエスピン＝アンデルセンに異論を唱え，男性稼ぎ主の概念を用いて日本の生活保障制度の特異性を捉え（Osawa 2007），また別の研究では資本主義と家父長制のシステムに言及している（Osawa 1994）。レンツ（第4章）はジェンダー・レジームの概念（政府内のジェンダー制度と女性運動からなると定義される）とジェンダー化された福祉レジームの概念を用いてジェンダー関係を捉え，ジェンダー関係と資本主義の類型との交差を考察している。いずれもジェンダー関係のパターンの変化を体系的に比較分析できる概念語彙を生み出そうとしている。

（9）資本主義の類型とジェンダー・レジームの多様性の交差における雇用規制

ジェンダー・レジームの多様性を理論化するうえで，さまざまな形態の雇用規制がもたらすジェンダー化された影響を識別することが重要である。また，そうした雇用規制は相当に過小評価しても資本主義の多様性に重要な影響を与える。

「男性稼ぎ主」や「比較フェミニズム」に関する初期の研究は，ジェンダー関係の比較分析に大きく寄与したが，ジェンダー化された雇用関係の規制の変化は，比較の重要な要素として分析対象にされることはほとんどなかった。GLOWネットワークの研究者は，さまざまな方法でこの要素をジェンダー関係のパターンの比較に取り込んできた（たとえば，Gottfried 2000, 2003；Gottfried and O'Reilly 2002；Shire 2000；Walby 1986, 1994, 2007）。

規制の概念はさまざまに理解されている。一つには，マルクス主義者によるレギュラシオン学派の定義と同じく，資本主義的生産が行われる社会制度という広い概念がある（Boyer and Durand 1997；Jessop 2002）。いっぽう，国家が認めた法的拘束力のある規制に限定した狭い定義もある（Walby 1994, 1999a, 1999b, 2001）。本章では後者の定義を用いている。

資本主義の多様性にかんする研究は，雇用規制の水準と性質を強調し，また雇用規制が資本（雇用主，雇用主団体，企業），労働（とくに労働組合），および国家のあいだの社会関係システムの一部として展開してきたことに，かなり重点を置い

第Ⅰ部　知識経済，ジェンダーおよび規制の概念を再構築する

ている。「男性稼ぎ主」にかんするジェンダー化されたさまざまな比較研究は，保育（サービスあるいは資金），教育制度，税制・給付制度を含む「福祉」政策に重点を置いている（本書第**6**章と第**3**章を参照）。

　ここで問題になるのは，ジェンダー関係に影響する重要な雇用規制があるということだ。雇用規制の動向は詳細かつ具体的な分析の対象になってきたが（Hoskyns 1996 ; Pillinger 1992），資本主義の多様性にかんする研究でも男性稼ぎ主モデルの多様性にかんする研究でも，主要な要素とされることはほとんどない（例外として，Gottfried 2000 ; Gottfried and O'Reilly 2002を参照）。雇用規制は少なくともつぎの４つの点でジェンダー関係に直接・間接に影響を与えてきた。

(1)　平等賃金に向けた規制，差別防止の規制など，雇用における女性と男性の平等待遇に直接かかわる規制がある。

(2)　女性が過度にケアを提供している状況では，ケアと雇用の関係にかんする規制がある。たとえば，労働時間の規制，とくにワーク・ライフ・バランス政策（出産休暇，父親の育児休暇，両親の育児休暇など）や，雇用主が過度に長時間労働を要求することを制限する規制がある。

(3)　必然的ではないもののジェンダー化されやすい雇用慣行の規制がある。たとえば，女性が圧倒的に多いパートタイム雇用に均等待遇法を公然と適用すること。

(4)　ジェンダー化されたいくつかの労働者グループに不均等に適用すると，ジェンダーに影響する雇用規制がある。たとえば，一定時間働く者，あるいは雇用主と直接関係がある者への雇用保護の拡大。

さまざまな規制制度と関連する社会・政治関係は，いくつか重要な点についてジェンダーで区別できる。階級関係にかんする規制の変化はグローバル化の影響を受けてきたし，グローバル化はある状況では，労働と資本の関係を資本寄りにしてきた。とはいえ，ジェンダー化された雇用規制と関係してさまざまなプロセスが生じている。それらはジェンダー・レジームの変容や，女性の公的領域への進出拡大による女性の政治的な声の高まり（Walby 1997, 2002b, 2007），グローバ

ル化の課題に対応するＥＵの動向（Hoskyns 1996；Pillinger 1992；Walby 1994, 1999a, 1999b），グローバル化と関連した政治プロセス（Keck and Sikkink 1998；本書第4章と第5章）と関係している。この文脈で雇用規制におけるジェンダーと階級の動的関係は分岐しつつあり，資本主義の多様性にかんする研究の前提を揺るがしている。この20年間，雇用関係の階級面にかんする規制緩和のプロセスは一様ではないが，ジェンダーにかんしては雇用におけるジェンダー関係を統治体のベースで規制する動きが強まっている。

(10) グローバル化

　グローバル化には政治的側面のほかに経済的・文化的側面がある。ここではグローバル化は，空間を超えた，とくに国際的な社会的相互作用とつながりの増加と定義される（Chase-Dunn et al. 2000）。ここで用いるグローバル化の定義は最小限のものであり，それは，ある特殊要因との合成を避けるためである。このような定義であれば，復活した新自由主義的資本主義や新たな覇権国の台頭，新しい情報通信技術などの要因と合体することはない。本当に新しいのは，国家の領土を越えた現象の重要性が増したことだ，という見解（Scholte 2000）に共感するが，そうした見解は，ほとんどのグローバルなプロセスがいずれかの点で地球的つながりをもつ（Sassen 1999），ということを過小評価している。上記の定義はグローバル化を経済プロセスだけでなく，政治や市民社会にかかわるプロセスと関連づけることもできる。

　こんにちのグローバル時代においては，比較分析を特定の国で生じているプロセスに限定することは適切ではない。国境を越えたグローバルなプロセスに加え，それらと国内制度との相互作用も考察する必要がある。アメリカ，イギリス，ドイツ，日本を比較する場合，主として３つの問題がある。第一に，グローバル資本が命じることにたいする国内政治制度の抵抗力が異なる。第二に，ＥＵという超国家的な統治体が発展している。第三に，国連などのグローバルな諸機関の文脈のなかでグローバルな社会運動が提供する連携がある。

　グローバル化はすべての国に同じような影響を与えるわけではない。政治制度はグローバル化のインパクトを重要なしかたで調停できるので（Hall and Soskice

第Ⅰ部 知識経済，ジェンダーおよび規制の概念を再構築する

2001；Swank 2002），グローバル化は同質性を生むのではなく，新たな差異を生む可能性がある。先進資本主義国の政治制度は，選挙制度の形態，利益集団の代表の性質，政策形成権限の相対的な集中化あるいは分散化，福祉プログラム提供の構造化により，グローバル化の課題への対応能力が異なる。また，より自由主義的な政治構造をもつ国ではグローバル化の圧力で福祉国家が弱体化するが，北欧の大きな福祉国家では影響はほとんどない（Swank 2002）。そうした政治制度がグローバル化の圧力への対応を調停するかぎり，グローバル化は雇用状況を全般に悪化させるとはいいきれない。こうした調停と抵抗力もジェンダー化される可能性がある（Huber and Stephens 2000，2001a）。

　第一に，国家を超えた統治体，とくにＥＵの拡大が重要である。ＥＵの経済分野の法的規制は現在，大半が加盟国レベルではなく，ＥＵから生じている。福祉の提供や家族政策にかんしては「補完性」原則があり，これは政策が国レベルで決定されることを意味するが，経済にかんする事項には当てはまらない。こうした規制には広範な均等待遇政策をはじめ，労働市場の規制が含まれる。ＥＵではジェンダー平等政策がずいぶん増え（Hoskyns 1996；Pillinger 1992；Walby 1994，1999a，1999b），それらが主流を占めるようになってきた（Pollack and Hafner-Burton 2000；Walby 2005）。その結果，ＥＵが誕生する以前に比べて，ドイツとイギリスのジェンダー・レジームの経済的側面に類似点が増えている。ＥＵの権限に照らせば，イギリスには自由主義的な形態の経済的ガバナンスがあるという見解は弱まる。とはいえ，歴史的遺産や経路依存的発展により，ドイツとイギリスの労使関係制度にはまだ大きな違いがある。

　第二に，グローバル化はさまざまな場所にいるフェミニストの連携強化に影響する。国境を越えたフェミニスト政策提言ネットワークの形成（Keck and Sikkink 1998），ほぼグローバルなフェミニストの戦略と慣行（Nelson and Chowdhury 1994），普遍的人権の言説の強化とジェンダーへの配慮（Peters and Wolper 1995）によって，国内の統治体においても国家を超えた統治体（たとえばEU）においても，ジェンダー平等の目標を制度化する機会が増えている（Walby 2002b）。

　新たな形態の通信技術の発展，安価で速い長距離旅行の開発，グローバルな政治制度・ネットワークの形成が，適切な雇用規制にかんする政治的提案や慣行を，

地球上のある場所から別の場所に移転することに影響している（Berkovitch 1999；Moghadam 2000；Walby 2002b）。その結果，国際的な政策提言ネットワーク（Keck and Sikkink 1998）や認識共同体，国際的レベルでの論議の強化など，新たな形態の政治介入や政策介入が増えている。国際的なフェミニスト運動や人権運動は，女性の地位向上に向けて雇用規制の改革を求める地方・国内組織が，新たな形態の正統性を得るのに，重要な役割を果たしてきた（Nelson and Chowdhury 1994）。国境を越えて情報交換を進める社会運動を通じた政治的意見や慣行の移転は，複雑である。単純な影響プロセスや移転プロセスであることはまずなく，複雑なハイブリッド化や共進化のプロセスをともなう場合もある。

レンツは本書の第4章で，職場でのジェンダー平等に向けた規制づくりにおいて，地方，国内，国際的な政治的アクターが複雑に相互作用していることを取り上げている。グローバルな女性運動の発展は世界中の女性に情報，アイディア，資源を提供する。国の状況が違えば，フェミニストが介入する文脈も違ってくる。とくに，コーポラティズム的な取り決めがあるかどうかが違う。ドイツではコーポラティズムが衰退しつつもまだ残っていて，そこに女性が組み込まれ，ＥＵが後押しした。日本では国際的なつながり，この場合は女性差別撤廃条約（CEDAW）を通じたよりグローバルなつながりも，規制への弾みをつけることになった。

多国籍企業において，経営方針がある国から別の国へ移転するのも，グローバル化が政策策定に与える影響を示す一例である（ロバーツによる本書の第5章）。多国籍企業が発展すると，ある国で生まれた雇用慣行が他の国に押しつけられる可能性がある。もっとも，他国の政策や国際的レジームが調停することにはなる。

4　雇用慣行のジェンダー化，脱ジェンダー化，再ジェンダー化

職業，産業，雇用形態のジェンダー構成は複雑に変化し，その変化の多様性は，知識経済の発展にともなうものであったり，資本主義の多様性とジェンダー・レジームの多様性の交差に連動する雇用の規制と規制緩和にともなうものでもある。こうした複雑な交差の結果として，女性の存在感は向上する場合もあれば，低下

第Ⅰ部 知識経済，ジェンダーおよび規制の概念を再構築する

する場合もあり，そこから懸案の雇用のジェンダー化，脱ジェンダー化，あるいは再ジェンダー化が導かれる。

（1）比 較

① はじめに

以下では，知識経済の発展にともなうジェンダー化，脱ジェンダー化，再ジェンダー化に関係するプロセスを，アメリカ，イギリス，ドイツ，日本の4か国について比較する。基礎的な実証データを順に示すが，それは本章ですでに提起した理論的問題を取り上げるためであり，また次章以下につなげるためでもある。

② 方法の選択

ジェンダー化された知識経済を比較分析するに当たり，アメリカ，イギリス，ドイツ，日本を選んだのにはいくつかの理由がある。これらの国は先進世界の4大国であるから，そこで起きていることは重要な意味をもつ（表1-1参照）。この4か国は対照もなしていて，本書の比較方法を可能とするには必要な国々である。4か国は本書で展開される論述に重要な2つの軸のいずれについても相違している。すなわち，資本主義生産体制の多様性にかんしては，アメリカとイギリスは「自由主義的」であるが，ドイツと日本は非自由主義的あるいは「調整」型である（Hall and Soskice 2001 ; Streeck and Yamamura 2002）。また資本主義福祉国家の類型にかんしては，アメリカとイギリスは自由主義的であるのにたいし，ドイツは保守的なコーポラティスト，日本は，エスピン＝アンデルセン（Esping-Andersen 1990, 1997a, 1999）によればハイブリッド型と考えられる（表1-2参照）。他方で，ジェンダー・レジームの多様性にかんしては，アメリカが最も公共的で，イギリス，ドイツと続き，日本が最も公共的でない（くわしくは下記と表1-3，1-4を参照）。イギリスとドイツはＥＵに属しているため，興味深い分野横断的な趨勢が導入されている。ＥＵは雇用，とりわけジェンダー化された雇用の分野で規制を徐々に強めている統治体であるからだ。

経済開発と人間開発の水準および形態は4か国のあいだで異なる。表1-1が示しているように，アメリカは1人当たりGDPが飛び抜けて高く，4か国のなかで最も経済的に発展していると一般に見られている。1人当たりGDPが次

第1章　知識経済のジェンダー化の理論を構築する

表1-1　事例研究対象国の経済開発と人間開発の規模と水準

	アメリカ	イギリス	ドイツ	日　本
人口（100万人）	294	60	84	128
GDP（PPP，10億米ドル）	11679	1875	2351	3788
1人当たりGDP（PPP，米ドル）	39700	31400	28500	29600
出生時平均余命（年）	77.2	78.5	78.4	81.8

注：PPPは購買力平価。2004年のデータ，平均余命は2003年。
出所：OECD（2005f）.

表1-2　資本主義の諸形態

	アメリカ	イギリス	ドイツ	日　本
資本主義生産レジーム（自由主義型／調整型）	自由主義	自由主義	調整型	調整型
資本主義福祉国家レジーム	自由主義	自由主義	保守的コーポラティスト型	ハイブリッド型

出所：資本主義生産体制についてはHall and Soskice（2001），福祉国家レジームについては
Esping-Andersen（1990, 1997a, 1999）より。

表1-3　ジェンダー関係の比較　　　　　　　　　　　（%）

	アメリカ	イギリス	ドイツ	日　本
女性就業率	69.8	68.5	66.6	64.6
3歳未満児の保育率（公共・民間）	54	34	10	13
3歳から就学年齢までの保育率（公共・民間）	70	60	78	34
高等教育進学者の男性にたいする女性の割合	1.35	1.20	1.00	0.86
女性国会議員比率（2004年）	14.0	17.3	31.4	9.9
離婚率	6.2	4.0	3.5	3.1
婚外出生率	33.2	39.5	23.4	1.6

出所：2004年の女性雇用率については，OECD（2005f）。保育については，OECD（2001a：
Table 4.7）であり，そのデータの年次は，アメリカは1995年，日本は1998年，イギリ
ス（イングランド）とドイツは2000年。国会議員数については列国議会同盟。政府の
大臣については，UNDP（2004：Table 29）の2001年のデータによる。男性にたいす
る女性の2000-01年度の高等教育就学率については，UNDP Human Development
Report（2004：Table 26）。

表1-4　ジェンダー関係のパターン──男性稼ぎ主，ジェンダー・レジーム

	アメリカ	イギリス	ドイツ	日　本
男性稼ぎ主モデル	弱い	強固／緩和	緩和	強固
ジェンダー・レジーム公共度の度合い	非常に公共的	公共的	かなり公共的	公共的でない

出所：男性稼ぎ主モデルについては，イギリスにつきLewis（1992）では強固，Lewis（1993）
では緩和。ドイツにつきLewis（1993），アメリカと日本はルイスのモデル（本文参照）か
ら推定される。ジェンダー・レジームについては，Walby（1994, 2007）と上記の本文参
照。

第Ⅰ部　知識経済，ジェンダーおよび規制の概念を再構築する

に高いのはイギリス，それから日本，ドイツの順となる。もちろん，１人当たりGDPは開発の唯一の尺度というわけではなく，潜在能力アプローチから異議が出されている（Sen 1999）。人間開発の尺度が長寿であるなら，４か国の順位は逆転する。平均余命がいちばん長いのは日本で，ついでイギリス，ドイツ，アメリカの順となる。本書は経済開発に重点を置くが，経済開発が人間の進歩の唯一の尺度ではないことを忘れてはならない。

③　ジェンダー関係のパターン

　本書では４か国のジェンダー関係のパターンを２つの方法で分類している。１つのモデルは，家族に強固な男性稼ぎ主がいるのか，それが緩和されているのか，弱いのか，あるいは共稼ぎ世帯であるのかという観点からの分類である。さらにこれは，女性は雇用されて家計収入にどの程度貢献しているのか，女性が家計収入に貢献できるように，国家は家事労働をどの程度社会化しているのかを考察する。第二のモデルはジェンダー・レジームにかんするもので，家内的な形態から公共的な形態まであり，男性稼ぎ主モデルより広範な要素を含む。有償雇用への女性の参加，適切と思われる家庭内のケア労働を国家がどの程度社会化しているのかに加えて，フォーマルな政治や教育を含む公的領域に女性がどの程度参加しているのか，子どもの保育はどの程度家庭外で行われているのか，雇用におけるジェンダー平等の国家規制はどの程度なされているのか，離婚や婚外出産などが婚姻制度にどの程度入り込んでいるのかも考慮される。表１－４は，男性稼ぎ主モデルとジェンダー・レジーム・モデルの指標を裏づけるデータを示している。このデータを用いて４か国を２つの類型に分類した結果が表１－５に示されている。

（２）労働市場規制を比較する──階級とジェンダーの視点から

　表１－５は，階級とジェンダーの視点から雇用規制を比較したものである（用いた資料は本章の末尾に示した）。労使関係の調整・規制の度合いによる４か国の順位づけは，つぎの６つの要素についての順位を単純平均したものである。すなわち，労働組合の組織率，労組の団体交渉でカバーされる労働者の割合，賃金交渉の集中度，調整，雇用保護法制，雇用保護法制と企業レベルの保護の組み合わせ，

第1章　知識経済のジェンダー化の理論を構築する

表1-5　雇用規制の比較—階級とジェンダー

	アメリカ	イギリス	ドイツ	日　本
労働組合の組織率（%）	13	29	20-29	19-24
団体交渉でカバーされる労働者の割合	18	47	92	21
賃金交渉の集中度	1	1.5	2	1
調整	1	1	3	3
雇用保護法制	0.7	0.9	2.6	2.3
雇用保護法制と企業レベルの保護	14	25	86	76
要約：労使関係の調整と規制の程度による順位	4	3	1	2[2]
労働組合員の女性比率	44	50	31	17
均等待遇に向けた法的な雇用規制	弱い	普通〜強い	普通	非常に弱い
要約：ジェンダー化された労使関係と雇用規制 　　　の順位	3	1	2	4

出所：本章の付論を参照。

　である。4か国の順位づけは，エステベス゠アベらの研究と一致する（Estévez-Abe et al. 2001：165）。調整・規制が最も強いのはドイツで，続いて日本，イギリス，アメリカの順である。ジェンダー化された労使関係と雇用規制の程度による4か国の順位づけは，女性の組合加入率と，均等待遇に向けた法的雇用規制の有効性という2つの要素についての順位を単純平均したものである。その結果，労使関係と雇用規制が最もジェンダー化されているのはイギリスであり，続いてドイツ，アメリカ，日本の順である。階級にもとづく雇用規制の順位とジェンダーにもとづく雇用規制にかんする順位は一致しない。イギリスの労働市場はジェンダー規制が最も強いが（第1位），階級による規制は強くない（第3位）。日本はジェンダー規制が最も少ないが（第4位），階級による規制は2番目に強い。

　資本主義の多様性の大まかな類型とジェンダー関係の類型（男性稼ぎ主，ジェンダー・レジーム）を比較すると，4か国が同様に分類されることがわかる（表1-4，1-5を参照）。ドイツと日本は最も調整された資本主義経済であり，ジェンダー・レジームが公共的ではなく，男性稼ぎ主モデルが強い。それにたいしてアメリカとイギリスは最も自由主義的な資本主義経済であり，ジェンダー・レジームが公共的で，男性稼ぎ主モデルが弱い。こうした類似性は，エスピン゠アンデルセンの研究にたいするフェミニストの批判に彼が回答した点（Esping-Andersen 1999），つまり，国の分類がどう違ってくるのかという疑問を，再度提起する。

第Ⅰ部　知識経済，ジェンダーおよび規制の概念を再構築する

　私は別稿では，アイルランドを含めて，本書が取り上げない諸国に関する類型には，相違点があると論じている（Walby 2007）。ここでの回答は，労働市場の規制の方法には，階級にもとづく規制とジェンダーにもとづく規制とでは，大きな違いがあるというものだ。そうした違いは互いに位置づけられておらず，このことは知識経済部門のジェンダー化にとっても，新たな雇用形態のジェンダー化にとっても，大きく影響する。

　雇用の調整・規制の程度を，階級関係にかかわるものと，ジェンダー関係にかかわるものとで比較すると，一貫性は乏しい。雇用における階級関係の調整と規制の程度が高い国はドイツ，日本であり，ジェンダー関係の規制がきわめて高い国はイギリス，アメリカであって，両者は重ならない。日本は階級関係についてはかなり調整・規制されているが，ジェンダー関係については効果的な介入や規制がほとんどない。イギリスは階級関係について調整されていないか規制が弱いが，雇用におけるジェンダー関係については他の3か国より規制されている。

　雇用の階級規制とジェンダー規制のあいだのこうした違いは，職業と産業のニッチのジェンダー化，脱ジェンダー化，再ジェンダー化に大きな影響を与える。

① 知識経済のジェンダー化を比較する

　シャイアは本書の第**2**章で，アメリカ，イギリス，ドイツ，日本における知識経済の各部門のジェンダー化についてユニークな比較統計データを示している。この4か国では，ICT部門の雇用への貢献度は4-6％にすぎず，情報部門は2-3％，それにたいし知識集約型部門は25-40％である。どのような分類基準を選択するかが知識経済労働者のジェンダー様態に大きく影響する。シャイアによれば，ICT部門の労働者の約3分の1（32-38％）は女性であり，情報部門では39-47％，知識集約部門では過半数（54-61％）を女性が占めている（表1-6参照）。知識経済の部門によってジェンダー構成が違うが，重要なのは，保健・教育分野の労働者の過半数を女性が占め，これらの分野が知識集約型部門に含まれることである。シャイアが指摘しているように，上記の4か国は知識経済の各部門のジェンダー構成が非常に似ている。表1-3に見られるように男性にたいする女性の高等教育就学率に差があるなど，国によってジェンダー化された教育や雇用の水準がかなり違うにもかかわらず，ジェンダー構成が類似しているのである。

第1章　知識経済のジェンダー化の理論を構築する

表1-6　知識経済部門の雇用に占める女性の比率（%）

	アメリカ	イギリス	ドイツ	日　本
ICT部門	38.4	35.4	32.0	31.2
情報部門	47.0	41.1	39.1	32.6
知識集約型部門	58.0	60.4	61.0	54.0

出所：本書の表2-5を要約。

② 非標準的な雇用を比較する

　ここでは新たな時間性，契約性，空間性に関係する非標準的な雇用形態をいく
つか取り上げ，統計データにもとづいて4か国を比較する。さらに本書の各章で，
自営業を含めていくつかの非標準的な雇用形態が分析される（第6章と第7章）。
また，新たな形態の空間性（それが労働生活の質に与える微妙な影響を考察する場合）
（第9章と第10章）や，非標準的な労働の状況にかんするより一般的な問題につい
てもくわしく分析される。私は非標準的な労働の3つの例（有期雇用，パートタイ
ム労働，自営業）に焦点を当てる。これらについては国レベルの比較データが豊
富にある。そのほか，ここでは取り上げないが，さまざまなフレックスタイム制
があり，一定の時間をコアタイムとする労働，年間労働時間契約，週4.5日労働，
ジョブ・シェアリング，ゼロ時間契約，2週間9日労働などが含まれる。また新
たな形態の空間性としてはさまざまな形態のテレワーキングがあり，テレワー
カー，在宅勤務者，在宅ベースのテレワーカー，臨時在宅勤務者などが含まれる
（Walby 2001；Durbin 2004）。

③ 有期職

　有期契約にはさまざまな形態があり，国によって異なる。大半は特定の雇用主
との直接の有期契約であるが，他に季節労働や派遣労働（仕事を提供する主体との
関係が疎遠）などもある（OECD 2002a）。知識経済にかんする研究で有期雇用は，
圧倒的に多くの分析で，競争の激しいグローバル化にともなう規制緩和で雇用が
悪化した事例とされるが，グローバル化自体，知識経済がもたらしたものでもあ
る。ジェンダー研究では有期雇用は，ジェンダー不平等の一例として男性より女
性に多い不利な雇用の事例とされているようである。

　全体として，有期職は労働者の高い教育水準の高いスキルに連動していない
（しかしまったく違った特別なニッチもある）（表1-7参照）。平均すると，有期職では

35

第Ⅰ部　知識経済，ジェンダーおよび規制の概念を再構築する

表1-7　個人特性および職務特性別に見た有期雇用発生率（2000年）

国	女性	男性	教育水準			職務特性			
			低い	中位	高い	ホワイト	ピンク[3]	ブルー	非スキル
ドイツ	13.1	12.5	29.5	9.2	9.1	10.0	10.3	10.9	15.1
日　本	20.9	7.7							
イギリス	7.7	5.9	5.3	6.0	8.9	6.5	7.3	4.6	9.5
アメリカ	4.2	3.9	6.1	4.1	3.3	3.5	4.2	3.7	7.5
OECD	12.2	10.5	15.7	10.4	9.3	7.7	10.6	9.2	15.3

注：各集団の雇用全体に占める有期雇用の比率（％）。
出所：OECD（2002b：Table 3.3）.

教育水準の低い者が圧倒的に多く，その職務は高スキル職ほどのスキルを必要としない。イギリスでは教育水準が高い者が有期雇用に就く比率がやや高いが，他の国では有期労働者はスキルの低い労働者であることが多い。とはいえ，このカテゴリーはかなり多様である。たとえば，有期職のなかには高度な職を目指して訓練中と位置づけられるものもある。有期労働者の賃金は平均して常勤の労働者より低い（OECD 2002a：Table 3.6）。

　OECD加盟国全体で見ると，有期雇用は1983-2000年にわずかながら増加した（OECD 2002b：133）（表1-8，1-9を参照）。1990-2000年にはOECD加盟国で雇用が大幅に増えたが（11.6％），その大半（7.4％ポイント）は常勤雇用が増えたことにより，残りの4.2％ポイントが有期雇用の増加による（OECD 2002b：Table 3.2）。このようなパターンをとる国が多いが，一部の国のあいだでは差異が大きい。アメリカでは1994年から2000年までに，有期雇用の比率はきわめて低い数値から増加したが，国際的に見ればまだ低い。イギリスは1983年から2000年までにやや増加したが，国際的に見るとやはり低い。ドイツは1985年と1994年ではほとんど変わらず，1994-2000年には増加し，OECD加盟国の平均に近い。日本はほぼ一定でOECD加盟国の平均に近いが，男女間で数値がかなり違い，女性の有期職の比率は男性の3倍にもなっている（OECD 1993：Table 1.10；OECD 2002b：133）。アメリカでは雇用の増加は大半が常勤雇用による。それにたいしドイツでは有期雇用が増えて，常勤雇用が減った。ドイツは最も規制された労働市場と最も調整的な市場経済をもつ国の1つであり，常勤雇用から有期雇用へと大きく移行した。

　したがって，有期雇用が雇用全体に占める比率は労働市場が規制されている国

第 **1** 章　知識経済のジェンダー化の理論を構築する

表 1‐8　雇用者全体に占める有期雇用者の比率　　　　（％）

国	1983女性	1994女性	2000女性	1983男性	1994男性	2000男性
ドイツ	11.5	11.0	13.1	9.0	9.8	12.5
日　本	19.5	18.3	20.9	5.3	5.4	7.7
イギリス	7.3	7.5	7.7	4.2	5.5	5.9
アメリカ		2.4	4.2		2.0	3.9
OECD			12.2			10.5

注：ドイツについては1983年ではなく1985年。
出所：OECD（1993：Table 1.10；2002b：Table 3.3）.

表 1‐9　雇用増加への有期雇用と常勤雇用の貢献度（1990-2000年）

国	雇用の累積増加率（％）	臨時雇用の貢献度	常勤雇用の貢献度
ドイツ	-2.1	2.4	-4.5
日　本	11.4	3.8	7.6
イギリス	6.5	1.9	4.6
アメリカ	9.3	-0.5	9.8
OECD	11.6	4.2	7.4

注：ドイツは1991-2000年，アメリカは1995-2001年。貢献度は％ポイント。
出所：OECD（2002b：Table 3.2）.

のほうが高く（日本，ドイツ），規制が弱い国では低い（アメリカ，イギリス）。これは資本主義の類型にかんする研究がおおむね示してきた見方に反する。これまでの研究は，有期雇用を防ぐ規制が少ないほど有期雇用の比率が高まると想定しているからだ。ところが実際には，常勤雇用の保護がきわめて弱い国では（たとえばアメリカ），有期雇用が少ない。常勤雇用が厚く保護されている国のほうが有期雇用が多い。後者の場合，有期雇用の契約タイプのあいだで雇用条件が最も大きく分化しており，そのなかで有期雇用が最も発達している。

　OECD加盟国全体で見ると，有期雇用の比率は男女間であまり差がなく，女性が12.2％でやや高く，男性は10.5％である（OECD 2002b：Table 3.3）。これは有期雇用とジェンダー不平等とが連動することにたいして，多少整合的である。有期雇用のジェンダー化には差異がある。日本では女性の有期雇用の比率が男性より３倍も高い。

　有期職が増加している状況は，新たな雇用形態が劣悪な労働条件，低スキル，低賃金，雇用不安と連動する，という見解と符合する。有期雇用という非標準的な雇用形態は，新興の経済部門と結びついたものではない。とはいえ，有期職が

37

第Ⅰ部 知識経済，ジェンダーおよび規制の概念を再構築する

多いのは自由主義的経済よりも調整された経済であるから，有期職は規制の弱い経済にともなうものではない。有期職は男性より女性のほうがやや多く，これはジェンダーが不利に働くという見解と一致する。有期職のジェンダー化は一様ではない。たとえば日本では，ほとんどの有期雇用者は女性であり，制度の形態に特異なジェンダー化が見られる。

④ 自営業

　自営業は新たな形態の時間性，空間性，契約性をもつものとして，知識経済にかんする論考でさまざまに取り上げられてきたが，その解釈は異なる。第一に，自営業は高いスキルをもつ教育水準の高い労働者や，ICTを基盤とした新産業シナリオと関連づけられ，新たな時間性（労働時間を選択する自由，より好ましいワーク・ライフ・バランス），新たな空間性（ICTを用いた在宅労働，仕事のための移動），新たな契約性（雇用主からの自由，自らが事業主）をもつ。第二に，労働者としての権利をなしにするか弱め，雇用主や国家ではなく個人が負うリスク（失業，病気）が高まるという意味で，新たな契約性と関連づけることができる。継続して仕事が得られるかどうかという不安定さが増し，忙しい時期と暇な時期があるという意味で新たな時間性を抱え，仕事を求めて移動せざるをえないという意味で新たな空間性をもちうる。

　ゴットシャルとクロースは本書の第6章で，ドイツとイギリス，それから文化産業に焦点を当てて自営業の経験を詳細に分析している。そこではある側面における労働の質の向上と，他の側面における高いリスクとのあいだの複雑なバランスを探っている。そして，さまざまな自営業が一部の国で発展する状況の微妙な意味合いを解釈し，経路依存的発展の分析を含めることの重要性を強調している。ドイツの場合，自営業はニューメディア産業と関連した新たな雇用形態として生まれ，従来の労働規制の枠外にある。したがって，ドイツ経済全般はかなり調整されているにもかかわらず，こうした雇用のニッチがきわめて特異な形で生まれている。

　以下では，より一般的なレベルのデータを示して，全般的な問題を取り上げる。第一は，特定の集団や国で自営業がどの程度増加あるいは減少しているのかという問題であり，それは知識経済の発展にともなうもの，あるいはグローバル化の

第1章 知識経済のジェンダー化の理論を構築する

表1-10 自営業（1973-2004年） （％）

	1973	1979	1990	1998	2004
ドイツ	9.1	8.2	7.7	9.4	10.8
日 本	14.0	14.0	11.5	9.7	10.4
イギリス	7.3	6.6	12.4	11.4	12.8
アメリカ	6.7	7.1	7.5	7.0	7.4
OECD		9.8	11.2	11.9	14.4

注：OECDの1973-1998年の数値はベルギー，チェコ，ギリシャ，ハンガ
リー，韓国，ルクセンブルグ，メキシコ，ポーランド，トルコを含まない。
2004年は30か国の数値である。
出所：OECD（2000a：Table 5.1；2005f：18-19）.

圧力と結びついた選択的な規制緩和にともなうものかもしれない。第二は，国や
集団による違いは資本主義の多様性とジェンダー・レジームの多様性にかんする
諸理論で説明できるのかという問題である。

　自営業は経済全般にわたって見られるが，1990年代に自営業がとくに増えた産
業部門や職業集団は知識経済論と一致する。自営業は従来，卸売業，小売業，修
理業，ホテル・レストランに集中していたが，1990年代は金融仲介，不動産，レ
ンタル業，ビジネスサービスでとくに増え，コミュニティ・サービス，社会サー
ビス，個人サービスでも増えた（OECD 2000b：159-160）。1990年代に自営業が最
も増えた職業集団は専門職，技術者，準専門職である（OECD 2000b：159-162）。

　とはいえ，こうした人々の労働条件は知識経済論とはさほど一致せず，規制緩
和論と一致する部分が多い。自営業者は労働条件がよくない，労働時間が長い，
訓練が十分に行われない，コンピュータの活用が少ないと訴える傾向にあり，自
分たちの仕事は不安定だと感じているが，それでも仕事への満足度は高い
（OECD 2000b：156）。自営業は個々の事例によって労働生活の質にかなり差異が
ある。おそらくニューメディアや新文化産業の発展が，知識経済論に最も適合す
る事例であろう（本書第6章；Leabeater and Oakley 1999；Perrons 2005）。

　自営業は変わったのか。OECD加盟国では1979年以降，自営業が増えている。
OECD加盟国の雇用に占める自営業の比率は1979年には10％であったが，2004年
には14％に増大した（OECD 2000b：158-159）。増大した時期は知識経済論とも規
制緩和論とも一致する。

　しかし，全体としてはそのとおりでも，表1-10に見られるとおり，国によっ

39

第Ⅰ部　知識経済，ジェンダーおよび規制の概念を再構築する

表1-11　自営業に占める女性の比率と女性自営業者の増加率　　（%）

国	自営業に占める女性の比率			女性自営業者の増加率		
	1973-1979	1979-1990	1990-1997	1973-1979	1979-1990	1990-1997
ドイツ	34.2	26.4	28.3	-3.2	-1.2	6.4
日　本	33.6	35.5	33.9	0.4	0.0	-2.8
イギリス	20.4	23.9	24.8	-1.9	8.9	-1.0
アメリカ	27.2	32.9	37.0	5.7	4.2	1.9
OECD	26.4	28.1	29.1	0.7	3.4	1.0

注：OECDの数値はカナダ，フィンランド，フランス，ギリシャ，アイルランド，韓国，
　　メキシコ，オランダ，トルコを含まない。
出所：OECD（2000a：Table 5.1）.

てかなり差がある。アメリカは1973年から2004年までを通じて自営業者の比率は比較的低く7％前後で推移している。ドイツは1973年には約9％だったが，1990年には約8％へとやや低下し，2004年には若干上昇して約11％となっている。イギリスは1970年代を通じて7％前後だったが，1980年代に急増して1990年には約12％になり，その後はほぼこの水準で推移している（2004年は12.8％）。日本は1970年代には14％だったが，2004年には約10％まで低下している。

　国によるこうした違いは，資本主義の多様性にかんする研究が前提としてきたことに一部異を唱えるものである。そうした研究は市場経済の調整の性格と度合い，規制の度合いに応じて国を分類しているが，最も調整されていない市場経済国・アメリカで自営業者の比率が最も低いからである。1990年以降，ドイツで自営業者の比率の伸びが小さいのは，新たな知識経済に雇用のニッチが生じたためと思われる。雇用のニッチは雇用の制約が厳しくないところに生じる。おそらく制約を回避しようとして生じるのだろう（ゴットシャルとクロースによる本書第❻章を参照）。

　自営業に占める女性の比率は，若干増大した（表1-11参照）。それは部分的には女性の雇用が全体として増えたためであるが，そのためだけではない。アメリカでは自営業に占める女性の比率が1970年代の約27％から1990年代には37％となり，増加がいちじるしい。女性自営業者の数も各国でそれぞれの時期にほぼ増加しているが，たとえばイギリスでは1980年代に，ドイツでは1990年代に大幅に増えた。以前は自営業に占める女性の比率は小さかったので，自営業については脱ジェンダー化に向かっていると考えられる。その背景には家内的というより公共

第1章　知識経済のジェンダー化の理論を構築する

表1-12　雇用全体に占めるパートタイムの比率（1973-2004年）　（%）

国	1973	1983	1990	1994	2000	2004
ドイツ	10.1	12.6	13.4	13.4	17.6	20.1
日　本	13.9	17.5	19.2	21.4	22.6	25.5
イギリス	16.0	18.4	20.1	22.4	23.0	24.1
アメリカ	15.6	15.4	14.1	14.2	12.6	13.2
OECD			11.1	11.6	12.2	15.2

出所：OECD（2000b：Table E；1996：Table E；2004a；2005f）.

表1-13　パートタイム雇用に占める女性の比率　　（%）

国	1973	1983	1990	2000	2004
ドイツ	89.9	91.9	89.7	84.5	82.8
日　本	70.0	69.5	70.5	69.7	67.4
イギリス	90.9	89.3	85.1	79.4	77.8
アメリカ	66.0	68.0	68.2	68.1	68.3
OECD			73.9	72.0	72.2

出所：OECD（2000b：Table E；1996：Table E；2004a；2005f）.

的なジェンダー・レジームの発展や，ジェンダー・レジームの変化にともなって雇用形態が多様化し女性の雇用がさまざまな形態で増えたことがある。

⑤　パートタイム雇用

　パートタイム労働は統計上，非標準的な労働のなかで最も重要な雇用形態である。知識経済は労働者に配慮した，より柔軟な雇用慣行を提供するという見解があり，また知識経済は規制緩和と質の低い労働生活の一例であるという見解もあるが，パートタイム労働はそのどちらとも関係づけられる。パートタイム雇用はOECD加盟国全体で増えているが，国によって形態（O'Reilly and Fagan 1998；Osawa 2001）やジェンダー構成が違い，どの先進国でも増加しているわけではない（表1-12と1-13および本章末の訳注［2］を参照）。

　パートタイム雇用は，ある観点からは，労働生活の質を向上させる柔軟性をもった形態とみなせる。パートタイムで働いている女性に聞くと，それ以外の条件はともあれ，大半がパートタイム労働がいいと回答している（Tomlinson 2004）。OECD加盟国全体で見ると，フルタイム雇用を望む女性の割合は50%をはるかに下回り，なかには10%未満という国もある。もっとも，女性パートタイマーの約

第Ⅰ部　知識経済，ジェンダーおよび規制の概念を再構築する

25％はフルタイム雇用を望んでいる。いっぽう男性パートタイマーは比較的少ないが，その過半数（59％）がフルタイム雇用を望んでいる（OECD 1999：32-33）。したがって，女性にとってパートタイム雇用は現時点での希望にあったものと考えてよさそうである。こうしたパートタイム志向はケア労働，とくに育児と関係する。

とはいえ，パートタイム雇用の質は賃金，諸手当，安定性，訓練などいくつかの点でフルタイム雇用より劣る。パートタイマーの平均時給はフルタイムの76％にすぎない。男性に限るともっと差があり（71％），女性では86％である（OECD 1999：Table 1.5）。このことは男性にも女性にも影響するし，じつはそれだけではない。フルタイムとパートタイムの差はとくにアメリカとイギリスで大きい。週20時間以下のパートタイマーについては賃金格差が大きくなる（OECD 1999：24）。

さらに，パートタイム労働者にはフルタイム労働者ほど諸手当がつかない。その度合いは国によって異なり，EU域内のパートタイマーは他の国より保護されている。たとえば，雇用主は有給休暇などの手当を与えている（OECD 1999：25-26）。OECD加盟国全体で見ると，パートタイマーはフルタイム労働者より有期職に就く傾向が強い（OECD 1999）。これは男女ともにいえることであるが，とくに男性についてはそういえる。女性パートタイマーのうち平均して18％が有期職であるが，女性のフルタイム労働者で有期職に就いているのは10％である（OECD 1999）。

パートタイム労働は男女とも，低レベルの職にいちじるしく偏っている。パートタイム労働者は事務，サービス業，販売，初歩的な職に際立って多い（OECD 1999：38）。OECD加盟国全体で見て，パートタイム労働者はフルタイム労働者ほど雇用主から十分な訓練を受けていない（訓練を受けるフルタイム労働者は36％であるが，パートタイマーは23％）。とくに女性に限っていえば，フルタイムの50％が雇用主から訓練を受けているのにたいし，パートタイマーは24％しか受けていない（OECD 1999）。

パートタイム労働とスキルのレベルの高い知識経済の発展とはほとんど関係がない。パートタイムの典型的な雇用形態は低スキル・低賃金で，ほとんどの雇用主は訓練を行っていないからだ。しかも不安定で，常勤雇用ではなく有期雇用に

なりやすい。

　雇用全体に占めるパートタイム雇用の比率はOECD加盟国全体で増大している（1990年の11％から2004年には15％に増加）が，国によってパターンが違い，一部の国では減少している（表1-12を参照）。非標準的な雇用形態の比率は，調整された市場経済（ドイツ，日本）ではなく自由主義的市場経済（アメリカ，イギリス）で高くなるという予想は，「資本主義の多様性」を自由主義経済と調整された経済とで区別する考え方に合致しそうである。ところが，アメリカはパートタイム雇用の比率が4か国で最も低く（2004年で13％），しかも1973年の16％より低いというように低下傾向にある。それにたいし，調整された経済であるドイツと日本では，パートタイム雇用の比率がアメリカやOECD平均より高い。調整された経済は自由主義的経済より標準的な労働の割合が高いと予想されるため，パートタイム雇用にかんするこうした事実は，自由主義にたいする調整という類型化に疑問を投げかけるものである。

　国によってかなり差異があるものの，パートタイム雇用は圧倒的に女性が多い（表1-13参照）。OECD諸国全体では2004年の時点でパートタイム労働者の72％が女性であったが，ドイツでの83％からアメリカでの68％まで，国によって差がある。女性パートタイマーの比率はOECD諸国全体で低下している。したがって，ジェンダー構成は依然として不均等であるが，パートタイム労働は脱ジェンダー化する傾向が広がっている。

　女性の雇用がどの程度パートタイム雇用であるかは国によってかなり差がある。アメリカは自由主義経済であるにもかかわらず，他の3か国に比べて女性の雇用に占めるパートタイマーの比率が低い。この比率はアメリカでは1973年以降，イギリスでは2000年以降低下し，ドイツと日本では増大している（表1-14を参照）。これは，女性の就業率が高い国（アメリカ，イギリス）ではパートタイムからフルタイムへの移行という形で女性の雇用がさらに増えているという主張と一致する。

　こうしたパターンは規制緩和論にどう影響するのか。4か国のうちアメリカとイギリスは経済の規制緩和が最も進み，他の2か国に比べて経済にたいする国家規制がもともと弱い。規制緩和とパートタイム労働とに関連性があるなら，イギリスとアメリカに共通のパターンがあり，日本とドイツに別のパターンがあると

第Ⅰ部 知識経済，ジェンダーおよび規制の概念を再構築する

表1-14 女性の雇用に占めるパートタイマーの比率 （%）

国	1973	1983	1990	2000	2004
ドイツ	24.4	30.0	29.8	33.9	37.0
日 本	25.1	29.5	33.4	38.6	41.7
イギリス	39.1	40.1	39.5	40.8	40.4
アメリカ	26.8	22.9	20.2	18.0	18.8
OECD			19.5	20.7	25.4

注：パートタイム雇用は通常，週労働時間が30時間未満のものと定義される。
　　ただし，日本では35時間未満。
出所：OECD（2000b：Table E；1996：Table E；2004a；2005f）.

分類できそうだが，実際にはそうなっていない。イギリスとアメリカはパートタイム労働のパターンがかなり違い，パターンが変化していく経路も違う。イギリスはパートタイム労働の比率が高く，ほぼ一定の水準で推移していて，パートタイマーはとくに女性に多い。アメリカはパートタイム労働の比率が低く，しかも低下傾向にあり，それほど女性に集中していない。このようにパターンが大きく違うことは，経済が自由主義的であるか，世界的な規制緩和圧力を受けているのか，ジェンダー不平等があるのかなど，共通する現象を1つあげただけでは説明できない。

　イギリスとアメリカの違い，さらにはイギリスでパートタイム雇用の比率が1970年代から高い理由を説明するカギとなるのは，イギリスのパートタイム部門にはもともと，あえて規制がなかったということだ。イギリスでは1960年代，70年代に労働運動から圧力を受けて労働市場の規制が進んだが，パートタイム部門はつねに規制の対象外であった（Walby 1986）。不当解雇，余剰労働者解雇手当，出産休暇にたいする規制など，規制が拡大したが，これらは一般にフルタイム労働者に適用された。この点でイギリスは異例である。フルタイム労働者とパートタイマーの労働条件の相違は，ＥＵ規制の導入によってなくなりつつある。ＥＵ規制では，労働条件のそうした相違は違法な女性差別とみなされる。パートタイム雇用の多様性を理解するには，ジェンダー・レジームの多様性と，家内的なジェンダー・レジームから公共的なジェンダー・レジームへの移行ルートの違いを分析に含めなければならない。

44

5　本書の構成

　本書の各章は，ジェンダー化された知識経済の発展，および資本主義の多様性とジェンダー関係の多様性にかんするこうした理論を，詳細な比較データを示して考察している。

　シャイア（第**2**章）はアメリカ，イギリス，ドイツ，日本のニュー・エコノミーにおけるジェンダーと雇用を詳細に比較分析した結果を示している。前半では国連，OECD，EUが定めた，ニュー・エコノミーを担う3つの部門の定義を，経済的変化の基本的な概念化と関連づけてジェンダーの視点から分析している。3つの部門とは情報通信技術（ICT）産業，情報部門，知識集約型サービス部門である。この分析では，知識経済の複数の概念の長所と短所が比較・評価される。後半では，新たな経済部門のジェンダー構成，職業分類のパターン，非標準的な雇用形態のジェンダー化を実証的に分析した結果が示される。新たな経済活動についてどのような分類基準を用いようと，4か国のいずれにおいても多数の女性が情報・知識関連分野で雇用されている。女性はICT産業雇用者の3分の1，情報部門では40%，知識集約型サービス部門では50%以上を占めている。ICT職におけるジェンダー構成の分析により，ニュー・エコノミーでもジェンダー化された職業分離が続いていることがわかる。女性が多数を占めるICT職はごくわずかであり，そのほとんどは職業の位置づけとしては低いものである。いっぽう男性はほとんどの職業で多数を占めているが，それらはコンピュータ・サイエンティスト，開発者，エンジニア，サービス要員，販売要員など職業としての位置づけが高い。ジェンダー分析の結果，女性の参加については4か国のあいだで類似点が圧倒的に多いこと，依然として職業分断があり，旧来の経済からニュー・エコノミーへの移行過程で女性は非標準的雇用に追いやられていることが指摘されている。

　大沢（第**3**章）[4]は，従来の福祉国家や福祉レジームにかえて，生活保障システムを比較考察の対象に据え，生活保障システムの機能不全ないし逆機能の所産として「社会的排除（social exclusion）」の概念を取り入れ，生活保障システムの類

型として，市場志向，「男性稼ぎ主」，両立支援を設定した。3類型のなかでも「男性稼ぎ主」型は，ポスト工業化および知識経済化への対応にとくにいきづまっているが，世紀転換期における日本の生活保障システムは，諸外国にもまして強固な「男性稼ぎ主」型である。OECD諸国について社会的排除の指標のなかでも相対的貧困率に着目すると，一般に貧困率が低い諸国では公的社会支出の規模（対GDP比）が高い。アングロサクソン諸国では社会支出の規模が小さく貧困率は高いが，イギリスとオーストラリアでは子どもがいて就業者がいる世帯の貧困率は北欧並みに低い。いっぽう北欧や大陸西欧諸国では，社会支出は大きく貧困率は低い。そのうち，北欧諸国では子育てと就業を支援するサービス給付の比重を高めてきた。これにたいして日本では，社会支出の規模はOECD平均並みで貧困率は最も高いグループに入る。子どもがいる世帯や就業者にとって所得再分配が貧困を削減する効果がきわめて貧弱である（貧困削減率がマイナスのケースも少なくない）。労働力人口の減少が憂慮される社会として，生活保障システムが逆機能しているというのが，大沢の結論である。

　レンツ（第4章）は，各国の雇用におけるジェンダー関係の規制にグローバル・フェミニズムが重要な意味をもつことを取り上げ，グローバル・フェミニズムが各国に影響を与えるメカニズムと与えないメカニズムを明らかにしている。資本主義の多様性というアプローチとジェンダー・レジームの多様性という枠組みを用いて，グローバルな要素と国・地方レベルの要素の相互作用を分析し，ドイツ，日本，イギリス，アメリカを比較している。そこではコーポラティズムのジェンダー化や国家フェミニズムのレベル，女性運動による政治的動員が重要な要素とされる。女性運動は世界的レベル，国内レベル，地方レベルでさまざまなやり方で交渉し，ジェンダー平等への規制に寄与してきた。この章はドイツと日本でコーポラティスト的な，すなわち「調整された市場経済」が対照的な経路をたどったことを跡づけている。ドイツでは，制度化されたフェミニズムが国内レベルでコーポラティスト的枠組みを推進するなかで，機会均等法制が大きく進んだ。日本では，女性の労働運動は国際的な機会構造の変化と，国際的レベルでジェンダー平等が新たに広範囲にわたって正統視されたのを機に，労働と社会における平等への指針として「ソフトな」法制化を成し遂げた。イギリスとアメリ

カの「自由主義的市場経済」は同じではない。アメリカでは国家がグローバルに覇権的地位にあることにより，グローバルな多重的システムでの交渉にたいして高い障壁となっている。イギリスでは，超国家的なEUが平等規制の実施に影響を与えた。第4章は，こうした相違を分析するには，「資本主義の多様性」アプローチと「ジェンダーの多様性」アプローチを統合すべきだと論じている。

ロバーツ（第5章）は，ジェンダー平等とワーク・ライフ・バランスに向けた適切な職場規制の「グローバル」概念が日本の職場に影響する，という意味の「政策移転」の2つのルートを比較している。こうした職場はグローバル化の圧力に影響されるだけでなく，出生率の低下と急速な高齢化に直面している日本の特殊な社会状況の影響も受ける。第5章は，規制の枠組みをその実施過程までたどり，政策が実際にどの程度重要であるのか，重要でないとしたらそれはなぜかを検討している。育児休業制度やジェンダー平等策の導入を正統なものにするうえで，政府の規制は間違いなく重要であるが，企業文化や，企業が消費者に提示したいイメージ，企業が置かれているより大きな経済環境，企業外の社会で労働者が享受できる家族支援制度，親であり労働者であることの規範，企業規模など，これらすべてが規制枠組みの有効性に影響している。第5章は，アメリカで柔軟な労働の配置が生じたこと，そしてそれがどのような結果をもたらしたかを述べたうえで，日本の状況を分析している。東京にあるアメリカの多国籍金融サービス会社や日本の大手メーカーを対象にした事例研究は，政策実施のタイミングや理由が両者でやや異なることを示している。もっとも，両社とも国の規制枠組みに従っている。この2社の労働者は仕事と家庭のバランスを図る機会が与えられているが，日本の大半の企業について同じことがいえるわけではない。日本では仕事と生活を両立するための実施メカニズムが厳格ではなく，仕事と生活をバランスさせる柔軟な取り決めを目指す他のインセンティブも欠けている。

ゴットシャルとクロース（第6章）は，ニューメディア産業における自営業を非標準的な雇用形態として取り上げている。自営業は旧来の産業・サービス業においても知識経済においても，ジェンダー化された労働力の特徴をはっきり示している。ニュー・エコノミーにかんしてこんにち盛んに行われている政策論争で，自営業は労働の質や生活，ジェンダー平等の将来について悲観的にも楽観的にも

第Ⅰ部 知識経済，ジェンダーおよび規制の概念を再構築する

見られてきた。第**6**章は単独自営業者（雇用者を雇わない）を比較分析して，こうした論争の根拠を明らかにしている。まず，イギリス，アメリカ，日本，ドイツの自営業の規模，構造，労働条件を検討し，ついでドイツ，イギリス，アメリカの出版業とニューメディア産業について詳細な事例研究を行い，グローバルなニュー・エコノミーを象徴する部門として分析している。その分析によれば自営業には，その成長，複数の産業への分布，ジェンダー構成については，国ごとに特徴がある。調整された市場経済においても，調整されない市場経済においても，単独自営業者の相当部分は不安定な労働条件と社会的リスクにさらされている。同時に，新たなリスク管理戦略が個人のレベルでも集団のレベルでも生まれつつある。こうした戦略は範囲や持続可能性に差があり，各国の労働市場規制やジェンダー・レジームに異なる影響を与えている。

ダービン（第**9**章）は，女性が圧倒的に多い非標準的な雇用分野（コールセンター）でのジェンダー分析を通して，知識創造への女性の包摂と排除を分析している。そして，知識が創造され制度化される次の４つの手法に関係するジェンダー化のプロセスを検討している。(1)概念知（教育・訓練によって得られるフォーマルな理論的知識），(2)身体知（実際に問題解決活動に参加して得られる知識），(3)符号知（文書化された規則，手続き，評価基準により組織内で共有される知識），(4)埋設知（情報システムに簡単に転換できない日課や習慣，規範に埋め込まれた知識）。ダービンの分析は，イギリス最大手の金融サービス提供者として設立された２つのコールセンターにかんする４つの事例研究にもとづく。コールセンターや親会社のアドバイザーやチーム・マネージャー（ほとんどが女性），上級管理職にインタビューもしている。ダービンによれば，さまざまな種類の知識へのアクセスや共有は企業の姿勢によって異なり，その姿勢自体がジェンダー化されている。女性が知識にアクセスできる場合，その知識は一般に個人的なものであり，目に見えず活用されていない資源であることに変わりはない。知識を組織内で組み合わせて利用すると，新たな形態のジェンダー化された不平等がコールセンターに生まれる。

ホルトグレーヴェ（第**10**章）は，コールセンターにおけるジェンダー化と柔軟性という対照的なプロセスについて調べている。コールセンターはサービス労働のネオ・テイラー主義的な標準化，自動化，質の低下の好例とみなされることが

48

第 **1** 章　知識経済のジェンダー化の理論を構築する

多い。こうしたパターンは，女性の労働は価値が低いとする従来の見解による。そうではなく組織的な観点から見ると，コールセンターは，顧客との関係やコミュニケーションを立案する戦略的計画の一環とされる。従来の労働協約，規制，従来の人事管理方針から離れ，コールセンターは労働者を再構成する選択肢や柔軟性を求める可能性を探ることができる。ドイツのコールセンターを調べた結果，ジェンダー関係や雇用関係の変化は特定の方向に向かってはいないし，今後もそれはなさそうである。むしろ，ジェンダー化のプロセスは分化していくという。ドイツの銀行は，高スキルの女性パートタイマーではなく，ジェンダーに関係なく学生を採用する。つまり，ジェンダーを解体して，柔軟性をつくり直している。専門ホットラインや金融サービスなど，コールセンターのなかでも男性中心の分野では，昔ながらの男性的なスキル概念が再生産され，コールセンターの仕事にかんする女性化された感情労働というイメージに抗している。通信販売などスキル水準の低いコールセンターでは，ネオ・テイラー主義的パターンが残っている。小規模のコールセンターでは，もっと別のパターンが見られる。高スキルの女性パートタイマーは柔軟な労働時間とかなり低い賃金を受け入れているが，引き受ける仕事は電話への応答からプロジェクト管理まで多岐にわたる。

　ペロンズ（第**7**章）は，知識経済において広がる社会区分を理解する枠組みを示している。それは新しい情報通信技術と関連する知識経済の従来の概念化にもとづくが，そこにとどまらず，知識とケアという財の特異な経済的属性を理論化して，階級やジェンダーによる旧来の社会的分断が新しい形で再生産される理由を説明している。この枠組みはニュー・エコノミーの楽観論（生産性の向上によって生まれる可能性のある経済的・社会的利益を強調）と悲観論（労働条件の悪化，不安の増大，個人化を強調）を調和させる働きをする。また，ニューメディアと保育サービスの労働条件を比較分析するための文脈を提供している。ペロンズによれば，どちらの事例でもまだまだジェンダー分離が残っている。ニューメディアの労働者は平均所得を上回る給与を得ているが，雇用慣行は家父長制的であり，雇用保障が十分でない。そのため，ニューメディアの労働者は自分たちを技術フロンティアのパイオニアとは思わず，決まりきった仕事を繰り返すホワイトカラーと同じだと思いはじめている。ニュー・エコノミーに関連した個人化の一部に対抗

第 I 部　知識経済，ジェンダーおよび規制の概念を再構築する

し，労働条件の改善を求めて何らかの集団行動を考えている者もいる。このように新たな雇用形態には，保育労働の旧来の形態と思われるものと類似した点がある。さらに，今後の雇用の世界に保育労働者に代わるものがあるわけではなく，ニューメディアの仕事を増やすには保育労働者が必要である。

　西川と田中（第**8**章）は，世界的に増大する女性中心の在宅介護職の知識獲得と，新たな非標準的な雇用形態（日本におけるパートタイム労働，登録制を含む）の拡大との関係を考察している。景気が後退し，雇用見通しが明るくないにもかかわらず，高齢者介護サービスはこの10年間，日本経済で最も急成長している部門である。日本の労働市場は柔軟化に向かい，サービス提供は民営化される傾向が増しており，パートタイムか登録制で雇用される在宅介護労働者が急増している。職務内容と柔軟な労働取り決めにかんするジェンダー化された想定ゆえに，既婚の中年女性が労働力の主たる供給者になっている。2つの相反する動向が日本の介護労働者に影響を与えている。一つは介護の標準化と専門化であり，もう一つは雇用のジェンダー化された柔軟化である。この2つは知識の獲得や，日本の介護労働者の地位向上の機会にどのような影響を与えているのか。野中による知識転換の4段階をもとに，西川と田中は，日本の介護労働者が専門的知識を獲得するには，社会化（上司や同僚と時間・空間を共有する）と内面化（実践による学習）が主要なプロセスになると述べている。とはいえ，現在の資格認定制度や雇用形態の柔軟化は社会化や内面化へのアクセスや機会を制限しており，これは専門知識の獲得や蓄積，さらには地位向上の機会に悪影響を与えかねない。

6　知識経済の多様性——ジェンダーの次元と階級の次元

　ジェンダーの視点で考察すると，知識経済にかかわるプロセスがいくつかの点で違って見えてくる。知識経済の定義が違えば，知識労働者のジェンダーによる特性も違い，知識経済における勝者と敗者のジェンダー化にかんする議論に影響する。新ICT産業や情報関連産業では従来どおり男性が多数を占めているが，知識集約型サービス業では女性のほうがやや多い。知識経済を知識集約的な雇用という観点から定義すると，近年，男性より女性の教育水準が高くなっていること

から，女性が知識経済において雇用されれば，男性と同じく勝者になると考えられる。

　雇用形態の大きな変化は，新情報通信技術と知識集約型の仕事にかかわる新たな経済部門の発展と関係する。それだけでなく，資本主義の多様性とともに進化するジェンダー・レジームの変容とも関係する。一部の非標準的な雇用形態（ドイツのニューメディア産業における自営業など）は知識経済の発展と関係する。その他，資本主義の多様性とジェンダー・レジームの多様性とのあいだに生じる複雑な経路依存的相互作用にともなう雇用形態もある。分析の軸にジェンダー視点を組み込むと（ジェンダーの主流化），資本主義の主要な多様性にかんする従来の区分が疑問視される。非標準的な雇用形態の多くは，規制の少ない自由主義経済で見られるのではなく，調整型で規制が多いと従来から見られてきた国で起こっている。

　知識経済における新たな雇用形態の登場とその特徴は，標準的な雇用形態と非標準的な雇用形態を対照させるという文脈で理解する必要があり，その対照は，自由主義経済よりも，伝統的に調整されてきた経済ではっきり認められる。「新たな」非標準的な雇用の範囲とジェンダー化が国によってどう違うかは，国家や統治体が標準的雇用に提供した保護の内容，そうした保護措置がジェンダー化された非標準的雇用にどの程度適用されたのか，「新たな」雇用，標準的雇用，非標準的雇用という複数のカテゴリーの包摂・排除とジェンダー化の変化による部分が大きい。このことは「新しい」雇用あるいは非標準的雇用，とくにパートタイム雇用や有期雇用の性質を説明するうえで重要である。一部の国では，特定の非標準的雇用形態（たとえばイギリスではパートタイム雇用）が，職の質を保護する手続きや給付の進展から除外された。特定の非標準的雇用形態がそうした保護措置から除外されることはしだいに減ってきたが，その度合いは国によって違う。同時に階級関係に焦点を当てた平均的な保護のレベルも下がってきた。さまざまな形態の非標準的雇用は雇用保護からどの程度除外されてきたのか，あるいはどの程度雇用保護の対象とされてきたのか。そのパターンは複雑だが，雇用における女性の地位に大きな影響を与える。それがどのような影響になるかは，さまざまな非標準的な雇用形態において女性がどの程度多数を占めているのか，また労働

第Ⅰ部　知識経済，ジェンダーおよび規制の概念を再構築する

市場において女性はどの程度不利益を被っているのかによる。雇用主，男女労働者，さらには制度化された利害の一群が，雇用の領域で優位に立とうと策略を繰り広げるなかで，そこに孕まれる相互の因果関係には複雑なパターンがある。過去を振り返ると，男性労働者が多数を占め，平均的な雇用分野よりも適切に規制された雇用分野では，女性が組織的に排除されることが多かった。こうしたことが起こるのは，労働者としての女性の利益の表明が労使関係制度において，とくに労働団体のなかで十分になされなかったからだ。そうなると多くの場合，女性労働者は規制の弱い部門とかかわり，たいていは非標準的雇用となる。たとえば，女性労働者は搾取されやすいので，規制されていない非標準的雇用のニッチのジェンダー構成が一因となって，そのニッチが雇用主にとって雇用拡大の標的になることもある。これは女性のパートタイム雇用と関係して起こることが多い。

　いくつかの事例では，雇用の新たな時間性，契約性，空間性は知識経済の発展と関係するのかもしれないが，それは限られている。当てはまるのはニューメディア産業や文化産業で，そこでは自営業者の比率が高く，一時的な柔軟性が活用される。非標準的な雇用形態は，ほとんどが相対的に劣悪な雇用条件と結びつく。ただし，労働者がパートタイム雇用を一時的に選択する場合は別である。とはいえ別の側面では，パートタイム雇用は質の低い雇用条件と関係する。もっとも，こうした雇用形態が増大する要因をグローバル化や経済の規制緩和圧力だけに帰することはできない。非標準的な雇用形態は，規制がほとんどない自由主義国（アメリカ，イギリスなど）より，もっと調整的で規制がある国（ドイツ，日本など）に多く見られる。有期雇用，自営業，パートタイム労働はより自由主義的な国では少なく，調整された経済の諸国で多い。2000-03年におけるアメリカ，イギリス，ドイツ，日本を比較すると，有期雇用，自営業，パートタイム雇用の比率は4か国のなかでアメリカが最も低い。高いのは日本とドイツである。パートタイム雇用の比率は日本が最も高い。

　こうした非標準的な雇用形態は，複数のプロセスの交差という観点から見ると最もよく理解できる。非標準的な雇用形態が，調整された経済の諸国で表向き増えているのは，一つには，それらがもたらす不安定性や柔軟性を，より自由主義的な国，とくにアメリカの雇用主はすでに手にしていたからだ。つまり，アメリ

カの「標準的」雇用では，調整された経済の諸国で提供される雇用保護が乏しい。したがって，経営陣は標準的雇用の外に新たな雇用形態を生み出そうとは思わない。非標準的な雇用形態が調整された経済で増えているのは，一つには，経済・労働分野でさほど保護されていない新たなニッチを利用するためである。このことから，資本主義の多様性にかんする研究における自由主義的市場経済と調整された市場経済という類型を再考する必要がある。

　資本主義やジェンダー・レジームの変容には逆の力学も働いている。階級の問題では規制が緩和されてきたが，直接・間接にジェンダー化されている問題については規制が強まっている。こうしたことを考慮すると，知識経済の区別とジェンダーが理解しやすくなる。ジェンダー・レジームが家内的な形態から公共的な形態へ移行するにしたがい，就業の場でも民主的な場でも女性労働者の政治的発言が増えている。これにより，差別規制や育児に配慮した労働時間規制も増える。1970年代以降，とくに1990年代以降，きわめて重要な差異はあっても雇用分野のジェンダー関係はだんだんと規制されてきたが，非標準的雇用の一部も国によってはある程度規制されてきた。同時に，国によってはグローバル化のプロセスに，ある種の雇用関係，とくに階級の不平等とかかわる雇用関係について，何らかの規制緩和をともなっている。それは男性にも女性にも影響する。多くの女性は職務階層のなかで低い地位を占めるからである。

　経済の調整と規制における階級の次元とジェンダーの次元は，区別される必要がある。階級にもとづくリスクや脆弱性とジェンダーにもとづくリスクや脆弱性とでは，それにたいする保護や支援のレベルが違うからだ。それらは3つの点で違う。第一に，規制の恩恵を直接・間接に受けるのは女性労働者ではなく，男性労働者が圧倒的に多い。たとえば，1960年代・70年代にイギリスで労働時間が規制されたが，男性が圧倒的に多いフルタイム労働者を対象とした雇用保護策の大半は，女性が圧倒的に多いパートタイム雇用には適用されなかった。第二に，女性が多数を占めるケアの担い手のニーズに対応しているのは，国や雇用主の独自の政策（公的資金による保育など）であるが，それらは普通，資本主義生産体制の研究では重視されていない。第三に，機会均等への女性の利害を埋め込んだ政策やジェンダー主流化政策は，独自の規制群であって，それらは普通，資本主義生

第 I 部　知識経済，ジェンダーおよび規制の概念を再構築する

産体制やジェンダー化された福祉国家の研究では重視されていない。特異なジェンダー・レジームをもつEUは，ジェンダー平等に向けてアメリカや日本よりかなり厳しい規制を採用していることから，EUの発展は新たな経路依存的発展形態を生み出しつつある。

　グローバル化のジェンダー化された政治的・政策的側面を，いっそう分析に含める必要がある。グローバル化はある問題に同じような影響を与える場合もあるが，別の問題にたいしては違った影響，おそらくは逆の影響すら与えかねない。グローバル化は経済プロセスであるだけでなく政治プロセスであり，世界中でフェミニストによる政策と慣行の相互拡大を促してきた。そうした政策や慣行はある統治体の規制制度に影響を与える。さらに，多国籍企業内でも方針が策定され，それがある国の工場から別の国の工場へと移転される可能性がある。つまり，各国政府との相互作用は複雑であるが，ある国で策定された政策が他の国でも適用されるかもしれない。単純な規制緩和プロセスがあるのではなく，機会均等政策から出産休暇，労働時間規制にいたるまで，雇用におけるジェンダー関係に新たな形態の規制が少なからず生まれている。グローバル化の分析でジェンダーの主流化を行うなら，グローバル化と規制緩和は単純に同時進行するという前提を再考し，ジェンダー化される政治プロセスや政策プロセスをグローバル化と関連づけて，より詳細に検討する必要がある。グローバル化は，労働条件を改善する規制づくりに資するグローバルな政治運動を発展させうるという意味で，均質な影響ではなく，相反する影響をもたらす。こうしたことが機会均等，ワーク・ライフ・バランス，人権，ジェンダーの主流化にかんする言説や慣行を通じて，ジェンダーと関係して起きている。グローバルなネットワークに占める各国の位置が異なり，変化が続いていることは，グローバル化が各国のジェンダー化された雇用形態に与える影響をさらに強めることになる。

　ジェンダー化された知識経済におけるこうした異なる発展パターンを説明するには，資本主義の多様性とともに，とくにジェンダー・レジームの多様性をもっと綿密に概念化することが必要となっている。なかでも重要なのは，規制の概念化を進め，規制がもつジェンダーと階級の側面に焦点を当てることである。本書の各章は，こうした新たな理論的課題に挑んで，ジェンダー化された知識経済の

第1章　知識経済のジェンダー化の理論を構築する

多様性を解明しようとしている。

付　論

1．表1-5「雇用規制の比較——階級とジェンダー」の数値の出所および算定
〈労働組合の組織率〉
出所：アメリカの数値はMonthly Labor Review（2004）のデータから算出。イギリスはHicks and Palmer（2004）による。日本については，24％は1994年の数値でOECD（1997：Table 3.3）により，19％は2004年の数値でBroadbent（2005）による。ドイツはEuropean Industrial Relations Observatory On-Line（EIRO）（2004）による。日本のみ1994-2004年の数値であるが，他の国は2003年の数値。

〈団体交渉でカバーされる労働者の割合〉
出所：OECD（1997：Table 3.3）．1994年の数値。

〈賃金交渉の集中度〉
出所：OECD（1997：Table 3.3）．1994年の数値。
　数値が高いほど，賃金交渉が集中していることを示す。1は企業レベル，2は産業レベル，3は全国レベル。

〈調　整〉
出所：OECD（1997：Table 3.3）．1994年の数値。
　調整は団体交渉当事者間での合意形成の度合いに焦点を当てる点で，集中度とは若干異なる。数値が高いほど，団体交渉での調整度が高い。

〈雇用保護法制〉
出所：OECD（1999：Table 2.5）．
　これは正規雇用（とくに個別解雇），有期雇用，集団解雇に関する雇用保護法制の総合指標で，数値は1990年代末。数値が高いほど保護されている。[5]

〈雇用保護法制と企業レベルの保護〉
出所：Estévez-Abe et al.（2001：165）．
　雇用保護にかんするこの複合指数は複数の要素から成る。5/9は「法律や労働協約

55

に盛り込まれた，個人の採用・解雇に関する規則の限定性」と関係し，2/9は「法律
や労働協約に盛り込まれた，集団解雇に関する規則の限定性」と関係する。また，
2/9は次の３つの基準にもとづいた企業レベルの保護と関係する。(1)企業内の労働問
題の決定に重要な役割を果たす従業員組織がある。(2)強力な労働組合が外部にある。
(3)同じグループの企業間で従業員を交換する組織的慣行がある。数値が高いほど保護
されている（もともとの指数は0-1であったが，表記上1-100に換算した）。OECD
やインカム・データ・サービシズ（IDS）などのデータが使われている。[6]

〈労使関係の調整と規制の程度による順位の要約〉
　数値が低いほど，労働組合組織率が高く，団体交渉で保護される労働者の割合が高
く，賃金交渉の一元化が進み，労使関係制度が協調的で，雇用保護法制が整備され，
企業レベルでの雇用保護が厚くなる傾向にある（表の各項目は同等に扱われている）。
この順位はEstévez-Abe et al.（2001 : 165）の順位と同じである。

〈労働組合員の女性比率〉
出所：アメリカはMonthly Labor Review 2004；イギリスはHicks and Palmer 2004；
日本はBroadbent 2005；ドイツはEuropean Industrial Relations Observatory
On-Line（EIRO）2004. 数値は2003年。

〈均等待遇に向けた法的な雇用規制〉
　ＥＵ加盟国であるイギリスとドイツは，ジェンダー主流化への取り組みなど，拘束
力のあるＥＵ指令や条約にもとづく法的枠組みを実質的に共有している。とはいえ，
ＥＵ内の実施慣行や社会的パートナーの関与の性格には違いがある。またイギリスに
は独立機関として機会均等委員会があり（ドイツにはない），訴訟ケース，とりわけ
戦略的に重要なケースの処理を支援している。アメリカと日本の法律はＥＵ法に比べ
て対象とする範囲が狭く，施行力が弱い。基本的な平等賃金法や差別禁止法にほぼと
どまっている。たとえば，ＥＵ法はパートタイム労働者にフルタイム労働者と同等の
権利を与えているが，アメリカの法律はそうなっていない。アメリカは積極的差別是
正措置をとってきたので，法的枠組みや慣行は日本より強固である。

2.　パートタイム雇用は通常，週30時間未満の労働と定義される。ただし日本では週
35時間未満（OECD 2000b）。もっとも，日本には事実上２つの定義があるため（１
つは労働時間にもとづき，もう１つは雇用主の処遇にもとづく定義），週35時間を超
えて働く者のうち10-20%が実際には「パートタイム」の勤務条件を受け入れている

第1章　知識経済のジェンダー化の理論を構築する

（Osawa 2001）。

訳注

［１］　原書では「システム」と書いているが，(1)のシステムと重複する。この後では領域（domain）として論を進めており，2009年の著書の当該箇所でも「領域」としているため（Walby 2009：259-264），この日本語版では「領域」とする。

［２］　後出の訳注［３］［４］で述べるように，日本における労使関係の調整と規制の程度は，イギリスにより近かったと思われる。しかし，順位が逆転するほどとは考えにくい。

［３］　女性の比率がきわめて高い職種（保育士，看護師など）を，ピンクカラー・ジョブと呼ぶことがある。

［４］　この段落は原書の訳ではなく，大沢による要約である。

［５］　本書の第**3**章で述べるように，OECDは2008年と2013年に雇用保護指標を改訂しており，日本の数値は1980年代にさかのぼって相当に下方修正された。

［６］　Estévez-Abe et al.（2001：165）の表4-1の第4列の数値を引用している。この出典の注 d によれば，第4列の数値は，第1列（雇用保護立法）と第2列（集団解雇保護）の標準化後の加重平均であり，出典はOECD『エンプロイメント・アウトルック』1998年版と1999年版である。注 d のかぎりでは，第3列（企業ベースの保護）は第4列に組み込まれていないようである。しかし，同論文166頁の説明では，第3列を組み込んだとしている。ウォルビーの説明は，同論文の説明に依拠していると考えられる。

第**2**章

ジェンダーと知識経済の概念化を比較する

カレン・シャイア

1　本章の課題と構成

　新たな経済活動は，知識基盤経済への移行にかんする言説のなかで核心を占めているが，そうした新たな経済活動を，ジェンダーの視点からいかに最善に概念化できるのか。これが本章の課題である。そのため，変化の政治的・社会的・文化的側面よりも経済的側面に着目する。とはいえ，経済活動を分類しなおし，その分類が使えるのは，経済的変化の背後にある推進力が理解されている場合であり，その理解が知識基盤経済のジェンダー分析に影響する。優勢な見解では，新たな経済活動の登場を技術革新主導の政治・経済の自由化と国際化という文脈で捉え，その新たな経済活動が企業組織やスキル，分業に影響を与えるとされている。しかしジェンダーの視点から見ると，ジェンダーにもとづく職域分離や労働市場の分離が，知識基盤経済という新興の領域でどの程度存続しているのか，またジェンダーの継続性や変容が国によって明らかに違うのかどうかが，重要な問題である。

　第1章に続き，本章でも先進主要4か国（イギリス，ドイツ，日本，アメリカ）について比較分析を行う。工業経済における雇用と労働の比較社会学は数十年にわたって研究を蓄積してきたが，それに照らすと，市場にもとづく資本主義の諸国や地域において，生産や経済活動を担う社会組織で体系的かつ質的に意味のある分岐が続いている。国ごとの産業資本主義のモデルに見られる分岐とは対照的に，有償雇用に女性が部分的・従属的に統合されている面や，無償の家事労働・再生産労働にたいする女性の責任という面には，相対的な収斂が見られる。性別分業

59

第Ⅰ部　知識経済，ジェンダーおよび規制の概念を再構築する

のあり方が相対的に収斂していることは，知識基盤経済への移行過程においても続くのか。とりわけ，同時進行するジェンダー・レジームの変容という観点から見てどうなのか。家内的ジェンダー・レジームから公共的ジェンダー・レジームへの変容（Walby 1997）は，上記4か国のいずれにおいても女性の教育水準や雇用率の上昇にはっきりと見てとれる。もっとも，ジェンダーの視点から雇用レジームや福祉国家を比較した最近の研究は，国ごとのジェンダー・レジームにおける分岐への理解を深めている。本書のいくつかの章はそれを「ジェンダー・レジームの多様性」として論じている（第1章，第3章，第4章）。

　本章の前半ではまず，ジェンダー関係の変容という文脈で経済的変化を分析するために，歴史的比較アプローチを提起する。続いてニュー・エコノミーを，新たな経済活動や新たな職業，新たな雇用形態をともなう知識基盤経済として論じる。知識基盤経済の概略は第1章で述べられているが，ここでは，経済協力開発機構（OECD），国連，欧州連合（EU）が現在用いている，新たな知識基盤経済にかんする次の3つの分類を取り上げる。

　　・情報通信技術（ICT）部門
　　・情報部門
　　・知識集約型サービス（KIS）部門

　後半では，雇用と職域分離のジェンダー化された側面を4か国について比較する。最後に，知識基盤経済におけるジェンダー化された雇用関係には継続性が見られること，それと同時に分岐も生じていることに言及する。

2　ジェンダー・レジームの収斂と分岐

　2つの並行する補完的構造（産業資本主義と家内的ジェンダー・レジーム）の変容を研究し，比較することは，先進経済国という比較的まとまったカテゴリー内であっても複雑きわまる試みである。ジェンダーと新たな経済活動のこうした分析には次の2つの問題がともなう。1つは，工業経済のジェンダー分離パターンは知識基盤経済において経路依存的であり，かつ継続するという問題である。もう1つは，イギリス，ドイツ，日本，アメリカの新たな経済活動に，ジェンダーと

雇用という視点から見て公共的ジェンダー・レジームのモデルがいくつか生まれている証拠はあるのか，という問題である。

　第一の問題は，経済構造とジェンダー関係はどのような関係性をもつのかという論点を提起する。この関係性をどう概念化するかによって，経済的変化のプロセスの分析が変わってくる。経済プロセスはジェンダー関係とはかかわりなく変化するのか，それともジェンダー関係は，経済プロセスが埋め込まれた社会構造の一部であるのか。ジェンダー関係の変化は，経済プロセス（特定の市場における労働力不足，特定のスキルや能力にたいする需要など）の結果であり，経済プロセスが女性労働者への需要を高めているのか。あるいは，変化におけるジェンダーと経済の関係性は，知識基盤経済と公共的ジェンダー・レジームの密接な関係が徐々に現れてきていることからすると，最善のアプローチであるのか。

　ジェンダー・レジーム理論では，ジェンダー構造の体系的性格を社会組織の自律的な次元として体系的に概念化するために，経済関係とジェンダー関係の分析を区別している（Walby 1990, 1997）。ジェンダー化された雇用はジェンダー・レジームの6つの次元の1つとして理論化され，それは他の次元と相まって，資本主義システムとは分析上別のシステムを形成している。経済関係がジェンダー関係に埋め込まれているという問題は，この1つの領域では妥当であるが，社会全体の分析というレベルでは妥当でない。資本主義と家父長制は，二重の社会システムとして概念化されている（Walby 1990, 1997）。このアプローチでは資本主義と家父長制という2つのシステムの密接な関係に焦点が当てられることになる。

　研究方法の視角から見てジェンダー・レジーム理論が重要であるのは，社会活動や社会構造の経済的，政治的，その他の圏域を最優先することなく，ジェンダー関係のさまざまな圏域の相補性を全体として理解できるからである。そこではジェンダー関係の包括性と，ジェンダー関係の社会的諸領域が補完しあうという体系的性格が強調される。さらに，ジェンダー・レジーム理論はジェンダー関係の歴史的変化の分析を示す。しかも，この変化が社会的行為や社会構造のいずれかの領域における変化の結果というよりは，いくつもの偶然性をともなって起きることを強調する。イギリスのジェンダー・レジームの変容にかんするウォルビーの分析は（Walby 1990），「家内的」ジェンダー・レジームから「公共的」

第Ⅰ部　知識経済，ジェンダーおよび規制の概念を再構築する

ジェンダー・レジームへの歴史的転換を概念化し，転換プロセスにおいて経済に最高の重点を置くことなく，経済を基盤とした変化の主要な側面を指摘している。家内的ジェンダー・レジームの解体の要因は，女性の高等教育修了者が増え，その女性たちが国民経済のなかで拡大しつつある新たな中核部門に大量に参入したことだ。これは先進国に共通する動向である。ジェンダー・レジーム理論のもう1つの強みは，公共的ジェンダー・レジームへの移行過程でジェンダー平等が進むのかどうかという問題にかかわる。イギリスでは高い資格を有する女性の経済的地位が向上しているが，ウォルビーによれば，女性の経済的機会には一般に教育機会や雇用機会の違いによって二極化が進んでいる。男女平等の機会が新たに生まれるいっぽうで，ジェンダー分離やジェンダー不平等の遺産が，とくに教育水準の低い女性や有色人種の女性について残っていることが，こんにちのイギリスにおけるジェンダー関係の現代化の特徴である。概念としても方法論としても，公共的ジェンダー・レジームへの移行がジェンダー平等を進展させているのかどうかは，今も実証的研究の課題となっている。

　ジェンダー・レジーム理論の長所は，ジェンダー関係の社会的・歴史的・実証的分析に役立つ点にある。本書の分析は，ウォルビー（1997）が提唱した，ジェンダー・レジームの6つの次元のうち1つだけ（女性の雇用）を取り上げて，ジェンダー・レジームの国ごとのモデルを比較しようとするものである。実証的分析という錯綜した分野でとくにジェンダーと雇用に焦点を絞るうえでは，経済プロセスとジェンダー・プロセスを結びつけて研究する必要がある。実証的ジェンダー研究がプロセスに焦点を当てることで，最も成果を上げてきたのは，職場や公共政策といった特定の領域における社会関係を構成するうえで，「ジェンダー化」の概念を発展させたことである（Acker 1990）。「ジェンダーは，ジェンダー中立とみなされる進行中のプロセスに付加されるものではない。むしろ，そうしたプロセスの不可欠な部分であり，ジェンダーを分析せずにプロセスを適切に理解することはできない」（Acker 1990 : 146）。アッカーが最初にジェンダー化概念を用いたとき，そのねらいは職務評価，昇進手続き，職務記述書など，一見日常的な慣行を通して組織がジェンダー化していることを理解することにあった。本章では，同様の方法でこの概念を用い，核となる価値創造産業の構成，新たな

職種への採用，雇用の諸タイプの構築が，「男女の区別や男性性・女性性の区別を通じて，またそのような区別という点から，どのようにパターン化されるのか」(Acker 1990 : 146)，を理解することにしたい。

　ただし，アッカーの研究とは違い，本章の実証研究では，ニュー・エコノミーの労働について具体的な事例研究（本書第**8**章，第**9**章，第**10**章を参照）は行わないし，職場の文脈におけるジェンダーの「実践」を取り上げることもしない。むしろ，新たな経済活動，新たな職業，新たな雇用形態のジェンダー化に焦点を絞り，それをまずはジェンダー構成の観点から検討する。この試みは確かにジェンダー化の概念を十分に活用してはいないが，知識基盤経済のジェンダー化した構造におけるダイナミクスに着目した今後の事例研究アプローチに向けて，実証的基盤を築くことを目的とする。

　じつは，ジェンダー・レジーム理論とジェンダー化概念のあいだには緊張関係があり，私はこの分析でそれを実際的な方法で克服しようとする。「ジェンダー化」の概念は，資本主義とジェンダー・レジームの関係にたいするウォルビーの二重システム・アプローチを批判するなかで使われてきたが (O'Reilly 2000)，本章の分析は，ジェンダー・レジーム理論に反論するのではなく，ジェンダー化の概念を用いてジェンダー・レジーム理論を具体化しようとする。ジェンダー・レジーム理論は分析のレベルとして，社会構造，歴史，システムの分析単位に位置づけられるが，ジェンダー化の概念によって私たちは，一段立ち入って，制度比較や，文脈特殊的なプロセスや慣行におけるプロセスの（再）構造化に近づく。このようなアプローチを統合する必要がある。知識基盤経済のジェンダー次元を研究するには，変化の歴史的・体系的性格を重視すると同時に，社会変化の特定の時点における特定の経済活動を実証的に研究する必要があるからだ。

　私は分析の2つのレベルと思われるものを統合しようとする。ジェンダー・レジームに埋め込まれたものとして経済活動にアプローチすることで，その統合を試みる。したがって本章で行う分析は，二重システムのアプローチとは方法論的に異なる出発点を採用する。すなわちシステムから離れ，プロセスの方向に沿い，進行中の経済的転換とジェンダー関係の転換との相互作用に焦点を絞る。このアプローチは経済とジェンダーの密接な関係を強調するだけではない。経済的変化

第Ⅰ部　知識経済，ジェンダーおよび規制の概念を再構築する

がジェンダー関係に埋め込まれていると主張することは，社会の諸関係の特定の次元に経済関係を位置づけ，社会的対抗の分野，この場合はジェンダー関係に，経済プロセスを従属させることである。経済的転換はジェンダー関係に埋め込まれ，ジェンダー関係の社会的・歴史的転換によって形成されるので，知識基盤経済への移行も理念型的なイメージでも現実の側面でも，ジェンダー関係から自律的ではありえない。

　経済的変化がジェンダー関係に埋め込まれていることを強調する手法をとるのは，ジェンダー構造やジェンダー・プロセスが新たな経済活動の出現をどの程度決定づけるのかを洞察するためである。そうしたアプローチは，こんにちの経済的変化にたいする歴史的・批判的理解を広げることに寄与する。批判的というのは，経済的変化がそれ自体の論理で展開するとみなすのではなく，特定の社会的組織の文脈のなかで展開するとみなすからだ。知識基盤経済の説明はほとんどが狭すぎて，社会の諸力，とくにジェンダーが，こんにちの経済的転換においてどのような点で重要であるのかを捉えることができない。こうした盲点が生じる主な要因は，こんにちの経済的転換にたいする見解が技術（インターネット，ネットワーク経済など）を重視しすぎて，経済的変化の文化的・社会的次元が過小評価されていることにある。本章の分析における第二の関心事は（そこにはおのずと方法論的な含意をともなうが），ジェンダーの変化と経済的変化を国際比較することである。経済活動がジェンダー関係に埋め込まれているとはいえ，それは国によってどう違うのだろうか。ジェンダー・レジームが違うから，イギリス，ドイツ，日本，アメリカの知識基盤経済は違うのか。「ジェンダー・レジームの多様性」を理論化することは，ジェンダー化された知識基盤経済の観点から意味があるのだろうか。

　近年，ジェンダーと雇用の比較研究が増え，スキル・レジームや雇用形態，労働のハイエラーキーがジェンダー化されている状況には，先進経済のなかでも大きな違いがあることが解明されてきた。とはいえ，ジェンダーと雇用にかんするほとんどの比較研究は，分岐を理論化してこなかった。むしろ最近の研究が関心を寄せてきたのは，主流のアプローチの批判と「ジェンダー化」である（社会的アプローチに関してはO'Reilly〔2000〕，資本主義の多様性に関してはEstévez-Abe〔2002,

2005〕）。また，さまざまな雇用制度にわたってジェンダーによる違いに段差があることが経験的に認められるが，それらを埋めることや（ジェンダーと雇用にかんしてはRubery et al.〔1999〕など），ある1つの国や複数国の事例を詳細に説明することに関心を寄せてきたが，（Baker and Christensen 1998；McCall 2001；Smith 2001），国ごとの事例を直接比較していない（Houseman and Osawa 2003；O'Reilly and Fagan 1998）。直接的な比較分析や歴史分析は例外である（重要な例外としてはGottfried and O'Reilly〔2002〕）。変化についての歴史研究と比較研究を統合してジェンダー秩序のいくつかの理念型を明確にし（Pfau-Effinger 2000など），新たな制度的取り決めや政策を比較分析に組み入れようとする（Pascal and Lewis 2004；Gottfried and O'Reilly 2002；O'Reilly 2000；本書第**6**章）ことで，フェミニスト研究は，より大きな寄与ができるはずである。

　社会的影響アプローチ（Maurice et al. 1986；Maurice and Sorge 2000）以降，比較分析は，単一の歴史プロセスが特定の国の文脈でどのように生じるのかを理解し，社会システムの全体的理解を通して相違点（および類似点）を説明することを主眼としてきた。知識基盤経済のジェンダー次元を理解するうえで基本的な研究課題とは，ジェンダーにもとづく旧来の不平等が新たな経済活動にももち込まれるのかどうか，もち込まれるのであれば，国ごとのジェンダー・レジームは「ニュー」・エコノミーにおけるジェンダー不平等の性格と度合いをどう決定づけるのか，ということである。それがわかれば，国ごとの公共的ジェンダー・レジームがジェンダー不平等の存続に与える影響を比較するという，より広範な課題に寄与することができるだろう。

3　ニュー・エコノミーとジェンダー化された雇用

　公共的ジェンダー・レジームへの移行と知識経済への移行が重なると，新たな意味や慣行が現れるというより，旧来の取り決めの解体が目立つことが多い。経済や雇用の変化を説明する場合，社会アクターにとっての新たな機会よりもリスクが強調され（Sennett 1998），男性の標準的雇用の解体は，労働経歴における男女の相違を平準化するものとみなされる（Beck 2000）[1]。ジェンダーの視点から見

65

第Ⅰ部 知識経済，ジェンダーおよび規制の概念を再構築する

ると，近年の政治的変化は既存の雇用保護の規制緩和だけではない。差別的慣行の禁止が政治的に進んだ結果，女性たちは，労働におけるジェンダー不平等を正統化させず，転換するうえで有効な資源を手にしてきた。知識を基盤とする資本主義経済への転換と公共的ジェンダー・レジームへの転換の双方を研究するには，しばしば矛盾し対抗するこれらの傾向を区別する必要がある。難しいことではあるが，分析の視線を，認識可能な形や姿から，もっと遠くにあって焦点を合わせにくい対象，パターン化されていない対象へ移さなければならない。本章の作業は，実証を志向しながら概念的かつ分析的なものであり，その目的は，基調をなす広範囲の経済的な諸変化に焦点を当てることにある。その際の明示的なねらいは，経済的な変化を，ジェンダー関係の転換に埋め込まれたものとして理解することである。実証的分析は知識基盤経済あるいは「ニュー」・エコノミーに焦点を絞る。その際に留意しているのは，知識基盤経済ないしニュー・エコノミーという用語がさまざまな意味を含み，しかもスキル度の高い労働領域や先進的な経済状況に傾きがちだったことである。ニュー・エコノミーに重点を置くと，活力ある新しい部門に否応なく目を向けることになるが，それらは先進国において中核的価値を創出し雇用を拡大する新部門として重要性を増しつつある。こうした活力ある成長部門に現れているジェンダー化のパターンは，ジェンダーにもとづく不平等を今後生み出す可能性がある。

　ニュー・エコノミーや知識基盤経済に焦点を絞るとはいえ，そこに含まれる経済活動のすべて，あるいはほとんどが新しいということではない。新しい産業（インターネット出版など）やビジネス（SAPアプリケーションなど）は雇用の創出や変化に大きな役割を果たすが，ニュー・エコノミーには工業経済に共通する経済活動（ハイテク製造業やサービス業，金融，通信など）や，あらゆる範囲の職業や職務役割（清掃，警備，通貨市場取引，ウェブ・デザインなど）が含まれる。知識基盤経済のイメージは一般に，価値創出活動の性格が付加知識による価値の創出へ変わってきていることを示している（Quinn 1992；Drucker 1993a）。経済的転換の比較研究では，知識にもとづく競争ビジネス戦略を，資本形成と雇用慣行を市場志向的に再編すること，さらにはほとんどの場合，それらを自由化することと結びつける傾向が強まっている。自由化に向けた圧力は従来の雇用関係に影響を与え

ており，きわめて規制の強い国のシステムであっても，雇用の規制緩和を政治課題の１つとしている（Crouch and Streeck 1997）。

ニュー・エコノミーの構成要素について一致した見解はほとんどなく，かなり混乱している。最も狭い定義はリスクの高い新技術の証券市場にもとづくものであり，最も広い定義は第４次「情報」部門への移行にもとづく（Porat 1977）。前者の定義はあまりにも狭く資本市場に焦点を合わせており，後者の定義は情報技術の普及に限定されすぎている。その他，インターネットなど特定の技術インフラを重視したアプローチや（批判についてはThompson〔2004〕を参照），ネットワーク経済を重視するアプローチもある（Castells 1996）。批判的に見る向きは，知識経済は経営側の言説にすぎないとして，その存在を疑問視している（Casey 2004）。本章では研究上の戦略として，製造業とサービス業という従来の区分を超えた，経済活動の新たな定義に目を向け，経済における情報普及と知識創出活動を重視する。ウォルビーによる本書の第１章に従い，ニュー・エコノミーを一連の新たな経済活動と理解し，それらは新たな部門，新たな職業，新たな雇用契約と見ることができる。

ジェンダーとニュー・エコノミーの関係を，この実証的分野で２つの観点から考察する。まず，ニュー・エコノミーで働く女性に目を向ける。ニュー・エコノミーに占める女性の割合は，新たな経済活動の構築におけるジェンダー化やジェンダー不平等の性格についてほとんど何も示していない。そこで「ニュー・エコノミーにおける女性」から「ニュー・エコノミーのジェンダー化」に焦点を移すために，雇用におけるジェンダー不平等が従来から見られる２つの分野を検討する。それはジェンダーにもとづいた職域分離と，女性の雇用が新たな経済部門において非標準的雇用として構造化されていることである。こうした実証的戦略は，以下の諸章の多くでさらに深く追求される。そこで重点的に取り上げられるのは，ジェンダー化された労働規制（雇用規制，社会政策の規制），非標準的雇用のジェンダー化構造（自営業，臨時雇用），特定の労働環境におけるジェンダー関係（コールセンター，高齢者介護）である。

第Ⅰ部　知識経済，ジェンダーおよび規制の概念を再構築する

4　ニュー・エコノミーを測る──経済活動の新たな分類

　1990年代後半に国連の統計作業グループ，OECD科学・技術・産業局（DSTI），欧州委員会統計局（EUROSTAT）が，産業部門の既存の分類を越えて生じている変化を把握し，特定の産業を新たな部門に分類しなおすために一定の基準づくりに乗り出した。OECD-DSTIにとって新たな経済部門は知識基盤経済の動向を国際的に比較するための基準になっており，科学・技術・産業スコアボード（www.oecd.org）に毎年発表されている。新たな経済部門は情報社会にかんするさまざまな国連活動の基礎であり，また国内の産業分類と新たな経済活動の基準との比較可能性の拡大にかんして，継続的な議論の基礎にもなっている（unstats.un.org）。経済部門の新たな分類をほぼ一貫して用いてきたのは欧州委員会の雇用・社会問題総局で，2000年以降，欧州の雇用にかんする年次報告書に使っている。また統計局も雇用増加の詳細な分析に使っている。これは「注目される統計」シリーズの科学・技術分野に定期的に掲載される（europa.eu.int/comm/eurostat）。

　国連とEUが定め，OECDが用いている3つの分類基準は先進国におけるビジネスと雇用の動態を捉えている。それは情報通信技術（ICT）部門，情報部門，知識集約型サービス（KIS）部門の3つである。ICT部門と情報部門は先進国において比較的小さな雇用分野であり，より広い部門内における新産業の尺度に近い。対象とする範囲に違いはあるが，3つの基準のいずれかが他より好ましいと判断する明確な概念的理由はない。ある意味では3つの基準は互いに補い合っているので，ニュー・エコノミーを分析するこの初期の段階では，3つとも考慮するのがよさそうである。労働の変化のジェンダー側面を理解するうえで，それぞれの基準にどのような概念的長所・短所があるのかについては後述する。つぎに，ニュー・エコノミーのジェンダー構成を4か国について比較分析する。最後に，こうした新しい部門における新たな職業と雇用形態のジェンダー側面にかんして，入手可能なデータを分析する。これはおそらく単純な方法であろうが，ニュー・エコノミーで起きているジェンダー化をこうした方法で理解しようとする。

68

表2-1　情報通信技術（ICT）部門を構成する経済活動

国際標準産業分類（ISIC）改訂3	
ICT機器の製造	
3000	事務機器，会計処理機，コンピュータの製造
3130	電気機器の製造
3210	電子管など電子装置の製造
3220	有線電話・電信用テレビ・ラジオ放送機器の製造
3230	テレビ・ラジオ受信機，音声・ビデオ録画・再生機器，関連製品の製造
3312	測定，照合，試験，航行，その他の用途に用いる機器の製造（産業用プロセス制御装置を除く）
3313	産業用プロセス制御装置の製造
ICTサービス	
5151-5152	コンピュータ，コンピュータ周辺装置，ソフトウェア，部品の卸売[2]
6420	通信
7123	事務機器（コンピュータを含む）のレンタル
72	コンピュータおよび関連事業
7210	ハードウエア・コンサルティング
7220	ソフトウェア製作，ソフトウェアのコンサルティング，供給
7230	データ処理
7240	データベース事業
7250	事務機器，会計処理機，コンピュータの保守・修理
7290	その他のコンピュータ関連事業

出所：unstats.un.org; oecd.org. 国連の一覧表をもとに，Nace改訂1のカテゴリーとOECD（2002a）
　　　の定義を参照して作成。

（1）ICT部門

　ICT部門は製造業とサービス業の分類基準を含み，従来の4つの経済部門で構成される。それは製造業，卸売・修理業，運輸・通信業，そしてICTサービス業で最も重要なカテゴリーである事業サービス業である（表2-1）。

　ICT部門から思い浮かぶニュー・エコノミーのイメージは，技術主導の経済的転換の1つというものだ。この分類基準のおもな長所は，製造業とサービス業を結びつけ，従来の分類と決別して，新たな経済活動部門が生まれていることを明らかにしようとしている点にある。[3]ジェンダーの視点で見ると，製造業とサービス業の両方を含めることで，これまで男性中心だった部門（製造業）と新しい部門（サービス業）を詳細に分析できるという利点があり，女性がサービス業のなかでも高度なスキルを要する新たな領域で，どのような状況にあるのかという問

第Ⅰ部　知識経済，ジェンダーおよび規制の概念を再構築する

題が提起される。OECDはICTを新たな経済発展の最も重要な指標としていて（OECD 2002a），国レベルのデータや職の増加にかんするデータはOECDから得られるので，産業間の関係やそうした部門における労働の質やスキルレベルについてもっと仔細に検討することができる。OECDはICT部門の国別比較分析にジェンダーを組み込んでいない。

　イギリス，日本，アメリカではICT部門が事業付加価値全体の10％近くを生み出し，ドイツでは５％強を生み出している。[4]日本でのみ，ICT関連の製造部門が事業付加価値全体の50％を生み出している。アメリカとイギリスではICTサービス業がICT製造業の３倍以上の付加価値を生み出し，ドイツでは２倍となっている。OECDによれば，日本はICT関連のサービス業より製造業に特化している。ICT部門の雇用についても同じような比較結果がはっきり見てとれる。日本のみICT関連の製造業がICT部門の雇用全体の大半を占め，ICTサービス業が雇用に占める割合は比較的小さい。

　４か国のいずれにおいてもICT部門の付加価値は1995年から2000年までの期間に増大し，2000年代初めには景気が後退したにもかかわらず増え続けている（OECD 2003, B.6：97）。ICT製造業の雇用は1995年以降，４か国のすべてで停滞し，ドイツでは若干減少した。日本とドイツではICTサービス業でも雇用が伸びなくなった。1995年以降，ICTサービス業が堅調であったのはイギリスであり（2.4％増），アメリカがそれにつぐ（1.5％増）（OECD 2003, B.6：99）。国別に見てICT関連の雇用に占める割合が最も高いのはアメリカであり，OECD加盟国全体のICT関連雇用の34％を占めている。ちなみに日本は18％，イギリス９％，ドイツは７％である。この４か国がOECD諸国のICT関連雇用の上位４位を占めている。アメリカとイギリスは1995年以降，ICTサービス業の雇用の伸び率がとくに高い（アメリカは10.5％，イギリスは9.5％）。ソフトウェアサービス業に限った雇用はイギリスで19％増加した（OECD 2003, B.6：98）。

（2）情報部門

　情報部門が示唆するニュー・エコノミーのイメージは，技術主導によるICT部門の変化ではなく，情報作成や情報配信ネットワークが一定の役割を果たすとい

第**2**章　ジェンダーと知識経済の概念化を比較する

表2-2　情報部門を構成する経済活動

国際標準産業分類（ISIC改訂3）	
コンテンツ産業	
2211	本，パンフレットなどの出版
2212	新聞，雑誌，定期刊行物の発行
2223	音楽作品
2219	その他の出版
9211	映画やビデオの製作・販売[1]
9212	映画の上映
9213	ラジオ・テレビ事業
9220	報道機関
9231	図書館，文書館
ICTサービス業	
6420	電気通信
7221	ソフトウェア製作
7230	データ処理

注1）：国内の分類にこの区分がある場合，国連はこのカテゴリーにテレビゲームの製作を含める。
　　　2007年に予定されているISIC改訂4はNAICSの現在の分類に従ってそうした区分を設けると予
　　　想される。
出所：unstats.un.org, 'Information Sector' and 'Appendix 2 — Information Sector: another
　　　proposal' downloaded 24.2.04. 筆者がNAICSをもとにISICにあわせて作成。

うものである。情報部門という分類は国連が定め，その構成要素はICT部門と重
複している（表2-2）。現在の国際標準産業分類（ISIC）は情報関連産業の一部の
分野で細かい下位区分を設けていないので，情報部門の的確な比較基準を定める
のは難しい。国連は現在，狭義に定義された情報部門をより適切に把握するため
に，特定の産業分類をさらに明確にしようとしている。

　ICT部門と違って情報部門はコンピュータの製造を含まないが，コンピュータ
産業内の一定の活動，ソフトウェア製作やデータ処理に特化した活動は含まれる。
出版と文化活動が情報部門の中心である。ICT部門と同じく，情報部門の構造に
は下位区分やISICの既存の分類の組み換えが含まれる。国連は最近こうした基準
を改善しようとして，情報部門内の産業をコンテンツ産業とICTサービス業の2
つに分けている。コンテンツとは「人々に大量に配信されるまとまったメッセー
ジと定義される特定の情報として」定義されている。いっぽう，「ICTサービス
業の本質は，情報を扱う（処理，送信）に際して用いるツールにある」（un-
stats.un.org, downloaded 24.2.04）。

71

情報経済にかんする初期の研究では（Porat 1977），情報経済の分類基準において，情報技術の最終用途と過度に広く結びつけることを避けているが，情報コンテンツの製作や配信（ネットワーク）を重視すると，対象があまりにも狭められ，他のさまざまな情報・知識集約型活動が除外されかねない。ICTサービス業といっても，データベース事業やコンサルティングなどは含まれない。OECDはこの分類基準を採用していないので，ドイツ，日本，アメリカ，イギリスの情報部門の付加価値や雇用増加にかんする分析はなされていないし，比較もされていない。

ジェンダーやニュー・エコノミーの分析に情報部門という分類が役立つのは，文化産業を対象にしているからである。女性は文化産業の高スキル職にかなり多く進出しているし，文化産業では個人自営業など新たな雇用形態も増えている（Betzelt and Gottschall 2004 ; 本書第**6**章）。いっぽう，文化産業と国民文化を密接に関連づけると，比較可能な分類基準の設定が難しくなるかもしれない。国によって異なる分類にもとづいてジェンダー構造を比較しようとする定量的研究よりも，ある国の文化産業に携わる女性にかんする定性的な事例研究は，信頼できる研究方法かもしれない。こうした問題点はあるが，この分類基準は2007年に改訂される見込みであり［訳注：ISIC改訂4は2008年8月に公表された］，情報部門という国連の分類規準を，ニュー・エコノミーのジェンダー化にかんするこの初歩的な分析に組み込む理由は十分にある。

（3）知識集約型サービス部門

知識集約型部門という分類基準は，欧州委員会の2001年の年次雇用報告に初めて登場した（European Commission 2001a）。この報告書では経済活動の新たな分類基準としてハイテク部門，知識集約型部門，高等教育部門の3つが示された。OECDは2001年から，ハイテク産業と知識集約型産業の動向の比較分析に同様の分類基準を使いはじめた。分析に際してはとくに，知識集約型サービス業（KIS）の2つの下位区分，ハイテク（ビジネス）サービス業と市場基盤知識サービス業に重点が置かれた（たとえば，OECD 2001b, 2003）[5]。情報経済にかんするOECDの研究がこうした下位区分まで広がれば，ICT部門への主たる関心に取って代わる

第**2**章　ジェンダーと知識経済の概念化を比較する

表2−3　知識集約型サービス（KIS）部門を構成する経済活動

国際標準産業分類（ISIC改訂3）	
知識集約型ハイテクサービス業	
64	郵便・通信
72	コンピューター関連
73	研究開発
知識集約型市場サービス業（金融仲介サービス，ハイテクサービスを除く）	
61	海運
62	空輸
70	不動産
71	機械器具レンタル（オペレータなし，個人・家庭用）
74	その他のビジネスサービス
知識集約型金融サービス業	
65	金融仲介（保険・年金を除く）
66	保険・年金（強制的社会保障を除く）
67	金融仲介補助
その他の知識集約型サービス業	
80	教育
85	保健・ソーシャルワーク
92	レクリエーション・文化・スポーツ

出所：European Commission（2002）．

のではなく補完することになる。ハイテク部門というEUの分類基準は製造業だ
けを分類しなおしたものであり，新たな経済活動を考慮して部門の境界を設定し
なおそうとするものではない[6]。

　知識集約型サービス業（KIS）は知識集約型ハイテクサービス業，知識集約型
市場サービス業[7]，知識集約型金融サービス業，その他の知識集約型サービス業の
4つで構成される（表2−3）。とくにこの4番目のカテゴリーは教育，保健・
ソーシャルワークを含み，ICT部門や情報部門という基準と大きく違って，もっ
と広範な社会的な（たんにビジネス志向ではない）サービスでありながら知識集約
型でもあるサービス業を含む[8]。KISはICTや情報部門より上位の分類（2桁）に
もとづいて構成され，あまりにも多様なため新たな経済活動の指標として認めら
れないかもしれない。KISの多様性は長所でもある。かなり大きな雇用部門が捉
えられ，より高いレベルでデータが集計されるため，この部門の雇用と職業分類，
スキルのレベル，雇用形態のクロス集計が可能となる。この動的な部門内の主要
な下位区分と動向を明らかにし，ICT部門や情報部門の動向とKISの特定の下位

第Ⅰ部　知識経済，ジェンダーおよび規制の概念を再構築する

区分（金融，保健など）を対比させるには，そうした詳細な分析が役立つ。

　KISという分類基準の欠点はサービス業にのみ着目して，知識集約型製造業を含めていない点にある。これは情報部門についてもいえることである。いっぽうKISは，こんにちの先進経済国における雇用増と価値創出の相当部分を占めている（OECD 2003；European Commission 2002）。EUでは1995年から2000年までの期間にKIS部門の雇用が年平均3.0％伸びた。下位区分で見ると，知識集約型市場サービス業で5.6％，ハイテクサービス業で3.8％，その他の知識集約型サービス業で2.4％，金融サービス業で0.8％の伸びであった（Strack 2004）。1995年から2000年までの5年間に，KIS部門の雇用はイギリスで年平均3％，アメリカで3.4％。ドイツで1.7％伸びたが，日本では11.2％減少した（Strack 2004）。欧州の国別でKIS部門の雇用が最も多いのはドイツとイギリスであり（Strack 2003），地域別に見ると，全体の雇用に占めるKIS部門の割合は，ロンドン都心で57％と，欧州全域で最も高い（Laafia 2002）。

　ジェンダーの視点で見ると，KIS部門のおもな長所は，金融サービス，教育，保健・社会サービスに加え，女性の雇用が多く，しかも増加中の文化活動を含んでいる点にある。その一部は公共部門や非営利部門であり，それらはハイテクサービス業やICT部門を重視する分類では考慮されていない。いずれも従来から女性の雇用が多い部門であり，1つには公共部門の民営化や雇用の規制緩和により，また文化の変容や技術進歩に応じて変わってきている。KIS部門のイメージは技術や情報ネットワークをはるかに超え，経済的変化を推し進める文化・政治・社会的変化の諸側面が含まれる。

（4）分類基準の比較，ニュー・エコノミーの比較

　上記の3つの分類基準はいずれも工業経済から知識基盤経済への転換の重要な側面を捉えている。ただし，捉え方は違う。分類の基準が異なるのは，基本的には，変化の要因や主たる経済活動の要因にたいするイメージが違うからである。OECDはICT部門に重点を置き，技術が経済的変化を主導するという理解を強調している。この場合，ネットワークが新たな情報部門の中核をなすともみなされる。それにたいして情報部門は変化の文化的要因を創造的産業に求めている。知

識集約型サービス部門を含めて 3 つの分類は，産業分類を再構成して（ICT部門では，製造業とサービス業という産業経済上の区分を用いていない），サービス業を重視している。ICT部門と情報部門は技術関連（ICT）サービス業しか含んでいない。KISはサービス業に限った部門である。KIS部門による変化のイメージは，サービス業が技術主導で拡大するというイメージをはるかに超えている。教育，保健・社会サービスなど旧来の知識集約型部門を含めると，経済的変化の評価において，科学の進歩（たとえば医学の進歩）や文化的変化（たとえば教育部門の拡大），おもな社会・政治状況（たとえば高齢化，保健・社会サービスの民営化）が考慮されるようになる。KIS部門の構成に上位の産業カテゴリー（4桁ではなく2桁）を用いると，知識集約型でない産業も含まれてしまうという問題を免れない。対象とする職域の拡大は欠点ではなく，知識基盤経済において社会的不平等がどう変化しているのかを探る機会をもたらす。

　ICT部門とKIS部門の事業付加価値と雇用を 4 か国について比較すると，日本はやや例外的である。研究対象とした 4 か国は全世界のICT部門の雇用に占める比率で上位 4 位までを占め，4 か国を合計すると70%近くを占めるが，日本ではICT関連の雇用は製造業に集中し，他の 3 か国ではICTサービス業に集中している。ドイツはイギリスやアメリカに比べてICTサービス業の雇用が少ない。ドイツと日本ではICTサービス業の雇用増は止まったが，アメリカとイギリスでは増え続けており，しかもイギリスのほうが伸び率が高い。KIS部門でも同じような状況が見られ，日本だけは雇用が減少している。アメリカとイギリスはドイツ以上に雇用が増えている。大ざっぱにいうなら，知識基盤経済への移行と関連した経済的変化はアメリカとイギリスで進んでおり，ドイツがそれにつぎ，日本は遅れている。

5　ジェンダーと知識経済部門

（1）3つの新部門の雇用構成

　新たな経済活動の分類基準を定めてきた国際機関や超国家的統治体は，これらの部門のジェンダー構成や，そうした部門における雇用増や雇用慣行のジェン

第Ⅰ部　知識経済，ジェンダーおよび規制の概念を再構築する

表2-4　イギリス，ドイツ，日本，アメリカの雇用に占める
ニュー・エコノミー部門の比率（女性／男性[1)]）（％）

国	部　門		
	ICT	情　報	知識集約型
イギリス	3.6	3.4	40.0
	(2.8/4.4)	(3.1/3.7)	(52.6/29.3)
ドイツ	3.6	2.4	32.0
	(2.5/4.4)	(2.1/2.6)	(43.5/22.2)
日　本	5.0	3.0	31.0
	(3.8/5.7)	(2.4/3.3)	(41.4/24.0)
アメリカ	4.7	2.9	35.7
	(3.8/5.6)	(2.8/3.0)	(43.0/29.1)

注1）：用いた調査，評価方法，表2-4，2-5，2-6に示された分析に
かかわる比較上の問題点については，データ補遺を参照（http:
//www.uni-due.de/shire/research.shtml）。

表2-5　イギリス，ドイツ，日本，アメリカのニュー・エコノ
ミー部門の雇用に占める女性の比率　　　　　（％）

国	部　門		
	ICT	情　報	知識集約型
イギリス	35.4	41.1	60.4
ドイツ	32.0	39.1	61.0
日　本	31.2	32.6	54.0
アメリカ	38.4	47.0	58.0

ダー側面を考慮していない。OECDとEUはKIS部門やその下位区分における労
働者の資格水準を調査しているが，高い資格，中位の資格，低い資格を要する職
のジェンダー構成を考慮していない。EUと国連によれば，主に科学教育におけ
る女性やデジタル・デバイド（情報格差）のジェンダー次元にかんして，女性は
新たな経済活動において不利な状況に置かれている。[10]　知識基盤経済にかんする
主流の研究のほとんどは，ICT産業に重点を置くか，新たな経済部門について他
の分類があることを無視してきた。

　表2-4と2-5は，国ごとの企業調査の未発表データにもとづいて（http:
//www.uni-due.de/shire/research.shtmlを参照），4か国の3つの新部門における
雇用構成を示している。3部門の雇用に占める男女別比率（表2-4）と部門別雇
用に占める女性の比率（表2-5）を見ると，知識基盤経済のジェンダー構成が大
まかに捉えられる。

第2章　ジェンダーと知識経済の概念化を比較する

　国内の雇用構造におけるニュー・エコノミー部門の規模は4か国ともかなり似ている。日本とアメリカはICT部門の比率が他の2か国より高い。日本はICT製造業の雇用が多く，アメリカはICTサービス業で雇用が伸びていることによる（OECD 2003）。雇用全体に占める情報部門の比率は他の2部門より小さい。この比率は各国の差が小さく，ジェンダー別比率についても大きな差がない。知識集約型サービス業は定義が広く，さまざまな産業が含まれることから予想されるとおり，他の2部門より雇用に占める比率がずいぶん大きく，いちばん低い日本で31％，いちばん高いイギリスでは40％である。ドイツと日本は1990年代後半まで製造業が堅調で，KIS部門の比率は他の2か国に比べれば低い。とはいえ両国とも，この部門が雇用の3分の1近くを占めている。男女別で見ると，3部門の重要度には大きな差があり，ICT部門は全般に男性の比率のほうが高い。いっぽうKIS部門では，女性の比率は40％を超えているのにたいし，男性の比率は4か国とも30％を下回っている。こうした違いは，3部門の雇用に占めるジェンダー別比率を調べれば確認される。

　4か国のジェンダー構成はかなり類似している。女性はICT部門の雇用の約3分の1を占めている。ICTサービス業の雇用の構成比はイギリスとアメリカで高いことから，両国ともこの部門の女性の比率が高い。情報部門の雇用の女性比率は，33％弱である日本を除いて，約40％であり，とくにアメリカの数値が47％と高い。女性の雇用という観点からいうと，最も重要なニュー・エコノミーの基準はKIS部門である。この部門の雇用は4か国とも女性が過半数を占めている。KISはニュー・エコノミーの基準のなかで最も範囲が広く，雇用構成のジェンダー格差が，この部門を構成する産業のあいだにも産業内にもはっきりと見られる（表2-6）。

　4か国のいずれにおいても，知識集約型サービス業のなかで女性雇用率が最も高いのは保健・社会サービスであり，75％以上である。イギリスとドイツは，KIS部門の雇用のジェンダー構成がよく似ている。日本は知識集約型の女性雇用にとって保険業が他国より重要であるが，他のサービス業では他の3か国を下回る。アメリカでのみ，女性の知識集約型雇用にとって教育部門の割合が比較的に低い。郵便・通信，コンピュータ，研究開発分野の雇用はいずれの国も男性が過

第Ⅰ部　知識経済，ジェンダーおよび規制の概念を再構築する

表2-6　イギリス，ドイツ，日本，アメリカのKIS部門の雇用に占める
産業別割合（括弧内はその産業での女性比率）　　　　（％）

下位区分（国際標準産業分類：ISIC改訂3，2桁コード）	イギリス	ドイツ	日　本	アメリカ
水運（61）	0.1(32)	0.1(21)	0.1(17)	0.1(34)
空輸（62）	0.6(47)	0.3(54)	0.2(46)	1.0(44)
郵便・通信（64）	2.1(26)	1.6(29)	1.3(34)	4.8(41)
金融仲介（65）	5.0(57)	8.0(57)	4.2(44)	7.3(70)
保険・年金（強制加入会保障を除く）(66)	1.8(55)	2.0(48)	4.7(65)	3.5(62)
金融仲介補助（67）	1.9(52)	1.1(60)	0.1(30.4)	0.4(58)
不動産（70）	2.8(52)	2.3(50)	4.5(40)	1.3(43)
機械器具レンタル（オペレータなし，個人・家庭用）（71）	0.9(39)	0.4(35)	1.0(32)	1.0(33)
コンピュータ関連（72）	3.2(43)	2.0(30)	3.0(27)	2.7(37)
研究開発（73）	0.7(48)	1.1(42)	1.0(25)	1.0(41)
その他のビジネスサービス（74）	20.2(48)	21.3(50)	5.1(32)	26　(47)
教育（80）	22.1(71)	12.6(66)	24.2(50)	5.3(60)
保健・ソーシャルワーク（85）	33.1(83)	44.2(80)	45.2(75)	39.5(80)
レクリエーション・文化・スポーツ(92)	5.4(53)	3.0(49)	5.8(50)	6.3(48)
合計	99.9(60.4)	100.0(61)	100.0(54)	99.9(68)

　半数を占めている。知識集約型サービス部門のなかに重要なジェンダー格差があることは明らかであり，今後の研究でさらに注視していく必要がある。

　このように知識基盤経済を3通りの方法で概念化すると（ICT部門，情報部門，KIS部門），かなり違った雇用の範囲が捉えられ，まったく違ったジェンダー構成になる。新たなICT産業や情報の作成・配信にもとづいてニュー・エコノミーを捉えると，雇用全体に占めるその割合はせいぜいでも5％であり，しかも一般に女性雇用に占める比率は，男性の場合よりかなり低い。とはいえ，ICT部門でも情報部門でも女性は雇用全体の3分の1以上を占め，職域分離パターンや労働の質をさらに分析することは，ニュー・エコノミーのこれらの基準のジェンダー化を理解するうえで意味がある。KISという基準から浮かび上がるイメージは，他の部門とはまったく違って，女性雇用率が高いニュー・エコノミー部門というものである。3つの分類基準のなかでKISだけが，産業というより部門と呼ぶべき次元に達している。雇用全体，さらには女性の雇用に占めるKIS部門の比率は，

下位区分間でかなり差があるとはいえ，他の2部門よりずっと大きい。

（2）新しい職業のジェンダー化

ICT部門とKIS部門[11]は高度スキル職にとって成長部門であるので，資格を有する労働者に新たな機会をもたらす。先進国では女性の教育水準が向上し，男性とほぼ同等の雇用機会が与えられており，女性は既存の差別的慣行の撤廃という障害を越えなくとも，新たな経済活動によって新たな機会を手にできる可能性がある。知識経済の職は一般に考えられているほど良好ではないかもしれない。つまり，そうした新しい職に就いている女性は実際には大して利益を得ていない（Gill 2002）。また，知識経済部門では低スキルの職種で雇用が増えている。ICT部門とKIS部門の雇用増はスキル職の増加による可能性が高いが，両部門には低スキル職もあり，それらの増加はスキル職より緩やかである。職域の底辺に位置する狭い範囲の職業に女性が従事しているという状況は，従来と変わらぬ雇用のジェンダー化である。利用可能なデータが限られ，職業システムの比較が難しいため（データ補遺http://www.uni-due.de/shire/research.shtmlを参照），3つの部門のジェンダーと職業構造を直接分析することはできない。その代わり，職業の観点から知識経済のジェンダー化を研究するために，他の情報源を使おう。工業経済の特徴であるジェンダー化された職域分離パターンは，イギリス，ドイツ，日本，アメリカにおける知識基盤経済への移行過程で再生産されつつあるのだろうか。

OECDとEUはICT部門とKIS部門における職務の質と雇用の伸びを分析してきた。OECDはハイテク職を重視する傾向にあり，ICT関連の高度スキル職と低スキル職を分類している。OECDによれば，「国際的に合意されたICT関連職のリストはなく」，EU（労働力調査）とアメリカ（人口動態調査）の比較でさえ，調査方法も分類の細目も異なり，職業分類が一致していないために信頼性が低い[12]。さらにOECDは，ホワイトカラーとブルーカラーという暗黙の職務分類にもとづいて，ICT職を高度スキル職と低スキル職に分けている。たとえば，コンピュータ・オペレータは科学者やプログラマーと同じく，「高度スキル」ICT職に分類される。OECDはICT関連の高度スキル職と低スキル職のジェンダー別分析をし

第Ⅰ部　知識経済，ジェンダーおよび規制の概念を再構築する

表2-7　ICT関連職業のジェンダー構成

国	全職業に占める女性比率	ジェンダー混合職（女性比率40-60%）	女性比率が60%超の職業	男性比率が60%超の職業
イギリス	23.5%	データ処理，オペレータ	0	システム・マネジャー，プロセシング・マネジャー アナリスト，プログラマー コンピュータ・エンジニア，インストール，保守 ソフトウェア・エンジニア
ドイツ[1]	西＝21% 東＝41%	ソフトウェア・アプリケーション技術者	0	コンピュータ・サイエンティスト ソフトウェア開発者（各種） データ処理（各種） コンピュータサービス・販売
日　本	10.8%	その他（52%）（コンピュータ・オペレータ31%，管理・販売27%）	キーパンチャー（96%）	システム・エンジニア プログラマー 研究者 （オペレータ，管理・販売については混合職の項を参照）
アメリカ	55.6%	コンピュータ機器オペレータ	チーフ通信オペレータ[2]データ入力者	コンピュータ・プログラマー コンピュータ機器オペレータ，管理者

注1）：旧東ドイツと旧西ドイツに分けて集計。
　　2）：この職業にはアメリカ全体で3000人しか従事していない。
出所：イギリス：1998年の数値，Labour Market Trends；ドイツ：1993年の数値，Mikrozensus reported in Dostal 1996；日本：1998年の数値，通産省「特定サービス産業実態調査」；アメリカ：1999年の数値，Current Population Survey, Bureau of Labor Statistics. 国別職業事例についてさらにくわしくは，Gottfried and Beydoun（2002）；Gottfried and Aiba（2002）；Shire, Bialucha and Vitols（2002）；Walby（2002c）を参照。

ていない。女性の雇用にとって重要な部門，たとえばデータ処理はOECD基準には含まれないので，この部門への女性の参加はOECDの分析では過小評価されている。

　国際比較できるデータや基準がないため，本章は職業分類の基準を直接一致させようとはせず，各国の情報源からデータを作成することにした。ICT関連職業にかんする国別データはGLOWネットワークで収集した（イギリスについては，Walby〔2002c〕，日本はGottfried and Aiba〔2002〕，ドイツはShire, Bialucha and Vitols〔2002〕，アメリカはGottfried and Beydoun〔2002〕）。OECDの方法はICT関連の「高度」スキル雇用と「低」スキル雇用という基準を立てようとするが，個々の職業

第**2**章　ジェンダーと知識経済の概念化を比較する

グループ分類の多くについて，データを集計するレベルでは，信頼性がほとんどないように思われる。そのため私たちの分析ではOECDの方法を採用せず，比較の視点から，個々のICT関連職業の全範囲を対象として，ジェンダー別の雇用の分布に焦点を合わせている（表2-7）。

　ICT関連の全職業に占める女性の割合は，国によってかなり違う（表2-7の第1列）。これはそれぞれの職業分類に含まれる職業活動が違うことによるのかもしれない。日本のICT部門は製造業を重視するがゆえに，ICT職に占める男性の割合が高いのかもしれない（女性が10.8％にたいし，男性は90％近い）。同様にアメリカでICT職に占める女性の割合が高い（約56％）のは，アメリカのICT職はサービス業が中心であることによるのかもしれない。ドイツの場合，旧東ドイツ地域と旧西ドイツ地域とでは女性雇用率に大きな差がある。東ドイツのICT部門では西ドイツに比べて女性雇用率が高い。これは2つの要因によると思われる。1つには，東ドイツの諸州では標準的雇用を適用されている女性が多いこと（旧東ドイツでは女性の労働力率が高かったため），もう1つは近年，この地域でICT部門が発展し，雇用に占めるICTサービス業の割合が高いことによる。西ドイツとイギリスはICT職に占める女性の割合が似ていて，女性雇用率が低い日本と高いアメリカの中間に位置する。

　こうした違いはあるが，4か国におけるICT職のジェンダー構成は驚くほど似ている。全体としていえば，比較の結果は，新たな雇用分野で女性に新たな機会が生まれているというより，従来の職域分離パターンが続いていることを示している。女性が多数を占める職業は少なく，男性はより多様なICT職で多数を占めている。ジェンダーが混合した（女性比率が40-60％と定義される）職業はきわめて少ない。現在のところジェンダー混合職になっているのはコンピュータ操作やアプリケーション技術者である。日本とアメリカでは低スキル職（キーパンチャー／データ入力）が多い職種で女性が多数を占めている。[13] 4か国のいずれにおいても男性が最も高度なスキル職（コンピュータ・サイエンティスト，ソフトウェア開発者，エンジニア，プログラマー）で多数を占めている。要約するなら，4か国において女性はICT部門の雇用の3分の1以上を占めているが，ICT関連の職域のなかでも低スキルの職業，しかも比較的限定された職業に集中している。

81

第Ⅰ部　知識経済，ジェンダーおよび規制の概念を再構築する

6　新たな雇用形態のジェンダー化

　ある職の質を示す指標として職業上の地位についで重要なのは，雇用関係を規定する雇用契約のタイプである。先進工業経済の制度構造の特徴は労働市場の分断にあった。そこでは中核労働者（とくに労働組合の団体交渉で保護される大企業の従業員）はフルタイム職に就き，確立した内部労働市場と職の保障によって雇用の維持が見込める。調査した4か国には重要な相違点があるものの，どの国にも二次的労働市場が存在し，そこでは雇用見通しは市場主導の需要に左右され，労働組合の保護は部分的であるか，年間を通したフルタイム労働者しか対象とされない。先進工業経済の女性は二次的労働市場への参加者であり，1970年代以降に労働力となった者で，短期契約や短時間（パートタイム）労働を特徴とする非標準的雇用の大半を占めたが，男性は保護された中核的労働市場で雇用の中心を占め続けた。

　ジェンダー関係の転換の一部として女性の教育水準が向上し，平等な雇用機会が拡大した結果（Walby 1997），少なくとも女性の労働供給の小さい一部分にとって中核的雇用の道が開かれた。ところが1990年代以降，国際化と自由化の圧力で中核的雇用と内部労働市場の制度構造が政治面（規制緩和）でも経済面（市場主導）でも崩壊した。1990年代にはドイツと日本でも（両国ではほとんどの形態の臨時雇用が事実上規制されていた），臨時雇用契約にもとづく柔軟な雇用を拡大するために雇用制度の改革がはじまった。直接的な差別はほとんどの先進国で禁止されたため，柔軟な労働契約にたいする規制と要求が雇用のジェンダー化の主たる要因になった。ニュー・エコノミー部門の女性は非標準的雇用契約で働く傾向にあるのだろうか。女性はこうした部門で非標準的雇用の大半を占め続けているのだろうか。

　この分析で用いる調査には，すべての非標準的雇用形態にかんするデータが含まれているわけではない。もっとも，アメリカを別にすれば，パートタイム雇用はデータに含まれている。パートタイム雇用は新たな雇用契約を示す最良の指標ではない。ジェンダーの視点からいえば，パートタイム労働は新たな雇用形態で

第2章　ジェンダーと知識経済の概念化を比較する

表2-8　国別・部門別のパートタイム雇用の割合　　　　　（％）

国 （　）内は女性雇用者のパートタイム比率	部　門		
	ICT	情　報	KIS
イギリス 23.0(80.0)	12.3(73.8)	16.4(72.4)	35.0(82.0)
ドイツ 17.0(84.0)	6.3(69.4)	12.0(69.6)	21.5(85.0)
日本 24.0(67.0)	14.1(73.4)	23.0(70.5)	21.0(70.3)
アメリカ 13.0(68.0)	－	－	－

　はないので，女性向け雇用契約の変化を示す指標ではない。しかしだからこそ，女性を非標準的雇用に追いやる従来のパターンが新たな経済活動でも続いているのかどうかを調べるうえで，パートタイム労働の研究は興味深い。臨時雇用にかんしてもっと幅広い分類基準があれば，新たな雇用形態や雇用慣行のジェンダー化のより適切な基準になるだろう。ともあれ，以下の分析はパートタイム雇用の分析に限定されるものの，労働市場を区分する従来の慣行がニュー・エコノミーの雇用のジェンダー化に一定の役割を果たしているのかどうかについて，少なくとも何らかの洞察を示している。

　4か国のパートタイム雇用率には差があり，ドイツ（17％）とアメリカ（13％）は比較的低く，イギリス（23％）と日本（24％）は高めである（OECD 2000a）。国別に見るとそうした違いがあるが，データが得られた3か国についていうと，ICT部門と情報部門では各国のパートタイム雇用率は平均値を下回っているが（ただし，日本はごくわずか），KIS部門では平均値を超えている（表2-8）。

　女性は4か国のいずれにおいてもパート雇用の大半を占めている（イギリス80％，ドイツ84％，日本67％，アメリカ68％）。3部門のパートタイム雇用には重要な違いがある。国によって差はあるものの，全般にICT部門では女性のパートタイム雇用率が低く，情報部門とKIS部門では高い。予想されることだが，日本とイギリスでは3部門に含まれるさまざまな業種で主に女性がパートタイム労働を担っている。日本に限るとICT部門の女性労働者もパートタイムが多い。2つのICT産業（電気機器製造，データベースサービス・コンテンツ配信）では，女性のパートタイマーとフルタイム労働者がほぼ同数である。イギリス，ドイツ，日本の3か国では，映画産業に携わる女性はパートタイムで働く傾向にあり，日本とイギ

83

第Ⅰ部　知識経済，ジェンダーおよび規制の概念を再構築する

リスではパートタイマーがフルタイム労働者より多い。

　とくに日本とイギリスの情報部門とKIS部門では，女性雇用率がきわめて高い業種でパートタイマーがフルタイム労働者より多い。日本では図書館・文書館，レクリエーション・文化・スポーツ産業，報道機関，イギリスでは教育産業，保健・ソーシャルワーク，レクリエーション・文化・スポーツ産業で，女性パートタイマーが多い。これらは従来から女性が雇用されていた領域であり，それらが情報・知識集約型産業として新たに構成され，そこに旧来のジェンダー化パターンがもち込まれている。

　非標準的雇用は本章の分析（パートタイム労働）で用いる指標よりはるかに複雑である。とくにICT産業と文化産業では，有期雇用と新たな形態の自営業（本書第**6**章）がフルタイムの標準的契約を浸食しつつある。さらに，新たな雇用形態で働く男性も増えており，先進国の中核的標準的雇用が崩壊している。非標準的雇用に女性が多いという調査結果は，パートタイム労働だけを研究対象にしているからかもしれない。他の非標準的雇用形態（本書の他の章でも取り上げられている）についてさらに研究することが，ニュー・エコノミーにおける雇用のジェンダー化の範囲と性質を理解するカギとなるが，女性がパートタイム労働で多数を占め続けていることは（たとえば，日本のICT部門では電気機器製造，イギリスでは教育，保健・社会サービス，あるいは国を問わず映画産業），工業経済における雇用のジェンダー化が知識経済への移行過程でも相当程度続いていることを示している。

7　ニュー・エコノミーのジェンダー化——比較の視点から

　本章は，新たな経済部門で働く女性と新たな経済活動のジェンダー化を分析してきた。この分析から，ニュー・エコノミーは女性にとって機会よりリスクが大きいことがわかる。職域分離パターンが存続し，女性が非標準的に雇用されているのは明らかである。ニュー・エコノミーをどのような基準で分類するかによって女性の参加度が変わり，女性雇用率はICT部門で最も低く，KIS部門で最も高い。情報部門とKIS部門では，4か国のいずれにおいても従来からの女性の労働分野，図書館サービスや保健・社会サービスなどで雇用されている女性が多い。

ジェンダーの混合が比較的進んでいる業種ではジェンダー化の形態がさらに複雑になりそうであるが，興味深い事例としてICTサービス業と金融サービス業がある。とはいえ，4か国のICT産業で働く女性は職域分離で低スキル職に追いやられているのにたいし，男性は最良の職で多数を占めている。

　上記のように日本では，ICTサービス業が立ち遅れ，KIS部門の雇用が減少しているが，そうした日本を別として，経済活動の新たな分類基準は，先進国で経済成長と雇用が最も伸びている部門を捉えているように思われる。部門によって女性雇用率に差はあるが，女性は部門別雇用の3分の1以上を占めている。こうした分類基準は経済とジェンダー関係という2つの変化を捉えるうえで確実に意味がある。KISという分類を採用することで，経済的変化とジェンダーの変化についてより多くのことを学べるかもしれない。KIS部門は日本では雇用全体の25％，イギリスでは40％を占め，4か国のいずれにおいても女性が雇用者の50％以上を占めているからだ。

　本章での分析にもとづき，ニュー・エコノミーのジェンダー化にかんして暫定的に2つの結論が導き出せる。第一に，女性の教育水準が高くなり，新しい職種によって機会が生まれるとはいえ，先進国の女性にとって職業システムが不平等の温床であることに変わりはない。第二に，国内雇用制度の自由化と規制緩和に関係する新たな雇用形態や雇用上の地位が，労働におけるジェンダーや不平等の問題を考えるうえできわめて重要である。文化と政治の変化が女性の雇用機会を改善してきたとはいえ，経済的変化がジェンダー関係に引き続き組み込まれている。

　実証的な比較分析の質を高め，ニュー・エコノミーのジェンダー化をもっと適切に説明するには，本章が紹介し依拠した研究を，いくつかの点でさらに発展させる必要がある。企業調査ではなく，4か国の労働力調査や人口調査，ミクロ調査を組み合わせれば，分類レベル（3桁または4桁の職業・産業分類）ごとに部門，職業，雇用形態のジェンダー別クロス集計表ができるが，各国のデータの整合性を図るにはそれぞれの国について知識が求められる。そうしたデータを国際的分析に使えば評価や比較に問題が生じるであろうから，そのような研究ができるかどうかは，研究への助成，研究要員，国家横断的なネットワーク・インフラが確

第Ⅰ部　知識経済，ジェンダーおよび規制の概念を再構築する

保できるかどうかによる。

　ニュー・エコノミーのジェンダー化を比較によって説明するには，もっと広範な方法論的アプローチと比較の理論的枠組みが必要である。初期段階のそうした試みは本書の他の章で行われている。ジェンダー化のプロセスを理解するには，定性的かつ長期的なアプローチが必要である。それは制度や組織の分析と，職場慣行のジェンダー化プロセスにかんするミクロ社会学的観点を組み合わせたものになる。国際比較によって説明できるかどうかは，国レベルでジェンダー秩序を全体的に理解するための制度的領域を特定し，さらには国を越えて制度的領域を体系的に比較できるかどうかによる。国際比較によって雇用のジェンダー化を理解するには，どの制度的領域が最も適しているかは，先行研究を見ればはっきりわかる。たとえば，スキル・レジーム（Estévez-Abe 2002），雇用規制（O'Reilly 2000），社会的ケア・レジーム（Gottfried and O'Reilly 2002）があり，その一部は本書でさらにくわしく論じられている（本書第1章，第3章，第4章を参照）。

　本章では全体として，ニュー・エコノミーにおける雇用のジェンダー化に相違点より類似点があることを見てきた。これは実際に相違点がないのではなく，職種の分析においても雇用形態の分析においても，対象が限定されたからであろう。他の2つの部門に比べてICT部門では全般に女性の雇用が少ないことから，技術を基盤としたICT部門では，女性雇用率が高い他の部門に含まれる経済活動（出版，教育，金融サービスなど）より職域分離が強いともいえる。同様に，パートタイム労働のみを対象とし，新たな形態の臨時雇用や自営業を対象としなかったために，おそらく旧来の労働力参加パターンにおける類似性に分析が傾き，新たに生じている慣行は分析されていない。後者については，規制の違いがまったく違ったジェンダー化のパターンを生んでいる可能性がある（本書第6章，第10章を参照）。ニュー・エコノミーのジェンダー化にたいする理解を深め，ジェンダー化の比較可能性を高めるには，今後の研究において分析レベルを高め，方法論的アプローチを幅広く採用し，分析する職業や雇用形態の範囲を拡大する必要がある。

注

(1) ベックについて論じたGottschall（2000）；第6章を参照。

(2) 自動車・オートバイを除く卸売・小売・委託販売という広い分類（G-51）をさらに区分することが，2002年に「国際標準産業分類改訂3.1」で可能になった。国別調査ではかならずしもこの区分を認めておらず，その場合，G-51のカテゴリー全体が「計算」に含められる。

(3) OECDではこの分類が情報経済の主たる分類基準になっていて，知識基盤経済における「製造業とサービス業というISICの従来の二分法」を打ち破る利点がある（OECD 2002a）。OECDは隔年発行の『OECD科学・技術スコアボード』やハンドブック『情報経済の評価2002』で，生産性，雇用，賃金，所得など，ICT部門についてさらに分析を行い，各国の統計を比較している（OECD 2002a, 2003）。

(4) OECDはドイツのICT部門を過小評価している可能性がある。ICT製品のレンタルやICT関連の卸売業（7123と5150）が含まれていないからだ。

(5) OECDの分類基準としてのKISは市場サービスに焦点を当てたもので，研究開発集約型であり，高度なスキルをもつ労働者が多い。この基準にもとづいてOECDが対象とする産業の範囲はEUの場合よりはるかに狭く，不動産，空輸，海運などは含まれない。

(6) ただし，ハイテク部門は興味深いことに，ハイテクノロジー，中位ハイテクノロジー，中位ローテクノロジー，ローテクノロジーを区別しており，製造業にかんしてジェンダーと雇用を研究するにはたんなる産業別分類より役立つ可能性がある。雇用全体に占める製造業の比率が高い新興工業国を研究対象とする場合はとくにそういえる（Strack 2004）。OECDは本書より広範な分類で国別事例を比較しており，「ハイテク製造業」をその際の経済発展の基準としている（OECD 2003）。

(7) ECはこの下位区分に金融業を含めず，別に分類しているが，OECDは含めている。OECDは輸送サービス業（海運，空輸）を除外し，知識集約型市場サービス業に不動産業を含めることに懐疑的であるが，ECは含めている。

(8) 知識集約型サービス業に含まれる第3次産業（レクリエーション・文化・スポーツ）は，映画・ビデオ製作を含むという点で情報部門と若干重複する。

(9) ICT部門を一部除く（EC 2003）。

(10) 「情報社会の雇用と社会的側面に関するハイレベル・グループ（ESDIS）」は2003年度作業報告書54頁のうち3頁を「ジェンダー側面」に当て，さまざまなICT関連職から女性を排除していることは問題だとし，男性が技術生産の中心になっているために雇用にジェンダー不平等が生じていると述べている。ジェンダー不平等の克服に向けた主要な課題が同報告書の付録（52頁）にまとめられている。

第Ⅰ部　知識経済，ジェンダーおよび規制の概念を再構築する

⑾　情報部門については同様の定量的・定性的分析がない。

⑿　EUのデータは3桁のISCO-88レベルに限って使えるが，ISCO-88とUS-CPSは公式には一致していない。労働力調査から得られる職業データは家族の自己申告にもとづく。

⒀　ドイツとイギリスの職業分類にはキーパンチャー（データ入力）は含まれていない。

第Ⅱ部

規制を比較する

第**3**章

日本の生活保障システムは逆機能している
――2000年代の比較ガバナンス――

大沢　真理

1　本章の課題

　私はこの10年ほど，「生活保障システム」という枠組みでジェンダー視点から，日本の社会経済状況を国際的あるいは時系列的に比較検討してきた（大沢 2007，2013；Osawa 2011）。「生活保障システム」とは，政府による税・社会保障制度や労働政策といった法・政策と，民間の企業や家族や非営利協同組織などが，相互作用し，かみあって（かみあわずに），暮らしのニーズが持続的に充足される（されない）ことを指す。

　生活保障システムでは，職場や家族のあり方に，性別役割や性別分業の標準や典型が，暗黙のうちにも措定されており，その意味でジェンダーが基軸になっている。ジェンダーを軸として，私は現代の工業化した諸国の生活保障システムを，「男性稼ぎ主」「両立支援」「市場志向」の 3 つの型に分けてきた（大沢 2007，2013；Osawa 2011など）。生活保障システムの「効果の総体（total effects）」に「ガバナンス」という概念を当て，種々のアクターの目的合理的な作用を「ガバニング」と呼ぶこととしたのは，2013年末に出版した著書からである（大沢 2013）。

　2007年に出版された本書の原書の第**3**章（以下，旧稿）において，私は日本の生活保障システムを，諸外国にもまして強固な「男性稼ぎ主」型と特徴づけている。旧稿では，そうしたシステムが1980年代の「日本型福祉社会」政策を通じて確立され，1990年代には転換の必要性が意識されながらも改革に着手するにいたらなかった，という経緯をたどった。2001年に登場した小泉純一郎政権では，生活保障システムを「男性稼ぎ主」型から転換しようという指向が示されたものの，制

91

第Ⅱ部　規制を比較する

度改正は最小限に終わり，型は転換されなかった。そうして変容する社会経済状況とシステムとの齟齬が広がり，生活保障の破綻の現れの1つとして，90年代末から中高年男性を中心に多数の自殺が起こり続けていることに言及して，旧稿は結ばれている（Osawa 2007）。

旧稿では日本の自殺問題のほか，女性が子育てと就業を両立させるうえでの制度的支援が，諸外国にくらべて薄いことにも言及した。しかし，生活保障システムの成果ないし効果をどのように捉えるかは，明確にしていなかった。

生活保障システムでは，政府の法律制度，民間の家族・企業・非営利協同組織など，官民の多様なアクターが，意識的にも無意識的にも相互作用している。かならずしも生活保障を意図していない施策や行為について，それらが人々の生計や次世代育成に及ぼす副次的効果ないし意図せざる効果を，視野に入れるべきである。さまざまな目的で，あるいは目的を意識せずに，多様なアクターが相互作用した効果の総体として，生活が保障されたり，されなかったりする。少なからぬ人々にとって，暮らしのニーズが充足されず，日々の生計が苦しかったり，子どもを生み育てる展望をもちにくい事態（プア・ガバナンス）は，システムの機能不全と捉えられる。また，生活保障を目的（の一部）とする官民の作用が，対処するべき問題をかえって悪化させるような事態（バッド・ガバナンス）は，「逆機能」というべきである。

ガバナンスを表す指標としては，「社会的排除（social exclusion）」の指標を取り入れている（大沢 2007, 2013 ; Osawa 2011）。周知のように，欧州連合（EU）が[1]2001年以来採用している社会的排除の共通指標では，低所得という意味の「貧困リスク（at-risk-of poverty）」や所得格差が重視されている。また雇用就業については，長期失業率とともに，就業者がいない世帯に暮らす0-65歳の人々の比率，という2つが指標とされた。その後2005年までに，第2次指標に「就業貧困[2]（in-work poverty）リスク」が加えられた（大沢 2011）。就業していても賃金率が低すぎたり労働時間が不本意に短いなどのために，低所得に陥る場合があることに留意したのである。労働市場に参入しているとしても社会的に包摂されているとは限らない，という問題意識である（「労働市場内部の排除」）。

日本の生活保障システムは，2015年秋の時点でも，「男性稼ぎ主」型から脱却

第3章　日本の生活保障システムは逆機能している

図3-1　労働時間当たり雇用者報酬の伸び（1995年＝100）

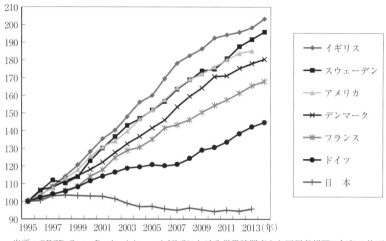

出所：OECD.Stat, Productivity and ULCにおける労働時間当たり雇用者報酬の毎年の伸び率より指数化。

してはいない。その結果，21世紀初葉の日本の生活保障システムは，国際比較の座標系のなかでどのような位置を占め，いかなるガバナンスを示しているだろうか。本章では，2000年代における日本の生活保障システムの特徴を浮き彫りにしたい。第2節では，平均賃金と雇用保護法制を中心に雇用パフォーマンス（雇用と所得の維持）を検討する。第3節では政府による所得再分配の特質を，社会支出と歳入（国民にとっては負担）の両面から見る。第4節では所得貧困にそくして生活保障のガバナンスを比較検討しよう。

2　雇用パフォーマンス

　図3-1は，労働時間当たり雇用者報酬の指数を，アメリカ，イギリス，ドイツ，日本，フランスの主要5か国（G5）とスウェーデンおよびデンマークについて見ている。雇用者報酬は給与（現金・現物）と雇用主の社会負担（社会保険料負担など）の合計である。雇用者報酬に占める現金給与の比率（の動向）は，国によって異なるが，グラフは時間当たり平均賃金の動向を反映すると見てよいだろ

第Ⅱ部　規制を比較する

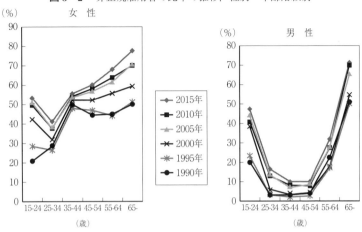

図3-2　非正規雇用者の比率の推移，性別・年齢階級別

出所：労働力調査詳細集計より，毎年2月（2000年まで）および毎年1-3月（2005年から）の数値。在学中を含む。

う。これらの諸国のなかで日本でのみ平均時給が低下したことになる。他の統計にもとづいても，日本において平均賃金が低下したこと，その要因は主として非正規雇用者の比率が上昇したことによるという点が，研究者や政府の報告書でも確認されてきた（大沢 2013：298）。

そこで性別・年齢階級別に非正規雇用者の比率の推移を見ると，図3-2のとおりである。こんにちの女性雇用者では，25-34歳を除いて優に過半数が非正規雇用者として働いていること，男性でも15-24歳の若年層の半数，65歳以上の高齢層の大多数が，非正規であることがわかる。反面で35-54歳の男性では9割が正規であり続けている。推移としては，2000年代では2000-05年のあいだ，つまり小泉政権の時期に，女性と若年男性（および高年男性）の雇用の非正規化が進んだことがわかる。

非正規の比率や失業率，とくに若年層の状態については，制度的な雇用保護の強さと関連していると論じられることがある。しかし，図3-3に示すように，OECD自身の雇用保護指標において，日本は1990年代末以来，アングロサクソン諸国（不動のアメリカ・カナダを除く）と近い位置を占めていた。なお旧稿には図

第3章 日本の生活保障システムは逆機能している

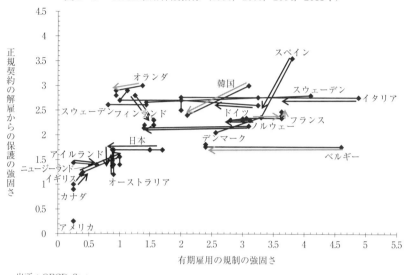

図 3-3 OECD雇用保護指標（1990, 2000, 2004, 2013年）

出所：OECD.Stat.

3-2として、同じ意匠の図を2004年のデータにもとづいて作成し、掲載した。そこでは、日本の正規契約の解雇からの保護の指標は2.4程度の値であり、保護が強固なグループに属していた。しかしOECDはその後、2008年と2013年に指標を改訂し、過去にさかのぼって値を変更したのである。日本の内閣府は2008年改訂後の数値の分析から、雇用保護指標が高い諸国では非正規の比率が高いと指摘した。ただし日本は、雇用保護指標があまり高くないわりには非正規比率が高い、という（大沢 2013：176, 180）。

図 3-3は、2013年の改訂後の数値にもとづく。正規雇用の解雇からの保護の指標において、日本は1985年から一貫して中位よりもやや低く、2007年にさらに低下した。2000年代にはオーストラリアやニュージーランドで正規雇用の解雇からの保護が強化され、アイルランドで有期雇用の規制が強化された。これにたいして日本では、有期雇用の規制が順次緩和され、2007年には正規雇用の解雇からの保護も低下したため、2013年の位置はいっそう近くなったのである。この間、非正規の比率は一貫して上昇しており、雇用保護指標があまり高くないわりには

95

第Ⅱ部　規制を比較する

非正規比率が高いという日本の特徴は，強まったと見ることができよう。

　雇用の非正規化が促される要因には，正規労働者のための社会保障拠出が重いという事情もあるのだろうか。雇用主の制度的な社会保障拠出率を比べると，旧社会主義国を別として大陸西欧諸国および南欧諸国で高く，アングロサクソン諸国で低い。日本はアングロサクソン諸国より若干高い程度である（ただし労使とも社会保障拠出率が近年に上昇した少数の国の１つである）。日本の雇用主の社会保障拠出率はさほど重くないわけであるが，労働時間が週30時間未満の雇用者には厚生年金・健康保険が適用されないため，雇用主の社会保険料負担はゼロとなる（20時間未満なら雇用保険も適用されない）。このように日本の社会保険制度が「段差がある縦割り」の構造をもつことが，非正規化を助長しているという関連を見るべきだろう。

　上記のように非正規化・パート化による人件費の削減は，女性と若年層を中心に進んできた。反面で，大多数が壮年男性である正社員の基本給は低下しなかった（大沢 2013：298）。壮年から高年にいたる日本男性の雇用パフォーマンスは，国際比較や女性との比較という相対的な意味で，依然として良好である。とはいえ，世帯主が18歳以上65歳未満の世帯の人口（以下，労働年齢人口）において，日本での貧困率は1980年代半ばから高いほうであり，近年にかけて上昇してきた（大沢 2013：211）。生活保障にかかわる政府の施策のなかでも，所得再分配は，そこにどのような役割を果たしているのだろうか。

3　政府による再分配の特質

　政府による再分配の特質について，本章では社会支出の側面から見ていく。歳入については社会保障の現金給付受け取り後の純負担を見るため，支出を先に検討する。

（1）社会支出の構成
① 年金と医療を偏重するか，多様なサービスを重視するか
　2000年代になっても日本は，OECD諸国のなかで公的社会支出の規模（対GDP

比）が小さいグループに属していた（OECD平均を超えたのは2009年）。公私の社会支出の総額の規模を見ると，日本とアメリカでは上昇してきたが，スウェーデンでは，1995年から2011年にかけて，失業（現金給付），積極的労働市場政策をはじめとして公的支出の規模が4.6％ポイント低下した。ドイツでも障がい・労災・傷病（現金）や遺族（現金）など公的支出のいくつかの項目の規模が低下した。

公的社会支出の構成を比べると，支出総額の規模が低い日本とアメリカでは（南欧諸国も），年金（老齢現金・遺族現金）と医療がその大部分を占める（77％程度）。年金給付費の規模が大きい国を年金大国と呼ぶとすれば，OECD最大の年金大国はイタリアであり（2011年に対GDP比が16％弱），スペイン，ギリシャ，ドイツ，そして日本でも10％を超える。その公的年金給付の内訳も重要である。老齢，早期退職，遺族，障がいという年金種類別の構成を見ると，年金大国では遺族年金の比重が大きい（ギリシャでは早期引退年金も）。遺族年金の受給者の多くは女性であり，遺族年金の比重が大きいことは，女性が労働市場に参加して自分自身の有効な年金権を形成することが容易でない，という事情を反映すると考えられる。これも「男性稼ぎ主」型の現れといえよう。

ただしドイツでは，公的社会支出における年金と医療の構成比は，日米や南欧ほど高くなく，障がい・労災・傷病や家族向けの現金・現物給付，積極的労働市場政策，そして住宅給付がそれなりの比重をもつ（フランス，イギリスも）。さらにスウェーデンでは，年金（老齢・遺族）と医療の構成比は50％程度であり，家族や障がい・労災・傷病のための現金給付，積極的労働市場政策，住宅給付，そして多様なニーズに応ずるサービス給付などに，公的社会支出の大きな部分が当てられている（OECD.Stat）。

公的社会支出の構成の推移について，G5諸国（アメリカ，イギリス，ドイツ，日本，フランス）にくわえてスウェーデン，デンマークを検討しよう。注目されるのは，医療以外の社会サービス給付費が公的社会支出に占める比率の動きである。医療以外の社会サービスとは，就学前教育や積極的労働市場政策，障がい者や高齢者の介護などであり，次世代への投資であると同時に，労働年齢人口の稼得活動をサポートするものである。

医療以外の社会サービス給付費が公的社会支出に占める比率は，スウェーデン

第Ⅱ部 規制を比較する

とデンマークで1980年代から20％前後の高いレベルにあり，その後上昇してきた（とくにスウェーデン）。両国では，現金給付費の規模（対GDP比）は低下気味であり，医療（現物）給付費の規模も上昇しなかった。他方でドイツ，フランス，アメリカ，日本では，医療以外の社会サービス給付費が公的社会支出に占める比率は10％前後のレベルにある（OECD.Stat）。うち日本では，1980および90年代の5％程度から2000年代には10％程度に上昇したが，ドイツ，フランス，アメリカでは上昇もしていない。現金と医療サービスの給付費の規模も上昇したからである。医療以外の社会サービスの給付費が日本で2000年以降に上昇したことは，介護保険給付費の伸びを反映すると考えられる（OECD.Stat）。

② 福祉の純支出

では，福祉の純支出はどうなっていただろうか。OECDの社会政策部のシニアエコノミストであるW.アデマたちは，1990年代半ば以降，純公的社会支出と純私的支出との合計を把握してきた（大沢 2013：251，262，356-357）。粗公的社会支出から，社会保障給付に課される税・社会保障拠出を差し引き，租税支出（税制上の優遇措置）を加えることで，純公的社会支出が計測される。それと純私的支出との合計が純合計社会支出である。それは，国民が福祉のために支出している純額の合計を表すので，本章では福祉の純支出と呼びたい。なお社会保障給付にたいする課税としては，所得税だけでなく現金給付からの消費支出にかかる間接税を含む。

ここではアデマたちの2014年の論文のデータから，2009年の状況を作図した（図3-4）。粗公的支出ではフランスの33％弱が最高であり，純合計でもフランスが最高で，アメリカの29％弱，ベルギーの28％，イギリスの28％弱，ドイツの27.5％，スウェーデンの26％強などと続く。日本の純合計はフィンランドを超え，30か国のなかで11番目に高い。そうした社会支出の成果は，貧困率としてはどのようにあらわれていたか，第4節で検討する。

（2）税・社会保障制度の累進度

つぎに，日本の税・社会保障の負担面には，どのような特徴があり，近年どのように変容したかを見ていこう。

第3章 日本の生活保障システムは逆機能している

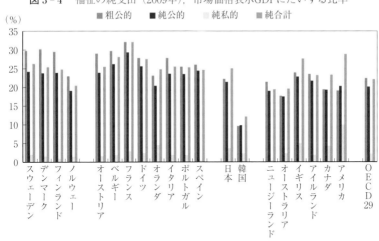

図3-4 福祉の純支出（2009年），市場価格表示GDPにたいする比率

出所：Adema, Fron and Ladaique（2014：Table 1）より作成。

① ひとり親の純負担

OECD.StatのTaxing wages の欄では，社会保険を適用される雇用者の，複数の世帯類型について，平均賃金，所得課税（地方税を含む），純負担（所得課税＋雇用者の社会保障拠出－社会保障現金給付），などの金額や比率が，2000年以来の毎年について掲載されている。また最近年の複数の世帯類型について，平均賃金の50％から250％までの1％きざみで，それらの額や比率が掲載されている。

一般に，所得課税（と社会保障負担）が高所得者にとって重く，社会保障の現金給付が低所得者に集中しているならば，純負担の累進度が高くなる。OECDは近年の『タクシング・ウェイジズ』で，累進性の尺度として「平均負担率累進度」をもちいて，単身者，ひとり親，夫婦片稼ぎ，夫婦共稼ぎなどの世帯類型ごとに累進度を示し，またその変化を検討した。[4]

② ひとり親と子ども2人の世帯の純負担

ここでは図3-5を見ながら，ひとり親と子ども2人の世帯の税・社会保障の純負担が粗賃金収入に占める比率（平均負担率）を，日本をはじめとする数か国について2000年から2014年までたどろう。ひとり親世帯に注目する理由は，一般

第Ⅱ部　規制を比較する

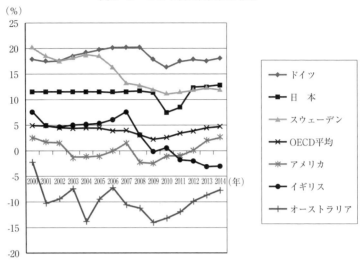

図3-5　ひとり親の純負担の推移

注：純負担＝所得課税＋雇用者の社会保険料－社会保障現金給付。純負担が粗賃金収入に占める比率を示す。
出所：OECD.Statより作成。

に他の世帯類型に比べて貧困に陥るリスクが高いこと，日本の就業するひとり親世帯の貧困率は，後出の図3-9に示されるようにOECD諸国でも最も高いと考えられるからである。

経年のデータでは，ひとり親の粗賃金収入は平均賃金の67%に設定されている。2014年の日本については327万936円と，日本のひとり親としてはかなり高収入である（OECD 2015：350）。図3-5から読みとれるのは，第一に，この収入のひとり親が課される純負担の率において，日本は高いほうにあることである。日本では，2010年と2011年を除いて，その数値が10%を超えており，2014年の数値12.9%は，OECDメンバー34か国のなかで7番目に高い。これにたいして図3-6にも見られるように，単身やカップルの他の世帯類型では，日本の純負担率は低いほうである。

図3-5にかんして第二に，オーストラリア，イギリス，アメリカなどでは，純負担率がマイナスで（になる場合が）あり，とくにオーストラリアでマイナス

の度合いが大きい。これは，社会保障の現金給付（または給付つき税額控除など）による受けとりが，負担を上回ることによる[6]。第三に，日本でも2009年の11.3％から10年の7.4％へと負担率が明確に低下し（低下率にして34.5％），順位もOECDメンバー34か国中第14位となった。これは明らかに，民主党政権が導入した子ども手当の効果である。というのは，2009年から10年にかけて，ひとり親への所得課税は低下しておらず，社会保障負担は増えている。他方で子どもにたいする現金給付が09年の12万円から10年には31万2000円となったからである（OECD 2010 : 320 ; OECD 2011 : 374）。

　自民党と公明党の要求によって子ども手当が2012年度から（新）児童手当に変更されたこと（2011年には29万4000円，12年以降24万円），および年76万円の年少扶養控除が廃止されたこと（国税で11年1月から，地方税で12年6月から）をへて[7]，12年の負担率はいっきょに12.7％となり（上昇率にして48％），スウェーデンよりも高くなった（OECD 2012 : 370 ; 2013 : 370 ; 2014 : 366）。

③　子ども2人の各世帯の純負担

　つぎに日本，ドイツ，スウェーデン，オーストラリアについて，子どもが2人いる世帯の4類型をとり，純負担率の推移を見よう（図3‐6）。各世帯の収入は平均賃金にたいして，ひとり親と子どもが2人の世帯では67％，夫婦片稼ぎ（子どもが2人）世帯では100％，共稼ぎ（子どもが2人）世帯では，夫婦のいっぽうを100％の収入として，夫婦の他方が33％のケース（共稼ぎA）と67％のケース（共稼ぎB）をとっている。

　図3‐6で注目される点は，第一に，日本では4本のカーブのあいだの垂直の距離が他の諸国よりも明らかに狭いことである。世帯規模や有業者数が異なるとはいえ，平均賃金が対比で33％ずつ所得が違う各類型のあいだで，純負担率の差が小さいことを意味する。第二に推移として，スウェーデンでは純負担率が低下しつつ各カーブのあいだ垂直距離は保たれている。これにたいしてドイツでは，高収入の類型で純負担率が下がり気味であり，低収入の類型では低下していない。オーストラリアでは2009年から負担率が上昇しており，各カーブのあいだの垂直距離は保たれている。日本では，2000年代に徐々に各カーブの間の距離が開き，とくに2009年から10年にかけて純負担率が明確に低下した。その際に，収入が低

第Ⅱ部　規制を比較する

図3-6　子ども2人世帯の純負担率の推移

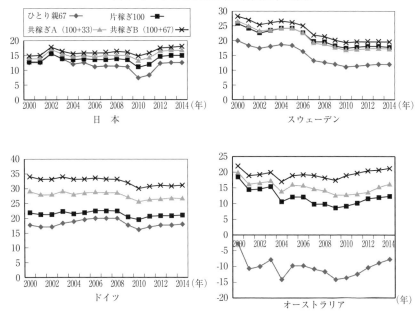

注：粗賃金収入に占める比率（％）。
出所：OECD.Statより作成。

い類型ほど低下が大きかったことから，グラフのあいだの垂直距離が開いた。その後の日本での純負担率は，低所得層ほど大きく上昇し，各カーブのあいだの垂直距離は狭くなった。

④　直近の累進度

つぎに直近の累進度を見よう。粗賃金収入を横軸にとり，当該収入レベルでの平均負担率をグラフにすると，ある収入レベルまたはある収入間隔のあいだのグラフの傾きが，「ローカルな」累進度を表す。その累進度はアングロサクソン諸国で高く，大陸西欧および北欧諸国では高くない。そして，南欧諸国と日本・韓国は，各種の世帯類型を通じて，税・社会保障制度の累進度がOECD諸国でも最も低い部類に属する（OECD 2013：Special Feature；2014：Special Feature）。

図3-7は，純負担が粗賃金収入に占める比率を示す。日本，ドイツ，イギリス，オーストラリアの4か国について，子どもが2人いる世帯を，ひとり親の場

第3章　日本の生活保障システムは逆機能している

図3-7　2014年の純負担率，子ども2人の世帯（ひとり親，夫婦片稼ぎ）と単身者

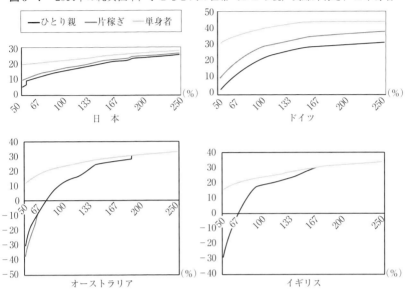

注：縦軸：純負担（所得課税＋社会保障拠出－現金給付）が粗賃金収入に占める比率（％）
　　横軸：粗賃金収入（平均賃金対比）
出所：OECD.Statより作成。

合と夫婦片稼ぎの場合に分け，参考のために単身者も含めて，粗賃金収入が平均賃金の50％から250％までの純負担率を示している。カーブの勾配が「ローカルな」累進度（平均負担率累進度）を表す。縦軸の目盛り幅は揃えてあり，特定の国の勾配を過大（小）に示してはいない。

そこからくみ取られる特徴は，第一に，日本のカーブが非常に平坦で，累進度が低いことが表れている点である。第二に，イギリスとオーストラリアでは，ひとり親でも夫婦片稼ぎでも純負担（低収入の場合には受け取り）がほぼ同等であり（オーストラリアでは平均賃金の65％以下ではひとり親の受け取りが多い），平均賃金付近の収入まで高い累進度をもつ（勾配が大きい）。それは税制だけでなく社会保障の現金給付との複合的な効果である。第三に，日本とドイツでは，図示される範囲の収入において一貫して，夫婦片稼ぎよりもひとり親の純負担が重い。ドイツの場合にこれは，夫婦の収入を合算して半分にした額に所得税を課す「二分二乗

第Ⅱ部　規制を比較する

方式」を選べることによる。日本の場合には，配偶者控除が国税と地方税の双方で適用されることによる。日独両国の制度で無収入の妻は，夫の担税力を低下させる存在として扱われており，妻が家事育児を行うことによる出費の軽減（帰属賃金）は考慮されていない。イギリスやオーストラリアの制度に比べて，専業主婦世帯が優遇されているといっていいだろう。

　歳入の対GDP比というマクロのデータで見れば，日本では1990年から税収が低下し，他方で社会保障負担は一貫して上昇してきた。税収が低下したのは，景気の停滞による所得の伸び悩みのためという以上に，高所得者・企業への減税を繰り返したためである（大沢 2013：242-243）。社会保障負担は端的に逆進的であり，この動向は，歳入全体の累進度を相当に低下させたと考えるべきである。いいかえると日本では，1990年代初めから，税・社会保障制度が低所得者を冷遇する度合いが強まったのである。

4　生活保障のガバナンスを比較する

（1）相対的貧困率という指標

　上記のように2009年には，福祉のために国民が支出している金額の純合計において，英米が北欧諸国よりも高く，日本はフィンランドを超えてデンマークに迫っている。では，諸国の生活保障システムのガバナンス（効果の総体）は，どのようなものだろうか。貧困率を中心に見ていこう。なお日本を含む諸国についてデータが揃う最近年は2009年である。

　本章が焦点を合わせる指標は，経済協力開発機構（OECD）が定義する「相対的貧困」である。「相対的貧困」とは，所得を世帯の規模について均して「中央値」を求めたうえで，その中央値の50％未満の低所得を指す（60％や40％も参照される）。世帯の規模を均す手続きを「等価にする（equivalise）」といい，OECDでは，世帯所得を世帯員の人数の平方根で除して「等価所得」を求めている。本章では基本的に相対的貧困を「貧困」と略称している。

　貧困率は通常は可処分所得レベルで測定され，日本では生活保護基準とほぼ重なる。また市場所得レベルでも貧困率が計測されることが少なくない。「市場所

得」（当初所得ともいう）は，雇用者所得，事業者所得，農耕・畜産所得，家内労働所得，利子・配当金，家賃・地代，仕送り，雑収入，企業年金給付等の合計である。市場所得に社会保障の現金給付を加え，直接税と社会保障負担を差し引いたものが，「可処分所得」であり，間接税を別として政府が所得再分配したのちの所得である。なお政府の社会保障では，現物（サービス）も給付され，その現物給付の費用総額を世帯や個人に割り当てた結果を「再分配所得」という。

　市場所得から可処分所得への貧困率の変化は，政府による所得再分配（間接税を除く）が貧困を削減した程度を表す。貧困率の変化幅を市場所得レベルの貧困率で割った数値を，（所得再分配による）「貧困削減率」と呼ぶ。

　市場所得レベルの貧困率は，可処分所得レベルの貧困基準を市場所得の分布に当てはめて計算される。それは仮想のものではあるが，重要な情報を含んでいる。市場所得レベルの貧困率は，労働市場や製品市場が作動してもたらす「分配」の特徴の1つであり，政府による所得再分配とは別に，さまざまな収入の機会（政府が公共事業や産業保護により稼得機会をつくり出すことを含む）や仕送りなどによって，貧困が抑えられている程度について（所得再分配の「機能的等価策〔functional equivalents〕」），情報を伝えている。

　市場所得レベルの貧困率はまた，保健医療や保育・介護など，社会保障による現物（サービス）給付が稼得活動をサポートする効果も反映する。現物給付は再分配所得を構成するだけでなく，市場所得を高めることにつながるからである。

　市場所得レベルの貧困率はさらに，政府が行う所得再分配の性質や規模にも影響される。失業手当や育児休業の際の所得補償，あるいは年金給付などが頼りにならなければ，無理に（労働市場でみずから投げ売りして）でも働いて市場所得を得ようとするケースが多くなる。現金給付が頼りになるものであれば，人々は無理にでも市場所得を稼ごうとはしなくなり，市場所得レベル（社会保障の現金給付受け取り前）の貧困率は高くなるからである。そのような事象について，福祉レジームの比較研究をリードしてきたイェスタ・エスピン＝アンデルセンは，福祉国家が（市場）収入ゼロの人口を生み出す，と述べている（Esping-Andersen and Myles 2009）。

　市場所得レベルの貧困率が高く，貧困削減率も高く，結果として可処分所得レ

第Ⅱ部　規制を比較する

ベルの貧困率が低いということは，政府による所得再分配のおかげで，市場所得に依存せずに（労働市場でみずからを投げ売りするなどせずに），貧困を免れることができる程度を表すわけである。この，“政府による所得再分配のおかげで，市場所得に依存せずに貧困を免れることができる程度”とは，エスピン゠アンデルセンが『福祉資本主義の三つの世界』の「日本語版への序文」で述べた「脱商品化（de-commodification）」の定義と重なる（エスピン゠アンデルセン 1990 = 2001：iv）。市場所得と可処分所得の２つのレベルの貧困率は，「脱商品化」の近似指標となりうると考えられるのである。[8]

（２）2000年代の貧困率と貧困削減率

全人口の貧困率と貧困削減率は，2009年には図３-８の状況にあった。貧困率が高いのは，アメリカ（17.3％），日本（16％），韓国（15.3％），オーストラリア（14.5％）であり，南欧諸国でも高い。他方で北欧と中・東欧諸国では５％から８％程度と低い。そしてフランスをはじめ大陸西欧諸国も，おおむね10％を下回る低い数値を示している。貧困率が低い諸国では貧困削減率が高いという傾向が見られる（例外的なのはスイス）。日本の貧困削減率は1985年のわずか４％から2009年には50％まで上昇したが，欧州諸国（スイスを除く）に比べれば高くない。市場所得レベルの貧困率が急上昇し，貧困削減がそれに追いつかずに，可処分所得レベルの数値が高くなる。日本の貧困削減率は50％程度に留まることから，日本で市場所得レベルの貧困率が急上昇した要因は，「脱商品化」が進み市場所得ゼロの人口が増えたことによるよりも，失業率の高まりや雇用の非正規化などにより，分配が劣化したことによると考えられる。

　貧困率は年齢によってどのように異なるのだろうか。OECD諸国全体を見渡しても，日本は65歳以上の高齢人口の貧困率が約20％と，高いグループに属する（高齢者の貧困率のランキングは，全人口と大差ない。例外的なのはスイスで，全人口では中位，労働年齢人口では低いほうだが，高齢人口では高いほう）。日本の老齢向け公的社会支出を高齢者１人当たりで見ると，1980年から2000年にかけては低下した（大沢 2013：260）。上記のように日本では，公的社会支出の大部分が年金と医療に当てられ，その意味で高齢者に集中しており，その集中度を2000年代にも高め

第3章 日本の生活保障システムは逆機能している

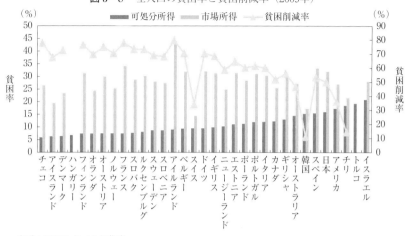

図3-8 全人口の貧困率と貧困削減率（2009年）

出所：OECD.Statより作成。

たが、高齢者の生活保障は決して厚いとはいえない。

　労働年齢人口の2009年の貧困率も、ランキングは全人口と大差ない（例外的なのはスイスで、低いほうから4番目となる）。日本の数値はイスラエル、チリ、アメリカについで高い。日本の市場所得レベルの貧困率は一貫して上昇し、2000年代にはOECD諸国のなかで低いほうではなくなった。日本の再分配（所得に限らず）の特徴として、政府の所得移転以外の施策（たとえば公共事業）や民間の主体の相互作用による機能代替（防貧効果）を語ることは、無理であると考えられる。そして労働年齢人口にとって日本の貧困削減率は、2000年代前半には上昇したが、後半にはほとんど上昇していない。

　いっぽうスウェーデンとデンマークでは、労働年齢人口の市場所得レベルの貧困率が1995年に比べて2000年代には低下しており、貧困削減率も低下したが、可処分所得レベルの貧困率はなお低く保たれている（スウェーデンではイギリス・ドイツ並みへと上昇したが）。これらは、上記のように両国で公的社会支出の重心がサービス給付に移動したこと、いいかえると労働年齢人口の稼得活動のサポートへと重心が移動したことと、整合的である。

　OECD諸国の2000年代半ばの労働年齢人口の貧困者を、属する世帯の有業者数

第Ⅱ部　規制を比較する

の別に検討しよう。労働年齢人口全体にとっての日本の数値は，2006年で13.4％であり，メキシコ，アメリカ，トルコについで高かった。日本を含めて労働年齢人口の貧困率が高い諸国では，その貧困者の大多数が有業者1人以上の世帯に属している（オーストラリアは例外的）。しかも日本は，トルコ，アイスランドと並んで，2人以上が就業している世帯の人口が労働年齢貧困者の40％を占める。共稼ぎしても貧困から脱出しにくい，ということである。これにたいして貧困率が低いノルウェー，オーストラリア，イギリス，ドイツなどでは，労働年齢の貧困は主として有業者がいない世帯の人々の問題である。

　共稼ぎでも貧困から脱出しにくいという事情の背景は，OECDの『エンプロイメント・アウトルック』2009年版に掲載されたデータ（図3-9）に示唆されている。それは，2000年代なかばの労働年齢人口について，世帯類型別に貧困削減率を示すものである。世帯類型の1つは成人が全員就業する世帯であり，そこには夫婦共稼ぎや親子共稼ぎ，ひとり親世帯や単身世帯が含まれる。もう1つはカップルの1人が就業する世帯であり，多くの場合に「男性稼ぎ主」世帯だろう。傾向として，貧困削減率が低い場合に，労働年齢人口の可処分所得レベルの貧困率も高い。このデータによれば，日本での貧困削減はメキシコについで最も低い。しかも日本でのみ，成人が全員就業する世帯ではマイナス7.9％である。やや乱暴に表現すると，稼ぎが悪いためよりも，税・社会保障制度によって冷遇されるために，貧困に陥るのだ。対照的に，「男性稼ぎ主」世帯では貧困率が6.7％軽減されている（大沢 2013：378-379）。

　またこのデータによれば，世帯類型による貧困削減率の差には，大きい国と小さい国がある。多くの国で「男性稼ぎ主」世帯にとっての貧困削減率が大きく，そうでないのはアングロサクソン諸国のほか，メキシコ，韓国，スペイン，ギリシャ，イタリア，スウェーデン，ハンガリーなどである。日本では，「男性稼ぎ主」世帯も再分配によってわずかしか貧困を削減されないが，成人が全員就業している世帯では，削減率がマイナスであるから，その差は甚大といわなければならない。日本がOECD諸国きっての「男性稼ぎ主」型であること，それは民間の制度・慣行よりも，政府の所得再分配というガバニングが逆機能することによって現出していることが，ここに鮮明に現れている。

図3-9 子どもがいて有業者がいる世帯の人口の相対的貧困率（％），成人数・有業者数別（2000年代半ば）

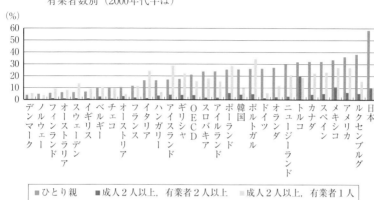

出所：大沢（2013：図8-31）。

2000年代後半にかんしてOECDのデータが示す状況は，日本のより最近のパネルデータにもとづく研究によっても裏打ちされた。すなわち，2009年から開始された「日本家計パネル調査（JHPS）」を，駒村康平らが分析した結果，2009年の日本で，就業者では当初所得（市場所得）レベルよりも可処分所得レベルにおいて相対的貧困率が高いこと，このマイナスの効果が社会保険料負担によって生じていたことが，判明したのである（駒村ほか 2011）。

（3） 貧困率と貧困削減率——子ども

　子ども（18歳未満）の貧困について日本の特徴は，1980年代から2000年代半ばまで，貧困削減率がマイナスだった点にある。日本の子どもの貧困率は，2000年代の初年にやや低下したほかは，1985年から一貫して上昇しており，OECD諸国でも貧困率が最も高いグループに属するようになった。

　では，どのような世帯に属する子どもにとって，貧困リスクが高いのか。子どもがいて有業者がいる世帯に属する人口の相対的貧困率を，成人数と有業者数で分けて見ると，図3-9のとおりである。諸国は，ひとり親世帯に属する人口の相対的貧困率が低い順にデンマークから配列されている。日本の有業のひとり親（とその子ども）の貧困率は，突出して高い。他方で，成人が2人以上で有業者が

第Ⅱ部　規制を比較する

1人の世帯（多くは専業主婦世帯）の人口の貧困率は，図示されている諸国のなかで日本は低いほうである。しかし，成人が2人以上で有業者が2人以上の世帯（多くは夫婦共稼ぎ世帯）の人口の貧困率は，トルコについで高い。

　また日本とトルコでは，子どもがいて成人が2人以上いる世帯の人口で，有業者が2人以上でも1人でも，貧困率にほとんど差がない。日本とトルコを除く諸国では，子どもがいて成人が2人以上の場合に，有業者が2人以上なら，有業者1人の場合に比べて貧困率は3分の1以下となる。これにたいして日本とトルコでは，「第二の稼ぎ手」がいても貧困から脱出しにくい。「第二の稼ぎ手」の大多数も女性であろうが，日本（とトルコ）で女性が追加的に働いても，貧困リスクが低下しないのは，日本では稼得力の問題だけではない。上に見たように，共稼ぎ世帯にとって政府の所得再分配による貧困削減率がマイナスであることも一因であろう。

　この図で注目されるもう1つの点は，オーストラリアとイギリスで貧困率が北欧諸国並みに低く抑えられていることである。たとえば高齢人口や全人口について，オーストラリアの貧困率は高いほうであり，イギリスの数値も低いほうとはいえない。ところが，子どもがいて有業者がいる場合にその貧困率が北欧並みに低いということは，子育てと就業のインセンティブを高める政策手段が取られていることを示唆する。日本はその反対なのである。

5　逆機能する日本のシステム

　一般に，貧困率が低い諸国では公的社会支出の規模（対GDP比）が高い。日本の貧困率は1980年代から高いほうであり，しだいに上昇してきた。他方で日本の公的社会支出の規模は，1980年代にはOECDの最低レベルにあったものが，2000年代末には平均レベルへと上昇してきた。1985年には貧困率に照らして公的社会支出は小さかったが，2000年代には貧困率に照らして支出が大きくなる傾向が見られる（大沢 2013：385）。日本では，公的社会支出が低いから貧困率が高止まりするのではなく，貧困緩和という目標にたいして公的社会支出が非効率であることが示唆される。

第3章　日本の生活保障システムは逆機能している

　全人口について，アイルランドを除くアングロサクソン諸国では，貧困削減率がさほど高くなく，その結果として，可処分所得レベルの貧困率も低くない。ただし，上記のようにオーストラリアとイギリスでは，子どもがいて就業者がいる世帯の人口にとっては，貧困率が北欧諸国並みに低い。アングロサクソン諸国は，雇用者について累進的な税・社会保障制度をもつけれど，全人口の貧困率が低くないのは，公的社会支出の規模が小さいことと関連しているだろう。そのように相対的に小規模の公的社会支出で，子どもがいて就業者がいる世帯の貧困率を北欧並みに抑えていることは，子育てと就業のインセンティブを増進できるものであり，効率的であるといえよう。

　他方で北欧諸国，そしてフランスを含む大陸西欧諸国では，雇用者について税・社会保障制度の累進度は高くないものの，公的社会支出の規模は大きく，貧困削減率は高く，貧困率は全般的に低く抑えられている。そのうち，デンマークとスウェーデンをはじめとする北欧諸国では，公的社会支出のなかで就学前教育や積極的労働市場政策といったサービス給付の比重を高める動きが見られる。これはアングロサクソン諸国とは異なる方法で，子育てと就業を支援するものといえるだろう。エスピン゠アンデルセンの本来の定義での脱商品化を維持しつつ，労働力をディーセントな（働きがいのある人間らしい）条件で商品化できるように環境を整え，貧困の発生を予防しようとしていると理解できる。

　以上にたいして日本では，公的社会支出の規模は直近でOECD平均並みであり，雇用者について税・社会保障制度の累進度は，各種の世帯類型を通じて，最も低いグループに入る。就業時間が短かったり収入が低くて，雇用者の社会保険を適用されず，国民健康保険や国民年金第1号の被保険者となると，社会保険料負担はさらに重くなる。逆進的な社会保障負担が高まっており，子どもがいる世帯や世帯の成人が全員就業する世帯にとって，所得再分配が貧困を削減する効果がきわめて貧弱である。限りある所得再分配の資金を有効に充当できず，効果が貧弱どころか貧困削減率がマイナスとなるケースが少なくないのである。

　ところで日本政府は，貧困率の削減を所得再分配の明示的な目標としてきたわけではない。というより政府は，日本社会に貧困が存在すること自体を，2009年まで認めていなかった（大沢 2013：26）。同年9月に民主党政権が発足すると，ま

111

第Ⅱ部 規制を比較する

もなく長妻昭厚生労働大臣が貧困率を公表したものの，削減目標は立てていない。それでも，日本では少子化による人口減少，なかでも労働力人口の減少が憂慮されている。そのような社会で，子どもがいる世帯，世帯の成人全員が就業している世帯，あるいは就業者全般にとって，貧困削減率がマイナスになっている。子どもを生み育て，世帯として目いっぱい就業することが，税・社会保障制度によっていわば罰を受けているのである。労働力人口の減少が憂慮される社会として，生活保障システムが逆機能し，バッド・ガバナンスをもたらしているといわざるをえないだろう。

注

(1) 社会的排除については2005年秋頃から学んだ。旧稿の脱稿は2005年5月であり，8月末の研究会で編集について合意したため，社会的排除論は取り入れていない。

(2) 教育や健康にかんする指標も含まれている（大沢 2011）。

(3) そこには，自営業者・失業者・年金生活者の状況が含まれないだけでなく，雇用者の社会保険にカバーされない短時間雇用者などの状況も反映されていない。

(4) 平均負担率累進度は負担率表上のある点における累進度を測定する基準の1つであり，構造的累進度ないし「ローカルな」累進度とも呼ばれる。このほかに有効累進度もしくは「グローバルな」累進度がある。ローカルな累進度は，所得 Y_0 の場合の税負担（またはタックスウェッジ）を T_0，所得 Y_1 の場合の税負担（またはタックス・ウェッジ）を T_1（ただし，$Y_1 > Y_0$）とすると，次式で定義される。$(T_1 / Y_1 - T_0 / Y_0) / (Y_1 - Y_0)$。この式の値が正ならば累進的，0に等しければ比例的，負ならば逆進的となる（OECD 2013：33）。

(5) 等価可処分所得は164万5558円となる。「平成25年国民生活基礎調査の概況」によれば，2012年の等価可処分所得（名目）の中央値は244万円である。労働年齢のひとり親世帯の人口のうち，8割近くの等価可処分所得は165万円に届かないと見てよい（http://www.mhlw.go.jp/toukei/saikin/hw/k-tyosa/k-tyosa13/dl/03.pdf）。

(6) 2014年における各国の純負担の内訳は，付表のとおりである。

(7) 北明美は，（旧）児童手当，子ども手当，（新）児童手当を緻密に比較検討しているので参照されたい（北 2014）。

(8) エスピン=アンデルセンの「脱商品化」の指標が問い直されてきたことにつき，拙著を参照されたい（大沢 2013：106-113）。操作化には問題があったとはいえ，「脱商品化」概念そのものは有効であると私は考えている。

第3章 日本の生活保障システムは逆機能している

付表 2014年におけるひとり親の純負担の内訳

国	税の控除 （○は給付つき）	所得課税a	雇用者の社会保険料b （事業主の社会保険料）	子ども 手当c	純負担 a+b+c
ドイツ	○：所得控除＜税額控除	-2.1%	20.2% 事業主がほぼ同じ額	なし	18.1%
日　本	年少扶養控除を 2011年に廃止	6.1%	14.1% 事業主がほぼ同じ額	7.3%	12.9%
スウェー デン	○：税額控除＜所得控除	14.8% 国税はマイナス 地方税が重い	7% 事業主が4倍近い額	9.9%	11.9%
イタリア	○：所得控除＜税額控除	6.6%	9.5% 事業主が3倍以上の額	12.9%	3.2%
アメリカ	○：税額控除＜所得控除	-5.1%	7.7% 事業主が1.4倍の額	なし	2.6%
イギリス	○：税額控除＜所得控除	-3.6%	8.0% 事業主がほぼ同じ額	7.4%	-3%
オースト ラリア	○：少額の税額控除	17.8%	0% 事業主のみ賃金税	25.4%	-7.6%

注：％は粗賃金収入にたいする比率。
出所：OECD（2015：Part Ⅲ）より作成。

第4章

多様なジェンダー・レジームと職場におけるジェンダー平等規制
——グローバルな文脈で——

イルゼ・レンツ

1 本章の課題と構成

　グローバル化は経済的新自由主義や規制緩和と結びつけられてきた。しかし，ジェンダーの分野では，グローバル化を背景として，ジェンダー平等を目指した新しい「ソフトな形態の規制」が生まれている（Lenz 2003aを参照）[1]。なかでも最も重要なのは，国連女性の10年（1975-85年）のあいだに確立した国際連合の規範と，職場におけるジェンダー平等にかんするEU指令，1997年のアムステルダム条約のジェンダー平等の目標である。現在は，EUに代表される超国家的な組織や，国境を越えた政策提言ネットワークの役割に研究が集中している（Keck and Sikkink 1998；Walby 1999a, 2002b；Woodward 2004；Zippel 2004）。しかし，政府の反応や実効性のある成果は大きく異なる。

　本章では，こうしたソフトな形態の規制とその国ごとの違いを分析するために，幅広い枠組みを提示する。その基礎には，「グローバル化，ジェンダー，労働の変容（GLOW）」研究グループとの議論から生まれた理論的な比較の枠組みがある。比較は次の3つの基本的次元で行う。(1)ジェンダー化された福祉レジーム，(2)資本主義の多様性，(3)国家フェミニズムの形をとるジェンダー・レジーム（政府のジェンダー政策機関）および女性運動とその動き（本書第3章および第1章を参照），である。本章は，これら3つの次元を無関係な個々の要素としてではなく，相互の関連性や相互依存に注目するために検討している。また，これらの次元は静的な構造と捉えられることが多く，その変化の動的な側面に目が向けられないことも指摘しておかねばならない。たとえばジェンダー化された福祉国家は，国家が

第Ⅱ部　規制を比較する

現代化するなかで進化してきた安定的なジェンダー化された構造と考えられている。しかし，国際的な女性運動やジェンダー・ポリティクスの推進力によって生まれた規制にかんする問題では，プロセスにかんする動的な視角が必要とされている。規制形成の動きは社会的行為という観点で理解される。複数のアクターが規制にかんする交渉を行っており，こうした規制交渉における主要なアクターや機関の役割を概念化する必要がある。さまざまなアクター，たとえば国家とその女性政策機構，女性運動，大きな利益団体などがあるが，どのアクターが交渉の異なる局面で認識されるのか，政策展開の基本となる各局面，すなわち，問題定義，アジェンダ設定，政策の策定，実施，そして評価に，それらのアクターはどのように関与でき，また実際に関与するのだろうか。例をあげると，女性運動や国家，また国連はどのようにして，ジェンダー不平等が「大きな問題」だという問題定義を行うのか。また，より平等な規範と規則を発展させるというアジェンダを，どのような状況で，どこまで設定することができるのか。ここでは規制にかんする政策形成のこれら局面における主要アクターの組み合わせに注目し，その成果について，主にイギリス，ドイツ，日本の福祉国家を比較することで（それは本書の基本的な比較事例となっている）考察する。

　本章には，時間と空間内の移動が含まれる。第一にグローバル化について，一般によくいわれる新自由主義との同一視を超えて，プロセスとしての理解について議論し，ジェンダー正義に向けた規制のための選択肢に注目してみる。その後，国民福祉国家と資本主義の多様性の次元において，規制の制度的文脈について論じる。次に，さまざまなジェンダー・レジームの制度的文脈を比較し概観する。ドイツ，日本，イギリス，アメリカでの労働規制にたいする国際的推進力を比較する簡単な事例研究によって，規制の多様性を明らかにし，その違いを説明できる要因に注目する。本章で主に論ずるのは，ジェンダー化された福祉レジーム，資本主義の多様性，そしてジェンダー・レジームという3つの次元を統合して，職場における平等にかんする規制を交渉するうえで，より洗練された，しかも扱いやすい枠組みを作り出す必要がある，という点である。

116

2 グローバル化と新たなグローバル・アクター

　規制策定のプロセスにたいするグローバルな推進力を分析するには，グローバル化を幅広く理解する必要がある。経済に焦点を当てる狭い見方を超えて，私は異なる文脈に注目し，政治，文化，コミュニケーションのグローバル化のプロセスを視野に含めたグローバル化の概念(3)を導入した（Lenz 2003a）。経済や政治のハイエラーキーが強力ないっぽう，グローバル化によって，政治的超国家組織（とくに国連とEU）に見られるように，国際的な相互依存が高まり，情報通信技術（ICT）による新しいコミュニケーションの技術や形によって時間と空間の再構成が起きている。新しい形のコミュニケーションは，女性の権利と人権にたいする理解をグローバルなレベルで誕生させ，またグローバルな市民社会を支えている（Lenz 2003a）。

　国民国家を超えた新しいアクター，とくに超国家組織や多国籍企業，NGOの影響力が高まっており，規制の問題を考えるうえで重要な要素になっている。こうした新しいアクターは，物質的資源や組織的資源，そして権力資源に応じて，また，新しい複雑なグローバル・ゲームへの指向性や，ゲームのなかでの反省力，そこから学習することなどの能力や潜在力によって，選択肢の幅を拡げ，深めることができる。グローバルへの指向とコミュニケーション，ネットワーク力は，グローバルな舞台で組織づくりをするために欠かせない能力となっている。グローバル化のプロセスでは，既存の力関係が絶対的に保持され，強化されると決まったわけではない。非対称な立場からでも，アクターは国際指向や国際コミュニケーション能力，そして国際的な組織力の開発ができる。ここでいう国際指向とは，グローバルな経済的，政治的，文化的な構造や制度についての知識，またトランスナショナルなコミュニケーションに参加することの価値についての知識を意味している。グローバルなフェミニスト・ネットワークや女性運動が示してきたように，非対称な力関係のなかで交渉しても，徐々に大きな成果をもたらすことは可能である（Keck and Sikkink 1998；Lenz 2001a）。

　アルトファーターとマーンコプフ（Altvater and Mahnkopf 2000）は，グローバ

第Ⅱ部　規制を比較する

図4-1　女性運動にとっての規制の制度的文脈

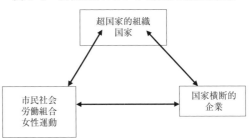

ルな規制策定プロセスのための枠組みとして，超国家的組織・国民国家，多国籍企業，そして市民社会の「マジック・トライアングル」を提唱している（図4-1）。それぞれの働きにおいて，この三者は特別なコミュニケーション媒体に向かう。アルトファーターとマーンコプフはこの媒体を「コード」と名付けた。超国家的組織・国民国家は権力と意思決定のコードに従い，多国籍企業は市場のコードに従い，市民社会は交渉とコミュニケーションのコードに従う。このマジック・トライアングルは，社会運動，とくに女性運動にとっての規制が変化する制度的文脈や，トライアングルの異なる角にいるアクターたちの相互関係を視覚化するのに役立っている。

　国連とEUのような超国家的組織や，国民国家は，正統な政治的決定にかかわり，多国籍企業は国家（あるいは企業を「公私のパートナーシップ」に統合しようとする超国家的組織）との関係のなかで増大した選択肢を利用し活用することができる。NGOや労働組合など，市民社会のアクターは，グローバルな多層システムに沿って，国連やEUなどの超国家的組織や，国民国家と交渉を続けている。たとえば，グローバルな国連のレベルで採用されたジェンダー主流化などの規範は，国や地域レベルでのアジェンダ設定や政策策定のために意味をもつようになる（Lenz 2003a）。

3　グローバルな女性運動と国連女性の10年
——平等な規制とグローバルなジェンダー民主主義を求めて

　近現代の女性運動は，国際的な交流や国際組織の構築を継続してきた。1975年
にはじまる国連女性の10年のあいだ，現在あるグローバルなフェミニストのネッ
トワークがそれまでにない広がりを見せて誕生した（Meyer and Prügl 1999 ;
Wichterich 1996, 2001）。地域的，国家的な状況，あるいはグローバルな開発から
生まれた問題を話し合い，「シスターフッド間の対立」から学ぶことで，女性た
ちは重層的な焦点をもつ問題の政治的な問題定義の先頭に立ち，グローバルなア
ジェンダ設定に積極的な役割を果たすことができた。そのためには，互いの違い
を尊重することができるような収束する概念を見つける必要があった。たとえば，
異なる社会文化的背景をもつ女性たちの運動が，グローバルなレベルで，職場に
おける平等，女性にたいする暴力との闘い，女性のエンパワーメントといった概
念を共有するようになった。しかし，ローカルなレベルではそれらの概念に独自
の意味をつけ，ローカルな状況でその概念を実現するための異なる戦略を生み出
している（Meyer and Prügl 1999 ; United Nations 1995）。「女性の権利・人権アプ
ローチ」は，南や東，西側の女性運動の違いに橋渡しして，収束するような戦略
を生み出すために，大変に役立つことがわかった。さらにこのアプローチは，人
権と社会問題にかんするグローバルな言説に置き換えることもできる。

　こうして，グローバル・フェミニストや超国家的ネットワーク，そして女性運
動は，国連女性の10年にかんするプロセスや，1992年にリオデジャネイロで開か
れた国連環境開発会議，1995年の世界社会開発サミットにいたる国連の社会開発
会議に影響を及ぼし，また各国政府にプレッシャーを与えることができた。それ
は言説的，制度的に重要な成果をあげた。違いを尊重するグローバルで超国家的
な言説をつくり出し，平等と社会的平和を促進する共通の戦略をもつためのグ
ローバルな概念を生み出している。グローバル指向能力を開発し，インターネッ
トで世界中とコミュニケーションをとることができたのだ。

　平等・開発・平和を目標とした国連女性の10年のプロセスは，一組の中心的な

第Ⅱ部 規制を比較する

規制に従うのではなく，異なる文化的背景に配慮した柔軟な様式の規制をつくり上げる先駆的な試みと見ることができる。国連女性の10年とそれにともなう世界会議，とくに第4回世界女性会議（1995年に北京で開催）は，ジェンダー平等にかんする普遍的な規範を話し合い，確立するための舞台と枠組みを提供した（United Nations 1995）。国連は国家による国際コミュニティを形成しており，普遍的な規範を確立するための正統な中心的な機関である。ジェンダーの視点は，1990年代の複数の国連社会開発会議にも組み入れられた。国連女性の10年によって世界中の女性運動にとっての国際的機会構造が急速に広がった（アジア女性資料センター 1997；Kramerae and Spender 2000；United Nations 1995；Wichterich 1996）。ここでは，国連女性の10年についてつぎの3つの結果が強調されるべきである。(1)フェモクラットや超国家的なグローバル女性ネットワークに，コミュニケーションとアジェンダ設定のための場を提供した。(2)とくに国連世界女性会議において，ジェンダー平等の普遍的規範を確立した。(3)国民国家のなかのジェンダー政策機関，いわゆる女性の政治的機構の確立を準備し，促進した（Stetson and Mazur 1995a）。

　次の3つの文書は，ジェンダーと労働の問題にとくにかかわりが深い。

① 「女性にたいするあらゆる形態の差別の撤廃にかんする条約」は1979年の国連総会で採択された（CEDAW 1979）。これは，あらゆる形態の差別を根絶するための統合した枠組みを提示することで，1945年以来「性差別」にたいして国連が示してきた初期の断片的な取り組みを乗り越えることを目指すものであった。国連加盟国の大多数を占める批准国（ただし，アメリカは含まない）にたいして国際法として法的地位をもっている。CEDAWの第2条で，国は女性にたいするあらゆる差別を禁止し，個人，団体，企業による女性にたいする差別を撤廃するために，すべての適当な手段を取ることを誓っている。第11条には，労働の権利や採用，研修，昇進，賃金，手当における平等を含めて，雇用の分野におけるあらゆる形態の差別撤廃を目指すという，分野を特定した誓約が掲げられている（CEDAW 1979）。

② 1975年にメキシコで開かれた第1回世界女性会議と1980年の国連世界行動計画では，中央政府に女性局や連絡拠点を設けることを各国政府に課した。その後，

第4章　多様なジェンダー・レジームと職場におけるジェンダー平等規制

国連のジェンダー規範やその実施も含めた責務について国内で交渉が続くなかで，女性室や省，機会均等局などの，女性政策機構の設置や拡大が見られた（UNIFEM 2000：37-61）。国連女性の10年（1975-85年）の最初の段階から，こうした規範や機関は政治的機会構造の拡大に役立ち，国家や超国家組織のなかに，潜在的な味方としてフェモクラットが生まれていった。

③　1995年に北京で開かれた国連の第4回世界女性会議では，宣言文および行動綱領（United Nations 1995）が発表され，出身地域も方法論も異なるフェミニストたちと各国政府との国際的な交渉のプロセスを通じて，ジェンダー平等のための基本的規範と工程が確立した。ジェンダー主流化という中心的な原則は，組織や企業を変化させるうえで根本的である。それはEUのアムステルダム条約（1997年）や国民国家のジェンダー政策に組み入れられた。1995年の行動綱領は広範囲のエンパワーメントと自律の目標を立てており，そこには身体とセクシュアリティ，職場と社会における平等，開発と構造的変化，公共の関係と個人的関係における平和と非暴力，そして政治参加などが含まれる。これはグローバルなジェンダー民主主義のための憲章と見ることもできる。フェミニスト・ネットワークは，このようにして包摂的でグローバルなジェンダー民主主義という育ちつつある概念をアジェンダに載せた。それは，ジェンダー正義と国際正義，女性や女性運動のなかにある相違を尊重し，女性および周縁化された人々のエンパワーメントにもとづいた非暴力で持続可能な開発につながるものである。北京行動綱領は，12の行動分野でジェンダー平等のための目標と戦略，手段を提示し，超国家的組織や各国政府，経済界や市民社会組織のために，具体的な目標を掲げた詳細な工程表を示している。[4]

　国連女性の10年がもたらした勢いと政治革新は，1995年の北京会議以降は後退した。2000年にニューヨークで開かれた北京会議のフォローアップのプロセス，そして2005年に向けて設定された評価において特徴的だったのは，国連および加盟国の官僚制的なフェモクラットの機関にかんする内向きの集中，またフェミニストの動員力の低下と強力な反対運動の介入である。国際政治に変化が起きたことで，女性運動の機会構造が変わった。「真の社会主義」の崩壊以後，国連のプ

第Ⅱ部　規制を比較する

ロセスを中心として多国間で平和的に新しい世界秩序を追求する動きが過渡的に見られたものの，それが軍事的に警護された秩序に移行したのだ。2001年9月11日，イスラム原理主義の男性ネットワークがアメリカに仕掛けたテロ攻撃以降，唯一残る超大国であるアメリカは，テロとの戦争において一方的な戦略や軍事力を重要視し，平和のための交渉において正統性をもつ中心的なグローバル機関である国連を無視し，国際法を回避しようとする傾向にある。(5)ジェンダー衡平な規制に向けた交渉は，1990年代の平和的な国連の社会プロセスに負うところが大きかった。もう一度国連を中心に，紛争やグローバルな不平等を正統に解決することを可能にするためには，国連を民主的に改革し，そのグローバルな正統性を確立し直す必要がある。民主的な国連改革とより効果的な紛争解決は，グローバルなフェミニスト政策に不可欠な問題である。

　原理主義者の男性中心の運動や武力紛争のもとで，男性戦士，つまり「単独で世界を率いるタフなリーダー」，そして武力による暴力を理想とする考えが，復活させられている。軍事化や国際紛争において覇権主義的で攻撃的な男性性を求める動きは（女性兵士も参加しているにしても），グローバルなジェンダー正義のためには構造的障害となる。

　国連北京会議で採択された平等を目指すグローバルなジェンダー規範にたいして，民間の反対運動も攻撃的な動きを示している。たとえば，カトリック教会やイスラム教の男性中心の集団は，原理主義的で中絶反対であり，性と生殖の自由（reproductive freedom）に反対する運動を起こしている。バチカンは，北京行動綱領の基礎である文化的属性としてのジェンダーという概念にさえ，家族にたいする不信を煽り，同性愛や多様なセクシュアリティにたいして平等の地位を与えるとして，攻撃を加えている（Congregation for the Doctrine of the Faith 2004）。

　制度的な進展が行き詰まりを見せるなか，グローバルな女性運動は停滞状態にあり，内部に問題を抱えている。内部の問題のおもなものは，フェミニズムが多様化し，すべてをまとめる場が存在しないなかでの戦略構築の問題である。ほかにも，内部の民主制，独立性，持続可能性の問題がある。「地元の女性たち」，つまり各地域や国内の支持者たちにたいする代表選出，フィードバック，説明責任という民主的仕組みが，グローバルな舞台でロビー活動をするうちに弱体化して

いる。グローバルな女性のネットワークは独立した資源をもたないことが足かせとなっているが，今でも，開発資金や国家の後援や女性官庁といった外部の資源に大きく依存している。フェミニスト・ネットワークのメンバーは政治的ガバナンスの構造や組織に参入したが，まだ堅固な足がかりや明確な権力基盤を手に入れてはいない（Lenz 2001a ; Wichterich 2001）。女性グループのNGO化（Alvarez 1999）は，組織が専門職化あるいは定型化していることを表しており，官僚化に向かう組織の勢いにともなう団体行動の論理と，民主的な勢いとのあいだに緊張が生まれる。このようなプロセスは，労働組合など他の社会運動でもはっきりと見られる。グローバルなフェミニストたちは若い女性たちとのあいだの世代間ギャップに悩んでいる。グローバル化にたいして批判的な団体など，他の社会運動との連携の確立は複雑で，人材とエネルギーを吸い取られている。

4 EUにおけるジェンダー平等に向けた規制

EUは一定の立法権を有する超国家的な地域組織であり，国際的な多層システムにおけるジェンダー平等規制としては，格別の事例となっている。EUにおける初期の規制の大きな動機は，「先進的な国々」の不利益を避けるために，国によって異なる水準をある程度均すことにあった。そこで，EU設立を謳った1957年のローマ条約では，主としてフランス政府の圧力のもと，第119条で男女の賃金の平等が確立された。その後も，とりわけ自国の高い水準が下がることにたいする抵抗（北欧諸国の場合など）や，社会的な「平等のダンピング」にたいする怖れが動機となって，一部の国がEUにおけるジェンダー平等の規制を強く要求することになった（Schmidt 2005 ; Walby 1999a, 2002b）。1970年代に出されたEU指令によって，平等な賃金（1975年）や均等待遇（1976年）の権利が，さらに確立，強化された。これらの指令は，加盟国が国内法で施行すれば，法的拘束力をもち，欧州司法裁判所の対象となる。さらに，社会保障（1978年および1986年）やパートタイム労働にかんする指令も出されている（Gottfried and O'Reilly 2002 ; Schmidt 2005 ; Walby 1999a）。

1970年代の半ばから，EUは欧州議会の権利を拡大することで民主的参加の幅

第Ⅱ部　規制を比較する

を拡げ，利益団体や社会運動，NGOとの連携を支持した。こうした背景のなか
で，EUの機関（とくに欧州委員会の雇用・社会問題総局）やフェモクラットたちは，
学術界のジェンダー専門家やフェミニスト・グループともネットワークや連携を
築き上げた。アリソン・ウッドワードはこれを，官僚，企業，労働組合からなる
「鉄の三角同盟」になぞらえて，「ビロードの三角同盟」と呼んで分析し，フェモ
クラットを頂点としたこれらグループがもつ機会とインフォーマルな力関係に注
目した（Woodward 2004）。EUにかんする北欧諸国の国民投票で，ジェンダーに
よる差が生じ，女性のほうが批判的な投票をしたことにより，民衆の認める正統
性や幅広い民衆の支持を追求するEUの動きに拍車がかかった。積極的差別
（1984年），職業教育（1987年），セクシュアル・ハラスメント（1991年）にかんする
数多くの拘束力をもたない勧告は，幅広い民衆の支持をつくり出そうというこの
戦略を反映している。また，各国に定着した女性運動の上部組織である欧州女性
ロビー（EWL）はEUの支持を受け，半公式の女性の声として認められている。

　1995年以後の第3期においても，EUはジェンダー平等の規制を深め，強化し
た。アムステルダム条約（1997年）では，ジェンダー平等とジェンダーの主流化
の考え方が初めてEU条約に組み込まれた。1976年の均等待遇にかんする指令は
2002年に拡大し，より明確な形をとって，雇用にかかわるすべてのことがらにお
ける平等と，セクシュアル・ハラスメントの禁止が盛り込まれた。加盟国は2005
年までにジェンダー平等のための法律を採択，あるいは「確実に……経営側と労
働者の協約によって，必要条項を導入する」ことを求められている（指令
2002/73/EC，第2条1）。

　第3期を通じて，グローバルな多層システムとの相互作用は機会構造の拡大を
もたらし，EU機関（主に委員会と議会），EWL，女性運動とジェンダー専門家の
やり取りは，EU機関の内外における動員のために欠かせないこととなった。EU
でジェンダー平等にかかわる人々は，1995年の国連北京会議以前から，ジェン
ダーの主流化について話し合っており，北京会議では（南アフリカとともに）これ
を推進する中心的な力となった。北京会議の後，ジェンダーの主流化という考え
はヨーロッパにもち帰られた。ジェンダー平等の原則はアムステルダム条約に組
み込まれ，加盟国を法的に拘束している。EUと一部の加盟国のジェンダー平等

にかかわるグループ，およびEWLと専門家による外部でのロビー活動が，この
プロセスを支えた（Schmidt 2005）。

　国連女性の10年にかかわるジェンダー規制は，ジェンダー平等の必要性の定義
とアジェンダ設定，それに「ソフトな規則」による一般的な政策形成に焦点を当
てていた。これにたいしてEUでは，ジェンダー規制が一定の法的な力を獲得し
た。EUは国内法への導入のための強力なメカニズムを提供し，欧州司法裁判所
は判例法によって法律の形成を積極的に進めている（Walby 1999a）。しかし，以
下に示す簡単な事例研究でも明らかなように，政策形成の形態や国家レベルでの
執行には，はっきりとした違いが見られる。

5　グローバル・ガバナンスか，グローバルな多層システムに沿った規制か？

　グローバル・ガバナンスのアプローチでは，これらのプロセスを，国家や官民
のアクター（企業からNGOまで）が，将来のグローバルな秩序における新たなグ
ローバルな規範について行う交渉と位置づける。この概念は国連の重要なグロー
バル・ガバナンス委員会が提示しており，個人や官民の機関が抱える共通の問題
を規制するさまざまな方法を調和させたものとして定義されている。それは継続
的なプロセスで，それにより，意見の分かれる，あるいは相反する利害の均衡を
とり，協力的な行為を開始させることができると考えられた（Messner and
Nuscheler 1996）。

　このアプローチでは，分析的なカテゴリーとしてのグローバル・ガバナンスと，
規範的なカテゴリーとしてのグローバル・ガバナンスとを，残念ながら区別して
いない。分析的なカテゴリーは，世界の力関係の変容における経験的なプロセス
に焦点を当てるものであり，規範的なカテゴリーは，市民社会や女性のために本
来的に積極的な効果を帯びた規範をつくるタイプのガバナンスである。「グロー
バル・ガバナンスは実際に女性のために生じているのか？　どのような意味をも
つのか？」という質問が，「グローバル・ガバナンスは女性のためによい」とい
う声明と，かならずしも区別されていなかった。このアプローチはまた，国家と

第Ⅱ部　規制を比較する

企業，市民社会というアクターのそれぞれがもつ潜在的な力の差を無視していた。

　グローバル・ガバナンスのアプローチは，社会的権利について国連を中心に多国間で交渉するという，1990年代特有の歴史的配置のなかで形成された特殊な傾向に依存したものだった。それは基本的な力関係を分析することなく，将来の世界秩序の主導的な像として多国間交渉を提示した。そのため，前述したような重大な逆行的展開を分析的に理解することができず，近年ではほとんど忘れられている。

　グローバルな文脈のなかで平等規範の設定を行うプロセスを検討するには，それよりも，規制の概念のほうがふさわしいと思われる。規制は，行為理論の視角で検討される。それは，国家や組織，ネットワーク，個人などさまざまなアクターが参加する交渉のプロセスを通じて，規範や規則を設定し，制度化することを意味している。このアクターたちは，認識している利害とともに，共通の財と公正性について共有している解釈に従う。こうしたアクターたちの解釈や戦略，選択は，グローバルな多層システムの制度的文脈および国民福祉国家の制度的文脈に強く影響される。その制度的文脈のなかでグローバルな規範が交渉される。

　ジェンダー平等に向けた規制では，アクターたちはいくつかの理由から正統と思われるグローバルな問題定義や規範，政策アプローチを利用することが多い。第一に，そうしたものは，グローバルなフェミニストの専門家によるネットワークが提唱する創造的な，あるいは説得力のある知識や解釈を提供してくれる（Zippel 2004）。第二に，それらは国連やEUなどの権威あるグローバル組織で採用され，あるいは宣伝されている。第三に，フェミニスト・ネットワークがロビー活動を行う各国政府も，国連やグローバルなレベルですでにこうした規範に同意していることが多く，そのため，義務や正統な要求として打ち出すことができる。しかし，アクターたちはその後，こうしたグローバルな問題定義や規範，政策アプローチを，国内や地域のアプローチ，戦略，ニーズと統合することになる。「西欧フェミニズム」の価値にたいする「その他」の価値という二元論的なステレオタイプは，さまざまなレベルでの文化の変化と合成を無視している。だが，結局それが文化革新にとって根本的なのだ。北京行動綱領に見られるジェンダー平等のためのグローバルな規範は，（女性たちの）差異を通訳し，そこに橋を架け

ることでつくり上げられている。国内やローカルなレベルで，規制をめぐる交渉のなかで，ジェンダー平等ネットワークが統合や合成を行うとき，その地域や国内の価値観や解釈を考慮することで，その土地の文化をふまえ，文化に根ざした新しいアプローチや戦略が生まれる。[8]

6 ジェンダー化された福祉レジーム，資本主義の多様性，ジェンダー規制の新しい形態

国民福祉国家のなかでグローバルなジェンダー平等の規範を交渉することは，不可欠だが扱いにくい問題である。多層システムのなかの1国家のレベルで政策策定と執行を行うには，これが試金石となるからだ。制度的文脈を比較分析するために，本書で展開されるGLOWグループの枠組みを利用しようと思う。そこでは，つぎのような相互に関連する3つの「構造」が提示されている。(1)ジェンダー化された福祉レジーム，(2)資本主義の多様性，(3)ジェンダー・レジームの多様性。これらの構造は歴史的にそれぞれの国民国家で形成され，それぞれの国の経路発展の基礎となっている。グローバル化のなかで，こうした構造やそこに内在するハイエラーキーは浸食され，再構成されている。そうしたプロセスにおいて，ジェンダー・レジームを再交渉するための余地や場が生まれる。どんな成果がもたらされるか決まりはなく，決定論的に固定しているものではない。

(1) 規制の制度的文脈Ⅰ——国民福祉国家と資本主義

福祉国家は，その国の資本主義の多様性とその国の近現代のジェンダー・レジームのなかで発展し，形づくられた。そのため，こうした福祉国家の基本的な制度形成の背景には，資本主義と階級，そしてジェンダーの問題をめぐる社会的交渉があるといえる。こうした交渉には，自由主義的な改革運動や労働組合，そしてさまざまな女性運動の陣営が参加していた。

GLOWグループの比較サンプルに見られる自由主義的福祉国家（アメリカとイギリス）の特徴は，自由な市場経済（LME）による調整（Hall and Soskice 2001）と，規制が少なく弱いところにある。市場が文化的に最も重要な形態の調整である。

第Ⅱ部　規制を比較する

イギリスとアメリカは労働市場への女性の統合が進んでいる。国家フェミニズム
には，中程度の国家フェミニズム（イギリス）と弱い国家フェミニズム（アメリ
カ）の違いがある。グローバル化のなかで，自由主義的福祉国家のイニシアティ
ブはグローバルな競争力を高めることに向けられ，福祉からワークフェアへの推
移が進められた。こうした政策は，必然的に労働力の再商品化をともなう。そこ
には，母親にたいするワークフェアの施策も含まれ，母親の無償のケア労働を
もっと直接的な賃金労働に，すなわち労働市場に組み入れることで，ジェンダー
関係に影響を与えている。

　調査対象のなかで調整された市場経済（CME）のドイツと日本は，規制が強く
制度的にも密であるが，形は異なっている。グローバル化のなかで，調整構造は，
企業の力を強める方向にシフトしている。企業は，グローバルレベルでも国内レ
ベルでも戦略の見直しを行う。両方のレベルで活動することで選択肢が増えてい
るからである。グローバル化による市場の論理と，国内調整による組織の論理の
両方を利用できるようになるのだ（Streeck 1999）。いっぽう労働組合や社会的結
社などは，ICFTU（国際自由労働連合組合）やETUC（欧州労働組合連合）に加盟し
ているものの，依然として国内の調整枠組みに固執している。労組や結社自体が，
その背景のなかで形成されたためである。組合の主要な文化的，社会的「資源」
である言語，コミュニケーション，規範意識などは，ほとんど国内に限定された
ものである。

　コーポラティスト型福祉国家経済の力学では，基本的な制度が国家，企業，労
働組合の三者による交渉でつくり上げられてきた。ビスマルクによる社会保障保
険がその代表的事例であるが，高等教育の拡大や職業教育にたいする国家支援も，
国家と企業，労働組合の三者による「鉄の三角同盟」の交渉で発展してきた
（Lehmbruch 2001；Streeck 1999）。鉄の三角同盟の交渉にかかわる人々は，労働組
合も含めて，最近まで共通して古典的な男性稼ぎ主・主婦モデルを採用していた。
それゆえ，コーポラティスト制度が女性を除外する傾向を示し，規制が「男性稼
ぎ主」を主な対象とし，スキル形成が男性中心のジェンダー分離型であったのも
不思議はない（Gottschall 2000；Pfau-Effinger 2000）。

　図4-1（本書118頁）で簡単に紹介した，女性運動から見た規制の制度的文脈

第4章　多様なジェンダー・レジームと職場におけるジェンダー平等規制

図4-2　市場により調整された資本主義の規制の枠組み

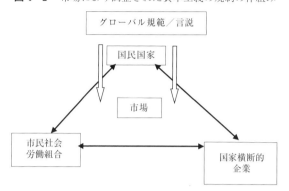

に戻ると，市場が調整する資本主義なのかコーポラティスト型の資本主義なのかにより，福祉国家におけるアクターの配置は異なる，という仮説が立てられる。弱い規制をともなった自由市場の調整におけるマジック・トライアングルの主要なアクター群は，企業，国家，専門家と市民社会組織（すなわち労働組合）で構成される（図4-2参照）。コーポラティスト型資本主義では，ジェンダー平等に向けた規制の制度的文脈は両面的だと想定される。鉄の三角同盟では，交渉のための制度化されたアクターの配置が進化し，そこでは共通の規範や価値観の枠組みが生み出されている（Lehmbruch 2001）。集団的社会権や公正さはこの言説的枠組みの一部をなしており，原則としては，コーポラティストである「対立相手」は（ジェンダー）平等の議論に理解を示すはずである（図4-3参照）。しかし，このアクターの配置は，男性中心の支配的価値観による利害体系や男性稼ぎ主・主婦モデルにもとづく社会的役割の考え方を共有しているため，女性の声や参加を排除あるいは抑え込んでしまう傾向がある。

　それでも，ドイツと日本におけるコーポラティスト型福祉国家レジームタイプの違いは重要な点だ。ドイツの場合はコーポラティスト型だが，日本の場合はハイブリッド型で，1960年以降の企業社会で，国家と企業がしだいに関係を深め，補完的関係になっている（Osawa 1994 ; Seifert 1997）。労働市場への女性の統合は，パートタイム労働に多く頼っている。しかし，パートタイム労働は，ドイツの場合，時間をもとにした契約形態で，女性は多くの場合フルタイムに復帰すること

図 4-3　コーポラティスト型資本主義の規制の枠組み

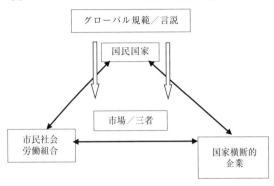

ができるが、日本では不可逆的な女性化された労働形態で、ほとんど雇用保障がない。国家フェミニズムについても、中程度の国家フェミニズム（ドイツ）と低い国家フェミニズム（日本）という差がある。

この2つの調整された市場経済の大きな違いは、調整の構造である。ドイツは国家指向のコーポラティズムによって、国家、雇用主団体、労働組合の交渉をまとめてきた（Streeck 1999）。いっぽう日本のコーポラティズムは企業指向である。

現在、ドイツのコーポラティズムは種々の圧力を受けている（Streeck 1999）。この圧力の源は自由主義市場への政策転換、グローバル化とEUによる国際化、さらにはサービス経済の拡大とそれにともなう労働者の意識変化があり、これにはスキルの有無を問わずサービス職や知識集約型の職についている女性労働者の存在がある。国家コーポラティズムは利害交渉のモデルという役割を減じ、グローバルな選択肢を活用する雇用主とは対照的に、国際化に直面した労働組合の防衛戦略となっている。

企業中心の日本の社会では、企業と雇用主団体が自らの利益を代表するような経済的・政治的な主張を、交渉先である開発国家の官僚とともに進める（Seifert 1997）。労働組合は2つの方向を向いており、主に企業のほうを向いているが、部門別や全国規模の上部団体とのつながりもある。1970年以後、労働組合は主に国が主催する専門家委員会（審議会）によって国政に参加している。これは、ヴォルフガング・ザイフェルト（1997）によって指摘されたように、後発の弱い

コーポラティズムと呼んでもいい。このように，ドイツの戦後国民国家で支配的な調整の形である国家主導のコーポラティズムと，日本の調整型市場経済に見られる経済と官僚制による企業中心のコーポラティズムは同じものではない。

ようするに，福祉資本主義のレジームと資本主義の多様性にかんする制度的文脈は，ジェンダー平等に向けた規制を交渉するために，異なった制度的文脈と異なったアクター配置をなしていることがわかる。この他の関連する要因として，福祉国家レジームとジェンダー・レジームの制度的文脈を考慮する必要がある。

（2）規制の制度的背景Ⅱ──国民福祉国家とジェンダー・レジーム

福祉国家レジームの発展には，女性運動も他の社会勢力とともに交渉にかかわっている。女性運動は，女性の教育や労働権，政治参加の実現に向けて影響をもつようになった。ジェンダー・レジームの現代化とは，公的な場，とくに教育と賃金労働への女性の参加という動きを意味している。シルヴィア・ウォルビーが，この公共的ジェンダー・レジームと私的な家内的ジェンダー・レジームを比較している（Walby 1990, 1997）。

福祉国家のジェンダー・レジームのさらに重要な側面として，国家フェミニズムと女性の動員があげられる（本書第1章を参照）。女性の動員にかんする比較研究はまだはじまったばかりだが，国家フェミニズムについては，「ジェンダー，政治，国家にかんする研究ネットワーク（RNGSグループ）」による広範な比較研究が発表されている。それゆえにここでは，女性の動員の重要性を否定するつもりはないが，国家フェミニズムに話を絞りたい。RNGSグループは，多くの西欧諸国で国の内部に設けられた女性の制度的機関（いわゆる女性政策機構）がフェミニストの関心事を取り上げ，支持してきたことを示している。女性政策機構は国民福祉国家においてジェンダー平等に向けた規制を行うための中心的な制度的枠組みをなしている。女性政策機構はほとんどの場合，国連女性の10年や女性の利益を扱う部門の設置を政府に義務づけた北京行動計画に見られるグローバルな規範と，国内の女性運動の二重の影響を受けて設置された。そのため，その存在は，グローバルな影響と国内の政治的変化の両方に関係している。RNGSグループは，女性が政治的意思決定を行う地位に就く場合（記述的な代表）と「女性支援のた

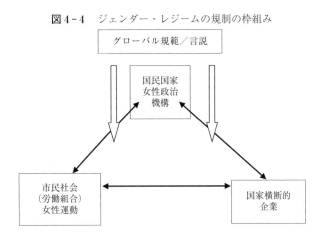

図4-4 ジェンダー・レジームの規制の枠組み

めの課題」が政策プロセスに組み込まれる場合（実質的な代表）について調査した（Mazur 2002: 38参照）。それにより，女性の政治的地位への進出と，フェミニスト政策の採択の両面で，女性政策機構はフェミニスト政策の実現に大いに貢献していることが示された（Stetson and Mazur 1995a）。この研究によれば，国家レベルでのジェンダー平等に向けた規制のために中心となる一連のアクターは，国民国家，主にその女性政策機構，その他の利益団体，女性運動が含まれることになる。福祉国家レジームとジェンダー・レジームの連携における規制の制度的文脈を簡単に表したのが，図4-4である。

RNGSグループの研究で明らかにされたように，女性政策機構にたいする注目度やその影響力は，資本主義の類型に応じた市場による調整，あるいはコーポラティスト的調整と，直接には対応していない。しかし，女性政策機構が形成された歴史的，制度的文脈は，国家の発展の経路依存性を反映しており，そこには資本主義の多様性による影響が見られる。アメリカでは，第一波の女性運動の結果として，1920年に女性局が設置された。それは労働省に置かれ，その可能性は「局長の腕と優先度，労働長官の支持，大統領の政策項目との整合性」にかかっていた（Stetson 1995: 270）。「沸いて出たフェミニストたち」が主に頼った資源は，1つは官僚制内部におけるつながりや協力関係であり，もう1つはフェミニストが動員する人々，とくに女性労働者とのネットワークや，国際的な専門知識だっ

た（Stetson 1995）。つまり，女性局は官僚制内部における交渉，また官僚制との交渉，そして女性運動・市民社会との交渉を行っていた[11]。

　アメリカには女性局の他に，平等法の遵守を執行する政府機関として，連邦契約遵守プログラム部（OFCCP）と雇用機会均等委員会（EEOC）の2つがある。あまり知られていないがOFCCPは，連邦契約業者が大統領令を遵守することを監視するために設けられた。女性運動によって職場での差別の是正が訴えられるようになった1970年代以降，活動を活発化しており，管理職や公職に就く女性の数が増えるなど，ある程度プラスの変化をもたらしている。EEOCは平等な雇用機会の実現と職場のセクシュアル・ハラスメントへの取り組みに，最も積極的にかかわる機関として目立っている。EEOCが与えられている権限には，苦情の申し立てを調査し，裁定を下すこと，苦情を申し立てた人に法的救済を求める権利を付与すること，集団代表訴訟（クラスアクション）を起こし，法定助言者としての弁論趣意書を提出すること，「定型化した（pattern or practice）」会社や業界ぐるみの差別を調査し，解決策を探ることがあげられる[12]。

　イギリスでは，1970年の同一賃金法や1974年の性差別禁止法とセットになった改革の一部として，機会均等委員会（EOC）が設置された[13]。政府は1970年代に，労働組合の女性組合員や女性議員からの圧力に応えたわけだが，EUの影響も見逃せない（Lovenduski 1995：117-118）。EOCは政府から半分独立した機関だが，政府から資金提供を受け，女性担当大臣にたいして責任を負う。当初は，労使のコーポラティスト的な代表によって限定され，女性やフェミニスト・ネットワークが周縁化され，官僚が支配的だった（Lovenduski 1995）。EOCはEUのジェンダー政策を背景に，また女性運動が国の機関への協力を深めるなかで，力と積極性を高めた（前掲）。現在では，女性団体はEOCと明確な協力関係にある。1997年，労働党政権は，貿易産業省と女性・平等局に，2人の女性担当大臣を設置した。女性政策機構は行政にしっかり根を下ろしているが，課題別プロジェクトで，ジェンダー専門家や女性のネットワークと協力している。

　ドイツでは女性政策機構が，分化した統合とでも呼ぶべき特有な形で，コーポラティズムに組み入れられた。新しい女性運動の圧力を受けて，政府は，中央政府から地方や都市の行政府まで，独立部門や女性オンブズパーソン事務局，女性

の機会均等担当者を設置した（Ferree 1995）。こうして，組織内部に，構造的専門分化というレベルと，構成員が女性であるというジェンダーを重視するというレベルの二重の分化が生まれた。つまり女性部門の職員に女性が当てられたのだ。地方行政府や社会組織に数千の機会均等担当のポストを組み込むことが比較的成功したことで，女性運動はこの方向性を強めるようになった。独立した女性担当の役職や部門を設けるというこの方針は，大手企業では，ほとんどが個人の能力開発と柔軟化の制度として踏襲され，また労働組合でも踏襲された。

　ドイツのこうしたフェモクラットや組織内の「ジェンダー担当者」たちは，「制度的フェミニズム」と呼ばれてきた（Lenz 2003b）。専門的な女性部局は平等のためのアジェンダ設定や動員には効果があったが，そのためにジェンダー平等が，さまざまな個別の利害をもつ団体の1つとしての女性に関係する，特別な女性問題（ときには，男性には無関係で，有害と決めつけられることもある）という意味合いをもつようになった。この分化した統合政策の大きな利点は，組織の資源（人員，ときには機会均等の担当者，スペース，若干の資金）を，そうした部局と女性の社会運動ネットワークとの連携に利用できることにあった。しかしまたそれは，「制度的フェミニズム」が独自の自律的な「声」をもたないということでもある。自分たちの声を組織指導者の利益の表出に合わせて調整し，ときには穏健に抑えたり沈黙したりせざるをえなかった。

　ジェンダー問題の分化した統合は，環境など他の問題とは異なっている。環境問題の場合は，並列コーポラティズムの形成が見られ，国家は経営者と環境グループを相手に交渉し，その過程でロビー団体や利益団体が明確な形で登場することになった。この原則の例外をつくったのは，唯一の上部組織としてすでに確立されていた女性組織（Deutscher Frauenrat）である。この上部組織は，政府や欧州女性ロビー（EWL）との関係で，ドイツの女性の利益代表として機能しており，弱い形のコーポラティズムと見ることもできるだろう。それは，以前に起きた女性運動の結果として誕生し，専門職，労働組合，社会的団体やボランティア団体，教会グループまでをまとめて，そこに属する女性は全体で1100万人にも及んだ。上部組織として，加盟する多様な組織のあいだで（たとえば，教会と労働組合のグループで）総意をまとめる義務があり，組織活動に使える独立の資源をほ

第4章　多様なジェンダー・レジームと職場におけるジェンダー平等規制

とんどもたないこともあって，交渉で先駆的な役割を果たすことはなかった。

　日本の女性たちは，1980年代半ばまで，国家と企業による調整メカニズムからはむろん，遅れてきたコーポラティズムからも締め出されていた。政府でも，官僚組織や政党においても，女性には周縁的な役割しかなく，強力な雇用主団体でも労働組合でも発言権をもつことができなかった（Gottfried 2000 ; Lenz 1997）。1990年以降，女性はもっと明快な意見をもつ政治勢力となる。政府では女性大臣が何人か誕生し，政府や野党で指導的な役割を担う女性も出てきて，政治文化としてもジェンダー平等やフェミニズムの発想をいくらか受け入れるようになった（Gelb 2003a ; Osawa 2003）。さらに，総理府の婦人問題担当室が強化され，付随する婦人問題企画推進本部（1994年からは別形態の男女共同参画推進本部。Osawa〔2003〕参照）が，問題の定義やアジェンダ設定に影響力をもつようになった。ここでも例外だったのは，上部組織として確立された女性団体と国家とのミニ・コーポラティスト的な仕組みである。この団体は1950年代から政府にたいしてロビー活動を行っており，拡大しつつあるグローバルな機会構造を利用するために，1975年の国際婦人年に向けていくつかの新しいフェミニスト団体を取り込んだ連絡会を結成した（国際婦人年日本大会の決議を実現するための連絡会 1989）。労働基準法には女性保護の条項が規定されており，労働省（現厚生労働省）内のこの法律にかんする委員会にも，1980年代以降ある程度の女性の代表が加わるようになっている（Gelb 2003a ; Lam 1992）。

　ここまで，ジェンダー平等に向けたグローバルな規制の問題に目を向けながら，資本主義の類型やジェンダー・レジームに由来すると考えられる制度的背景や，それぞれに異なる一連のアクターについて論じてきた。

　つぎの節では，GLOWグループの事例に含まれる福祉国家を例に，すでにふれた基本的な国連決議やEU法の規範（ヨーロッパ諸国について）をめぐる交渉について要約する。[14]そのうえでいくつかの点について検討する。まず，国家・女性政策機構，社会的パートナー，女性運動・市民社会の三角構造において，変化する一連のアクターのどのアクターが見られるか。問題定義，アジェンダ設定，政策形成，実施と評価という政策展開のそれぞれの局面で，どのようなアクターからのインプットが確認できるか。資本主義の類型やジェンダー・レジームによって，

第Ⅱ部　規制を比較する

その結果の経路依存性はどこまで見られるか。コーポラティズムや市場調整の枠組みに留まっているのか，それとも新しいアプローチが認められるのか，などである。

7　ドイツのコーポラティズムの利点と限界

　ドイツの一連のアクターの配置は，コーポラティスト型福祉国家における古典的なコーポラティストの結託を特徴としている。国家，雇用主，労働組合が鉄の三角同盟の主要なアクターである。しかし，ジェンダー政策の「ビロードの三角同盟」のアクターたちもしだいに力をもち，参加を認められるようになった。女性政策機構は分化した統合を経験してコーポラティズムに入り込み，いっぽうその外側では自律した女性運動が形成され，コーポラティズムの枠組みに対抗して，1960年代終わりから社会運動の１つの核となった（Lenz 2001b ; Schulz 2002）。1970年代末に教会，労働組合，政党が連合して以降，女性運動にたいしても門戸を開き，部分的に取り込んできた。政党，労働組合，社会団体，確立された女性団体に属するフェミニストたちは，体制内に派閥をつくり，1980年以降かなりの影響力を手にした（Lenz 2005）。大学の女性学やジェンダー学は，1970年代の運動からはじまり，グローバルな女性解放の動きから国際的な政治的刺激を受けていた。日本やイギリス，アメリカと違って，ドイツにはジェンダー平等について公的に威信の高い専門家委員会や，学術的なジェンダーの専門知識をもち広く認められた政策立案グループは存在しなかった。

　生まれつつあるジェンダー専門家や女性運動の理論的展望は国際的だが（Dackweiler 2000 ; Schäfer 2000），1990年代半ばまで政治戦略の矛先は主に国内と地域的文脈に向けられていた。ドイツでは，国際問題や「第三世界」のために活動するグローバルネットワークと，国家や地方の行政や組織との交渉を含む現場の日常的な機会均等の活動のあいだには，明確な分化が見られた。

　この章では労働の問題にかかわるグローバルな規範を中心とした交渉に注目しているが，ジェンダー平等にかんする立法が相つぎ，女性運動の要求を多く反映していたことに，簡潔にふれておく必要があるだろう。いくつかあげると，1986

第 4 章 多様なジェンダー・レジームと職場におけるジェンダー平等規制

年に男女両方が使える育児休暇制度を導入。1994年の憲法改正でジェンダー平等が国家目標として確立された。2001年には同性愛カップルのためのパートナー登録制度が誕生。1994年にはセクシュアル・ハラスメントの禁止，1997年に夫婦間の強かんの禁止，2001年にドメスティック・バイオレンスと配偶者虐待の禁止を定めた法律が成立した（Lenz 2003b）。

国連女性の10年やその基礎となる法規範や決議は，主に，女性運動による問題定義とアジェンダ設定に大きな影響を与えたが，1990年代末にEUとの関連が深まるまで，政策の立案と執行はコーポラティスト型福祉国家の内部で交渉によって進められた。国連女性の10年は他の地域のフェミニズムに大きく貢献し，ジェンダー不平等にたいするグローバルな意識を形づくることに非常に役立った。しかし，女性差別撤廃条約はむろん，1995年の北京行動綱領でさえ，政策の立案と執行にはほとんど影響を及ぼさなかった。ドイツは女性差別撤廃条約を1985年になってやっと批准した。その頃には，国内の女性政策機構は基本的に確立され，法規範やジェンダー政策に与える影響についての一般の議論はほとんどなかった。北京行動綱領の核となる規範の1つであるジェンダー主流化は，EUを通して導入されたのである。

国連女性の10年とは異なり，EUの法規範にかんする交渉は，ドイツの国家レベルの政策立案や執行につながった。むろん，指令の法的執行はEU加盟国の義務であるが，1970年代から現在までのあいだに，アクターの配置が変化しており，結果として生まれたドイツの法の規範や規定にも変化を見出すことができる。社民・自由連立政府は，EUの賃金平等にかんする指令（1975年）や均等待遇指令（1976年）を執行するために，雇用主と労働組合のあいだの激しい議論が続いたのち，1980年に職場における男女の均等待遇にかんする初の法律を成立させた。[15]この法律は民法典（BGB § 611a，b；612a）に組み込まれ，当時の法的現実を反映し最小限の条項しか含まれなかった。いくつかの側面において指令の要求も満たしていないところもあり，たとえば家族的な状況による間接差別を禁じたEU指令の規範は，適切に取り入れられていなかった（Pfarr and Bertelsmann 1989）。また，採用における差別にたいしては効果的な制裁がなく，雇用主は差別を受けた求職者に郵送料と書類作成費用を補償するだけでよかった（有名な「郵送料条項」）。欧

137

第Ⅱ部　規制を比較する

州司法裁判所は条約違反における裁判でドイツ法の条項を是正し（1985年5月21日），1994年にこの法律の改正につなげた（前掲書）。

雇用主と労働組合は専門家の意見聴取やロビー活動で政策立案に参加したが，女性運動やジェンダー専門家はほとんど排除されていた。雇用主は，その条項が契約の自由と憲法にたいする過度な介入に当たると考えて法律の通過に反対するいっぽう，労働組合や一部のフェミニスト批評家はその効率性を疑っていた（Pfarr and Bertelsmann 1989）。基本的に1980年法は最小限の基準を定めたものにすぎず，雇用主の側を優遇するコーポラティスト的状況のなかで行われた妥協と考えることができる。女性運動は交渉プロセスから外されていたが，当時は強く関与していたわけでもなかった。

1994年，当時の保守・自由連立政府のもとで，2つ目の機会均等法が成立した。この法律では職場における差別の禁止にかんする条項があり，EUの批判やドイツの世論に応えて，採用における差別にたいしてより効果的な制裁が盛り込まれた。またこの法律によってセクシュアル・ハラスメントが禁止され，職業教育や昇進での機会均等の対象が連邦行政府に及んだ。この法律制定に際しては，制度化された女性運動とジェンダー専門家が問題定義とアジェンダ設定に参加し，セクシュアル・ハラスメントにかんする規範と雇用差別にたいする強い制裁について，影響を与えることができた。ジェンダー専門家がセクシュアル・ハラスメントにかんして実態を伝える調査を発表し，驚くほど蔓延していることが明らかになり，その結果は法律による禁止を正統化するために役立った（Müller et al. 1991）。

両グループは民間企業を機会均等法の枠内に入れるようにロビー活動を行ったが，保守・自由連立政府とその家族・女性大臣アンゲラ・メルケルは，この運動を退けた。最初の法律の規定が最低限のものであったことを考えると，ドイツには民間部門に適用される効果的な機会均等法がない。各州では連邦法より範囲や効力を強めた機会均等法が成立したが，それでも民間企業への拡大は実現できなかった。

主に社会民主党と緑の党にもとづく制度化された女性運動は，その後も，民間企業をもカバーするより包括的な機会均等法を求めてロビー活動を続けた。その

第4章 多様なジェンダー・レジームと職場におけるジェンダー平等規制

問題定義とアジェンダ設定には影響力があり，法律専門家のグループは一般の議論に向けて法案を発表した（Pfarr 2001）。2002年に均等待遇にかんする新しいEU指令が出たことで，さらに政治的勢いが強まった。これは1976年の指令を改定したもので，何年も前から議論されていた。この指令では，EU加盟国に2005年までに妥当な機会均等法を成立させるか，あるいは「労使協約により必要な規定を導入することを……確実に実現する」ことを義務づけている（指令2002/73/EC，第2条1）。1970年代とは違って，制度化されたフェミニストやジェンダー専門家はEU指令を言説的資源として利用し，機会均等法のために幅広い動員を行った。

　しかし，1998年に権力を握った社会民主党・緑の党政権は，民間企業に適用される機会均等法の制定を避けており，指令の2番目の道，すなわち労使協定による取り決めに頼っているように見える。シュレーダー首相は法的規制にたいする雇用主側の拒絶に注目し，企業の積極的姿勢を信頼すると表明している。首相は以前に，企業が「実行して」くれないならば，より有効な法的措置を導入すると約束していたが，その約束を守らなかった。しかも2003年の調査では，積極的是正措置の方針を導入している企業はわずか8％にすぎない。これはネオ・コーポラティズムが継続していると見ることができる。法律制定は企業側にとってうれしいことではない。この企業側というのは，シュレーダーが自身の政治活動のために味方に取り込んだものである。つまり2003年以降実施されたハルツ労働市場改革を行うために取り込んだのだ。ハルツ労働市場改革は男性中心的だと批判されている。たとえば，社会保障を家族のおもな稼ぎ手（どちらのジェンダーか明らかだろう）にしか与えず，ワークフェアの圧力により母親が労働市場に再参入したいと思ったときに保育が必要であることを考慮していない。

　しかし，民間企業に適用される機会均等法を制定しないという決断は，つぎの点も反映している。それは，グローバル化への対応としてシュレーダーが標榜する「第三の道」の社会民主主義政策における市場や規制緩和への指向であり，したがって，コーポラティズムからいくぶん離脱しようとする指向である。この考え方においては，法律や規則はより効果的な市場調整の障害となるとされ，ジェンダー不平等は，この政策から外れたり企業利害と軋轢を生じても追求する価値

第Ⅱ部　規制を比較する

があるとは見られていない。制度面では，シュレーダー政権は市場指向の，あるいは新自由主義的な改革のために「審議会」や「委員会」を設置し，主に代表的な組織によってではなく個人の互選で委員を充当することで，コーポラティズムを覆している。こうした審議会の委員はほとんどが男性である。それは，マックス・ウェーバーの分析にとって重要な「男同士の絆（Männerbund）」を想起させるものだ。男たちは父親や家父長ではなく，「兄弟」（たまに姉妹を交えた）のネットワークとして登場する。その主張は，効率と革新を優先すれば市場指向型のジェンダー中立性を追求できるというものである。しかし，その結果としては，いわゆる標準的男性労働者を優遇するにすぎない（Annacker 2005）。

　制度化された女性運動は，主として1997年のEUのアムステルダム条約との関連でジェンダー主流化を主張してきた。当初，フェモクラットたちはコーポラティズム機構で得ている相対的な地位を失うことを恐れて，ジェンダー主流化に抵抗する傾向があった。それまで組織内の部局で女性問題を専門とする人々が担ってきた女性問題が，組織全体にかかわるジェンダー平等の問題になりうるからだ。そこへ，EU資金にかんするジェンダー主流化条項が刺激を与えることになった。というのも，社会的施策向けのEU資金はすべてジェンダー主流化されることになっていたからである。これによって，実際に資金の申請や利用を行う制度化されたフェミニストや地方レベルで機会均等を担当する人々が，より強い発言力をもつことになった。そこで組織内で彼女たちの交渉的地位が高まる場合もあった。ジェンダー主流化の「ジェンダーの要素」を，若いフェミニストたちの多くはジェンダー民主主義の概念と関連づけて，好感を示した。

　1999年以降，ジェンダー主流化は政府や企業経営，大学で推進された。その過程で，ジェンダー主流化という考えは組織や従業員の能力開発の概念に，さらにはテクノクラートの概念に変化した。専門家とトレーナーを抱える小規模なジェンダー主流化産業が発展し，市場を拡大しようとしている。ジェンダー主流化によるジェンダー平等の推進力は，女性が意思決定する勢力の半分を占め，組織のあらゆる行動についてジェンダーにたいする影響を考慮することを求めるが，このような文脈でその推進力が活発化され発達するかどうかは，今後の課題である。

　まとめると，ドイツでは，ジェンダー平等に向けた規制がコーポラティズムに

よって形づくられてきた。女性運動も含めて，主要なアクターたちは，グローバルな推進力にたいして，選択的，受動的に対応した。コーポラティズムは広範な統合仲介機能とイデオロギーをもち，言説的な交渉（平等や改革など）において基礎的な規範となっており，それがジェンダー平等にも応用されたのだ。制度的フェミニズムやジェンダー専門家は党や議会の交渉を通じて，問題定義と政策立案に少なからぬ影響を与え，政府（女性担当大臣）や社会組織に専門知識を提供することができた。それによって，コーポラティスト三角同盟の国家と労働組合・市民社会には近づくことができたが，雇用主とはほとんど接点がない。しかし，フェミニストたちは，コーポラティズムの名残に組み込まれており，またコーポラティズムが衰退するなかで男性中心の新自由主義的な政策ネットワークから排除されることで，板挟みに遭っている。ジェンダー平等にかんするグローバルな規範を，国家や地方レベルで交渉するためには，「EUとの結びつき」が有力な戦略だったのである。

8　日本における新しい女性運動
——国内のコーポラティズムからの排除およびグローバル指向性

　日本の調整された市場経済では，アクターの配置に変化が見られた。1970年の企業中心のコーポラティズムでは，規制形成の主体となるアクターは，官僚，（男性の）学術専門家，企業だった。戦後の女性労働問題にかんする政策は労働省（現厚生労働省）が担当し，女性と若年労働者の問題を扱う婦人少年局では女性が局長だった。政策形成の過程で中心となるのは，担当省庁の官僚が率いる審議会である。雇用主代表と専門家（問題によっては労働組合代表も副次的な役を果たす）が，官僚の指導下で，交渉により妥協点を求めて立法を準備する（Seifert 1997）。1990年代に，ジェンダー専門家と一部のフェミニスト・ネットワークが参加するようになって，制度的なしくみの内外で，ジェンダー平等の規制の分野において重要な発言権を得た（Gelb 2003a；土田 2004）。

　1970年代には国のレベルで締め出されているあいだも，ジェンダー政策の「ビロードの三角同盟」のアクターたちは，強いグローバル指向を示しており，新し

第Ⅱ部　規制を比較する

いグローバルな機会構造を見据えて，立案とネットワークづくりという共通の戦略を発達させた。日本の女性運動は際立った国際性を示し，1950年代，1960年代にも，アジア全域に向けた指向[16]を見せていたが，とくに1975年に国連女性の10年がはじまって以後，グローバル指向を高めていった。多くの小規模な女性運動が，1975年に国連女性の10年がはじまった当初から活発かつ情熱的に参加し，急速に蓄積した国際的な知識を活用した（Lenz 2000参照）。すでに確立していたグループと自律した新しい運動が準備段階で出会い，一部の活動家は1975年にメキシコで開かれた初の世界女性会議に参加した。それらのグループは，日本で国連の威信が高いことに支えられた新たな機会と，国連女性の10年というグローバルかつ知名度の高い新しい公的なスペースを，日本での問題定義とアジェンダ設定に利用した。こうした努力を通じて，女性グループは国際的なネットワークを作り上げた。

国連女性の10年を見据えて，さまざまなグループが組織構造を固めた。女性国会議員と既成の女性団体は，国際婦人年日本大会の決議を実現するための連絡会（略称，連絡会。国際婦人年日本大会の決議を実現するための連絡会 1989）を結成した。自律的な女性グループの確立したリーダーや活動家たちも，国際婦人年の活動に向けたネットワーク（略称，行動する会。行動する会記録集編集委員会 1999）を結成した。このグループはのちに指導的立場に立つフェミニスト法律家や医師，女性学研究者，政治家を育み，部分的に変化しつつも，長く成果を上げ，1990年代終わりにその歴史を閉じた。

日本の女性運動の国際指向は，かつてのアジア全域に向けた指向や，それと並行した西洋指向から幅を拡げ，グローバルな，とくに南の世界のジェンダー問題をより詳細に意識するようになった。このようなグローバルな意識の高まりは，1990年代半ばまでは，国際指向の強い少数の活動家や専門家に限られていた。ところが，1995年に北京で開かれた第4回世界女性会議は，磁石のように，5000人以上の日本のフェミニストを引き寄せた。専門家も草の根の活動家も，首都圏のネットワークも地方のネットワークもこれに参加した。北京会議およびその準備と継続のプロセスは，日本の女性運動が一斉にアジアやグローバルな問題に意識を高め，同時に政治やロビー活動に矛先を転じる契機となった（アジア女性資料セ

第4章　多様なジェンダー・レジームと職場におけるジェンダー平等規制

ンター 1997；Lenz 2000）。

　北京会議前後のプロセスの推進力を，帰国して規制のための交渉に向けたのが，北京JAC（Beijing Japan Accountability Caucus）と呼ばれる女性たちのアンブレラ・ネットワークだった。これを結成したのは，北京行動綱領をもち帰り，ロビー活動をはじめた日本のフェミニスト・ネットワークと，既成の女性団体の一部である。北京JACでは，北京行動綱領にあげられた問題に合わせて，12分野のコーカス（分科会）を設けていた。北京JACによって，フェミニスト専門家と長い経験をもつ日本中の草の根の活動家が結集した。彼女たちは，日本の状況に合わせて12分野の問題にたいする要求をまとめ，それをもとに国や地方自治体と交渉を続けてきた（Gelb 2003a）。

　日米のジェンダー政策を比較した興味深い研究で，ジョイス・ゲルブは日本のフェミニストたちの戦略を「外在主義（externalism）」と特徴づけている。グローバルな規範や連帯を動員して日本政府に圧力をかけたためである。これと比較してアメリカの機会均等運動は「偏狭的」であり，国内レベルに限定され，CEDAWへの参加拒否に現れているように，世界や国連のプロセスから切り離されている（Gelb 2003a：4，139など）。日本の女性運動はたしかに随所でグローバル・外部のプロセスを基準として参照し，グローバルネットワークや地域のネットワークをつくり上げてきた。しかし，それを「外在主義」と見ることには，いくつかの理由から問題がある。それは1970年代以来の意識の変化によって盛り上がってきた国内の動員と圧力を無視しており，また，グローバルな多層システムとの戦略の相互作用を見過ごしている。たとえば，地方レベルで母親や主婦たちが学校にジェンダー衡平措置を要求するとき，1999年以降は国の制度や国の法律に言及することができるが（Lenz 2000），これは1995年の北京宣言に準拠してロビー活動を行った成果である。「外在」と「偏狭」の二元論をとると，日本のジェンダー衡平の価値観や規範が地方や国内に張った根の重要性を軽視する怖れがある。この問題は，つぎのように組み立て直すことができるだろう。日本の女性運動は国際指向や能力をどのように利用してきたのか。日本で国家や組織と交渉するなかで，グローバルな規範が「機会価値」をもつ理由は何か。これらの疑問に答えることによって，女性運動が多層システムに沿った戦略をとることに

143

第Ⅱ部　規制を比較する

なった国内的な要因にも焦点を当てることができるだろう。本章の範囲を超えているが，2つの側面だけあげておきたい。第一に，女性運動の担い手の教育程度が比較的高く，社会的に重要な指導的地位についている（Lenz 2000参照）。このことは，グローバル指向や省察力，そして学習力を説明する理由となるだろう。第二に，コミュニティの活動や「現場」の交渉に携わる地方のネットワークの多くが，北京JACなどのネットワークによって，グローバルなグループとつながりをもっている。そのため，ネットワークは草の根グループにたいして責任をもち，グローバルな推進力が地方や国内の価値観や戦略に仲介される。

　過去30年間に国連女性の10年の延長（北京＋5，北京＋10など）と平行して，「外からの抗議」から，女性指導者やジェンダー専門家がジェンダー関連の委員会や女性政策機構に組み込まれる「熟議への統合」へと，推移してきた。その動きは，労働分野での法改正の問題と上述した国際文書によって辿ることができる。

　CEDAWについて，日本政府は当初消極的な姿勢をとり，参加を回避しようとしていた。「連絡会」関連のジェンダー政策ネットワークと，国際指向の人々やリベラルなグループは，世論と政府にたいして強い働きかけを行った。その結果，政府は1980年にこの条約に署名した。CEDAWと国連女性の10年をめぐる交渉の結果，女性の政治機構として総理府に男女共同参画室が設置された。女性たちのネットワークは国連のグローバルな正統性を利用することで，問題定義とアジェンダ設定に自分たちの主張を行うことができ，政策過程の力学のなかで，政策形成に参加し影響力を高めると同時に，ジェンダー政策の委員会に組み込まれることになった。

　ジェンダー政策ネットワークだけでなく，大阪のワーキング・ウィメンズ・ネットワーク（WWN）のように地方の活動グループにも，CEDAWを利用する団体が現れた（Baier 2004；Gelb 2003b）。WWNは住友金属で賃金と昇進の差別と闘うために組織された。ジュネーブのオフィスを訪ねてCEDAWに訴え，[17]多層システムのなかのグローバルと国内レベルで同時に活動することで，世論を喚起した。グローバルな多層システムに沿った戦略を目指して，全国規模だけでなく地方のネットワークもCEDAWに目をつけたのだ。

　WWNや女性ユニオン東京，その他の都市や地方の同様の組織は，伝統的な企

第4章　多様なジェンダー・レジームと職場におけるジェンダー平等規制

業別組合構造の外にあるネットワークとして組合を結成した。こうした組合は意識啓発に努め，職場における女性の権利を擁護し，パートタイム労働法の改正や平等な賃金を要求した。働く女性たちのNGO組織はアジアの同様な組織と話し合い，最近では，アメリカの労働フェミニストとネットワークをつくりはじめている。[18]

　政策プロセスの力学に従って起きたアクターの配置の推移を見るために，ジェンダーと労働にかんする2つの重要な法律改正を簡単に振り返ってみよう。職場におけるジェンダー差別にたいする一連の訴訟を受けて，労働省は継続的にいくつかの委員会を設置して，男女雇用機会均等法の準備に取りかかり，この法律は最終的に1985年に成立した（Lam 1992；Gelb 2003a：50-51）。これらの委員会は，官僚，リベラルな男性専門家，雇用主および労働組合で構成し，女性のジェンダー専門家や女性グループはほとんど締め出されていた。規制形成のプロセスは，CEDAW以前の1970年代末にはすでにはじまっており，主に日本国内の勢力によって動きはじめたが，政府がCEDAWに署名し，女性ネットワークがマスメディアでそれを公表すると，グローバルなつながりによる推進力が加わった。[19]

　女性運動では平等と差異について徹底的に議論が行われた。これまでの差異にもとづく保護条項（たとえば，それまでの生理休暇）が官僚的な平等の言説を根拠に廃止されたこともあり，運動がやや分裂を起こした。運動の長期的指向は，（差異から）平等へと変わっていた。しかし平等の意味は，男性の重労働に同化することではなく，女性と男性両方にとって人間的な労働条件をつくり出すことであると考えられた（行動する会記録集編集委員会 1999：126-138）。男女雇用機会均等法には，行政指導のみで罰則規定は含まれなかったとはいえ，日本で初めて採用，配置，研修における男女の機会均等を規定した。均等法の改正（1997年6月に成立，1999年4月施行）を見ると，ジェンダーと労働にかんして活動してきたフェミニスト・ネットワークにそれが根ざしていることがわかる。女性運動と労働組合のフェミニストたちは，さらに有効な法律を求めて，幅広くロビー活動を行った。改正を担当する労働省の委員会は，女性の割合が顕著に高かった。改正後の法律では，女性労働者にたいする差別の禁止とその罰則，係争と苦情の処理，均等待遇を積極的に推進するための措置（いわゆる積極的是正措置とセクシュアル・ハラス

メントの禁止措置）などにおいて，明らかな前進が見られる（Gelb 2003a : 51-62 ; Osawa 2000 : 14）。こうして，専門家，雇用主，労働組合の女性たちの連携によって，職場におけるジェンダー平等にかんする政策形成に参加することができ，影響力を手に入れ，改正の力となる協力関係をつくり上げることができた。

　男女共同参画社会基本法（1999年成立）のための政策形成では，連立政府と官僚（女性政策機構を含む），ジェンダー専門家，女性ネットワーク（北京JACなど）による交渉が行われた。土田とも子（2004）はこれを，それまでの閉ざされた官僚主義的な委員会に代わり，市民が立法に参加する新しいパラダイムと見ている。自由民主党は1994年7月から4年間にわたって，社会民主党，新党さきがけと連立政権を組んだ。当時，連立した両党とも女性リーダーを擁していた。連立するに当たっての3党の合意には，国家レベルの女性政策機構の拡充やジェンダー平等にかんする基本法の制定が含まれていた（Osawa 2003 : 2-3）。こうして，多元主義に向かう傾向のなかで，連立政権の政治的リーダーや国会議員が，アクターの配置に加わってきた。

　保守的な橋本龍太郎自由民主党総裁が，首相として行政改革を計画したとき，女性政治家とフェミニストによる内外からのロビー活動は，彼を説得して男女共同参画社会の概念を改革に取り入れるように働きかけた。フェミニスト・ネットワークは，その法律を準備する政府審議会に著名なフェミニスト研究者や評判の高い女性リーダーを動員し，世論にたいするロビー活動やイベントで，その議論を支援することができた。日本における女性政治機構ともいうべき，総理府男女共同参画室の少数のフェモクラットは，諸活動の調整役として，とくに内部からのロビー活動やフェミニストNGOへの相方としての活動などで，重要な役割を果たした。審議会は日本的概念とグローバルな概念を統合して折衷案を作り上げることができた（Osawa 2000, 2003）。

　この法律の意義は，ジェンダー・フリー社会を基本概念としていることと，個人の人権の尊重にある（前掲）。同法はまた，ジェンダー平等を手段として，女性労働者の可能性を活かすことで，出生率の低下や将来の労働市場の逼迫などの重大な経済問題を克服しようとしていた。それで，広範囲の経済・政治関係者にアピールし，実現や具体的成果を上げるようとしている（Osawa 2003）。基本法

第4章 多様なジェンダー・レジームと職場におけるジェンダー平等規制

は一般的な枠組みを与えるもので，国や都道府県，市町村レベルの具体的な法や条例によって，執行されることになる（Osawa 2000）。それはまた，行政改革における内閣府男女共同参画局の中心的な立場を強め，都道府県，市町村レベルのジェンダー政策機構を拡大した。

　法律の日本語表記では，ジェンダー平等は「男女共同参画」と呼ばれ機会均等と関連しているが，法律の英語訳では「Basic Law for a Gender-Equal Society（ジェンダー平等な社会のための基本法）」という言葉が使われている。大沢は，ジェンダー主流化を日本の政治的規制の文脈に組み入れるための言語の政治として論じている。このようなジェンダー平等の概念は，それまでの法律や制度のように焦点が女性と差異に絞られることを抑えるメリットがあった。「ジェンダー・フリー」と「個人の人権」という解釈は，日本では画期的なことである。さまざまな問題はあっても，基本法は労働や家庭や政治においてより平等なジェンダー規制のための枠組みを提供している（Osawa 2003）。ジェンダー規制のための一連のアクターの配置は，女性ネットワークと改革を目指す官僚によってはじまり，それは新しい国際的，国内的機会構造とつながっていた。1980年代以降，アクターの配置には女性政策機構，とくに総理府（現在は内閣府）の男女共同参画室（現在は男女共同参画局）と男女共同参画審議会が含まれていた。1990年代からは，全政党の国会議員が，ジェンダー平等のための基本的法規を制定するために参加している（Gelb 2003a ; Osawa 2003）。その後，この勢いはどんどん力を増し，地域や地方レベルに広がっている。

　保守的な与党である自由民主党につながる「自由主義史観派」の反対運動や，新興宗教（生長の家）から生まれた反対運動は，ジェンダー衡平や「ジェンダー・フリー」概念に反対の勢力を動員し，国や地方のレベルでこれをくい止めようとしている。現在，自民党内の右派と右翼も，新たな家父長的な政治文化を再確立しようとする運動のなかで，基本法に攻撃を加えている。彼らは，1946年に公布された日本国憲法のジェンダー平等の条項を廃止しようという動きさえ起こしている。グローバルな女性ネットワークは平等に向けた規制を訴えるロビー活動に，グローバルな多層システムを利用することができた。しかし，そうして達成したものも，国内で守りを固めた保守的な政治勢力の反対運動による攻撃に

147

第Ⅱ部　規制を比較する

たいして脆さをもっている。

9　自由主義における機会均等と規制——イギリスとアメリカ

　イギリスの場合，機会均等委員会（EOC）と女性ネットワークはEU指令とアムステルダム条約のジェンダー主流化条項を活用し，さらにそれらを拡充することができた。同一賃金法と性差別禁止法が制定されたのはEU指令より前であるが，指令によって補強され，新たな勢いを得た（Lovenduski 1995 ; Walby 1999a）。たとえば，EU指令（EU指令97/80）を受けてできた2001年性差別禁止法では，訴訟の場合の挙証責任が雇用主に移り，間接差別にかんする条項が強化された。政府は，2002年の均等待遇にかんするEU指令（2002/73/EC）も，性差別禁止法の改正によって執行する予定で，すでに原則について専門家に意見を求めていると発表した（CEDAW, イギリス第5回報告 2003）。

　シルヴィア・ウォルビーは，欧州司法裁判所の大きな役割を指摘している。欧州委員会は指令執行不履行の加盟国を法廷に引き出せるし，市民は国内の法制度で手を尽くした後，この裁判所に提訴できる。EU法は国内法の上位にあり，加盟国は機会均等のEU規則を遵守する義務がある（Walby 2002b : 539）。EU法が平等にたいする強い規範と大きな組織に縛られない市民や女性の支持に依存しているところから，自由主義的福祉国家では判例法によって規制してゆくことが好ましい手続きであるように思われる。

　女性・平等局（WEU）とEOCはEUのジェンダー政策ネットワークと協力して，新しい政策を推進している。WEUは欧州評議会の男女平等運営委員会（CDEG）でイギリスを代表し，また，商品とサービスにかんする性差別禁止指令第13条をめぐる交渉にジェンダー平等を組み入れ，EU指令が雇用分野に絞られていることを乗り越えようとしている。

　イギリスのジェンダー平等規制にたいするCEDAWの影響は明確でない。CEDAWは，イギリス初の平等法やEOCの設置より後に成立しており，アジェンダ設定や政策立案に大きな役割を果たしているとは思えない。

　唯一残るグローバルな超大国であるアメリカは，1998年以降ブッシュ政権のも

148

とで，ジェンダー平等のためのグローバルな規制を積極的に支持してはいない。労働市場と経営層に女性が大規模に統合される動きと平行して，法改正や機会均等政策が実施されたが，それは国内における推進力によるものである（Ferree and Hess 1994 ; Davis 1999 ; Gelb 2003a）。アメリカは，政府が先送りしているせいで，まだCEDAWを批准していない（署名は1980年にしている）（Gelb 2003a : 5）[21]。覇権的な政府の政策は，アメリカの軍事力のもとに一方的な世界秩序を形成することを目指し，国連やグローバルな平和と平等を求める国連の努力と距離を置く傾向が見られる。そして，覇権的政府と権力エリート，過激な保守派の反対運動の影響で，グローバルなジェンダー平等の規制からアメリカは孤立している。国連女性の10年や女性の権利・人権アプローチでは重要な役を果たしたアメリカのフェミニスト・ネットワークも，アメリカの国内政策や外交政策に根底から影響を及ぼす力はもたなかった。

10　ジェンダー・レジームが多様性を説明
――資本主義・福祉国家の類型よりも

　グローバルな規範から情報を得て，福祉国家が導入した新しい規制には，それぞれの国で大幅な多様性がある[22]。したがって，今後の研究では，グローバルな規範や推進するネットワークについての議論を，国民福祉国家とそのジェンダー・レジーム，資本主義の類型と改めて関係づける必要がある[23]。グローバル化は均質化・マクドナルド化を推進すると考えられていたが（Ritzer 2000），少なくともジェンダー政策の分野では，結果に大きな違いが生じている。この事例研究では，主に，市場指向福祉国家とコーポラティスト福祉国家について，公共的ジェンダー・レジームとともに，アクターの配置の違いに注目した。

　注目すべきは，自由主義的福祉国家（イギリス，アメリカ）のなかでも，コーポラティスト福祉国家（ドイツ，日本）のなかでも，対応がそれぞれ異なることだろう。資本主義・福祉国家の類型は，規制における差異と関連はあるが，それを説明するのに十分ではない。

　自由主義的福祉国家のイギリスでは，女性政策ネットワークやフェミニストの

第Ⅱ部　規制を比較する

グループ，NGOが，市民の平等や女性の潜在能力を活用することによる市場の
効率化を根拠として，その言説をEUの推進力につなげた。欧州司法裁判所への
提訴と判例法の形成は戦略の一部である。女性政策機構は民間の市民社会ネット
ワークや女性ネットワーク，またジェンダー専門家とともに活発な政策ネット
ワークをつくり上げた。

　1997年以後の労働党政府も，EUや国連でジェンダー平等のグローバルな規範
を生み出し交渉するのに積極的な役割を果たした。効率にかんする規範や法的戦
略は，自由主義的福祉国家に通じるものだが，グローバルな人権や女性の権利を
重視し，規範を生み出す点は，その枠組みを超えている。覇権的な自由主義的福
祉国家であるアメリカでは，国家によるジェンダー平等政策はグローバルな規範
と切り離されているが，フェミニスト・ネットワークは言説的根拠をそこに求め
ている。

　ドイツのコーポラティズムでは，女性政策が分化してコーポラティズムに統合
されたことによって，国家レベルでの交渉に集中し，他方でグローバルな規範へ
の対応はEUが主要な背景となっている。しかし，コーポラティズムは平等にか
んする言説や女性の国家への公的統合をもたらした。均等待遇にかんするEU指
令（1976，2002）に応じた規制は，コーポラティストの文脈での交渉によって行
われた。女性政策機構は，国内に集中した立法過程では活発だったけれど，グ
ローバルなジェンダー平等の規範を生み出し交渉することには受動的な役割しか
果たさなかった。しかし，性暴力禁止のEUプログラムなど，労働と直接かかわ
りのない問題では，女性政策機構と超国家的フェミニスト・ネットワークがコー
ポラティストの枠組みを超えて，問題定義やアジェンダ設定，政策立案を主導し
ている。

　日本では，企業中心のコーポラティズムから女性が締め出されるのと平行して，
求心的で熱心なジェンダー・ネットワークが形成され，威信と正統性の根拠をグ
ローバルなレベルに求めた。グローバルな規範の機会構造と国内の改革の駆け引
きを利用し，自分たちの問題定義とアジェンダ設定を確立し，政策立案に強い影
響を与えることができた。結局，ジェンダー政策ネットワークはコーポラティズ
ムの内側で活動（それと格闘）すると同時に，それを乗り越えていたのだ。どち

150

第 4 章 多様なジェンダー・レジームと職場におけるジェンダー平等規制

らの福祉国家でも，ジェンダー政策は衰退期にあるコーポラティズムを乗り越え
たのである。

　事例研究を見ると，最も関連の強い要因は，ジェンダー衡平の規範や解釈，女
性運動，女性政策機構と女性の政治参加など，一言でいえば，特定のジェン
ダー・レジームの形成であるように思われる。しかし，ジェンダー・レジームは
福祉国家の類型と相互に影響し合い，経路依存性によって形づくられている。自
由主義とコーポラティスト，どちらの福祉国家でも（アメリカを除く），女性の権
利・人権アプローチが経路依存性を乗り越えることに役立っているのは興味深い。

　そうじて，グローバルなジェンダー平等の規範やアドボカシー・ネットワーク
を発見して高揚を味わった後は，「現実の規制プロセス」やその展望，リスクに
かんして，地道な経験の棚卸しが必要な時期が続く。「現実の規制プロセス」が
いつ有効か（および，いつ有効でないか）を知るためにも，これは必要である。女
性たちのネットワークは，市民グループの参加を認め，超国家的なコンセンサス
の形成を実行することで，新しい形の民主的なジェンダー平等の規制をつくり出
すことに役立ってきた。そうすることで，国家の視点を超えたが（それは他のグ
ローバルなアクターも同じだ），女性たちのネットワークはまだ地方や国レベルの土
壌に埋め込まれるべく交渉しているのだ。

注

(1)　本章は「GLOWグループ」での話し合いから生まれた。非常に建設的な話し合いを
　　できたことにかんして，このグループ，とくにハイディ・ゴットフリート，カリン・
　　ゴットシャル，大沢真理，カレン・シャイア，シルヴィア・ウォルビーに感謝したい。
　　また，ダイアン・エルソン，ラインハート・ケスラー，フェレナ・シュミット，マイ
　　ラ・マルクス・フェレーの有益なコメントとサポートに感謝する。

(2)　私はこれらを政策サイクルの異なる局面について，政策展開の重要な局面を概論す
　　るのに役立つ経験的類型としてふれているが，これらが時系列的な段階だとは考えて
　　いない。Jahn and Wegrich（2003）を参照。

(3)　国際的（international），超国家的（supra-national），トランスナショナル，グ
　　ローバルというそれぞれの関係について，私の理解を簡単にまとめておく。「国際的」
　　は国家間の関係を表し，国際化とは16世紀以降の，資本主義世界システムとそこに属

する国々が形成される長いプロセスを指している。「超国家的」は，国連のように，いくつかの国家で構成される統治機構が形成されている状態を意味する。これにたいして，「トランスナショナル」は人々が複数の地方にまたがる移動性や，2つ以上の地域間でネットワークをもつ状態を意味する（Pries 2002）。「グローバル」は，経済，政治，コミュニケーションにおいてグローバルな活動分野が誕生し，グローバルなアクター（国民国家だけでなく）が登場し，それがまた国民国家間の社会的関係に影響を与えることが前提である。したがってこれが示すのは，比較的新しいグローバル化のプロセスのことであって，それは新国際分業とともに1965年頃にはじまり，それ以来幅広い影響力と推進力を高めている。

⑷　北京会議以後の展開を簡単に振り返るものとしては，Unifem（2000：47-60）を参照。

⑸　このような傾向は，アメリカ政府のジュネーブ条約無視にはっきり見られる。法的保護なしに行われているグァンタナモ刑務所への収監や，2001年以降，とくに2003-04年にそこで行われている拷問の定義は，国際法に一致するものではない。

⑹　NGO化や専門職化というのは，文献上で脚色されているように思われる。むしろ，社会運動におけるカリスマの定型化（ウェーバー）が起きており，組織の社会学の視点からいっそうの研究が必要である。

⑺　このアプローチは，フォーディズム学派やポストフォーディズムのレギュラシオン学派に見られる，資本的蓄積の異なる段階に内在する調整様式とは異なる。

⑻　マルチレベル統治システムにともなうブーメラン効果あるいはピンポン効果という考え方（Zippel 2004）は，文化的統合やグローバルな規範の「定着」を見過ごしている。

⑼　RNGSグループは，つぎのような基準によって女性政策機構を分類した。①政策立案にたいする影響力の大小。②女性運動やフェミニスト・グループを政策に参加させるアクセス度の大小。政策立案への影響力が大きく，女性運動を政策に参加させるアクセス度が大きければ，女性政策機構は注目度が高く，影響力が大きいとされる。Mazur（2001a）参照。

⑽　影響力とアクセス度が大きいのは，オーストラリア，オランダ，ノルウェー，デンマークである。本書で例にあげた諸国では，イギリスの女性政策機構は影響力が大きいが，フェミニスト・グループにとってのアクセス度は小さいと分類された。いっぽうドイツとアメリカの女性政策機構は影響力は小さいが，政策へのアクセス度は大きいとされた（Stetson and Mazur 1995b）。

⑾　ジョイス・ゲルブは日米のジェンダーを比較して，女性局が主要な政治のアクターとなったことはないと述べている。（2003a：152）。

第4章　多様なジェンダー・レジームと職場におけるジェンダー平等規制

⑿　OFCCPとEEOCにかんする情報について，ハイディ・ゴットフリートに感謝したい。

⒀　この部分の情報とコメントについて，シルヴィア・ウォルビーに感謝したい。

⒁　グローバルな規範をもとにした国家レベルの政策立案や執行について，体系的な研究はほとんど行われていないため，この要約はそれぞれの国家について特別な側面を検討した事例研究にもとづいており，初めて行った予備的説明にすぎない。

⒂　*Gesetz über die Gleichbehandlung von Frauen und Männern am Arbeitsplatz* (Pfarr and Betelsmann 1989参照)．

⒃　注(3)を参照。

⒄　WWNが支援した女性たちは2004年に勝訴した（Baier 2004参照）。

⒅　この点にかんする情報について，ハイディ・ゴットフリートに感謝したい。

⒆　Lam（1992），およびGelb（2003：49-62）の異なる解釈を参照。

⒇　イギリスやその政策機構は私の専門ではなく，私の知る限り，グローバルな規範によるジェンダー平等規制を分析したものもないため，ここでは交渉のいくつかの結果を簡単に紹介するに留める。

(21)　過激な右派は，CEDAWはアメリカの主権を侵害し，結婚や母性，家族構造（母の日まで）など，「伝統的」なモラルと社会的価値観を覆す過激なアジェンダを実施しようとしていると論じている（http://www.unausa.org/issues/cedaw/cedaw fact.asp)。

(22)　取り上げた事例が少ないため，これらの結論は研究仮説の可能性を示唆しているにすぎない。共稼ぎシステムにもとづく社会民主主義的福祉国家との比較を行うことが望ましい。関連のある変数は，たとえば，政治文化や規範システムの違いなど，他にもたくさんあるに違いない。

(23)　アドボカシー・ネットワークのメンバーのあいだに存在する利害や行動論理の違いを理解するために，このような見直しも役に立つ。おそらく，自由主義的福祉国家出身のNGOリーダーは，コーポラティストの背景をもつアクターとは，視点が異なるだろう。ジェンダー平等のアドボカシー・ネットワークの「発見」後，ネットワーク内部や，協力や交渉の相手となる他のアクターたちの規範や利害の相違は，重要な研究課題となっている。

第5章

似たような成果だが経路は異なる
——ジェンダー化された雇用規制の国際移転[1]——

グレンダ・S・ロバーツ

1 本章の対象と課題

　21世紀の日本では，数多くの法的手段によって，「仕事と家庭の調和」や職場におけるジェンダー平等が進められている。ジェンダー平等にかんするグローバル（すなわち，北米，イギリス，欧州の）規範の影響だけでなく，人口動態の変化によって政府が仕事と家庭の両立に向けて改革に乗り出したこともあり，企業の方針が，とくに大企業で変化しつつある。本章では，1990年代後半から現在までの東京の大企業2社を事例として，ワーク・ライフ・バランスとジェンダー平等を推進する新しい社内制度の実施について論じたい。この2社の戦略を分析することで，従業員と会社，会社と政府の関係の組織文化的なスタンスの違いが，ワーク・ライフ・バランス，いいかえれば「ファミリー・フレンドリー」な制度の時期や構成の違いとなって現れていることがわかる。

　調査したのは，業種の異なる2つの大企業である。MNFはアメリカに本社を置く多国籍金融サービス企業，ナルセは日本の多国籍製造業企業で販売と研究開発部門がある[2]。両社とも，1980年代半ばまでは，思想，規範，実践，いずれの面においてもキャリア指向の女性にとっては敵対的ともいうべき環境だった。両社は規制の変化に積極的に対応したが，制度導入の時期や制度の解釈，実施には相違があった。業界の違いが仕事のペースや環境に影響していることはまちがいない。だが，これは日本企業がアメリカ企業に見られる人事管理モデルを導入しようと試行していた時期であり，組織文化から見た違いのほうが業界の違い以上に大きく興味深い。しかし，扱う製品の違いや対照的な組織文化にもかかわらず，

155

第Ⅱ部　規制を比較する

日本の都市社会の社会的制約やインフラ面の大きな制約を受けて，両社の従業員はともに，家庭生活と仕事の「好ましいバランス」を保つことに困難を覚えており，同時に職場におけるジェンダー平等のために懸命に取り組んでいた。

　本章の最初の節では，日本の最近の雇用状況において女性が置かれた位置について論じる。つぎに，2つの事例研究を，ワーク・ライフ・バランスとジェンダー平等に向けた制度の導入と実施について，また従業員によるその制度の利用とそれにたいする反応について考察する。最後に，仕事と家庭生活における配偶者の協力の問題について簡単にふれておく。

2　日本における女性の雇用

　情報を提供してくれた女性たちは，どのような意味で，日本のニュー・エコノミーの一部であるといえるのか。私は2つの点からそのようにいえると考える。1つには，この女性たちはグローバル・フェミニズムの結果として日本にもたらされた女性雇用環境の変化（本書第**4**章参照）の恩恵を受けている。もう1つは，女性たちのほとんどが学歴の高い知識労働者で，少なくとも大学教育を受けており，MBAやその他の高い学位をもつ女性もいる。1985年に男女雇用機会均等法が成立するまで，日本の女性は結婚したら退職することが標準的だった（Ogasawara 1998, 2001 ; Brinton 1993）。大沢が原書第**3**章（Osawa 2007）や他の著書（Osawa 2002）で述べているように，戦後の日本の社会保障と税制度は，専業主婦層を支えてきた。この層がサラリーマンの夫を支え，会社のために長時間働くことを可能にしてきたのである。企業は若い女性を低賃金で雇用し，結婚時に「退職」を促し，女性たちが末子を学校に送り込んだ後，その一部をパートタイム，あるいは臨時社員として再雇用することで利得を受けた。結婚後も仕事を続ける女性たちは，後輩と会社の両面から差別を受けた。後輩は，彼女らが会社に残るのは夫の経済状況がよくないために違いないと考え，会社側は充分な給与報酬も，男性と同等の研修や昇進の機会も与えなかった（Roberts 1994 ; Ogasawara 1998, 2001）。

　いっぽうで，独身・既婚にかかわらず，なんとか大企業に長期間勤めることができた女性が公然と解雇されることはなかった。1960年代，70年代に裁判でこれ

156

第**5**章　似たような成果だが経路は異なる

を違法とする判決が出ていたうえ（Upham 1987 ; Cook and Hayashi 1980），日本の大企業の労働組合は従業員の絶対的な会社への献身の代償として，標準的雇用の従業員全員の雇用保障のために闘ったからである。戦後期を通じて，日本の大企業に特徴的に見られるのが，終身雇用，年功序列型賃金体系，企業別組合という「三本柱」である。組合はブルーカラーとホワイトカラー両方の正社員を支援し，企業独自の研修・昇進のシステムがつくられた（たとえば，Dore 1973 ; Itoh 1994 ; Tabata 1998）。正社員は年に1度，学校を卒業時に採用され，新入社員は集団で同時に入社する。Ito（1994）は，退職への障壁が中途退職をひるませていると指摘する。また，他社の中途退職者を採用することによる悪影響も指摘している。[3] たとえば大企業の多くは，若い新入社員にその会社独自の研修を施すことに投資し，長年かけて会社内でジェネラリストに育て上げるため，中途採用の社員は社内研修を受けた社員ほど生産性が上がらない可能性がある。さらに，地位の高いポジションに外部から新たに人を雇えば，社員のやる気が下がる怖れもある。また転職者は，簡単に忠誠心を変える「悪い」労働者だと評判が立つこともある（Itoh 1994 : 247-248）。田端（Tabata 1998 : 209）も，日本の労働者が大企業を辞めることによるコストについて強調し，「大企業を辞めれば，通常は中小企業に移ることになり，賃金水準が低く，退職金などの恩恵は付随的で，ないに等しい」と述べている。このように，就職して最初の数年で辞めることは労働者にとって非常に不利だが，それこそ女性の多くが経験してきたことである。一言でいえば，仕事を続けるかぎり，企業別組合によって女性の職は守られているが，企業は女性労働者を主力の従業員とは考えていなかった。

　1960年代を通じて，経済成長と人口の拡大によって，企業はこの体制を維持することができた。1970年代のオイルショック以後には，しだいにパートタイマーの雇用が増えていった（内閣府 2004 : 5）。大企業は自社だけでなくグループ内で，従業員を中小規模の関連企業に異動させることで，なんとか雇用を維持することができた。異動先の会社では退職までの生涯賃金が低く，雇用保障もはるかに小さい。

　1980年代半ば，雇用機会均等法が成立し，経済と文化の両方でグローバル化が進むと，日本の女性労働者の状況は変わりはじめた。均等法は概して国際社会の

157

第Ⅱ部　規制を比較する

圧力の産物だったが，わずかなりとも女性たちにキャリアを追求する元気を与え
た。均等法施行後最初の年には，女性の雇用機会がいくらか広がった。とはいえ
多くの会社は，均等法に対応してコース別制度を設けた。女性の大部分は一般職
として採用され，少数の女性のみが総合職として採用された。男性には一般職は
なかった（Lam 1992；Weathers 2005；内閣府 2004）。大沢が指摘しているように，
日本の均等法の評価は全体として高いとはいえない（Osawa 2007）。それでも均
等法が開いたチャンスによって，管理職としての経験を得られた女性がいるのも
事実である。

　近年，外国企業はジェンダー平等が進んでいるという評判が生まれ，キャリア
を築き，仕事を続けたいという意志をもった女性たちは，外国資本の会社に就職
先を求めることも多い（Kelsky 2001）。MNFでの調査中，私もそのような話をた
くさん聞いた。つぎに紹介するのは，インタビューしたなかの１人（W17）で，
1964年生まれ，1999年のインタビュー当時35歳の女性の話である。

　　私は経済学専攻だったので……金融機関に入るには……有利でした。でも，
　　……その当時の［1986年］……日本の金融機関の女性にたいする扱いを知って
　　いました。……私は［某有名］大学の経済学のゼミに属していましたが，ゼミ
　　は男性が圧倒的に多くて，女性はほんの少し。男性たちは有名で一流の日本の
　　金融機関に入るように誘われていましたが……私たち女性は，そういう会社で
　　は歓迎されていませんでした。

彼女は続けて，先輩のなかには，日本の一流金融機関に入社した後に，本当は歓
迎されていなかったことに気がついた女性もいると話した。日本企業に就職する
ことは女性たちにとって有利ではなかった。それで彼女はアメリカの金融機関へ
の就職を望んだ。インタビューしたなかには他にも，MNFに転職する前に働い
ていた日本企業で数年間悩んでいたという女性たちがいた。たとえば，1999年に
インタビューしたマネージャーのハマノさん（W19，1953年生）の場合がそうだ。
ハマノさんは４年制大学の経済学部を卒業しており，1976年に新卒で日本の製造
業会社に就職，10年間事務のサポート的業務に就いていた。彼女は，その日本企

業は自分をどう扱ってよいかわからなかったのだという。少し難しい仕事を与えられても，新人男性がくると，すぐにその仕事は取り上げられる。1986年の均等法以後には，総合職として女性の採用をはじめたが，遡って適用する道は開かれなかった。彼女はMNFが中途採用しているのを知って，1987年に応募，採用された。MNFに入社して，女性でも若いときからキャリアを築けるのを見て，なぜ何年も日本企業で耐えていたのかと思ったという。

　MNFのような企業は，日本企業に比べて雇用の保障がないし，外国企業は日本の年功序列型賃金ではなく，成果主義型の報酬を支払うことで知られているが，女性たちにとって魅力的なのは，外国資本の多国籍企業では研修や昇進の速さにかんして機会が豊富だと考えるからである。

　1991年にはじまり10年以上続いた不況によって，日本の終身雇用制はある程度打撃を受けた。多くの企業では，主力社員の報酬体系を調整して，給与の一部は個人の生産性の上昇に応じて上がるようにしている。また，人件費削減のために，徐々に臨時や派遣，契約社員を活用するようになっている。総労働人口のうち非標準的雇用の割合は23％に上っており（厚生労働省 2003），日本の非農業部門の女性の雇用ではパートタイムが40.7％となっている。臨時雇用は雇用全体に占める割合は小さいが，24-35歳の女性に急激に増えている「労働形態」である（本書第**2**章；Gottfried 2003）。内閣府（2004）はつぎのように述べている。

　　女性の標準的労働者の数は1991年まで増加してきたが，経済の停滞と企業の雇用管理慣行の変化によって，それ以後は頭打ちである。女性の標準的労働者は1997年から減少している。いっぽうで，女性労働者がフルタイムより労働条件のよくないパートタイムで就業することが増えている。2002年の女性の非標準的労働者の数は1985年の2.8倍となっている。

卒業直後でも，フルタイムの常勤雇用の職を見つけることはしだいに難しくなり，パートタイムや臨時の仕事に就く結果となっている。パートタイマーは，新卒を含めた20代の女性労働者全体の約30％を占め，「35歳以上で働きはじめる女性は，ほとんどがパート労働者である」（内閣府 2004：18）。この傾向はいくつかの理由

第Ⅱ部　規制を比較する

で憂慮すべきことである。第一に，非標準的雇用，とくにパートタイムの仕事は標準的雇用より平均して賃金が低く，労働者が経済的に自立する力が低く，公的年金制度への拠出も少なくなる。第二に，パートタイムの仕事では，標準的雇用のような付加給付は受けられない。第三に，本章に最も関係が深いことだが，ある種の非標準的雇用では育児休業やその他の「ファミリー・フレンドリー」な制度の恩恵を受ける資格が与えられない。

大沢は近年の雇用形態の多様化にもふれている（Osawa 2007；本書第2章も参照）。経済不況は多くの女性の雇用にとってよい前兆とはいえなかったが，大企業の主力従業員の地位は変わらず，危うい部分があっても終身雇用という前提は続いている（厚生労働省 2003）。「終身雇用」の慣行が将来も続くかどうかは，現在論議の的となっている（『朝日新聞』2005；Osano and Kobayashi 2005）。情報提供者である日本企業で働く女性たちの話を紹介するが，彼女たちはこの慣行の恩恵を受けており，雇用が継続することを期待している。

3　少子化社会，ジェンダー平等，「ファミリー・フレンドリー」な職場への政策

事例研究のデータを提示する前に，日本のジェンダー平等とワーク・ライフ・バランスにかかわる規制の変遷を取り上げておこう。政府のワーク・ライフ・バランスにたいする取り組みの原動力は，下がり続ける出生率を支えたいという思いに発している。この出生率の低下自体が，変わりつつあるジェンダー・レジームの産物といえるかもしれない。[4]

日本の合計特殊出生率（TFR）は低下の一途をたどっており，すでに1974年に人口置換水準（2.07）を下回った。2004年の日本の合計特殊出生率は1.29（イミダス 2005：631）となっている。日本はOECDのなかで出生率が最低というわけではない。スペイン，イタリア，韓国のほうがわずかながら低い。また，香港，シンガポールを大きく上回っている。これらの国々と同様，出生率の低下は世論の懸念を引き起こした（Roberts 2002）。出生率が低下するあいだに，日本政府はジェンダー平等の原則を支える法的インフラ（1985年雇用機会均等法，1999年改正均

等法施行，1999年男女共同参画社会基本法）を整え，女性の妊娠出産や子育て，高齢者介護の負担を軽減する政策構想を策定した。1994年，1999年，2005年のエンゼルプランや，2001年の介護保険法，1991年，1999年の育児休業法や育児・介護休業法[5]，2002年の「少子化対策プラスワン」などである。これ以前にできた均等法と同じで，これまでに成立した「ファミリー・フレンドリー」な立法の多くは，政府省庁の「行政指導」に頼っている。ウェザーズ（Weathers 2005）によれば，労働官僚は道義的勧告や象徴的表彰（「ファミリー・フレンドリー企業」表彰など），補助金などの「ソフト」な仕組みによって雇用主の遵守を促している。これに従わないことにたいして罰則はない。こうした「ソフト」な仕組みでは，すべての企業に遵守を課すには不十分であり，「ファミリー・フレンドリー」な政策を利用できない労働者も多い。

　大沢が述べたように（Osawa 2007），日本政府はワーク・ライフ・バランス・モデルの要素を取り入れ，女性と男性の労働力への参入を促し，病弱な高齢者の長期にわたる介護を社会の負担とする方策をとった。だが，インフラ面のサポートはまだ遅れている。さらに，このモデルを実現させるための企業への圧力も充分ではない。

　これまで私は，行政指導によって「ファミリー・フレンドリー」な法律を施行するアプローチは，あまり効果を上げていないと指摘した。これまでのところ日本では，比較的規模の大きな企業のほうが，中小規模の企業より，従業員のためにそのような制度を設けている割合が高い（Sato 2001a）。大企業で「ファミリー・フレンドリー」な法的枠組みが人事制度に組み入れられる傾向が高いのは，組合の組織率が高いことと，一般に財務基盤がしっかりしていることに関連しているだろう。日本の労働者の大半は中小企業で働いていることから，これでは「ファミリー・フレンドリー」な制度が急速に広まるとは思えない[6]。同じような傾向はアメリカでも見られる。仕事と家庭の問題への小規模事業所の対応を調査したなかで，小規模事業所（従業員1-49人）では方針や制度が，公式，非公式を問わず定められている割合が低いことがわかった。いっぽうで大企業では，小企業より幅広い公式方針や制度が用意されている。理由としては，財務が健全であることと規模の経済性が指摘されている（Pitt-Catsouphes and Litchfield 2001）。

第Ⅱ部　規制を比較する

　他方で，もし政府の奨励があれば，規模を問わず日本企業がアメリカ企業より柔軟なワーク・ライフ・バランスを目指す可能性はあるだろう。ただし，不況のあいだは，そんなことは起きそうもないと思われる。ある政府関係者は私に，企業は「ファミリー・フレンドリー」を贅沢だと考えていると話した。下請け業者は企業に，「ファミリー・フレンドリーな対策を設ける余裕があるなら，なぜうちが納入する品物の単価を上げてくれないのですか」というだろう[7]。2002年2月に，私は東北地方の中規模製造会社2社を訪ねた。厚生労働省のファミリー・フレンドリー企業表彰を受けた会社だが，彼らがそのような制度を導入したのは，それが会社にとって利益になると確信したからでも，国の法律に従う必要があったためでもなく，親会社の一般的な制度に追随する義務感からだった。

　日本企業に最もよく根づいている「ファミリー・フレンドリー」な制度は，育児休業である。法律によって，フルタイム労働者は男女を問わず，新生児の世話をするために最長で1年間休業できる。労働者は給与の40％（休業中に30％，仕事に復帰した時点で10％）を受け取る。この休業は片方の親がとることも，両方が交替でとることもできる。2002年に，従業員30人以上の企業の81.1％，全企業では61.4％が，育児休業法に対応した就業規則を設けていた（Sato and Takeishi 2004：83）。それ以前から日本には，母親のために14週間の産前・産後休業制度があり，給与の60％が支給されており，その他にも，子どもが1歳に達するまで，育児のために1日2回，30分間の勤務時間短縮（育児時間）が認められていたことを指摘しておく[8]。方針に定めなくとも，非公式に柔軟な就業取り決めを行う企業もあるが，こうした慣行が規則や規定として制度化されていない企業では，従業員が利用しにくいと，佐藤と武石は指摘している。

　ナルセとMNFはどちらも模範的企業で，日本では女性が非常に働きやすいところとしてよく知られている。とくにナルセは，女性が定年まで働き子どもをもつことができる企業といわれている。大学を卒業した女性が，それを理由に意図的にナルセに就職している。MNFも，主に女性に昇進の機会を多く与えていると認識され，トップクラスの日本の大学や海外の有名なMBAプログラムの卒業生や，日本企業からの中途入社希望者を引きつけている。両社とも，女性が従業員の半数以上を占めている。

162

4 調査対象の特徴

　調査対象の2社は，ジェンダー平等と仕事と生活の調和を目指す法的枠組みを，従業員が利用できるようにしている点で際立っている。結果はかならずしも完全ではないが，この方針は女性社員に生涯働き続けるだけのゆとりを与えている。調査対象には都市部の女性しか含まれていない。ほとんどの女性は，大学ないし大学院レベルの教育を受けており，日本の労働人口のなかのエリートである。さらに，本章で扱う調査対象者は，社員として働き，結婚して子どもがいる女性である。ワーク・ライフ・バランスの厳しい環境に対処する戦略として，会社を「去る」ことを決めた女性や，結婚と出産をあきらめた女性など，日本女性の大多数に当たる人々は含まれていない。[9] 大多数というのは，厚生労働省の「21世紀出生児縦断調査」によれば，2001年に労働人口に属する女性の70%近くが最初の出産の時点で仕事を辞めているからだ（内閣府 2004）。もう1つ注目すべきは，2002年の国立社会保障・人口問題研究所の第12回出生動向基本調査（夫婦調査）の統計で，フルタイム雇用の働く母親は，2002年に結婚してからの年数が0‐4年の女性のうち，わずか10.7%にすぎないことである（内閣府 2004：16）。

　最後に，ナルセでは，営業と製造の現場にいる女性が労働者の大部分を占めるにもかかわらず，これらの部署の女性へのインタビューは許可されなかった。インタビュー拒否の背景には，営業や製造部門の従業員の場合ははるかに柔軟性が低いということが想像できる。そんな意味のコメントも耳にしたが，従業員の発言の確認をとることはできなかった。

　私が調査した女性の多くは管理職であり，ワーク・ライフ・バランスとジェンダー平等の制度を利用できたことで，いい意味で人生が変わったといっていた。彼女たちの発言からは，日本の企業社会で大きな世代代わりが起きていることがわかる。主力男性社員全員に家事を担う配偶者がいるのが当然と考える世代から，妻自身も管理職に就こうとする世代への変化である。男性の「企業戦士」たちが育児にかかわりはじめているが，まだ限られており，いまだに残る社会の男性への期待からそれが阻まれている。たとえば，長時間労働に見られるような，企業

第Ⅱ部　規制を比較する

に100％献身する姿勢（30代のサラリーマンの23％以上が，いまでも週60時間上働いて
いる）や地方の支社への単身赴任など，どれも「男性稼ぎ主モデル」に共通して
見られる特徴である。

5　MNFとナルセのジェンダー平等

　この2社で，ジェンダー平等政策の発展を推進した要因は何だったのか。あと
で見るように，この制度の採用およびその実施時期に影響した決定的な要素は，
両社の首脳陣だった。さらに，制度を採用する経緯はまったく異なっていた。
MNFの場合は，すでにアメリカの本社で確立されていた制度を選択して取り入
れ，日本に合わせて調整したが，ナルセの場合は国家との関係を通じて学んでき
たのである。

　民間部門の雇用に見られるいわゆる「日本的経営」といえば，男性労働者を長
期的な主力社員として扱ういっぽうで，女性労働者を周辺的な，ほとんどの場合
短期のサポート要員とみなし，昇進の上限は低く，研修の機会は少なく，男性と
は別の職務分類に属することで知られている（Roberts 1994 ; Ogasawara 1998,
2001 ; Shire 2000 ; Osawa 2002 ; Gottfried and Hayashi 1998）。金融サービス部門では，
とくにそれが顕著だった。1980年代半ばまでは，MNFもその点では例外でな
かったようだ。ただアメリカの本社では，ずっと以前からジェンダー中立な雇用
制度を実施していた。1980年代半ば，MNFジャパンにアメリカから赴任した新
しい経営トップは，経営陣に女性がいないのを見て，「女性の幹部たちはどこに
いる？」といった。彼の指導のもと，MNFは女性を昇進させはじめた。これは，
均等法が制定された時期でもあり，企業内で女性の昇進機会を拡大しようという
CEOの取り組みは，法的環境の変化とも符合していた。私がこの会社を調査し
た1990年代末には，もう管理職の女性は珍しくなかった。それどころか，さまざ
まな業務を担当する女性の副社長が多数登場していた。2000年にMNFジャパン
では，女性が副社長の14％，副社長補佐では29％を占めていた。さらに，昇進は
その人が示した能力しだいで，重要な貢献をしていれば，認められるまでに何年
も待つ必要はなかった。MNFに女性の在職率と昇進にかんするジェンダー・バ

イアスを変更させる起動力となった要因としては，(1)1980年代半ばに，アメリカの多国籍企業として，MNFジャパンは女性社員の価値を認めるという点で時代に遅れているとCEOが認識したこと，(2)日本では1986年の均等法で企業に女性と男性の均等待遇を法的に義務づけたこと，(3)非常に優秀な男性社員候補は日本資本の会社で働くほうを好み，採用が難しかったことがあげられ，MNFはこの拡張の時期に，きわめて優秀な女性志望者を引きつけ，雇いつづける道を選んだ。⑿

　これにたいしてナルセは，男性より女性を多く雇用しているという点はMNFと共通だが，MNFの取り組みより丸10年遅い1990年代半ばまで，積極的に女性を昇進させてはいなかった。ナルセでは2000年に女性は管理職の5.3%を占めるにすぎなかった。その当時，新社長が大胆な変革に手をつけたと伝えられる。それまでナルセは（とくに小売営業部門以外では），女性が結婚後も働き続けられる会社として知られていたが，女性を昇進させるという評判は聞かれなかった。70年代に高卒でこの会社に入社したある女性の部門管理職は，私（筆者）にこう話した。

　筆者：どう思います？　女性たちは長年働いて，その長い期間にたいして，会
　　　　社はどんな対応を示しましたか？
　K：［会社の対応は，］よくなかったです。最近のことですよ。
　筆者：いつからよくなったのですか？
　K：よくなっていると感じたのは，6，7年前［1996-97年］ぐらいからです。
　　　　ちょうど私が，最低ランクの管理職試験（参事）を受けることを，認められ
　　　　た頃だから……
　筆者：ということは，均等法の後ですね？
　K：その前は，いってみれば，男社会でした。
　筆者：どこでもそうだったのでしょう？
　K：私が不満に感じたのは，何も変わらなかったことです。7，8年前までは
　　　　どんなにがんばっても，自分が上にあがることはないんだと思っていました。
　　　　ついに会社が本気で，いろいろな分野で女性にチャンスを与えることを考慮
　　　　しはじめたときは，「やっと！」と思ったものです。

第Ⅱ部　規制を比較する

筆者：その変化の原動力は何だったのでしょう？

K：トップからです。最初は，会社のトップがいい出したのです。他の会社では女性に注意を向けていると感じたんでしょう。うちの会社も，この遅れたやり方を捨てたほうがいいと思ったんです。こういう分野でトップに立つ企業として，こんなに時代遅れの組織なのは，イメージが悪いと考えたのだと思います……まわりの状況に動かされたのだと，私は思います。

　もしもナルセが，まわりの状況に動かされて古いイメージを振り払ったのだとしても，ナルセにかんする報道からではそれはわからない。報道から見る限り，ナルセはジェンダー制度の分野でつねに先頭を切っていたように見える。多くの新聞記事で，ナルセの取り組みが讃えられている。

　ナルセの新しい取り組みは，政府が「ジェンダー・フリー」社会を推進する新しい方向性を示すのと同時期であったが，それは偶然ではない。役職の兼任や，政府官僚が退職してトップ企業の役員になる「天下り」の慣行によって，政府の政策は企業レベルに伝達される。ナルセ取締役会の上位メンバーの１人が，男女共同参画会議に加わっていた。この役員は，会社がジェンダー平等や「ファミリー・フレンドリー」の措置で最先端に立つべきだと考えた。ナルセの制度構想は男女共同参画会議の方針と一致しており，「ジェンダー・フリー」の環境をつくり出すことについて，ナルセが達成したことは主要新聞の記事や政府系シンクタンクの出版物に何度も取り上げられた。2002年からナルセは「ジェンダー・フリー」パンフレットを作成し，ジェンダー平等にかんする会社の新しい方針を従業員に浸透させるための「人権研修」に使用している。2002年に「ジェンダー平等推進グループ」を設置。2003年には厚生労働省の雇用均等・児童家庭局の元局長を採用して，仕事と家庭の両立や女性管理職の育成と昇格，人事改革，雇用の多様化にかんする新しい取り組みの陣頭に立たせた。この女性は社内に新設された社会的責任（CSR）部門のトップとなり，「仕事と家庭の両立支援」の方針は，この部門に委ねられた。CSRをつくったことでわかるように，会社はジェンダー平等（男女共同参画）を達成するという目標を，明らかに「少子化対策戦略」として人口統計に結びつけて，会社の社会にたいする責任であり，社会への貢献だ

と考えている。この元官僚は政府の方針をまるごと会社で実施するように命じることができたわけではないが，大きな影響力を及ぼしたことは確かである。ナルセでは他にも，ファミリー・フレンドリー構想などの分野で政府方針の浸透を推進する「21世紀職業財団」などの政府系機関に，従業員を出向させており，そこでも政府機関とのつながりができていた。これにたいして，私の知るかぎりMNFでは，柔軟な労働取り決めや育児休業，育児時間を，出生率を押し上げようという政府の取り組みと結びつけたことはない。私がMNFについて調査していた1999年，人事部は最初，厚生労働省が仕事と家庭の両立対策で最小限の基準を越えた企業に行っていた「ファミリー・フレンドリー」企業表彰について知らなかった。むしろ，柔軟性のある管理を良しとするアメリカ流の論理で，従業員が自分の時間を自由に裁量できるほうが，従業員は幸せで，生産性が上がり，この方針を推進することが優秀なスタッフの採用と保持に役立つと強調していた。

6　仕事と家庭の調和のための政策と企業環境

　さらに，この２社の対照的な点としては，ナルセでは女性たちが長期の育児休業を比較的とりやすいことがあげられる。両社とも1990年代はじめに育児休業制度を取り入れたが，ナルセの制度では５年までの無給休業を認め，復帰時に，同じ部署とは限らないが，正社員としての雇用を保障した。女性のほとんどは最長の５年をとるわけではないが，この方針の恩恵を受ける女性もいる。１年の休業が最も一般的と思われるが，休業を１年間とった女性社員が最初の休業が終わる前に２番目の子を妊娠し，育児休業が続けて３年になるのは珍しいことではない。女性たちは出産の間隔を計算して，つわりの時期と妊娠後期に満員電車で通勤しなくてすむようにすることもあった。ある女性社員は，夫が地方に転勤になったとき，休業を延長して２番目の子を産んだ。彼女は合わせて５年間休んで，夫が転勤先から戻る直前にナルセに復帰した。元の基礎研究の仕事には戻れなかったが，それでも仕事には戻れた。家族と過ごした時間を後悔してはいないといいながらも，これから育児休業をとる他の女性たちにアドバイスはないかと訊ねると，「みんなが考えるように，１年で戻るのが一番いいと思う」と答えた。2003年に

第Ⅱ部　規制を比較する

２人目を妊娠した別の女性は，将来最初の子が小学校に入学するときのことを考えていた。住んでいる地域には学童保育がまだなく，彼女の復職による変化への対応が子どもにとって困難であることを心配したのだ。彼女は長女の小学校入学に合わせて３番目の子どもを妊娠・出産することで育児休業を延長して，長女が帰宅したときに１人にならないですむようにできないかと考えていた。会社には平均休業期間についてくわしいデータがなかったが，人事部長は，ほとんどの女性は１年か３年を選ぶため，その２つのピークがあると指摘した。

　ようするに，ナルセの企業環境（小売部門を除いて）の特徴は，子育てのために休暇を取りたいという女性社員たちの願いに配慮しているといえるだろう。この会社では，育児休業法が制定される前から，すでに育児休業を認める方針を出していた。いまでは，女性が育児休業やその他，育児時間など関連した制度を利用することは，標準的な慣行となっている。

　いっぽうMNFの女性たちには，１年以上の連続した育児休業をとる選択肢はない。通常は最大でも１年間で，数か月しか休業をとらない場合も多い。それ以上離職が長引くと，急激に変化している金融部門についていけなくなるという恐れからである。このように，業界の性格は従業員の決断に影響する。MNFの労働環境の特徴といえば，大きなプレッシャー，大量の仕事量，恒常的に納期に迫られる仕事，グローバルなコミュニケーション，急激な変化などがあげられる。そのうえ，MNFの海外から来ている上級管理職は，多くがアメリカ出身であり，産前・産後休業にかんして本社の企業文化をもち込んでくる。そうした管理職に対処しなければならないこともある。本社では，1993年にできたアメリカの家族・医療休暇法に定められた最長の３か月より，短い休みしかとらない女性も多いのである。スーザン・ダービン（本書第❾章）による理論的枠組みによれば，産前・産後休業をどう扱うべきかにかんする「埋設知」を，アメリカ人管理職が日本にもち込んでいるといえるだろう。彼らの埋設知は，日本の環境に置かれた会社の法的枠組みと衝突し，ときに従業員にストレスを引き起こす。しかし同時にMNFは，子育ての最初の時期に起こるさまざまな問題に対応するためには，１年間の育児休業では充分でないことを認識している。そこで正社員の地位を失わずに１年間は，通常週40時間と定められた労働時間を24時間まで減らす（40％

削減）ことを認める制度を導入した。これは一律に適用される制度ではなく，個別の承認が必要なものである。私が調査したときには，高い評価を受けている女性管理職数人が，この取り決めを利用していた。MNFトップマネージャーはこの制度について，育児のためにより多くの時間を必要としている優秀な女性スタッフをつなぎ止めるうえで，重要だと考えていた。2004年の企業報告によれば，この制度はすっかり定着して，2000年の導入から44人の従業員が，育児，大学院教育，高齢者介護を理由にこれを利用した。

　職場の効率化や合理化は，ナルセの従業員にも影響を与えている。管理職の話では，この20-30年のあいだに，会社は人事を合理化し，正社員に期待される仕事の量や質を広げてきた。[13]それでも，私が面談したナルセの従業員は，MNFの従業員にくらべて，自分の職について緊張感や不安をもたず，休業が自分の立場に悪影響を及ぼすことを心配していないようだった。理由の1つとして，ナルセでは外からの中途入社の管理職をほとんど採用しないことがあるだろう。もう1つは海外から来た管理職の異なる期待と文化的衝突が起きないせいかもしれない。誰もが育児休業や育児時間を知っているだけでなく，この会社で10年以上も制度とともに働いてきたのだ。面談した女性たちによれば，この制度をあまりよく思わない管理職や同僚もいるが，その不満はほとんど口にしないという。とくに，少子化や高齢化社会，その状況が日本の将来の競争力にもたらす問題について，メディアで盛んに報道される現在の政治状況では，管理職が育児休業制度の妥当性に公に反対することはむずかしい。何といっても，ナルセはこの分野で先頭に立つことを自認しているのである。

　ナルセの女性たちの雰囲気があまり緊張を感じさせない理由として，会社が長年示してきた女性のキャリアにたいする立場とともに，女性たちに比較的昇進の意欲が弱いこともあるだろう。すでにふれたようにMNFでは，たとえ入社して数年であっても，有能な女性従業員を速やかに昇進させ，金銭的な報酬もあり，従業員同士もお互いの地位を気にかけている。多くの女性が，キャリアの階段を登る意欲を表明している。さらに，MNFでは組合に属する従業員が非常に少ない。お互いに満足であればMNFで自分のキャリアを積み，それができなくなれば，別の外資系企業に移る（できるなら上向きに）ことを口にし，実際によりよい

第Ⅱ部　規制を比較する

機会のために他の外資系企業に移った女性もいる。仕事にたいするこのような姿勢は、「終身雇用」が期待される日本の大企業と比べて、会社本位でなく、個人主義的で流動的である。MNFの日本人従業員は、これを仕事にたいする「よりアメリカ的な」アプローチと認識していた。

　MNFでは、従業員はこの会社での勤続が自分の仕事の生産性に応じて決まると認識している。にもかかわらず、ほとんどが不安を覚えずに法律で認められた標準の1年間の育児休業をとっていた。これは、フリード（1998）がアメリカの大手金融サービス会社にあると指摘した「一時解雇の文化」が根づいていないためだろう。MNFの従業員は、必要最小限の育児休暇だけで、できる限り早く仕事に復帰するアメリカ従業員より、不安をもっていないようだ。いっぽうで、MNFの従業員は海外でMBAコースに在学した経験や、MNFジャパンの上級管理職を通じてアメリカやイギリスのビジネス文化を意識している。彼女らは結婚の公表や出産時期、休業をとるための準備に非常に慎重であるが、そこにはこのような意識が反映しているとわかる。

　MNFの多くの女性は、仕事の中断を最小限に抑え、仕事への責任感を証明するために、時間をかけて出産を計画していた。何人かは、産前休業に入る前の時期に、仕事を同じ部署の同僚に引き継ぐ準備で、長時間残業したと話してくれた。よい例がサトウさん（1966年生、35歳）である。彼女はMNFに勤めて4年で、副社長の地位にある。大学卒業後、新卒で日本の金融サービス会社に入社したが、留学してMBAをとるために退職した。帰国後ある外国の金融サービス会社でインターンシップを経験した後、MNFに就職した。ビジネススクール時代に知り合った日本人男性と1996年に結婚。1999年に子どもが生まれた。彼女はこう話していた。

　　この会社に入って3年間、妊娠するのを、待ったというか、1年目や2年目で妊娠するのはまずいんじゃないかと思って、それで……待ったというか、受け入れやすい状況ができるように……でも、運悪く（笑い）上司が替わってしまって、だから、まるで最初からやり直すようなものでした。

面談を進めるうちに，サトウさんは子どもの生まれる年だけでなく，出産月まで計画していたことがわかった。仕事に復帰するときまでに，公立保育園に入園できる可能性が高くなるよう，秋の終わりに生みたかったのだ。彼女は産前・産後休業をとる準備のため，休業に入る前の月の平日は毎日朝9時から深夜まで働いた。休業前に新しい上司をよく知っておきたいと考え，産前の休業を標準的な6週間ではなく，4週間しかとらないことに決めた。また，新しい上司になったことで，育児休業をとらず，12週と少しで仕事に復帰することにした。つまり，産休に入る前にお互いに知り合う時間があまりなかったので，できるだけ速やかに自分の価値を上司に証明してみせる必要があると感じたのである。そのために，保育園に入園できるまでの3か月間，ベビーシッターに月額約3500ドル払わなくてはならなかった。サトウさんが自分のキャリアを非常に重視しており，できるかぎり上司に迷惑がかからないように計画を立て，上司に自分が重荷ではなく貴重な社員だと認めさせたいと思っていたことがよくわかる。

　これにたいして，ナルセの女性たちが仕事をキャリアとして考えるように奨励されたのはごく最近になってのことである。それに男性従業員でも30代終わりから40代初めになるまで管理職になれるとは考えていない。ナルセでは最近，成果を重視する方向に給与体系を変更したが，それでもまだ大筋は終身雇用と年功序列型賃金体系にもとづいているように見える。いっぽうMNFは，短期的な個人の業績にもとづいている。

　ナルセの比較的ゆるやかな職場環境は，育児時間の制度にも見ることができる。従業員は子どもが小学校1年生に上がるまで，MFNで標準的な（法律でも定められている）1日に1時間ではなく，2時間まで休みを認められている。ナルセの女性たちは，他の人々が仕事しているなか，早退することで気まずさを感じると同時に，子どもをもつ前と同じ量の仕事をこなせないことに欲求不満を感じている。それでも，多くの女性が育児時間を最大限に利用していた。MNFでは，早退するのを不満に思う管理職や同僚からハラスメントを受けることもある。そのために辞職にいたることもある。MNFの育児時間をめぐる緊張は，金融業界の特殊な要件から生じている可能性もある。この業界では政府規制によって，毎営業日の終わりに報告書が必要とされ，一部の部門では残業が頻繁で，無給のこと

第Ⅱ部　規制を比較する

もある。いっぽうナルセでも，従業員の話によれば，法律の上限を超える（無給の）強制的な残業が存在する。つまり，ナルセの女性たちが比較的気軽に育児時間を利用できるのは，「母性保護」の概念がアメリカ企業より日本企業に広く定着していることも，ある程度影響しているかもしれない。ここで断っておかねばならないが，「比較的気軽に」とはいっても，育児時間をとるナルセの従業員は，余分な仕事を残されてよく思わない同僚がいることを認識している。育児休業や育児時間をとる女性たちは，人間関係が破綻しないように，感謝を表すことに非常な努力を払っていた。同じような個人による調整は，MNFの女性にも，私が1980年代初めに調査した工場の女性労働者たちにも見られた。女性は育児時間の権利をもっているが，同僚に起きうる不都合にたいして十分注意し感謝を示さなければ，会社のなかでうまくやっていくことはできない。先にふれたMNFのサトウさんは，毎晩9時，10時まで残ることを期待するアメリカ人の上司から，絶え間ない言葉のハラスメントを受けたことで，結局退職して，別の外国企業に移った。2001年に新しい就職先で行った追跡調査の面談で，彼女はこう話してくれた。「以前の（アメリカ人の）上司は，毎日午後6時にはオフィスを後にしていました。新しい上司は夜型で，朝は10時に出社していました。彼の仕事の調子が上がってきた頃には，私は帰らなければならなかったのです」。午後7時半でも，彼にはまだ早すぎた。彼女がやるべきことを達成していたにもかかわらず，この上司はボーナスを下げ，別の部署に移るように要求した。そうする代わりに，彼女は求職活動をはじめ，報酬は下がったものの，よそでもっといい職を見つけたのである。

　2003年，ナルセは東京本社に設備の整った保育施設を新しく開設した。この施設は定員21人で，生後3か月から子どもを預かり，月曜日から金曜日の朝8時から夜7時まで開いており，夜8時までは延長も可能である。この社内保育園は，ジェンダー平等にたいする会社の意気込みを見せようとする努力の一環である。多くの女性は，郊外から都心まで乳児を連れて通勤するよりは，家の近くの施設や祖父母に預けることを選ぶかもしれないが，子連れのときはラッシュアワーの一番ひどい時間帯を避けるために，フレックスタイムを利用している女性たちもいる。MNFジャパンも保育園の建設を真剣に考慮したが，結局セキュリティー

上の理由から断念した（9.11攻撃の直後だった）。その代わりに，2003年に東京エリアで保育・ベビーシッター民間サービス会社と緊急保育サービスと病児保育サービスの契約を結んだ。従業員の支出に会社が補助金を出すもので，非常に好評だと聞いている。

　すでにふれたとおり，1990年代終わりから，ナルセは積極的に社内の女性を昇進させており，その目標に向けた一連の取り組みを「ポジティブ・アクション」としていた。この制度の取り組みには，仕事と育児や家事の両立を目指す制度や女性の能力開発と昇進のためのプログラム，企業環境を改善し，セクシュアル・ハラスメントを防ぐためのプログラムが含まれている。こうした努力の結果として，妊娠や育児を理由に辞める女性が減り，女性の勤続年数の平均はナルセ・グループで14.4年，ナルセ本体では18.5年に伸びた。さらに，女性従業員の63％が，会社は女性・男性ともに研修や昇進の機会を与えていると考えており，女性管理職の割合は，ナルセ・グループで2000年の5.3％から2004年には10.4％に上昇した。これは全国平均の9.8％（ILO労働統計年鑑 2002）を上回っている[16]。2004年6月に，ナルセの管理職の1人と会い，このような最近の取り組みについて話し合った。現在，グループの従業員の70％を女性が占め，男性従業員の40％は今後7年間で退職すると指摘し，その男性たちの退職に合わせて管理職の役割を担わせるため女性たちの教育や昇進の緊急性を感じていた。企業の社会的責任（CSR）部門は，2004年末までに女性管理職の割合を30％まで高めることを目標とする提案を行い，会社は検討すると答えたという。この提案は役員会で却下された。CSR部門担当の彼女は非常に失望して，ここはグローバルな世界であり，ジェンダー平等を例として国際的な情勢を取り入れるべきだと説明したが，耳を貸してもらえなかったといった。それ以上くわしい説明はなかったが，2020年までに社会の指導的地位に就く女性の割合を30％にするという政府の新しい目標を訴え（Meguro 2004），管理職の女性の割合を増やすべきだと，役員会を説得しようとしたのだろう。彼女は残念そうにこういった。「男性は女性の上司が嫌なのです」。

　まとめると，政策移転という意味で，MNFジャパンは本社の企業文化の影響を受けており，成果重視の個人の業績を重んじる精神と，アメリカ流の企業内の

第Ⅱ部　規制を比較する

ジェンダー平等を組み合わせている。時間の制約のある従業員，とくに会社にとって貴重な女性をサポートする努力は，ワーク・ライフ・バランスと柔軟性のある管理が主たるものである。これにたいして，ナルセは追いつくことを目指して，日本政府のジェンダー平等と「ファミリー・フレンドリー」構想に従い，さらに強化した。これはそもそも国際的な情勢や日本のフェミニスト，それに少子高齢化社会の影響を受けたものである。MNFのほうが女性管理職の割合は高いが，10年早く取り組みをはじめている。ナルセもまもなく追いつくことだろう。日本の大企業で，まだ「終身雇用」の残滓が多く残っているというナルセの状況は，ある意味で女性従業員の保持に役立っている。ナルセの事業環境がさまざまな問題に直面して，以前よりスピードアップしてはいるが，MNFほど急速に変化してはいないという現状が，さらに後押しをしている。ナルセの従業員のほうが日常の生活に余裕をもっているという印象を受ける。両社ともに，ワーク・ライフ・バランスに配慮した規範に沿った環境を創造することは，現在進行中の容易ではない計画である。そのうえ，面接によって得られた証言から，制度の実施は規定された便益を利用すればすむ問題ではないことが見てとれる。従業員は同僚や上司にかけるかもしれない迷惑を予想して，準備に多くの時間と，ときには費用までかけている。たとえ制度がつくられ，利用の実績があっても，従業員は自分の不在が，有能で勤勉という自分の評価にどんな影響をもたらすか不安を感じている。日本の文化の特徴として，ある種の互恵主義があげられる。育児休業は政府によってすべての労働者に与えられた権利であることは理解されるかもしれないが，実際に利用するのは，特定の職場の継続的なジェンダー関係に置かれた特定の個人である。柔軟な制度を利用する個人は，自分の一時的な不在によって必然的に起こる損傷を最小限に留めるために，できる限りのことをしなければならないと感じるのである。英雄的なまで努力をしても，サトウさんの場合のように，うまくいかないこともある。

　ジェンダー平等をさらに推し進め，柔軟な労働取り決めの理解を拡げるために，企業にできることはたくさんあるが，企業では変えられないこともある。その1つが，性別役割分業にたいする社会規範である。日本の男性たちはパートナーと対等な立場で育児や家事の責任を担う覚悟はあるのか。本章でこの問題を深く掘

り下げることはできないが，これだけは指摘しておきたい。調査した男性の多く
が，子どもの世話にもっと時間を割きたいと願いながら，男性は職場で責任を果
たすべきという硬直した不文律の文化的規範に直面している。実際，現在問われ
ていることだが，日本では長いあいだ，男性は仕事に責任を果たすことが家族に
責任を果たすことだとみなされてきた。ナルセで話を聞いたある男性は，週2回
残業をせずに退社して，子どもを保育園に迎えに行き，そのあいだに妻が残業を
こなせるようにしていたが，育児休業をとる勇気はないといった。そこまでする
のは，自分の職場の同僚たちが示してくれる理解の限度を超えると感じていた。
実際，どちらの会社でも男性が育児休業をとった例は皆無である。全国的に見て
も，育児休業をとる男性は非常に少ない。2002年には資格のある男性の1％にも
満たなかった（Sato and Takeishi 2004：15）。

　男性従業員たちと話した印象では，彼らは自分の父親の世代よりも子どもと対
話し，権威主義的でなく，週末には子どもと一緒に過ごし，家事の雑用もこなし
ている。私が街で見かけた風景もこれを裏づけている。父親が母親抜きで子ども
と公園で遊んだり，朝子どもを保育園に連れて行ったり，子連れの父親がスー
パーで買い物したりといった風景を見ることができる。他の研究者による定性的
研究や（たとえば，Ishii-Kunz 2003 参照），男性用洗面所におむつ交換台が登場し
たことでも，それは裏づけられている。20年前には，都市部でそのような「サラ
リーマン」を見かけることはほとんどなかった。フルタイムで働くパートナーを
もつ男性が以前より負担を担うようになっているのかもしれない。また，これか
らは友だち型の父親が権威主義の父親より普通に見られるようになるかもしれな
いが，それは，この調査から予測することはできない。

7　日系企業のほうが「子育て」フレンドリー？

　結論として，ワーク・ライフ・バランスの制度によって，女性が結婚し子ども
をもって働き続けることが可能になっている。もちろん彼女たちは，長時間の通
勤や残業の必要性，さらには保育や学校の用事に睡眠時間を削られるという非常
に厳しい環境にある。この制度は「バランス」を約束するものではない。通常夫

第Ⅱ部　規制を比較する

には同等の柔軟性が与えられないため，家庭内のケアの負担は妻に重くかかる。
この制度があっても，子どもの慢性病や心理面，その他の問題や，解決に3か月
以上かかる高齢者介護の問題など，生活に新しい問題が加わって，女性が仕事を
辞めることもある。それでも，こうした制度は女性が正社員として働き続ける道
を開き，それは家計だけでなく，女性の職業人としてのアイデンティティの意識
に大きな違いをもたらしている。

　女性が仕事と家庭生活の両立のために用いている戦略は両社とも同じである。
育児休業の取得や子育てにたいする男性の見方も，両社で変わらないように見え
た。私の印象では，男性たちは家族の緊急時に休みをとることには制約を感じて
いないものの，育児など日常的な家族の用事のためにフレックスタイムを利用す
ることについては，MNFの男性のほうがナルセの男性より難しいように見えた。

　政策変化の例を，政府政策，企業，家庭，個人という4つの視点で見ることが
できるだろう。政府レベルでは，1986年以来，職場のジェンダー平等を拡大し，
「ファミリー・フレンドリー」な労働環境をつくり上げるために，多くの法律が
制定されている。この立法は，最初は国際的な圧力に応えるためにつくられたが，
のちには，国内の人口動態に対処するものとなった。理屈のうえでは，日本の家
族が子どもを育てつつ，共稼ぎの報酬を享受できる可能性は高いように見える。
しかし，全国の企業レベルで見ると，実施が遅れ，多くの企業でまだ政府指針が
実現されていないことがわかる。制度自体はジェンダー中立であっても，男性と
女性にたいする文化的な行動規範も，企業レベルでの「ファミリー・フレンド
リー」な制度の利用に影響している。こうした文化規範によってモラルがつくり
上げられ，それが，育児や介護のための休みをとる余裕をどちらのジェンダーに
与えるべきかを支配し，従業員が仕事にどれだけの責任感を示すべきかを決定す
る。家庭レベルでは，労働者は自分の責任を全うするために，同僚や保育施設，
広範な親族と精密な取り決めを行う。同僚に不便をかけることによって起きるか
もしれない損害を最小限に留めるために，個人が手を尽くす。家庭内で，ケア労
働や家事の分担に新しいパターンを編み出す家族もあれば，女性側が配偶者の協
力なしに仕事と家庭両方の責務を負担する家族もある。多くの家族は何らかのバ
ランスを達成しているが，よく見れば，このバランスに達するために個人がしな

ければならなかった妥協や，その過程で生じた緊張感が見えてくる。こうした緊張は，共働きのライフスタイルが標準となり，サービス残業や単身赴任が最小限に抑えられ，家族を支援する幅広い社会的サポートシステムがつくられれば，やがては軽減されるかもしれない。

すでに指摘したように，2つの会社には明らかに違いがあり，それは企業文化の背景から生じている。MNFは早い段階から女性に昇進の機会を与える用意ができており，ナルセはそれについては遅れをとっているが，女性に子どもを育てる時間を提供するという意味ではゆとりがある。有給の育児休業の規定および質の高い公的保育によって，とくに企業がサービス残業の要求を減らした場合，日本のほうがアメリカより子育てについてよい条件を確保できるかもしれない。問題は，政府がすべての企業を対象に，「ファミリー・フレンドリー」な労働環境やジェンダー平等な機会の提供を，どこまで推進できるかにかかっている。現在の人口動態の傾向は，将来労働力の不足が起きるであろうことを示している。そうなれば，企業は労働者を引きつけ保持するために，こうした政策の姿勢にたいして，もっと積極的な対応を迫られる可能性がある。低出生率が続く限り，政府がこうした方向性の推進を止めないことは明らかである。移住労働者に活路があるという説もあるが，近い将来に日本が大規模な移民の国になるとは考えがたい。

注

(1)　本章の初期の草稿にたいして，有益なコメントを提供してくれたスーザン・ダービンとジェイムズ・ニッカムに感謝したい。

(2)　MNFの調査は，1999年から2002年まで実施し，東京と大阪でさまざまな部署の79人以上に面談した。MNFの従業員数は，2001年に日本で1542人，世界中では数千人にのぼる。ナルセの調査は2003年1月から2004年6月まで行った。東京首都圏で，研究センター，本社，マーケティング・業務本部など日本国内のナルセで働く25人に面談した。2003年にナルセ本体の正社員は3500人以上。ナルセ・グループでは，2001年のデータで，2万5000人以上の従業員を擁している。

(3)　Itoh（1994：247）は日本企業の社員の中途転職を阻む要因を2つあげている。1つは「労働者が投資してきた企業特殊的な人的資本の損失」。もう1つは，コインの裏側のようなものだが，「中途退職を思いとどまらせるために（同時にインセンティ

第Ⅱ部　規制を比較する

ブとなるように）、企業が労働者に支払う報酬は、若いうちは限界生産の価値より少なく、年取ってからは限界生産より多い」。

⑷　低い出生率にかかわる言説の議論については、Roberts（2002）を参照。

⑸　過去10年間のジェンダー政策決定環境の政策形成プロセスについて、内部からの掘り下げた見解については、Osawa（2000）を参照。エンゼルプランについての詳細は、Roberts（2002：とくに57-75、84-86）を参照。

⑹　1996年に全企業のなかで、従業員数 1 - 4 人の企業が61.8%、30人以下が33.0%を占めていた。労働者の51.8%は、これら小企業に雇用されている。さらに、従業員数30-99人の企業が4.2%、100-299人の企業は0.8%。従業員数300人以上の企業は全体の0.2%にすぎず、労働者全体の13.2%を雇用している。日本労働研究機構（2000：30）を参照。

⑺　同じ産業グループのなかで、大規模な「親」企業と「子」にあたる多数の小規模な下請け企業の関係は、ハイエラーキーになっていて相互に依存している。ただし、1980年以降、大企業がしだいにコストの低い海外に目を向けはじめ、この関係は小企業が独立を強める方向に変化している。基本的に、小企業は親であるクライアントの緩衝材として機能している。大企業の指示で生産を変化させ、景気下降の衝撃を引き受ける。したがって、こうした企業では「終身雇用」の保障はなく、一般に組合が組織されていない。詳細については、Whittaker（1994）を参照。

⑻　法律では、1 回について30分以上と規定している。企業の労働組合が育児時間の延長を交渉することも多い。1980年代に私が調査した製造業企業では、女性たちは一般に、子どもが 3 歳になるまで 1 日 1 時間をその日の終わりにとっていた。もっと長い育児時間を認めている企業もある。労働基準法によれば、この休業は女性しかとれない。これら規定を解説したあるウェブサイトでは、「このことから、育児時間は育児のためだけでなく、母体保護の意図もあると解釈することができる」と指摘している。http://tamagoya.ne.jp/roudou/094.htm

⑼　Schoppa（2006）は、退職することにした若い女性たちが、制度改善のロビー活動ができなかったので、その進歩の障害となっていると論じている。

⑽　この統計は、総務省統計局発表の国勢調査（2000年）によるもので、「新々エンゼルプラン（仮称）策定に向けての意見交換会の開催について」の 7 頁に見られる。http://www.mhlw.go.jp/topics/bukyoku/seisaku/syousika/event/041026/l.html

⑾　MNFのアメリカ事務所では、すでに何年も前から女性を昇進させている。

⑿　MNFのワーク・ライフ・バランス制度の実施と論拠の詳細については、Roberts（2003）を参照。

⒀　鈴木不二一（Suzuki 2005：89）によれば、現在日本の企業はこれまでの企業構造

第5章　似たような成果だが経路は異なる

の変化とは質的に異なる企業再編を経験しているという。彼は現在の時期を「未曾有の時期」と名付け，国際的競争の激化と，長引く経済の停滞による国内市場の縮小という，外的な課題が特徴であるとしている。

⑭　フリードは，1990年代初め，専門職でない女性スタッフの育児休業は3か月で，専門職の平均は5か月半だったとしている。しかし1997年には，専門職スタッフでは休業期間の平均が10週間に，専門職以外では8週間に短縮した（Fried 1998 : 41）。フリードは，彼女が調査した企業では多くの従業員が過去の一時解雇に怯えていたと指摘している。仕事に全面的に責任をもっていないと思われることで，再度一時解雇が行われるときに，不利になることを怖れていた（Fried 1998 : 184-185）。

⑮　Vera Mackie（2003 : 181）によれば，「母性の保護」を謳った日本の保護のなかで，2つのタイプに分けることができる。第一は産休や育児休業制度などの「妊娠・出産にかかわる規定」で，妊娠や出産期の生物学的母親を直接に対象としている。もう1つのタイプは，女性が深夜労働や残業，あるいは危険な産業で働くことを防ぐ「保護規定」である。これは，母親だけでなく，女性全般に焦点を当てているため，女性が母親になる可能性に対処するものである。

　1960年以降アメリカでは，女性の雇用における平等は，女性と男性の類似性にもとづくという方向に議論が向けられた。差異のある平等は認められなかった。そのため，女性従業員には，とくに出産に関連して保護手段を利用する正統な権利があるとする概念は，アメリカ企業より日本企業で強い可能性がある。

⑯　ナルセ本体の数字は，2004年に8.9％である。

第Ⅲ部

新たな雇用形態をジェンダー化する

第6章

自営業の比較
——全般的動向とニューメディアの事例——

カリン・ゴットシャル／ダニエラ・クロース

1 本章の課題と構成

　自営業は、ニュー・エコノミーという文脈のなかでをますます顕著に発展しており、国内労働市場の1つの特徴になっている。1980年代から90年代、ほとんどのOECD加盟国では、農業部門を除き自営業[1]が絶対数でも雇用に占める割合でもいちじるしく増大した（1995年から99年までの期間に平均6.7%増加）。このような自営業の増大は、農業や小規模手工芸に携わる従来型の自営業が長らく減少傾向にあることとは対照的である。拡大する近代サービス産業において、なぜか「産業革命以前」の雇用形態を再構築すると思われる点で、新たな現象と考えられる。たしかに、ニュー・エコノミーにおける文化産業などの成長部門では、工業部門に比べて自営業が重要性を増しているようである（とくに、European Commission 2001b ; Serrano-Pascual and Mósesdóttir 2003を参照）。単独自営業（solo self-employment）あるいはフリーランスが急増していることも、一部の国では新たな自営業の特徴となっている。[2]イギリスとアメリカでは従業員なしの自営業が従来から多かったが、ドイツでは単独自営業が増えたことで自営業全体が急増した（Kim and Kurz 2001 ; OECD 2000aを参照）。いっぽう、単独自営業者の増大はその意義と意味をめぐって議論を呼んでいる。

　楽観的な見解では、単独自営業の増大は仕事にたいする労働者の考え方が変わったことの現れだという。つまり、新たな起業家精神、より自律的な労働概念への指向性を示しているというのだ。これは新たな職を創出し、高いスキルを要する職の比率を高める可能性があるとされる。さらに、新たな自営業は生活と仕

第Ⅲ部　新たな雇用形態をジェンダー化する

事についてより柔軟な調整が可能となるように思われる（Leicht 2000を参照）。いっぽう悲観的な見解の代表的なものは，自営業の比率増大は雇用増の予兆と見るべきではなく，失業と合理化プロセスのプッシュ効果によるものと考えるべきだ，という。職務の質の低下が予想されるだけでなく，自営業は労働法や社会保障制度で十分に保護されないため，標準的な雇用関係にある労働者に比べて社会的リスクと不平等が増大するとも予想される。こうした見方によれば，相当数の自営業者は自由な起業家の利点を享受しておらず，むしろ労働のみの契約あるいは偽の自営業者だと考えられる（Smeaton 2003 ; Gill 2002 ; Breen 1997 ; Meager and Bates 2001, 2002を参照）。

　自営業がジェンダー関係に与える影響も，論議が分かれるテーマになっている。自営業，とくにサービス部門の単独自営業に占める女性の比率は，まちがいなく上昇している（4分の1から3分の1を占める）。いっぽうではこれは，これまで男性の労働形態であった自営業において，ジェンダーによる障壁が取り払われたといえるのかもしれない。さらに，女性が自営業を選択するのは，企業のハイエラーキーにより昇進を阻まれ（ガラスの天井），また雇用に従属していると仕事と家庭の両立が難しいからでもある（Granger et al. 1995）。他方，自営業は産業部門，職業上の地位，労働時間，所得，仕事への動機づけにかんしてジェンダー分離を免れてはいないことも明らかである（Hughes 2003 ; McManus 2001a ; Burchell et al. 1993を参照）。こうしたことから2つの疑問が生じる。自営業は労働市場への女性の参加をどの程度増大させるのか。共稼ぎ世帯増加の傾向は仕事と生活のパターンのジェンダー平等化に寄与するのか，という疑問である。

　このような議論は単独自営業をごく一般化した見解にもとづいている。グローバル化のプロセスが国内労働市場の変化に影響を与え，欧米先進諸国のすべてでサービス部門の成長が多かれ少なかれ顕著であることが，そうした一般論の根拠になっているようである。しかしながら，福祉資本主義にかんする比較研究やライフコース研究が示唆しているのは，グローバル化や個人化が進む状況においてもレジームの違いが雇用パターンやキャリアパターンに影響しうるということである（Rieger and Leibfried 2003 ; Heinz and Marshall 2003を参照）。とくに資本主義の多様性（VoC）アプローチは，賃金決定やスキル形成は国によってかなり違う

ことを想定している。自由主義的市場経済の生産体制は賃金規制の度合いが低いことと，一般教育や専門学校教育の重視を特徴とするが，ドイツなど調整された経済では団体交渉制度や企業別職業訓練制度がある（Hall and Soskice 2001）。このアプローチはもっぱら賃金労働の規制に言及しているが，自営業の研究に参考となるかもしれない。新たな雇用形態が生まれる枠組みは制度インフラ，関連アクター，各レジームの雇用基準によって規定されると想定できるからである。さらに，フェミニスト研究と比較福祉国家論が統合されれば，労働市場の統合におけるジェンダー差を説明するうえでVoCアプローチの欠点が克服され，有益である（McCall and Orloff 2005）。[3]

　本章ではドイツ，イギリス，アメリカ，日本における単独自営業の増大，労働市場の規制，リスク管理[4]についてくわしく検討する。それによりイギリスとアメリカという自由主義的市場経済，そしてドイツ，日本のような2つの調整された経済を比較できる。ドイツ，イギリス，アメリカは早くに工業化した国で，従来の従属的雇用形態（forms of dependent employment）は減り，新たな形態の自営業が重要性を増しているが，日本経済の工業化は後発だったので，従来型の自営業は今も重要な意味をもっている。こうした要因により日本は他の3か国とは違った興味深い事例である。さらに本章は，ニュー・エコノミーを象徴し自営業の比率が高い文化産業に焦点を当てる。制度─アクター・アプローチを用いると，国内労働市場とライフコース・レジームによる規制の度合いが単独自営業の動態と質的特徴に影響すると予想できる。さらに，単独自営業はジェンダー平等を促進しているのか，それはどの程度なのか，また単独自営業には男性稼ぎ主モデルから共稼ぎ概念への移行をともなうのか，それはどの程度なのかという問題も取り上げる。

　以下ではまず，マクロレベルのデータを用いて4か国における単独自営業の動向を明らかにする。そこでは文化部門の自営業に焦点を当て，文化部門の動態と自営業全般の動向を関連づける。つぎに，ドイツ，イギリス，アメリカの文化産業を取り上げ，この分野の制度的規制とエージェンシーの相互作用に着目する。定性的事例研究と私たちの実証的研究の結果にもとづき，個人および集団の「リスク管理戦略」とそれらがジェンダーに与える影響が浮き彫りにされる。[5]最後に

第Ⅲ部　新たな雇用形態をジェンダー化する

表6-1　自営業者の比率（農業部門を除く，％）

	ドイツ	イギリス	アメリカ	日　本
就業者に占める自営業者の比率				
1979	8.2	6.6	7.1	14.0
1990	7.7	12.4	7.5	11.5
1998	9.4	11.4	7.0	9.7
全自営業者に占める女性の比率				
1990-1997	23.8	24.8	37.0	33.9
全自営業者に占める単独自営業者の比率				
1990	40.2	68.9	1)	78.0
1997	47.0	74.2	78.9	74.4

注1）：データなし。
出所：OECD　(2000a).

さまざまな観点の再評価を試みて，新たな就業形態である自営業のグローバル性
と規制面での課題を理解しようとする。

2　単独自営業の規模，構成，社会的リスク

（1）規模と構成

　すでに述べたとおり，自営業は欧米諸国で全般に増大している。ヨーロッパで
この20年間に自営業が最も増大したのはドイツとイギリスである（表6-1参照）。
確かに，イギリスでは自営業者の比率が1979年の6.6％から1990年には12.4％に
伸び安定した。その後やや変動はあるが，1998年の時点でも11.4％である。同様
にドイツでは，最初は伸び率が低かったが1980年代半ば以降徐々に増大し，1990
年の7.7％から1998年には9.4％に増え，その後も増え続けている（OECD 2000a：
158）。こうした状況のなかで女性自営業者の役割はますます重要となり，両国で
女性は全自営業者の4分の1を占めている（Leicht and Lauxen-Ulbrich 2003；Weir
2003；OECD 2000aを参照）。女性が単独自営業者の増加の最前線にあり，ドイツと
イギリスにおける自営業者の増大は主に単独自営業者の増大による。

　1997年の時点で従業員なしの自営業者の比率は，イギリスで74.2％，ドイツで
47.0％であった。ドイツでは従業員なしの自営業は1990年代までそれほど一般的
ではなかった（OECD 2000a：162）。この顕著な伸びにたいし，アメリカでは自営

186

業の比率は1970年代以降ほとんど変わらず，1998年まで約 7 ％で安定している（OECD 2000a : 158 ; Luber and Gangl 1997）[6]。ただし，全自営業者に占める単独自営業者の比率は，1997年にはアメリカで78.9％あり（OECD 2000a : 162），これはドイツやイギリスより高い。全自営業者に占める女性の比率はアメリカでは37.0％で，やはりイギリスやドイツより高い。

　ドイツ，イギリス，アメリカのこうした動向とは対照的に，日本の自営業は後発工業化の残滓と考えられ，新たなサービス部門の職より旧来の経済と結びついている。確かに，日本の労働市場では自営業者の比率がこの数10年間低下し続けている。実際，1970年代は14.0％と割合高かったが，1998年には9.7％に低下した（OECD 2000a : 158）[7]。くわえて単独自営業者の比率も低下している。日本の自営業は人的資本の集積度があまり高くなく，大都市圏に集中してもいない（厚生労働省 2003 ; Genda and Kambayashi 2002）。また，農業部門を除くと自営業は主として建設業，製造業，小売業，飲食業，サービス業に見られる（労働力調査 2002 ; Dore 2000）。

　日本では女性自営業者の比率が低下していることも，他の 3 か国ときわめて対照的な点である。女性の雇用状況は公共部門で改善したが，男性稼ぎ主の概念にいまだに縛られている民間企業では，大して変化していない。民間部門では，日本の女性は家族労働の形態の仕事に就く傾向が強く，他の自営業の形態に携わる者は少ない。一般に日本の女性は自営業をするに際して困難な環境に直面している（Genda and Kambayashi 2002）。

　ドイツ，イギリス，アメリカは自営業の規模や女性の構成比が似ているが，単独自営業者の比率はかなり違う。イギリスでは自営業者は工業部門とサービス部門にほぼ二分されている。しかしながら，1990年代初め以降サービス部門のほうが増加率ははるかに高い。自営業者が多い部門は建設，不動産，金融・ビジネスサービス，個人サービスなどである。イギリスにおける自営業の増大は，サービス部門の成長によるものはごく一部であって，柔軟な労働市場で雇用形態が多様化した結果だと理解すべきである。それにたいしてドイツで，この10年間に自営業が増大した主な要因はサービス部門の発展にある。教育・保健・文化・娯楽分野のビジネスサービス，個人・社会サービス，専門サービスで自営業者がとくに

第Ⅲ部　新たな雇用形態をジェンダー化する

表6-2　自営業の部門構成の傾向（農業を除く）

	ドイツ[1]	イギリス[2]	アメリカ[3]	日　本[4]
自営業の主要な経済部門	ニュー・エコノミーおよびサービス部門（1990年代以降主にサービス部門）	旧来の経済とニュー・エコノミー，工業部門（1980年代以降）とサービス部門（1990年代以降）がほぼ半々	工業部門／旧来の経済，サービス部門／ニュー・エコノミー	旧来の経済，工業部門
自営業者の比率が高い産業	小売り，ホテル・飲食，ビジネスサービス，個人・社会サービス，専門サービス	建設，不動産，金融・ビジネスサービス，個人サービス	建設，不動産・保険，小売り，個人・社会サービス	建設，製造，小売り・飲食，サービス業
自営業者の資格レベル	高い技能を要する職が重要な役割を果たす	高い技能を要する職もあれば，そうでない職もある	高い技能を要する職もあれば，そうでない職もある	高い技能を要する職はわずかな役割しか果たさない

注 1)：Bögenhold and Fachinger（2004）；Kim and Kurz（2001）；Leicht（2000）；Leicht and Luber（2000）.
　　 2)：Weir（2003）；Kim and Kurz（2001）；Leicht and Luber（2000）；Robinson（1999）.
　　 3)：McManus（2001b）；McManus（2000）；Cohany（1998）.
　　 4)：労働力調査（2002）；Dore（2000）.

増えた（Bögenhold and Fachinger 2004；Weir 2003；Leicht and Luber 2000；Robinson 1999を参照）。これらの部門は新たな自営業女性を引きつけており，それらの女性の多くは，以前は男性が占めていた部門に入ったのである。全体としてみると，ドイツではサービス部門が自営業増大の推進力になってきた。これが自営業の資格構成に影響している。高いスキルをもち，高い資格を要する部門で働いている自営業者が全自営業者に占める比率が，ドイツはイギリスより高い（Luber 2003；Kim and Kurz 2001；Leicht 2000を参照）。また，ドイツでは女性自営業者に占める若い大卒者の比率がきわめて高く，女性自営業者が自営業の増大に際立った貢献をしている（Leicht and Lauxen-Ulbrich 2003を参照）。ドイツと違ってアメリカの女性自営業者は，男性自営業者より全般に教育水準が低い。一般にイギリスと同じく工業部門でもサービス部門でも，さまざまな職で自営業者が一定の割合を占

めている（McManus 2000）。とはいえマクマナスによれば，アメリカの女性自営業者は底辺の自営業を増大させているという。マクマナスはこれを，自営部門において家事労働（保育，家事サービス，清掃など）が商品化されていることと結びつけており，自営のサービス就業者の5分の2を家事サービスが占めるという。同時に，アメリカでは女性自営業者は女性雇用者よりも労働市場の頂点の地位に近づきやすい。支配的な共稼ぎモデルと相まって，アメリカの自由主義的市場経済は自営業者のいちじるしい分極化をもたらした（McManus 2001b ; Cohany 1998 ; Devine 1994）（表6-2）。

（2）労働時間

　柔軟な労働時間も，きわめてジェンダー特有の就業パターンをもつ自営業の特徴である。イギリスでは，パートタイムで働く男性自営業者は少ないが，女性自営業者のほぼ半数はパートタイムである。自営業の男性は雇用者より長時間働いているが，女性自営業者の労働時間は雇用の場合とそう変わらないようである。[8] こうしたデータは自営業全般についてであるが，単独自営業の女性の相当部分はパートタイムで働き，男性の単独自営業者は長時間働く傾向にあることを示唆している（Lohmann 2001 : 10）。ドイツでは自営業者の労働時間は男女間にあまり差はないが，男女ともイギリスより労働時間が長く，大部分は個人事業主のイメージに合致する。とはいえ，単独自営業者に占めるパートタイムの比率は高い。やはりパートタイムは女性に多く，男性はかなり長時間働いている者が多い（Leicht and Lauxen-Ulbrich 2003 : 22）。以上の労働パターンとは違って日本の自営業者の労働時間は，雇用者よりわずかに短いが，女性はパートタイムで働く傾向が強い（労働力調査 2002）。全体としていえば，労働時間の点ではイギリスとアメリカの自営業者は，ドイツほど自由な起業家のイメージに当てはまらない。とはいえ，4か国のすべてで，とくにイギリスとアメリカでは自営業者の労働時間パターンはかなりジェンダー化され，自営業に占めるパートタイムの比率は男性より女性のほうが高い。

第Ⅲ部　新たな雇用形態をジェンダー化する

（3）所得と社会保障

　自営業者は仕事の量に変動があり，サービスにたいする循環的需要に左右されるため，労働時間のパターンと同じく所得にもかなり差があるようである。自営業者の所得分布は1990年代以降，顕著な分極化を示している（最近の統計によるとこの傾向は2000年以降も続いている。Weir〔2003〕）。ドイツ，イギリス，アメリカの自営業者は所得分布の低層と上層にそれぞれ集中している。こうした類似性があるものの，単独自営業者の所得分布にかんしては２つ指摘できることがある。第一に，所得の分極化傾向はドイツよりアメリカとイギリスで強い。第二に，所得計算は（パートタイム労働に占める女性の比率が高いことを考慮して）時間給にもとづくとはいえ，この分極化は男性より女性に顕著に見られる。しかしながら，一般に女性，若年労働者，パートタイマー，サービス業労働者は低所得であることが多い。とくにこれらの労働者はイギリスでもドイツでも1990年代に自営業者になっている。所得が低く不安定という共通点を考慮するなら，世帯状況がとくに重要な意味をもちうる。単独自営業者の職の大多数は男性稼ぎ主の概念ともはや結びついていない。したがって当然ながら，自営業者全般より単独自営業者のあいだで所得格差が大きく，単独自営業者のほうが所得不安定のリスクにさらされる（Leicht and Lauxen-Ulbrich 2003；Meager and Bates 2001；McManus 2001a, 2001b；Knight and McKay 2000；Jungbauer-Gans 1999；Devine 1994参照）。

　日本の自営業者は所得が安定しないと感じている。もっとも，自営業者の年間所得分布を見ると，他の３か国ほど分極化していない。自営業者の約10％は下から２番目の所得階層にあり，おそらくパートタイマーであろうが，この階層を別にすれば，自営業者は各所得階層にかなり均等に分布している。しかし，一般に自営業者は雇用者より所得が低く，中・高所得層に占める比率が雇用者より低い（厚生労働省 2003）。玄田と神林（Genda and Kambayashi 2002）によれば，自営業者の所得減少は新たな現象であり，1990年代に規制緩和措置がとられて以降，小規模企業と大企業が競合するようになったことが一因である。このような所得の減少傾向もあって，日本では自営業離れが生じた（Genda and Kambayashi 2002）。

　単独自営業者の多くにとって所得が不安定であるのは，社会保障制度が整備されていないからでもある。イギリスの国民保健サービス（NHS）は全住民に医療

サービスを提供し，ドイツの自営業者の大半は強制的または任意に健康保険料を払っているが（Fachinger 2002を参照），単独自営業者は仕事量がひどく少ないか高齢のために保険料が払えないのは憂慮すべきことである。イギリスの自営業者は国民保険に加入し，ささやかながら老齢基礎年金を受給できるが，1980年代以降に自営業者が新たに増大したために，老後の生活が不安定で相対的貧困に陥る自営業者が増えるのではないかと懸念する向きもある（Meager and Bates 2001）。そうした事態が予想されるのは，自営業者は，基礎年金に付加される収入比例の公的年金制度の対象にならず，自営業者が労働市場で得る所得は低く不安定なために貯蓄ができないからである。ドイツと日本でも社会保障の受給資格は大体が雇用と結びついているので，状況はさほど変わらない。

　日本では，基本的な社会保障制度である国民健康保険と国民年金制度が1961年に自営業者に適用されたが，給付水準がきわめて低いために個人年金への加入か貯蓄が不可欠である（Osawa 2001）。自営業者は雇用者と違って職域保険の給付で不足分を補うことはできないし，日本のほとんどの勤労世帯と同じく，基本的ニーズのケアを核家族以外の親族に頼ることはできなくなっている。ドイツでは，自営業者の大半は雇用者を対象とした公的年金保険に加入していない。文化産業に携わる専門職の自営業者のみ1980年代に導入された公的年金保険の特別制度に加入できる。しかしながら，所得が低く不安定なうえに給付水準が低いので，個人貯蓄も必要である。全体としてみれば，ドイツの自営業者の少なくとも3分の1は，老後の生活を保障できるほどの所得を得ていない（Betzelt and Fachinger 2004）。アメリカでは老後が貧困生活になるリスクはさらに明白であるように思われる（McManus 2001b）。くわえて，自営業者は職域健康保険・年金制度の対象にならず，政府による制度もないため，雇用者にくらべて健康保険や年金の適用を受けられる可能性が低い（Ferber and Waldfogel 1998；Devine 1994）。

（4）文化部門の自営業

　これまで見てきたように，自営業者全般の規模，構成，労働条件は国によって差異はあるものの，事業家としての成功イメージや新しい労働概念にかならずしもそぐわない。イギリス，アメリカ，ドイツのいわゆるニュー・エコノミーの主

要産業である文化部門(9)における自営業の動態を調べれば，自営業にたいするこうした見解は変わるだろうか。

第一に，自営業者増大の動態についていえば，イギリスでは文化部門に占める自営業者の比率は1999年に34％になり（Walby 2001 : 14），ドイツでは1997年に24％になった（Rehberg et al. 2002 : 81）。ヨーロッパでは高いスキルを有する労働者が文化部門の労働者の26.7％を占めているのにたいし，文化部門以外では22.4％である（欧州委員会 2001b : 89)(10)。アメリカについてはくわしいデータを示せないが，これまでの研究によると，高いスキルを有する自営業者もスキルが低い自営業者もまちがいなく増えている（McManus 2001b）。

このように３か国で自営業者が増大傾向にあると同時に，労働条件に共通性が見られる。したがって，自営業者全般と違って文化部門では労働時間はそれほどジェンダー化されていない。労働時間のパターンがさまざまで，育児責任は女性の時間を奪うことが多いにもかかわらず（Perons 2003を参照），自営業で生活費を稼ぐには週45-60時間の長時間労働が普通である（Rehberg et al. 2002）。仕事がきつく，同時に複数の仕事を抱え，夜間や週末の交代勤務を含め労働時間が長い時期もあれば，手持ちの仕事が少ないかまったくなくて暇な時期もある。自営業は労働時間について自律性が大きく自由度が高いといわれるが，これは机上の理論にすぎないことが多い。今日，この特権を実際に享受しているのは，きわめて専門的な職にある少数の一流エリートのみと思われる。さらに，ニューヨーク市のニューメディア従事者にかんするバットらの研究によれば（Batt et al. 2001），直接的な生産に向けられる時間は全体の労働時間の約半分にとどまり，残りは新しい職探し，管理業務，無償の職業訓練に当てられている。つまり，勤務形態が不安定であるため，安定した雇用と今後の雇用可能性を維持するには努力が必要だということがわかる。

文化部門で働くフリーランスは決まって労働時間が長いが，所得構造は分極化し，ジェンダー化されているように思われる。先行研究によれば，とくに一部の部門のフリーランスの低収入と，特権を有する「専門エリート」の高所得に二極化している（Rehberg et al. 2002 ; Satzer 2001 ; Grass 1998 : 74を参照）。ドイツとEUの近年の実証的研究からは，メディア産業に携わる女性は同僚の男性より不利な

条件で働いていることがうかがわれる（Gill 2002 ; Rehberg et al. 2002 ; Satzer 2001 を参照）。ドイツのデータによると，文化部門の女性自営業者は教育水準が平均して高いにもかかわらず所得が低く，男性より長時間働かなければ男性と同等の収入が得られない。ヨーロッパ諸国のニューメディア産業の労働者を比較した研究によれば（Gill et al. 2002），女性は男性に比べて同時に抱える仕事の数が少なく，実入りが悪いので所得がかなり低く，生活費を稼ぐために転職を余儀なくされる。メディア従事者のなかで「最も近代化された」集団にかんするギルの研究は，ジェンダーによる所得格差を40％と試算している。

　一般に，ある部門の単独自営業者の所得がきわめて高いとしても，これは，雇用者を対象とした職域給付や公的社会保障制度が適用されないことを考慮して評価しなければならない。たとえば，アメリカのニューメディア部門の労働者は，雇用者である場合より独立契約者のほうが高い給料を得ている。しかし，この所得上の優位は，有給休暇や有給疾病休暇，健康保険，年金制度などの適用除外であることを考慮して再評価されなければならない（Batt et al. 2001）。

　全体としていえば，ドイツ，イギリス，アメリカの文化産業の単独自営業は新たな形態の自営業としてプラス・マイナス両面を示している。ジェンダーについてもはっきりしたことはいえない。文化産業の自営業者の所得分布は自営業者全体の所得分布と変わらぬくらいジェンダー化されているが，労働時間のパターンはそれほどジェンダー化されていない。

（5）一次的な研究結果──単独自営業のマクロ動向の比較

　以上をまとめると，ドイツ，イギリス，アメリカにおいて自営業者が全般的に増大しているなかで，単独自営業の構成と状況を見ると，国による類似点もあれば相違点もあることがわかる。アメリカやイギリスなど自由主義的市場経済では，単独自営業者の増大は非標準的な労働の増加を表すものではなく，規制の弱い標準的な労働が多様化したことを示している。実際のところ，こうした労働市場で雇用上の地位が果たす役割は小さく，不安定な従属的雇用関係（dependent employment relationship）と職を求める単独自営業者ははっきり区別されていない。アメリカには従属的雇用にたいする規制はないに等しいので，自営業者の比率が

第Ⅲ部　新たな雇用形態をジェンダー化する

伸びないのだろう。したがって，弱い雇用規制は自営業者の増大を抑えるが，産業部門の規制が緩やかで特定の職業への参入条件が低ければ，自営業は増大する。イギリスの建設業に見られるように，規制が弱ければ，あらゆる経済部門の労働力の相当部分を自営業が占めることとなり，雇用主への受けもいい。とはいえ，標準的な労働が多様化すると，アメリカでもイギリスでも労働条件が悪化し，社会的リスクが生じる。両国の生産体制は自由主義的福祉レジームと密接に関連しているからなおさらである（Estévez-Abe 2005）。確かに，両国の単独自営業者は雇用者に比べて勤務形態が多様であると同時に，さらされる市場リスクも大きい。したがって，職業，所得，社会的リスク度にかんして自営業は異なる集団間ではっきり分極化している。社会的リスクは自由主義的市場経済の多数の労働者に影響するが（McManus 2000），従属的雇用より自営業にジェンダー分離が見られ，自営業のなかでも底辺の職で女性の比率が高い。本章の結論で，賃金の分極化が進むほどジェンダー不平等が拡大する事実に再度言及する。このことは資本主義の多様性アプローチでは容易に説明できない。

　イギリスとアメリカにおける単独自営業者の賃金の分極化傾向は，自由主義経済の主要な原則にそくしたものであるが，ドイツでは自営業の動態は調整型市場規制の青写真どおりではない。むしろ，調整された市場経済において柔軟性がさらに高まる傾向と理解できる。いっぽうで，規制の厳しい標準的な雇用関係が今でも労働市場の大部分を支配している。他方，ドイツの労働市場は現在，これまでとは違った新しい動的な様相を示し，経済と政治の内側から規制緩和に向かっている。政策分野では，新たな積極的労働市場政策や社会保障制度にかんする新たなパラダイムが見られ，労働の個人化を暗示しているように思われる。こうした動向も自営業の性格に影響を与えており，単独自営業の補助された形態として，いわゆる「個人企業制度（Ich-AG）」が2003年に認められた。この新たな制度にたいするこれまでの評価を見ると，絶対数は増えているが，きわめて不安定な形態の単独自営業がかかわっているようで，事業閉鎖のリスクが高そうである（Bach et al. 2004）。このように補助された形態の自営業は急増しており（Schulze Buschoff 2005），そうした雇用形態が政策問題の1つになっているという事実が示すように，雇用と労働にたいする一般の理解は，もはや従属的雇用の概念や標準

的雇用関係（稼ぎ主の所得を通じて提供される高水準の社会保障を含む）に縛られては
いない。

同時に，市場主導の自営業が形成されたのは，主として1990年代に，規制が弱
く高いスキルを要する新サービス業において自営業者が増えたことによる。ドイ
ツの「古典的な」雇用関係と比べて，単独自営業はドイツの労働市場にまさに非
標準的な新しい労働形態を生み出してきた。それは労働条件が曖昧で社会保障が
不十分ではあるが，ドイツはイギリスやアメリカに比べて単独自営業者の所得の
分極化が弱い。それは労働市場のハイエラーキーが全般に，依然として英米より
も圧縮されていることによるのかもしれない。さらに，ドイツの自営業者がさら
される社会的リスクは主として，一般的な社会保障制度が適用されないために高
齢期に負う貧困リスクを緩和できるだけの貯蓄ができないことによる（Gottschall
2002を参照）。したがって，自営業者は雇用者に比べて保守的な福祉レジームの恩
恵を受けない。ジェンダーにかんしては，イギリスとアメリカの自営業には逆行
する動きが見られる。ドイツは単独自営業者のジェンダー差が顕著ではなく，ド
イツの女性単独自営業者は大部分が高いスキルを必要とするサービス職に就いて
いる。ドイツの労働市場は全般にジェンダー分離が強く，今でも男性稼ぎ主モデ
ルが主流であるが，自営業の場合は従属的雇用に比べて，そうともいえないよう
である。

3か国の自営業の動態に差異はあっても，高度に工業化した経済圏における
サービス産業の拡大と関連づけることができる。ただし日本は別である。遅れた
工業化のために自営業の比率は下がり続けており，日本の自営業者はニュー・エ
コノミーにおける可動性が高い「ポートフォリオ」労働者のイメージとかならず
しも一致しない。日本で自営業者が減少している理由の1つは，女性自営業者の
状況が悪化していることにある。[11]女性の雇用は従属的雇用のなかでもジェンダー
分離が強い部門で増大し，今でも家庭向けビジネスに従事している者が多い。そ
のいっぽうで，日本の労働市場の規制と社会保障レジームが根強い男性稼ぎ主モ
デルをいまだに支え，女性をフルタイムではなくパートタイム労働に向かわせて
いる（Osawa 2001, 2003 ; Gottfried and O'Reilly 2002 ; Shire and Imai 2000）。最後に
大切なことだが，自営業を取り巻く経済状況の悪化が収入の低下をもたらした。

第Ⅲ部　新たな雇用形態をジェンダー化する

つまり，自営業者は雇用者より少ない所得と小規模の社会的保護に対処しなければならない（Genda and Kambayashi 2002）。

3　文化産業におけるリスク管理
——グローバル化，脱ジェンダー化は生じているのか

　以上，自営業増大の動態と自営業の特徴をマクロレベルで捉え，労働者のスキルが高い部門（文化産業など）でさえ，労働条件は社会的リスクをともない，ある程度ジェンダー・バイアスがあることを浮き彫りにしようとした。以下では視点を中間レベル，ミクロレベルに移し，制度—アクター・アプローチを用いて，自営業の特徴を構成する社会慣行を明らかにする。その際，現代のライフコースにかんする比較研究の成果を参考にし，労働市場とライフコースの規制に重点をおく。私たちの考えでは，弱い市場規制はいわゆる標準的なライフコースの柔軟化につながり，労働市場と私生活のジェンダー関係に相反する影響を与える。

　労働市場の規制をさらにくわしく調べると，ドイツ，イギリス，アメリカに共通する特徴として，文化産業の職業別労働市場には参入やキャリア形成を規制する制度（スキル証明書，キャリアの階梯など）が存在しないか，あっても弱い。また，団体交渉を担う組織がほとんどない。ドイツの場合，メディア産業の訓練・キャリア構造は，職業訓練と公式化されたキャリア階梯を特徴とする国の青写真から逸脱しているが，イギリスとアメリカの事例は，包括的かつ標準的な職業別労働市場制度がないという特徴によるものと思われる。第二に，労働者全般の雇用パターンについていうと，労働者は比較的若く，転職率が高く，短期雇用でフリーランスが多い（Baumann 2002 ; Batt et al. 2001）。専門的基準が高いので，労働時間は顧客のニーズによって変わり，所得構造が多様化する。社会的分化はジェンダーのほか，年齢，就業経験，スキルのレベル，部門などの変数に左右される（ドイツについてはBetzelt and Gottschall〔2004〕，アメリカについてはBatt et al.〔2001〕を参照）。

　社会的分極化の拡大傾向をはじめ，こうした特徴が生まれた原因は，グローバル化や近代化が文化産業の労働市場に大きく影響し，1990年代にほとんどの欧米

諸国で国内労働市場の規制や社会的規制の影響が弱まったことにあるといえる。需要が増大し経済が拡大したにもかかわらず，デジタル化や，正社員を大量に減らしてフリーランスを採用するなど，技術の変化に対応してコストを削減し，新旧メディア産業で競争力を維持しようとした。供給サイドについていえば，高い資格を有する大卒者がとくに女性のあいだで増え，外部労働市場に参入し，雇用者間の競争を高めた（Unesco 2000）。その結果，グローバル化とデジタル化の新しい世紀におけるメディア専門職の市場環境は，個人にとって競争が激しくリスクの高いものになり，高度な専門化したスキルのレベルが要求される。にもかかわらず，フリーランスの実質的報酬はあまり高くないようである。

　ここで考えられるのは，文化産業における弱い労働市場規制はライフコースに影響を及ぼすのではないかということだ。いずれの資本主義社会でもライフコースは主に職歴を軸に組み立てられ（Kohli 1986），ジェンダー化された標準的なライフコースを生み出すからである（Krüger 2003）。この枠組みで見るとライフコース・レジームに国別パターンがあり，ドイツは強い規制，制約された賃金の労働，地位とジェンダーによって構造化された不平等を特徴とする。自由主義的市場レジームのイギリスとアメリカは弱い規制，賃金労働の強化，主に市場の成功・失敗に規定された不平等構造を取り入れた（Leisering 2003）。文化産業において労働市場の規制が弱いということは，ライフコースの変化（訓練から労働への移行，キャリアの階梯を上ることなど）や労働関連リスクの状況（障がい，失業，退職，病気など）は特定の制度として明確に規定されず，対処もされないということである。したがって，それは労働力人口にとって特別な問題となり，自営業者は仕事上の特別なリスクにどう対処するのかという問題が生じる。

　私たちの実証的なドイツ研究をはじめ，アングロサクソン系アメリカ人の事例研究が増え，個人や集団のリスク管理戦略をくわしく調べることができる。また，ここでも比較分析が有効と思われる。労働条件はグローバル化しても，こうしたリスクに応じて生まれるインフラや機能は各国の労働市場や社会保障制度，さらには異なるジェンダー・レジームと関連する可能性があるからだ。

　職業別労働市場と福祉レジームにおけるリスク管理戦略を分析する私たちの概念的枠組みは，時間性，つまり雇用の短期的側面と長期的側面（ライフコース）

第Ⅲ部　新たな雇用形態をジェンダー化する

に着目する。リスク管理には共時的側面と経年的側面があり，仕事の獲得，スキルの習得と維持，収入・時間・著作権の管理による仕事の質の確保，社会保障（雇用保障，報酬，社会的給付を含む）が含まれる。さらに個人と集団の社会的慣行のレベルにおけるエージェンシーにふれる。この文脈で「リスク管理戦略」とは，現実の，あるいは潜在的なリスク状況に対処するために積極的に採用する明白な社会的慣行をいう。

（1）個人的リスク管理──ネットワーク構造での交渉，世帯形態の保護

上述したとおり，文化的職業やニューメディア職の労働市場には，明白かつ確立した労働市場制度（証明書や明確なキャリア経路）が弱いか，もしくは存在しない。そのため，労働市場での取引は不透明で，非公式なガバナンスが生まれる。この分野の市場取引の非公式性を捉える最も優れた社会的仕組みは，コミュニケーション，信頼性，評価をコントロールできるネットワーク構造での交渉である（Haak and Schmid 1999）。

今回行ったインタビューで，この分野の顧客や他の専門職者とのネットワーク化にはいくつかのパターンがあることがわかった。インタビューを受けた人たちは全員，1人または複数の顧客と相互関係を築き深めることが市場での成功に不可欠だと考えていた。これは彼らにとって時間のかかる課題である。市場や企業の状況が変わったり，新技術が導入されたり，斬新なアイディアをもった新規参入者があったりすると，顧客とのつながりは簡単に崩れることを経験しているからだ。さらに，調査したフリーランスのほとんどがいわゆる専門職ネットワーク（他の専門職者と仕事上接触する場）に頼り，仕事の質や料金基準について情報を交換し，新しい仕事を確保し，もっと大きなプロジェクトに取り組むためにパートナーを探し，病気のときに立ち寄ってくれる人を探している。とはいえ，フリーランスにとってはどちらのネットワークであれ，強固なネットワークは曖昧さも生む。顧客関係が長くなれば，その顧客に依存することになりかねず，ある顧客との関係が密になり，競合する者との取引や専門分野の変更が難しくなる。顧客とのつながりが今後どうなるか保障されていない以上，他のフリーランスとの接触は，協力にもとづくだけでなく競合することもある（Gottschall and Henninger

第**6**章　自営業の比較

2004)。

　こうした調査結果と一致するが，アメリカ，イギリス，ドイツにかんする他の研究でも，メディア産業で成功できるかどうかは主として個人の文化的・社会的資本によると指摘されている（Blair 2001 ; Gill 2002 ; Baumann 2002 ; Krätke 2002）。ニューヨークのメディア従事者の場合，オンラインでの職選びやインターネットでの採用が急増しているとはいえ，人的ネットワーク（顧客や他の専門職者との接触）が職探しの主たる情報源であることに変わりはない（Batt et al. 2001）。さらに，個人的ネットワークが使えるかどうかは職探しに影響するだけでなく，専門職者が要求できる報酬の決定要因ともなるかもしれない。職を得て，雇用可能性を維持するために個人的ネットワークが大いに役立つのは，都市の中心部や，専門職者が居住し，しかも潜在的な雇用主にインフォーマルに会える場所に，ニューメディア産業が集中している場合である（Batt et al. 2001 : 21）。ドイツとイギリスのメディア産業における労働市場の取引を比較した研究によれば，両国のフリーランスは職と雇用保障を得るためにいわゆる仲介者を介したつながり，つまり個人的人脈（同僚，大学時代の友人）や同業者（雇用する立場にあるかもしれない）に主に頼っている（Baumann 2002 : 40）。[14]

　フリーランスが市場で仕事を続けていくうえで，個人的ネットワークが重要であることは一般に認められているが，そうした統合スキームのジェンダー効果についてははっきり実証されていない。企業内での女性のキャリア見通しにかんする研究によれば，そのようなネットワークは男性中心であることが多いので，非公式なガバナンスは女性に不利益を与え，女性の地位を高めはしない（Allmendinger and Hackman 1995を参照）。フリーランスにとっての社会的資本の重要性は雇用者より高く，ヨーロッパ6か国のニューメディア産業で働くフリーランスを比較研究した結果，労働市場の非公式な構造がジェンダー不平等を生む一因になっていることは驚くに値しない。性差別的な仮説は別として，「オールドボーイズ」ネットワークが存在し，それが仕事の確保に重要な意味をもつことは，女性にとっては問題であった（Gill 2002 : 82）。とはいえ私たちの研究でも，少なくともドイツにかんしては，ジェンダーの重要度は職種や部門によって違っていた。フリーランスの女性ジャーナリストは，ウェブ・デザインなどニューメ

第Ⅲ部　新たな雇用形態をジェンダー化する

ディアで働く女性より不利な状況にあると感じていた。インタビューへの回答
（男女）によれば，ニューメディア部門では女性は少数者であるがゆえに得をし
ているという。女性の存在が目につき，顧客と個人的つながりをつくりやすいか
らだ。これに関連して生じる問題（ギルによれば「ポストフェミニスト問題」）は，
ニューメディアの労働者（男女）は自分たちが経験していることはジェンダーと
何らかのかかわりがあると認めようとしないことである。この分野には個人主義
や実力主義を支持する考え方が優勢であるため，不愉快な経験や差別的な経験で
すら個人が悪いからだ，あるいは偶発的なできごとだと理解される傾向にある
（Gill 2002 ; 85）[15]。

　こうした研究は，非公式なつながりが標準的なスキルを代替する役割を果たし，
長期的な雇用関係を確保する手段となることを明らかにしている。「ポートフォ
リオ労働」の概念を用いた研究は，移転可能な専門的スキルの有無がフリーラン
スとして仕事を得て，継続するための必要条件であることを実証している点で，
上記の結果を補完し，かつ対照をなす。ハンディが述べているように，フリーラ
ンスは「異なる顧客のために断片的な仕事を集積」（Handy 1994 : 175）すること
ができるので，1雇用主との長期雇用契約ではなく，専門的スキルや評価の高い
プロジェクトの市場性のあるポートフォリオの獲得を軸に，キャリアを構成でき
る。こうした市場での地位を使って賃金や納期など労働条件を管理する能力は，
特殊スキルの提供や顧客関係によって変わる。したがってフレイザーとゴールド
によれば，イギリスのフリーランス翻訳家はフリーランスの編集者や校正者より
自律性が高く，労働条件を管理している（Fraser and Gold 2001）。ドイツにかん
する調査結果も，専門性が高く希少なスキルを有するニューメディア専門職者や
IT専門職者は従属的雇用から抜け出す傾向が強く，スキルが劣る社内雇用者よ
りよい労働条件を獲得している（Henninger 2004 ; Mayer-Ahuja and Wolf 2005）。し
かし，ポートフォリオ概念はフリーランスと従属的雇用を区別するもので，とく
に調整されない市場経済のニューメディア産業には適用できないかもしれない。
ニューヨークのニューメディア労働者にかんする研究によれば（Batt et al. 2001 :
8），その圧倒的多数が典型的なアメリカ人労働者に比べてごく短期間に雇用主を
変えていて，「個人契約者」や「従業員」といった就業上の地位は意味を減じて

いる。

　特殊な世帯形態を保護する機能もリスク・マネジメントの特徴である。これは不思議に思えるかもしれない。通常，労働者の世帯形態は社会構造の独立変数と見られているからだ。けれども，福祉国家論やジェンダーに敏感な労働市場研究が示しているように，欧米社会の代表的な雇用パターン，つまり，標準的な雇用関係と古典的な専門職は特別な世帯形態と結びつき，同時にジェンダー化されている。とくにドイツとイギリスでは，所得，労働時間，キャリア見通し，企業規制，社会保障支給の観点から見て，第二次世界大戦後の雇用パターンは男性稼ぎ主モデルとそれに対応する主婦であった（Esping-Andersen 1990 ; Lewis and Ostner 1994 ; Gottfried and O'Reilly 2002を参照）。この数10年間で世帯賃金の減少にともない，イギリスやドイツよりアメリカでこのモデルが衰退している。そのため，とくにアメリカでは共稼ぎモデルが生まれ，イギリスとドイツではジェンダー格差が予想される「1.5人稼ぎ手モデル」が生まれている。もっとも，男性稼ぎ主モデルからの脱却は高いスキルを有する女性に見られる。共稼ぎ世帯にかんする研究が増えているが，それらによると，男性稼ぎ主モデルから離れても，家事や育児がかならずしも平等に分担されているわけではない（Blossfeld and Drobnic 2001 ; Crompton and Birkelund 2000 ; Hochschild 2000）。私たちがドイツの新旧メディア産業で働くフリーランスの社会構造を，二次データを用いて分析した結果，このグループでは単身世帯や共稼ぎ世帯が多いようである。子どもがいてもそうである。メディア産業のフリーランスでは，子どもがいない世帯が圧倒的に多い。これはドイツでも他の欧米諸国でもこの職業集団は比較的若いからであろう（Rehberg et al. 2002 ; Brasse 2002）。とはいえ，ニューメディアのとくに女性フリーランスは，この分野の労働条件（高密度で仕事のペースがままならない就労パターン，長時間労働，不安定な所得など）ゆえに子どもをもたない選択をする場合があるという調査結果もある（Gill 2002 : 84 ; Batt et al. 2001）。いっぽう，子どもがいるドイツのフリーランスを対象にした調査では，仕事と家庭を両立させるには雇用されるよりフリーランスのほうが好ましいと考える者が多かった。フリーランスのほうが労働時間と働く場所に柔軟性があるからだ。私たちのインタビューによれば，世帯形態，つまり，パートナーがいて安定した所得があるか，パート

第Ⅲ部　新たな雇用形態をジェンダー化する

タイムのように労働時間が柔軟であれば，もういっぽうのパートナーが労働市場で遭遇する予測不可能な側面やリスクを緩和できることが多い。これはフリーランスの男性についても女性についてもいえる。男性稼ぎ主モデルに縛られた性別役割分業は育児についても薄れてきている。インタビューしたフリーランスのうち少数とはいえいちじるしい一群の回答から，役割の逆転がうかがわれた。メディア産業のフリーランスであれ雇用された労働者であれ，女性のほうが収入が多い場合，男性パートナーが育児を引き受け，パートタイムで働いている。双方がメディア産業でフリーランスとして働き，専門職の関係でも家事においても支え合っている場合も，「仕事と家庭」がバランスよく機能している。こうした例は，フリーランスは仕事と家庭のバランスに適した選択肢だという見方を裏づけるものだが，私たちの調査によれば，メディア産業のフリーランスには破壊作用もあることがわかる。インタビューのなかで，短期契約，集中的な労働負荷，長時間労働，そして低所得が，パートナーとの関係を脅かし，長期的に見て家庭を保てないかもしれないと回答する者もいた。男性は家族を養える収入を得られないことを心配しているが，女性は仕事と生活のバランスがとれないことを問題視し，家事の分担をめぐって衝突が激しくなると語っている（Gottschall and Henninger 2004）。

（2）集団的リスク管理

　つぎに，フリーランスの分野の集団的代表制について考えると，まず思い浮かぶのは，この雇用形態は「2つの地位の中間にある」ことだ。その専門職団体が市場での独占的地位を保持している古典的専門職（たとえば，ドイツでは医師会）ではないし，コーポラティズムによる規制や，程度の差はあれ労働者が頼れる強い労働組合に保護されているわけでもない。文化産業，ニューメディア産業のフリーランスは「ポストモダン労働力」（ジェンダーの混合，高いスキル，個人化）であり，集団行動モデルは見当たらないように思える。労働組合への支持は全般に弱まっているとはいえ，この新たな集団には何らかの圧力団体が必要である。イギリス，アメリカ，ドイツでの調査結果によると，市場リスクが増大するなか，フリーランスはますます厳しく競争的になる市場のニーズに応じるために，専門

的助言やさらなる訓練，ネットワークによる支援，法的援助を求めている。

　興味深いことに，こうした要求事項の変化にたいして革新的なアプローチが見られる。しかもそれはイギリスやアメリカよりドイツに多い。ドイツではとくにニューメディアとグラフィック・デザインの分野で，この10年間に職業団体が新たに設立されてきた。それらは従来の労働組合の要素と専門職団体の要素を併せもち，混合型といえる。革新的な組合構造をもつ一例としては，「Connexx-AV（コネックスAV）」というタスクフォースがある。大規模なサービス業労働組合「Ver.di[17]」のなかに1999年に設けられ，民間の放送・映画・視聴覚メディア・インターネット産業で働くフリー・ジャーナリストを対象とする。そのほか，デザイナー団体も新たに生まれ，従来のエリート団体（加入するには大学卒業の資格が必要）と競合して新進の若いデザイナーの関心を集めている。この2つの団体は社会的排除をせず，この分野のパートタイマー，雇用者，フリーランスを含め新規参入者を受け入れ，とくにフリーランスを対象にサービスを提供している。電子媒体だけでなく対面（とくに都市部）でのコミュニケーションにより，市場で成功していくための手段としてフリーランスのネットワーク化を支援するいっぽう，知識基盤サービス業の質と料金の基準を定めるなど，従来からの戦略も採用している。私たちの調査でわかったことだが，熾烈な価格競争を考えると，交渉力は限定されるとはいえ（Betzelt and Gottschall 2004），こうした新たな団体はかなり受け入れられ，加入者が増えているし，新たな専門職団体としての市場での存在を交渉相手団体から認められつつある。また上記の2つの例は，集団行動における組織の革新性は経路依存的になることを示してもいる。ドイツのジャーナリズムは，労働組合の伝統が長く続き，しかも比較的強い分野であるが，従属的雇用からフリーランスへの移行はキャリアのステップアップとして珍しくない。このため，フリー・ジャーナリストは組合活動への参加に前向きであるように思われる。これにたいし建築と設計の分野は小規模企業とフリーランスの仕事が多く，ギルド型の専門職団体が存在する。したがって，この分野のフリーランスは労働組合型の組織ではなく，専門職者型の新組織に魅力を感じるかもしれない。

　このような比較的成功している事例と比べて[18]，アメリカやイギリスのメディア産業では集団行動の可能性や成果が限定されているようである。両国とも従来型

第Ⅲ部　新たな雇用形態をジェンダー化する

の集団的代表制は長年のあいだに弱体化している。これはとくに旧来の大手メディア企業についていえる。それらはニューメディア企業より組織率が高い傾向にあるものの，ニューメディア企業が増えたために，おそらく従来型の集団行動が衰退したのだろう。不安定な小規模企業は労働者の連帯を強めるどころか妨げるからだ。そのいっぽうで，とくにアメリカはドイツと比べても，スウェーデンなどヨーロッパ大陸の他の国々と比べても，メディアの仕事の商品化が進んでいるため，ニューメディア従事者は雇用やキャリアを維持するために何らかの集団的仕組みへの依存を強めていると，クリストファーソンはアメリカにかんする比較調査で指摘している（Christopherson 2004 : 19）。とはいえ，専門職団体が労働市場への仲介者の役割を果たして，メディア従事者の取引コストを削減するという重要なニーズは，さほど満たされていない。クリストファーソンによれば，アメリカのメディア産業の企業側は雇用規制が柔軟化するなか，集団的発言の機会を減らし，労働者，なかでも需要の高いスキルをもつ労働者を，競争の激しい自営業の道に追い立てている。したがって，調整されない市場経済の変動により，市場リスクにたいする選択肢の捉え方がきわめて個人的なものになるのも，もっともだと思える。ペロンズがイギリス南東部でニューメディア産業が急成長している地域を研究したところ，フリーランスは市場の頻繁な変動をこの部門の特徴として受け入れる傾向にあり，自らのスキルをたえず向上させて市場性を維持する責任が個人にあると考えている，という。ペロンズがインタビューした人たちは労働組合の役割をほとんど認めていないが，労働組合がこうした労働者の加入を得られるかどうかは，ウェブサイトの利用など革新的なコミュニケーション形態で情報や助言が提供できるかどうかによる部分が，いっそう大きくなっていることが明らかになった（Perrons 2004a : 15）。

　こうした状況にジェンダーはどう入り込んでいるのか。メディア産業の女性は仕事を得たりキャリアを高めたりするために，個人的ネットワークよりも職業団体に頼り，活用しているように思える。個人的ネットワークが男性に偏っている場合はとくにそのようだ（Batt et al. 2001）。私たちが調査したドイツの文化産業における新しいタイプの職業団体は，加入にかんして確かに同等の機会を与えているようである。それらは男性の専門職にも女性の専門職にも開かれていて，労

働力のほぼ同等なジェンダー構成を反映したものになっている。専門職者の暗黙の規範的理想はかならずしも男性を意味してはいない。むしろ，理想的な構成員は個人化した自律的フリーランスであり，ジェンダーに中立であるように思われる。とはいえ，こうした規範的考え方には，専門職者は子どもをもたず家族の世話はしないというイメージも含まれる。親であることやワーク・ライフ・バランスの問題は専門職団体の方針に含まれず，各自の私的な問題とみなされる。そうした期待が私的領域と公的領域を分ける境界線となり，労働者の個人主義的態度に合致しているようである。しかし見方を変えれば，こうした境界が消失している面もある。必要な前提条件として，自律的な自営業者というイメージは，共稼ぎ世帯によるパートナーシップというモデルにもとづくが，パートナーのいっぽうは他方が市場で遭遇する予測不可能な側面やリスクを緩和しなければならない。すでに述べたとおり，共稼ぎモデルあるいは成人労働者モデルは確かに個人の選択肢として広がり，この分野の社会的リスクを最小限に抑えることができるように思われる。私たちがドイツでインタビューした集団的アクターは，こうした私的解決策の選択を当然視している。リスクはメディア専門職に付きものだと暗黙のうちに了解され，集団的責任の対象になるとは考えられない。こうした認識は女性より男性に都合がよいもので，文化産業やニューメディア産業の内部に新たな差別的慣行（報酬の不平等など）を生んでいる。職業団体において，こうした不利な条件で女性を「退出」させるのではなく，不利な条件にたいして「声」をあげられるのか，これは疑問として残る。ドイツではVer.diのメディア部門のフリーランス女性たちが，女性フリーランサーの現状を労働組合の議題に乗せようとしたことがあるが，これまでのところあまり成功していない。女性フリーランスは，雇用者が圧倒的多数を占める労働組合で周縁化された集団であるうえ，従来の労働組合の方針にはジェンダーの視点がないという二重の負荷に苦しんでいる。女性フリーランスが今後効果的に仕事をしていくには，組合内部の基本的なインフラと，より政治的な支援が必要である。とはいえ，女性フリーランサーが集団行動の試みに共感している以上，この取り組みはニーズに合致している（Betzelt 2003）。

第Ⅲ部　新たな雇用形態をジェンダー化する

4　ジェンダー効果，階級効果とリスク管理戦略

　最後に，自営業の動態を研究するうえで比較研究にどのようなメリットがあるのかを再評価し，ニュー・エコノミーにおける自営業について改めて問題点を明確にしよう。

　これまで見てきたように，ドイツ，イギリス，アメリカ，日本の単独自営業者の像はそれぞれ違う。単独自営業者の増大の動きが異なり，部門別構成も違う。さらに，イギリスとアメリカの単独自営業者はドイツよりはるかに所得の分極化が進み，労働条件がジェンダー化されている。とくに，単独自営業者の増大の動き，部門別構成，所得の分極化の違いは，「資本主義の多様性」アプローチと「福祉レジーム」アプローチに沿うものと思われる（Hall and Soskice 2001；Esping-Andersen 1990）。そうしたアプローチによると，いわゆる標準的な雇用関係が一家の収入と基本的な社会保障を提供するという状況は，自由主義的市場経済より協調的な市場経済で顕著に見られる。もっとも，この2つのアプローチでは，実際に見られるジェンダー格差を説明できないように思える。自由主義市場経済（柔軟な賃金と一般的スキル）は階級格差が大きく，ジェンダー不平等が少ないという主張に反して，イギリスとアメリカの自営業にはジェンダー格差がはっきり認められる。また，調整された市場経済はジェンダー不平等を拡大し，階級格差を縮小すると考えられているが（Soskice 2005），ドイツでは自営業者のジェンダー格差は雇用者の場合ほど顕著ではないように思われる。一見謎のように思えることが，階級効果とジェンダー効果を関連づけ，自営業の構造が国によって違うことを考慮して論じることで解決できる。イギリスとアメリカでは産業部門の規制が弱く，特定の職業への参入条件が低いため，あらゆる経済部門の多くの労働者に自営業の道が開かれた。ドイツの場合，標準的な雇用関係が減りつつあるとはいえまだ目だって多いという状況があり，資格が高く膨張するサービス業に自営業が集中し，女性専門職者の構成比が高い。したがってドイツでは自営業全体の所得の分極化はイギリスやアメリカほどではない。また，高いスキルを要するサービス業における所得のジェンダー格差は，ないわけではないがさほど顕

著ではないと考えられる。つまり，ドイツの自営業においては，高いスキル（つまり階級効果）がジェンダー効果を超克しているように思われるが，アメリカとイギリスでは，職域の下端の職の比重が相対的に大きく，そうした職に女性が集中しているため（つまり，ジェンダー効果と階級効果の結合），女性が実力でジェンダー差別を是正することができない。こうした研究結果を見ても，上記の政治経済アプローチは標準的な従属的労働の分野については説明できるが，増大する非標準的雇用形態の今日の動態を理解するには，もっと広範な分析枠組みが必要だと思われる。

　文化産業を見ると，さまざまな労働市場規制の長い影がさらに薄れていくように思われる。欧米諸国の文化産業におけるリスク管理戦略の研究結果は，まだ十分なものではないが，グローバル化されたリスク管理パターンが認められる。個人的リスク管理戦略が全体に多いものの，この分野の労働者は高学歴で，自分の利益を自分で主張できる能力があるのだから不思議なことではない。とはいえ，こうした戦略は市場でのコミュニケーションに関係するだけでなく世帯形態にも関係し，私的領域と公的領域の境界を取り払い，従来の（強弱は別にして）標準的な雇用関係に内在する仕事と家庭の関係性を再構築する。集団的リスク管理戦略は，競争が高まるメディア市場に限って重要度を増しつつある。集団的戦略は，サッチャー政権時代に集団的制度が骨抜きにされたイギリスより，調整された市場であるドイツで進展する可能性が高いのは明らかである。ドイツには行動を起こすことができる労働組合や職業団体という重要なインフラが今もある。興味深いことに，ドイツのフリーランスを代表する新たな集団的仕組みは，排他的な職業団体という従来モデルも，労働者の個々の違いを無視した純粋な労組モデルも採用していない。新たな組織は混合型で，集団行動を採用するが，フリーランスの仕事の基盤をなす市場での各自の成功を阻害することはしない。労働市場の非公式なガバナンス構造（男性中心の人脈，成人労働者モデルに従って，女性が専門的キャリアを高めるにはより多くの犠牲が必要なことなど）によって，女性は不利な立場に置かれているため，ジェンダーは重要な要素になると思われる。少なくとも男性パートナーが育児を平等に分担せず，フリーランスの市場リスクの緩和に有効でないかぎり，ジェンダーの重要性は変わらない。

第Ⅲ部　新たな雇用形態をジェンダー化する

　以上述べてきたことから得られる結論として，本章で取り上げた自営業は，「起業家／雇用主」や「専門職」といった周知の従来型（男性）自営業者とは違った新たな雇用パラダイムを示しているのかもしれない。ここでは2つの側面を指摘できる。法的観点からいうと，一部の自営業（「請負のみ」など）は，誰が「雇用者」であり，誰が「雇用主」であるかという標準的な法的定義と一致しない，新たな形態の雇用関係を示している（Dickens 2004 : 605）。社会学的観点から見ると，文化産業の自営業の特徴は，基礎的な機会（高いスキルを要する自律的な仕事）と基礎的なリスク（需要の変動，低い実質的報酬，キャリア経路が不透明なことにより継続的な収入が見込めないこと）の共存にあるといえる。したがって，この雇用パターンは「専門職」や「職務」と同じく分野横断的な分析カテゴリーであり，安定した社会構造や標準的なライフコースに影響する。

　本研究の結果から，第1節であげた，自営業にたいする悲観的あるいは楽観的見解を無条件に支持することはできない。この雇用パターンは構造が曖昧で，規模や構造が国によって違うため，この動的な分野でさらに調査研究が必要である。自営業は雇用システムの安定した一部になると予想される以上，この研究はまちがいなく重要である。ほとんどのフリーランサーは独立しているが，これから独立しようとする者もいる。フリーランスの増大を，外部委託や労働市場の逼迫といったプッシュ要因だけに帰することはできない。当初は不本意に自営業者になった者も，しばらくたつと従属的雇用よりフリーランスのほうがよいと考えていることが調査結果にはっきり現れている（Fraser and Gold 2001 ; Hughes 2003 ; Perrons 2003）。これは女性にも男性にも当てはまる。仕事の自律性と高い専門的資格の取得は，働く意欲を内側から高め，仕事への献身度を高める要素であり，それがこの分野でフリーランスで働くことを魅力的なものにしている。こうした新たな労働形態に見合った新たなジェンダー秩序やワーク・ライフ・バランスは，「持続可能な」労働条件を保障し，競争の激しいグローバル市場で自己搾取を防ぐ仕組みを確保するものになるはずだが，それは今後の課題である。

注
⑴　以下，自営業という場合，農業部門を含まない。

208

第**6**章　自営業の比較

(2)　本章では単独自営業またはフリーランサーを，従業員のいない独立した労働者と定義する。用語としては単独自営業のほうが一般に使われており，フリーランサーは主に文化部門の労働者をいう。

(3)　*Social Politics*，Summer 2005，12特別号に掲載された論文を参照。「Gender，Class，and Capitalism」。

(4)　「リスク管理」とは，制度的規制のない市場関連リスクへの労働者の対処法をいう。

(5)　「新たな自営業」をマクロな視点で捉えると，「ニュー・エコノミー」の概念化にともなう欠点と同様の方法論上の問題が生じる（本書第**2**章を参照）。農業部門以外の自営業，しかもある程度単独自営業に対象を絞るために，本章では1990年代後半以降のマクロレベルのデータ（OECD 2000a）を用いる。とはいえ，自営業の規模にかんするそうしたデータは，自営業の全般的構造や特徴にかんする近年の定量的データのほか，利用可能な二次資料や私たちの実証的研究から得られた知見によって補完される。ドイツにかんする定量的データは主としてドイツの人口動態調査によるが，イギリスのデータはイギリスの労働力調査のほか，それより小規模の労働関連調査による。アメリカの自営業については，人口動態調査，所得動態パネル調査，日本については日本の労働力調査による。

(6)　人口動態調査のデータでは，1990年には9.7％に上昇している（Devine 1994 : 20）。この数値の差は，OECDのデータが法人企業の所有者兼経営者を除外していることによるのかもしれない。

(7)　とはいえ，日本の労働力調査では自営業の比率はもっと高い。それは1990年の14.1％，2000年の11.3％へと低下した。女性全体に占める自営業者の比率についても数値が違う。OECDの統計は1990年から1997年の比率をほぼ34％と過大に評価しているが（OECD 2000a : 161），日本の労働力調査では1990年は10.7％，2000年は7.8％となっている。こうした数値の差は自営業の定義の違い（法人企業の所有者権経営者と家族従業者について違う）と，労働時間にかんする基準が違うことによる。日本の労働力調査は，調査前の1週間に1時間以上働いた者を対象とする。しかし，どちらの統計でも自営業は全般に減少を続けている。

(8)　ただし，アメリカでは労働時間のパターンはそれほどジェンダー化されていないようである。

(9)　「文化部門」とは，新旧メディア産業の職業を含め，国際標準職業分類（ISCO-88）で分類されたすべての文化産業をいう。本章で言及する研究は狭義のメディア産業に当てはまるものもあれば（Rehberg et al. 2002 ; Satzer 2001 ; Grass 1998），ニューメディア（メディア産業の一部であり，新技術によって大きく変容してきた）に当てはまるものもある（Perrons 2003 ; Gill 2002 ; Batt et al. 2001）。日本については産

209

第Ⅲ部　新たな雇用形態をジェンダー化する

業別数値がないため，以下ではイギリス，アメリカ，ドイツだけを取り上げる。

⑽　対照的に，日本の自営業者は高い資格をもつとは限らないが，少なくとも大都市圏
　　では人的資本のレベルが高い自営業者の比率が増大しているようである（厚生労働省
　　2003 ; Genda and Kambayashi 2002）。

⑾　自営業の役割が縮小しているもう１つの理由は，日本の労働市場レジームがとくに
　　1980年代後半以降変容したことにある。小規模事業主は長年にわたって続いている保
　　守政権の重要な支持集団であり，国内の競争から厚く保護されていたが，近年の政治
　　経済戦略で自営業者の地位が大きく変わった。経済政策はますます大企業重視を強め
　　ている。バブル経済の崩壊や大規模小売店舗立地法などの規制緩和措置の導入により，
　　自営業者と競合する事業者が増加した（Genda and Kambayashi 2002 ; Pempel
　　1998）。

⑿　そのため，階級格差が拡大し，ジェンダー不平等は縮小するがなくなってはいない
　　（Estévez-Abe 2005 ; England 2005）。

⒀　私たちは2001年以来，ドイツの４つの大都市の出版業とニューメディア産業で働く
　　フリーランスを，横断的に分析してきたが，その対象はジャーナリスト，グラフィッ
　　ク・デザイナー，ウェブ・デザイナー，フリーランサーの編集者，翻訳者，ソフト
　　ウェア開発者にわたる。二次データの分析と，文化部門やニューメディア部門の労働
　　者を対象とした標準化されたオンライン調査（社会構造，市場での地位，世帯状況に
　　重点を置く）により，ドイツにおけるこうした専門職者の社会構造を推定し，インタ
　　ビュー対象者を抽出できた。ついで，この分野の職業団体や労働組合のカギとなる代
　　表者を対象に専門家インタビューを30回ほど行った。最後に，文化産業で働くフリー
　　ランサーを対象に，ガイド付きの詳細なインタビューを40回以上行い，専門職として
　　のアイデンティティ，個々のリスク管理戦略，仕事と生活のパターンを調べた（調査
　　結果については，Gottschall〔2002〕; Betzelt and Gottschall〔2004〕; Gottschall and
　　Henninger〔2004〕を参照）。

⒁　バウマンが指摘しているように，こうした仲介者がフリーランスの仕事ぶりを評価
　　して第三者に伝えているのか，それとも個人の社会的地位を保証する社会的仲介者の
　　役割を果たしているだけであるのかが重要である。前者はスキル標準を代替する機能
　　を果たすが，後者は社会的排除を助長しかねない（Baumann 2002）。

⒂　Martin and Wajcman（2003）は，経営手腕に影響する感情の役割変化を研究し，
　　同様の結果を見出している。女性はかつて管理職昇進コースで不利な立場にあった。
　　感情的だというジェンダーによるコード化により，女性は労働の「理性的」世界では
　　場違いな存在とされた。プラス指向の感情は経営手腕に重要と考えられるようになる
　　にしたがい，脱ジェンダー化効果とジェンダーの再コード化が生じるかもしれない。

もっとも，調査した管理職は男女とも，こうした象徴的資質が重要な意味をもつ経験
を，個人的経験とみなす傾向にあり，ジェンダー差別の結果と考えられることはまず
ない。

⒃　これはドイツにかんする既存の代表的データと一致するが，子どもがいない単身世
帯は雇用者より自営業者に過度に多いわけではない（Leicht and Lauxen-Ulbrich
2003）。

⒄　「Ver.di」はドイツ語の略語で，「サービス労働者組合連合」を意味する。さまざま
なサービス業を代表する5つの労働組合が2001年に合併したため，現在ヨーロッパ最
大の組合になっている（組合員280万人）。

⒅　こうした専門職団体への加入状況には差があり，ジャーナリズムの分野では加入率
が比較的高いが，グラフィック・デザインの分野ではかなり低い。

⒆　ドイツの労働組合におけるジェンダー関係の遅々とした曖昧な変化についてくわし
くは，Koch-Baumgarten（2002）；Klenner and Lindecke（2003）を参照。

第7章

新しい知識経済における生活と労働のパターン
──ニューメディアとケア労働における新たな機会と旧来の社会的分断──

ダイアン・ペロンズ

1　本章の課題

　本章では，新しい知識経済に特徴的に見られる社会的分断の拡大について，理論的な理解を深める。そのために，知識経済について伝統的な概念化に立脚するが，それは新しい情報通信技術（ICT）分野における，またそれを利用した労働の拡大と結びつけられた概念化である。さらに，同様に拡大している知識とケアという財の異なる経済的特性を理論化することで，階級やジェンダーによる従来の社会的分断が，形態こそ違え，現代に再生産されている理由を説明する。本章は知識経済の両端にある2つの部門，ニューメディアの知識労働者と保育労働者に焦点を当てており，「知識経済」というより「ニュー・エコノミー」という言葉を使用したい。基礎となる実証的データは，1つの地方の労働市場（イギリスのブライトン・アンド・ホーブ）のものであるが，イギリス全体，そして一部EUの状況についても議論する。

　ニューメディアは知識経済の典型的な形態で，その特徴としてICTを利用した労働，労働時間や雇用契約に見られる新しい労働パターンがあげられる。この分野の起業家やフリーランス，雇用者は高額所得者ではあるが，ニュー・エコノミーに特徴的な労働慣行の悪化やリスクと無縁ではいられない。この分野では，広範囲にわたる新たなスキルを必要とするが，それでもジェンダーによる分断や社会的不平等は残っている。それにたいしてケア労働はそれ自体新しいものではない。近年，有償雇用の女性化とともに，市場（商品化）や国家による集団的なケアの提供が増加している。イギリスのケア労働者は，年齢とスキルの構成が幅

第Ⅲ部　新たな雇用形態をジェンダー化する

広い。さまざまな資格をもつ若い人々は保育に携わり，高齢者介護，とくに在宅高齢者介護の担い手は，日本と同様（本書第8章を参照）正式な資格をほとんどもたない中高年女性が多いという特徴がある。ケア労働者の労働条件の性格も，厳密には公共部門と民間部門のどちらに雇用されているかで異なっている。

2　ニュー・エコノミーを理論化する

　ニュー・エコノミーにたいしては，多くの対照的な概念化が行われている（Gadrey 2003；Daniels 2004）。狭い定義では，ニュー・エコノミーをドットコムブームに結びつけ，もう少し広い捉え方によると，1990年代末の「インフレなき成長」にまでその期間は拡大される（Greenspan 1998)[(1)]。おそらく，より広範で従来型の定義では，ニュー・エコノミーを情報通信技術の拡大，とりわけインターネットと結びつける考え方が一般的だ（Freeman 2003；本書第2章）。生産性の向上や「インフレなき成長」に関連した楽観的な期待の一部は，2000年のドットコム・バブルの崩壊を受けて消滅したが，ICTが成長の新たな可能性や，より豊かな未来，資本主義の新しい発展を招くという考えは今もまだ残っている。実際，先進コンピュータ技術や通信技術は高品質のネットワーク・インフラと結びつけられ，次々とコストが下がっている新たなICTは，「初の地球規模の技術転換」と讃美されている（Soete 2001：143）。それに対応して，ICTが開発や組織，製品，サービス，労働の社会経済的パターンに与える影響は，蒸気機関や鉄道，自動車より大きいともいわれている。ただ，多くの論者が強調するように，ICTがどのように成果をつくり出すかは，各国独自の制度的，社会経済的枠組みによる（Castells 1996；Rubery and Grimshaw 2001など参照）。

　リチャード・セネット（Sennett 1998）やウルリッヒ・ベック（Beck 1992, 2002）など社会学者も，新時代の捉え方を進展させた。「科学技術はよいもの」とみなす見解とは対照的に，彼らはどちらかというと厳しい視点で，ニュー・エコノミーの特徴である新たな柔軟な労働関係にたいして起きる社会的変化に焦点を当てる[(2)]。セネットは，流動的で柔軟な働き方をする労働者が求める価値観と，家庭や地域社会の安定に必要な価値観の対比に関連づけて，「人格の浸食」と呼

んだ。ベックは論文「Brave New World of Work」のなかで，拡大する個人化にともなってリスクと機会が増大している点を指摘している（Beck 1992, 2000）。リチャード・フロリダも同じように急激な社会変化を指摘するが，経済学者たちと同様に，人間の創意にたいする楽観的な見解を示して創造的階級の誕生を予測する（Florida 2002）。フロリダは現代の格差拡大を認めるいっぽうで，創造的階級そのものに注目し，創造的階級が繁栄できる条件を都市や地域がどのようにしてつくり出しうるかという問題を論じることに焦点を当てている（Florida 2002）。

　ニュー・エコノミーにたいする私の理解は上述したものとは異なり，新技術の重要性だけでなく，労働条件の悪化や社会的分断の拡大にも注目している。そういう意味では，ダニー・クアー（Quah 1996）やロバート・ライヒ（Reich 2001）の分析に近い。彼らの議論は，それぞれ方法は異なるが，正と負の次元を分析的に関連づけて，こうした拡散する特徴が，広がりつつあるデジタル・デバイド（情報格差）をつくり出した原因の 1 つだというものだ。実際，これはどこよりもアメリカで顕著である。1998年12月に，アメリカは93か月間連続で成長を記録したが（これをニュー・エコノミーの礎とみなす見解もある），それは同時に記録的な人員整理が行われた年でもあった（Benner 2002）。さらに，エリート層の収入が劇的に増えるいっぽう，普通の労働者の収入は伸びていない。ニュー・エコノミーの象徴ともいえるシリコンバレーでは，企業役員の平均所得は1991年から2000年のあいだに2000％の上昇を示したが，製造業の労働者所得は 7 ％減少した。所得比率は41：1から956：1に拡大している（Benner 2002 ; Krugman 2002も参照）。

　本章で私は，ニュー・エコノミーとは，その影響が広く浸透し，かつ状況に応じて異なる新たな時代のものと捉える。ダニー・クアー（Quah 1996, 2003）の理論をもとに，この新たな時代の特徴である収入格差の拡大（Atkinson 2003 ; Piketty and Saez 2003）や社会的分断を明らかにし解説する。さらに，クアーの分析を進めて，そうした社会的分断がどのようにジェンダー化されているかについて検証する。この視点については，別の著書で詳説したが（Perrons 2004a），本書の知識経済にかんする理解と若干異なるところがあるので簡単にまとめておく。それは，本書に紹介されているICTと知識の集約を中心とするアプローチ（本書

第Ⅲ部　新たな雇用形態をジェンダー化する

第**1**章，第**2**章），あるいは知識の創造に焦点を当てるアプローチ（本書第**8**章）と矛盾するものではないが，経済全体とその急速に分化している特徴を表すために，「ニュー・エコノミー」という言葉を使うものである。

　クアーにとって，ニュー・エコノミーの特徴は，重さも実体もない財である知識の重要性が強まることである（Quah 1996, 2003）。この定義は専門的で，その基礎にあるのは知識労働にたいする経済学者による概念化である。それは知識労働にかかわる複雑さやスキルの評価を含まず，その点で，野中と竹内（Nonaka and Takeuchi 1995）が開発し，西川と田中（本書第**8**章）がケア労働との関係で論じたより社会学的な知識労働の理解と異なっている。こうした混乱や，「知識」という言葉に付随する価値的な意味合いを避けるために，後の論文では，クアーは知識財を「ビット列」と呼んだ。つまり，原則的にデジタル化できるものすべてを指している。したがって，直接ICTを利用して働く者だけでなく，その音楽やデザインがデジタル化できる限り，ポップシンガーやロックシンガーや建築家も知識労働者となる。

　クアーは，知識財の経済的特性を考えると，どのような経済体制であっても知識財の割合が増えることによって全体として平等が増すはずであると論じたが，実際には反対のことが起きた。その論拠はつぎのようになる。知識財・ビット列は無限に増やすことができる。つまり，非常に安価で複製でき非競合的である。すなわち，一人が消費することで，別の人が消費することを妨げない。たとえば，多くの人が同時にパワーポイントを使うことはできるが，同じチョコレートやビスケットを食べることはできない。こうした特性は平等性を高める傾向があるはずである。しかし，クアー（Quah 1996）も説明するように，規模の経済性が強まるのも知識財の特徴である。知識財は複製でき，限界コストは非常に低いが，最初の製品（たとえば新しいコンピュータゲーム）のコストは非常に高くなる可能性がある。その結果，大企業が市場を独占する傾向があり，それによって大企業はさまざまな関連製品をつくり出して消費者を自社ブランドに囲い込む。マイクロソフトがいい例である。さらに見られる特性に，スーパースター効果があり，これは，競合他社製品とほとんど違わないものであっても，消費者がブランド認知の高い製品を好む傾向を指している。重さがないという性格上，市場サイズには

第**7**章　新しい知識経済における生活と労働のパターン

ほとんど制約がなく，その製造者・労働者はますます市場シェアを拡大していく[3]。したがって，経済のなかで知識財や知識労働者の重要性が高まるにつれて社会的不平等が拡大する。

　クアーは，ニュー・エコノミーは社会移動の度合いが高く，裕福になるという個人の期待感が高まるために，人々は不平等の拡大を受け入れると示唆している（Quah 1996）。私はこれと対照的に，実際には民族的背景や性的指向，階級，ジェンダーによって労働がコード化されていると考え，本章ではジェンダーに焦点を当てた。無作為ではなく予想される社会的分断の拡大によって，労働力において従来からあった構造的不平等，この場合にはジェンダー不平等が強化される傾向にある。

　知識労働の増加に加えて，ケア労働，あるいはより人に関係する活動において低賃金労働が増えている。そこでは，女性や民族的マイノリティの比率が多い傾向がある。こうした財は，上述した知識財・ビット列と対照的な技術的あるいは経済的特性を示している。一般に，こうしたサービスは無限に増やすことができず，非競合性を有さず，本質的に進んだ技術に結びつくものではない。生産性を上げることが難しく，賃金は低い傾向にある（Baumol 1967）。たとえば，プロの保育士は同時に複数の子どもの世話をすることができるが，一人が監督できる子どもの数は比較的限られた決まった数であり，生産性や収入，所得が制限される（Folbre and Nelson 2000）。ヒラリー・ランド（Land 2003）は，イギリスの一部の私立保育施設では電子タグを付けることでこの限界を超える試みがあると指摘している。また，家庭訪問の代わりにテキストメッセージで高齢者に薬を飲むように注意を促したりする新技術によって生産性を引き上げることも可能である（Coyle 2004）。しかし一般に，上述のように，多くの人がマイナスと考える方向にサービスの性格を大きく変えない限り，生産性は制約される。

　イギリスで1990年代に急速に成長した職業としては，ソフトウェア・エンジニア，コンピュータ・プログラマーなどを含む専門職や管理職など，知識経済に関連した部門のほかに，保育士や美容師，家事代行などのケアサービスがある（Nolan and Slater 2002）。マーティン・グースとアラン・マニング（Goos and Manning 2003）は，所得の上位20％に入る「よい仕事」（知識労働者が圧倒的に多

第Ⅲ部　新たな雇用形態をジェンダー化する

い）と下位10％の「悪い仕事」（ケア全般に関連する労働者）のいずれも，1979年から1999年のあいだに増加しており，とくに前者の増加が著しいことを見出した[4]。このような雇用構成の変化も，イギリスにおける所得格差の大きな理由である。

　実際，この２つの分野の労働は関係性があり，ともに増えているのは驚くことではない。レベルの高い知識労働者の雇用主は，労働者が長時間働けるようにコンシェルジェ・サービスを提供するようになっている。さらに，女性の雇用増加が見られ，とくに幼い子どもたちの母親に顕著である（Harkness 2003を参照）。人々が長時間働き，あるいはそのように感じることで，時間がない，あるいは空いた時間は他のことに使いたいという理由から，市場化されたサービスに頼ることが多くなる。高い給与を稼ぐ人々がそうしたサービスを利用できるのは，サービスが比較的安いからである。つまり，このような需要が起きることも不平等の拡大の一端であり，格差拡大を反映している。例をあげると，かつて自動車産業で働く労働者が自分の車を買う望みをもつことができたが，現在では保育士は私立保育施設の１週間の費用すらまかなえず，その種のサービスを受けるためのローンを組むこともできない場合が多い[5]。

　この節の議論は抽象的で，主に市場の論理を反映したものだが，どのような市場も社会的，政治的枠組みのなかで機能しており，それにともなって，国家による規制，労働組合や従業員の活動など，一般的な文化的規範や政治的，社会的圧力による変容を避けられない。したがって，そうしたプロセスの影響は，それぞれの国の社会経済的枠組みや福祉レジームの枠組みによって媒介されている。以降，主にイギリスについて議論する。

　イギリスでは，平等問題と労働時間にかんするEU指令を実施するために，新しい雇用規制を導入しているが，概して市場論理を優先し規制緩和と柔軟な労働慣行を優先してきた。その結果，所得格差が欧州大陸諸国と比較して急速に拡大しており，アメリカの傾向と同程度である（Atkinson 2003）。所得のジェンダー格差は残っており，とくに高所得層で大きい。しかしイギリスはアメリカとは異なる立場をとって，「柔軟性と公正さ」の統合を目指し（Brown 2003, 277段落），労働時間指令にたいしては適用免除（opt-out）を継続するいっぽうで，出産・育

児休業を拡大するなど，欧州型の社会モデルへの部分的関与を示している。実際にはこれによって，イギリスの多くの人々，とくに低所得家庭の生活水準はアメリカより高いが（Ehrenreich 2005 ; Toynbee 2005），GDPの水準が同じ程度のEU諸国よりも低い（Perrons et al. 2006を参照）。

　この分析枠組みはニュー・エコノミーの二面性を強調するもので，新技術がもたらす潜在的な経済的，社会的恩恵を強調する楽観的説明と，労働条件の悪化や安定性の低下，個人化を警告する悲観的な社会学者の議論のあいだをある程度つなぐものとなっている。つぎの節では，イギリスのある地方の労働市場のニューメディア労働者と保育労働者の労働条件について見ていく（ドイツの事例については，本書第**6**章を参照）。

3　イギリスのIT労働者とケア労働者

（1）IT労働者

　ドットコムブームの基礎には，主としてウェブ上で活動する企業の数が急激に増加したことがある。こうした企業は「e‐取引業者」とよばれ物質的な基盤や取引の歴史もほとんどなく，株式市場の変動の影響をとくに受けやすかった。2000年にバブルがはじけたとき多くは姿を消したが，ラストミニットやアマゾンなど一部は生き残り利益を上げはじめている。消えていった企業は氷山の一角にすぎず，新しい情報通信技術の影響は持続して，経済全体に広まっている。企業間や企業と顧客のあいだのコミュニケーション，作業パターンの決定や，営業，広告，マーケティング，広報などに，従来の慣行と並んで情報通信技術が一般的に利用されるようになっている。こうした進展は，インターネットの規模と品質の進歩にしたがって拡大した。1999年には，家庭からインターネットにアクセスできる世帯は13.2％（320万世帯）にすぎなかったが，2004年までに49％（1210万世帯）に拡大した。さらに，高品質のブロードバンド接続が可能な世帯の割合も，2004年には300万世帯に達している。実際に，一般的なインターネットの利用が拡大し，アクセスの質が向上するにしたがって，オンラインによる購買が増えている。

第Ⅲ部　新たな雇用形態をジェンダー化する

　この拡大により，ニューメディアを含む，ITとIT関連部門の雇用が増加した。雇用者の数を計算するのは簡単ではない（本書第**2**章を参照）。というのも「情報技術」として分類される企業も，さまざまなIT関係以外の人々を雇用しており，同じように，経済のどの分野の企業も，IT専門家を雇用しているためである（Panteli et al. 2001を参照）。こうした労働者は半分以上が大学を卒業しており，平均よりずっと高い教育を受け，高い賃金を得ているが，それでも市場の変動や，短期あるいは不安定な契約による影響を受けやすい。

　新しい部門ではあるが，ジェンダー不均衡は固定したままである。IT労働力の約3分の1が女性であると推定されるが，ITの専門職ではそれよりも割合がかなり低くなり，コンピュータ・プログラマーとアナリストでは女性はわずか10分の1である（E-Skills 2004）。実際のところ，女性がいるといっても，顧客サービスやヘルプデスクなど一般に所得レベルの低い分野に従事していることのほうが多いのである（E-Skills 2004）。また，この部門では現在，女性の採用より離職が多い状態にある（George 2003）。さらに，女性は科学技術・工学系（SET）の学位をもっていても，男性よりSETの職業に就くことが少ない。実際に従事することが多いのは，個人サービスや保守サービスの分野である（DTI 2004）。このような違いはニューメディアの部門でも見られるが，いずれの仕事においても不均衡は次項で論じるケア労働の場合ほど顕著ではない。

（2）保　育

　イギリスではあらゆる形態のケア労働が拡大し，この分野で働く人の数が増えている。そのなかには，入居型生活施設で働く人を含む「社会ケア」（約100万人）と，チャイルドマインダーや学童保育で働く人を含む保育（約40万人）がいる。「改正全国保育戦略2005」によって，保育の提供は今後，主として民間部門によって拡大を続けることになるだろう。[6]

　保育の拡大は，雇用を増やし，ニュー・エコノミーにふさわしい市民，いいかえれば，リスクや自分と家族の健康と福祉の管理に責任をもち，自律的で独立し，自己規制のできる市民をつくり出すという政府の戦略と結びついている（Cameron et al. 2002 ; Rose 1999）。それでも，保育の提供は断片的で柔軟性がなく，

高価であることが多く，ケア提供者が仕事に戻る際の障害となったり，自分の子どもの保育に合わせて短時間しか働けなかったりしている（Land 2004）。

社会ケアや保育にかかわる労働者自体の雇用契約や条件については，あまり注目されてこなかった。最初に出された全国保育戦略では，キャリアの進展について言及されているが，主な保護の形としてふれられているのは最低賃金であり，しかもイギリスの最低賃金は平均賃金のわずか30％で，スペイン（28％）を除いたEUで最低の水準である（Stewart 2005を参照）。実際，政府はこの職業が「過度に専門化」することを望まず，むしろ「子どもの扱いを心得た」人材を求めている（イギリス下院 2000；Cameron et al. 2002：585に引用。強調は引用者）。この発言は，イギリスでは保育が教育より「マザーリング」に近い性格をもつと考えられていることを反映している。そのため，保育は生来の才能と見なされ，スキルとして，あるいは知識にもとづくものとして教育や訓練を必要とするとは見られず，したがって金銭的報酬にも結びつかない。この見方は，他の欧州諸国，とくに北欧やスペインでの保育の開発ときわめて対照的である。これらの国々では，0 - 6歳の子どもを相手にする人々は，複雑でさまざまなスキルを要し困難で専門的とされるサービスを提供するために，18歳以降に最低3年間の研修など比較的高いレベルの教育を受けていることが多い（Cameron et al. 2002）。

3 - 5歳の子どもについては，イギリスでは保育と教育がある程度融合している。現在政府は公立，私立にかかわらず保育施設で提供される1日2.5時間の教育費用を負担している。公立保育施設のスタッフは標準的な資格をもつ教員で，国の俸給体系に含まれるが，私立保育施設のスタッフは付加的な研修を受けるのが一般的で，報酬は教員より低い。仕事にともなう責任を考えると，給与の低さの理由としては，最初の節で紹介したケア労働の特性や，保育をマザーリングに結びつける発想，さらには，女性の労働の価値を低く評価する社会において，労働力のジェンダー構成が影響しているとしか考えられない。

保育提供の拡大や，人口統計の傾向から必要とされている高齢者介護の量的増加にもかかわらず，この仕事は依然としてジェンダー化の傾向が強く（98％が女性），低賃金で，自立して暮らすにも年金保険料を払うにも不十分で，社会的評価も低い。保育現場には比較的若い人々が多く，社会ケアには年齢の高い人が多

第Ⅲ部　新たな雇用形態をジェンダー化する

い。以下に紹介する調査や，より広範なイギリスとアメリカの保育労働者にたいする全国調査では，職務満足度が平均以上の水準であることが報告されている。このことから，一部には，この仕事はそれ自体がやりがいのある仕事なのだという議論もあるが，その意見は，関心や報酬が高い仕事にもそれ自体にともなう満足感があり，同時にもっと高い収入を得られるということを見過ごしている。高齢者介護に従事する人々が示す職務満足度は低めだが，ブライトン・アンド・ホーブで介護労働者に行った調査では，同じように低い資格でできて報酬の高いスーパーマーケットの仕事に移ろうとしない理由の1つとして，介護している相手にたいする責任感があがっていた（Prism Research 2000）。

4　ブライトン・アンド・ホーブのニューメディア労働者とケア労働者

　ブライトン・アンド・ホーブはイギリス南部沿岸部の都市で，EUで最も急成長しているニューメディア・クラスターの1つとして売り出している。200ないし300のニューメディア企業がここに存在するため，「シリコンビーチ」あるいは「EUのサイバーキャピタル」などという大げさな呼び名もある。自らを「欧州のクリエイティブキャピタル」と位置づけるいっぽうで，ブライトン・アンド・ホーブ市は欧州社会基金やイギリス政府の社会的排除防止局の財政支援も申請しており，この都市の二極化した性格がよくわかる。全体としてみれば，比較的失業率が高く，イギリス全体としても南西部地域で比較しても，低賃金の地域である。また，市議会は政府の戦略に沿って，高齢者のための介護ホームなど多くの公共部門サービスの民営化を目指している。この市における近年の保育提供の大幅拡大は民間部門によるものだったが，公共部門運営が依然として重要であり，市内に2つの大きな大学があることが考慮され一部の公立保育施設は残されている。

　公共部門と民間部門が混在しているうえに，3‐5歳児向けの保育と教育の融合もあって，ケア部門全体としては非常に入り組んでおり，それにしたがい雇用契約や条件も多様である。また，ニューメディアとニューメディア労働者の数を

222

見極めるのは非常に難しい。そこにはアート，デザイン，コンピュータなど，異なるスキルが幅広く介在し，これまでの時代にあわせてつくられた職業分類にうまく当てはまらない。どちらの場合も，集計された統計は，労働条件や実施されている作業の複雑で多様な性格を適切に表しているとはいえない。そこで，全体像を捉えるために定性的調査を行った。その結果をつぎに紹介する。

　調査結果は，ニューメディアとケア労働，ゴミ収集（ここではふれていない）の従業員100人を対象に2002年に行われた，有為的で大規模に実施された構造化調査と，その後行われた30人にたいする詳細なインタビューにもとづいている（Perrons 2004bを参照）。さらに，ニューメディア起業家，管理職，フリーランスの55人を対象に2000年に実施され，2003年に更新された詳細なインタビューからもデータを利用している。[7]

　以下の議論では，これらの部門で働く人々の対照的な経験を紹介し，ジェンダー・バイアス，不安定性，正式な代表制度の欠如という点にとくに注目する。それは程度こそ違え，両方の部門に共通しており，従来の社会的分断，さらには個人化の拡大とニュー・エコノミーとの関係のあり方を反映している。

（1）ジェンダー・バイアス

　全国的には保育労働者の98％が女性であり，ブライトン・アンド・ホーブのインタビューでもその割合が反映されている。政府は保育労働者のジェンダー，年齢，能力などの構成を拡大しようと試みているが，依然として保育労働は若い女性のものであり，年齢の高い労働者は地方レベルの幼児教育施設で働く標準的な資格をもつ教員であることが多い。

　ニューメディア部門はもっと多様である。ニューメディアを，「インターネットやCD-ROM，DVD，インタラクティブTV，イントラネットを通じて配布され，取引や販売，教育，娯楽の新しい方法を提供する，さまざまなインタラクティブでデジタル製品とサービス」にかかわる部門と定義すると（Copeland 2000 : 7），コードを書いたりハードウェアを組み立てたりという典型的な男性的スキルだけでなく多様なものであることがわかるが，それでも女性の占める割合は低い（Panteli et al. 2001）。実際，ブライトン・アンド・ホーブで後者のスキル

第Ⅲ部 新たな雇用形態をジェンダー化する

をもつ人々は一般に「技術屋」と呼ばれ，この調査では全員男性だったが，決して技術の最先端と見られているわけではない。それでも，起業家，管理職，雇用者のいずれにおいても，人数，地位，所得の点で，女性の占める割合は不当に低い。これを考え合わせると，2つの部門で昔ながらのジェンダー・ステレオタイプに沿った分離が続いていることがわかる。

　ニューメディアに注目してみると，2000年の調査結果は，女性が所有または経営している企業は30％にすぎないことを示しており，その後の労働者調査でも女性は32.6％だった。全国的な傾向と同様に，女性は顧客サポートに携わることが多く，管理職では人事問題を担当している。さらに，女性が所有または経営している企業は売上と従業員数ではるかに規模が小さく，比較的大きな企業を所有している女性たちのうち2人は夫との共同経営だった。従業員のいる企業を所有する女性は，概して年齢が高く，それまでの仕事で蓄積した資源や人脈を利用していた。しかし，年齢が高く女性であることはドットコム起業家のイメージに合わず，何人かの女性は組織を拡大するための資本を銀行から得るために苦労したと話していた。同様に，女性従業員の平均所得は男性より少ない。[8]この調査は全体を代表するものではないが，これらの数字はイギリスの全般的傾向に対応したものである。

　ニューメディアにおけるジェンダー・バイアスに取り組むために，地元の振興団体が，ニューメディアで働く女性のための朝食会を催し，スピード・ネットワーキングのイベント（スピード・デイティングと同じようなもの）を開催した（Wiredsussex 2004）。この部門の女性たちの存在感を広め，機会を増やすため，そして従来のようなやり方の社交の時間や余裕のない人々でも，自分の発想や会社，スキルを売り込むことができるように考えられた。

　それでも，ICTの登場によって，仕事の時間的，空間的境界が広がり，とくに女性にとって，新たなキャリアをつくり上げ，仕事と家庭を両立させる新たなチャンスが生まれた。もっとも以下で論じるように，経験はさまざまで，恩恵もあるが犠牲もある。

　比較的少ない資本で，自宅で小規模な事業を起こすことができるようになった。意識的にニューメディアで働くことを選ぶ人もいるが，人生に起きた変化の結果

として，この選択肢に行き着いた人もいる。たとえば，クレア（ID 1/46）は，離婚後に自分の会社を設立した。結婚しているときはロンドンに通勤し，データベースにかんするかなり専門的な仕事をしていた。子どもたちにたいする責任を一人で負うことになって，ブライトン・アンド・ホーヴに住み，そこで働くことを望んだが，仕事を見つけることは難しかった。コンピュータ関係の正式な資格がないことも理由の1つだが，同時に，年齢（30代半ば）とジェンダーによる差別を感じた。結局，クレアは「独立する」ことを決心した。最初は厳しかったが，今では「とてもうまくいっています。自宅で自分が所有する事業を経営しているので，ワーク・ライフ・バランスはこれ以上よくなりようがないくらいです。必要としている柔軟性があります」と彼女は話している。この分野で働く子どもがいる女性たちに共通だが，クレアは子どもたちが学校に行っているあいだに働き，子どもが寝てから仕事を再開する。当然，全体として1日の労働時間は長くなる。実際，クレアは新時代の労働者の特徴の多くを体現している。自宅で自分の選んだ時間に働き，そのうえプログラミング作業をインドに下請けに出し，世界の市場で販売してグローバルな経済としっかりつながっている。

労働時間を決められることと，自宅から離れずにすむことは，家族の世話の責任を負っている女性回答者が誰も口にしたことだった。独立して事業を起こすのも，フリーランスで働くのも，仕事の時間を自由に決めるための1つの方法なのである。ジャニスはこう説明している。「インターネット，これこそ私が待っていたものです。今では自宅で自分の事業を起こし，フリーランスで働いていたときよりずっと柔軟性をもって，仕事をコントロールできます」（ID 1/12）。

ジャニスはフリーランスで働いていたときの辛い体験を話してくれた。急に呼び出されてプロジェクトに参加して，いつ終わるかもわからず，ときには娘の迎えに間に合うように家に帰るのが困難なこともあった。ジャニスはまた，自分ではじめたビジネスによって，自立し自分で仕事をコントロールできるようになったと話し，「オフィスの人間関係」や決して真剣に受け入れられないと感じる男の世界から逃れられて嬉しいという。「ITの世界はまだすごく男社会で，女性を対等に扱うことができない男性がいるんです」と続けた。

しかし，自宅で働くことで緊張状態がほぐれることもあるいっぽうで，新たに

第Ⅲ部　新たな雇用形態をジェンダー化する

緊張が生じる場合もある。「自宅で仕事すると，子どもたちとのあいだに対立が生まれます」(ID 1/31)，「泣く娘をパートナーが面倒を見ていたりしたら，集中するのは難しいです」(ID 1/28)，あるいは，「私はしょっちゅう仕事部屋から追い出され，家族を顧みない，現実の人間よりコンピュータのほうが好きなんだと非難され……ほんの30分のつもりではじめても，時間が過ぎるのに気づかず，あっという間に3時間も4時間も経ってしまうのです」(ID 1/12)。自宅で働くことで生じる問題には孤立化などがある。「アイディアをはね返してくれる人々がいない」(ID 1/1)，つねに仕事がそこにあり，「つねに仕事のことが頭にある……決して仕事から逃れられない」(ID 1/18)，また，「やるべきことのリストに，いつも手招きされている感じがする」(ID 1/34)という。つまり，時間的，空間的境界が広がることで，伝統的な仕事のリズムが浸食され，それどころか，労働時間を取り巻くあらゆる境界が浸食されている。ニューメディアの大企業で働く正社員は，労働時間が決まっている場合が多いので，起業家やフリーランスにたいする影響のほうが大きい。

　ある意味で，仕事を取り巻く境界がないことは，原則的にいつでもどこでもはじめられる知識労働に内在する知的性格を反映しているともいえる。人々は仕事を楽しみ，仕事と生活の境界を自発的にぼやかしていることも多い。「仕事と生活が一体化しています。仕事は私の趣味みたいなもので，仕事は大変なものというのは作り話です」(ID 1/9)。この最後の発言は家族の世話の責任を負っていない男性のものであるが，それにしても，仕事の内容について不満を述べたのはごく少数だった。

　内在する満足感と並んで，この部門とそこに置かれている人々の状況には特有の性格があり，とくに起業家やフリーランスを長時間労働に向かわせている。作業の流れや性格には予測不能なところがあり，新規事業はどこも不確実性に直面している (Baines and Wheelock 2000)。さらに，「教育」，つまり，新しいアイディアやイノベーション，最新のスキルをチェックするための時間をとらなくてはならない。自発的であるかどうかはともかく，長時間労働という傾向も，ケア労働にたいする男性と女性の従来の性別分業を考えると，ジェンダー・バイアスの原因となるだろう。

第7章　新しい知識経済における生活と労働のパターン

　企業の多くは立ち上がったばかりで，安定した仕事の流れすら確立することは
難しい。将来の契約が確実でないことを考えると，仕事があればいつでも引き受
けてしまう傾向がある。市内にフリーランスで働く人々は大勢いるが，多様なス
キルが必要とされることを考えると，短い予告期間で労働力を拡大することがい
つも可能とは限らない。ジャニスはつぎのように説明する。

　　私が引き受けたあるプロジェクトでは，電話回線とそれを動かす人々を，非
　常に短い時間で集める必要がありました。装置やソフトウェアの購入というロ
　ジスティクスのほかに，スタッフに説明し，データベースをつくり上げ，しか
　も納期はたいへん短いものでした。そのうえ，他のクライアントにたいする
　サービスは続けなければならず，学校は休暇中……その期間のうちに，私が休
　みを取って娘と過ごせたのは1日だけでした（ID 1/12）。

　皮肉なことに，ジャニスの新しいプロジェクトの1つは，バーチャルなライフ
スタイルを開発するワーク・ライフ・アドバイザーである。同じように，リズは
こう話す。「作業のタイミングやスケジュールのせいで，下請けに出すのは難し
いのです……インターネットの問題の1つは，基準や資格がないことです。どん
な人を雇おうとしているのか，よくわからない。正式な認定なんてありません。
信頼できる人のネットワークを築くことが大切です」（ID 1/17）。

　大企業の雇用者の場合，作業量の変動に合わせてプロジェクト間で人員を移動
することができるため，労働時間はより規則的である。とはいうものの，それで
も納期に追われることがある。たとえば，ある会社では労働者にEUの労働時間
指令から自発的に適用免除（opt-out）するように求めていたが，超過時間の報酬
は地元の豪華ホテルでの「ストレス発散会」やシャンペンのボトルなどのボーナ
スだった。そんなやり方は，「ご褒美」が報酬引き上げの代用となる，この部門
のパターナリズム的な一般的傾向をよく表している。別の事例では，報酬として
後日休暇が与えられるが，そうした時間による不足分は未払いのままになること
も多い。それとは対照的に，保育施設に雇用される保育労働者は，規則的な労働
時間で，「仕事」を家にもち帰ることもない。労働の時間やパターンが定まらな

227

第Ⅲ部　新たな雇用形態をジェンダー化する

い問題は，実質的に自立した起業家といえるチャイルドマインダーの場合には，ある程度当てはまる。

（2）不安定性

仕事の流れが一定しないことがあり，フリーランスが重要な役を果たす。エドはつぎのように話した。

人を採用したいが，事業の性格として非常に変動が激しいのです。大きなプロジェクトが取れれば人を探す必要がありますが，どこからビジネスが生まれるか私にも予測できないので，恒久的な雇用はできず，契約ベース，つまり有期雇用契約で雇うことになるのです（ID 1/13）。

企業はまた，フリーランスが他の企業で経験したことから学び，スキルを広げたり，最新技術を取り入れたりしている。フィルの会社がそうである。

フルタイムの恒久的雇用の男性が2人いますが，あとは常勤の形で，フリーランスが7人，6人が男性で1人が女性です。このフリーランスは常勤ですが，パートタイムの形をとっています……灰色の幽霊みたいな従業員です。つまり，組織への所属という意味では，派遣会社や下請け業者，あるいはフリーランスより会社に近い。でも，会社は彼らをフルタイムで雇うことはできない。仕事の流れが一定しないこともありますが，仕事によって必要とされるスキルの種類が違うためです。他の会社で働くことで開発されたスキルが集約されている労働市場を利用できるというのは，とても重要なことです（ID 1/7）。

需要が大きいとき，フリーランスは，キャリアの経歴を築き，労働時間と仕事の内容にたいして自律性を高めることができる。すでにふれたように，人々は仕事をすること，フリーランスで働くことを楽しんでいる。小規模の会社で働いたり，独立して事業をはじめるのも，コントロールを維持する1つの方法である。たとえば，フリーランスは個人化にともなう多くの考え方を内面化している。彼

第7章 新しい知識経済における生活と労働のパターン

らは市場の変動をその部門の特徴として受け入れる傾向にあり，つねに最新のスキルを身につけ，自分の市場での商品価値を維持することに個人的に責任があると考えていた。その意味で，フリーランスは新時代の理想的市民の役を演じていたのだ（Rose 1999）。さらに，短期的には，報酬の割合は従業員よりはるかに高い。しかし，いっぽうで雇用が非常に不安定な場合もある。契約は通常短期間で，特定のプロジェクト単位であり，そのために労働時間や報酬が予測不能である。

　大規模なニューメディア企業では，労働は全般にもう少し一定のペースで進められるが，内容が「決まり切った」ものになる場合がある（ID 1/29）。クライアントが医療サービスであれデザイナー衣料の会社であれ，システムを設計する作業はどれも似たようなものなのだ。雇用者の回答では，起業家やフリーランスに比べ，概して労働にたいする満足度が低かった。雇用の安定や収入を確保するために，仕事や労働時間にかんするコントロールを犠牲にする場合が多いが，雇用者となっても，職の安定が保障されるわけではない。フリーランスは変動の影響を真っ先に受けるが，雇用者も人員削減の脅威から逃れることはできない。たとえば，市内のある大企業はテレビ番組の成功にともなって急激に拡張したが，その後従業員の半分を解雇した。さらにその2日後には，フリーランスを求める広告を出した。実際，この会社は国内と国外で成功を収めているにもかかわらず，労働力が激しく変動している。2000年にある多国籍企業がこの会社の株式の50%を取得し，今では完全に買収しており，今後ブライトンに留まるかどうかもはっきりしない。

　本節では，ニューメディア部門に典型的で，どんな形の雇用規制も適用が難しい不安定な勤務形態を紹介してきた。紙のうえでは立派な機会均等政策も，恒久的雇用契約の人々すら職歴を確保できなくては，保護にはならない。ほかにも，とくに企業が財政不安に陥る原因として，買い手の契約不履行や，雇用した従業員の能力が履歴書から期待していたものより低いことなどがあげられる。ニューメディア部門のスキルの多くが新しく，スキルを認定する正式な制度がないために，雇用する側とされる側の両方に危うさが生じている。

　保育労働者は，とくに公共部門で雇用されている場合，ニューメディア部門と比べると職と収入の安定性が高い。この調査では扱っていないが，保育労働者や

第Ⅲ部　新たな雇用形態をジェンダー化する

高齢者介護労働者の一部は，短期派遣会社に雇用されており，雇用の契約や条件はさまざまだが，概して公共部門で働く人々より不利になっている。この調査には含まれないが，チャイルドマインダーはニューメディア労働者と同じように，自宅で働くことである種のメリットを享受している。しかし需要の変化によって収入の変動の可能性がある。

（3）規制と代表制度

　ニューメディアの労働者たちはほぼ全員が，労働組合の役割をほとんど認めていない。労働組合にかんする私の質問に，多かれ少なかれ懐疑的な回答をした。組合について典型的な反応は，「学校で教わる類のもの」（ID 5）あるいは「労働組合？　いや，正直いって，ここにきてずいぶんたつが，その言葉が口にされるのを聞いたことがない。労働組合はたしかに会社から独立して労働者を代表しているのでしょうが，どうも鉱山労働者とかを思い浮かべてしまう」（ID 2/512）。

　労働組合という考えに好意的な人々でさえ，この分野には適さないと考えていた。小規模な企業では，従業員と管理職（役員であることも多い）のあいだのコミュニケーションは概して直接的で，従業員はそれ以上に正式な仲介の仕組みを必要と感じない。さらに，各企業はむろん，この部門，この市全体が，「のんびりしている」「かっこよく」柔軟性があると評価され，「誰でも受け入れ」「あらゆる人々を雇用して」いて，「もし問題があれば，直接上司と話します」という声があった。実際，比較的小規模なニューメディア企業には正式な平等方針がなく，「差別は問題ではない」ので，全般に不必要と考えられていた。いっぽうで，そうした政策が望ましいと指摘する人々もいた。ジョーの場合は，会社が大きなグループの一部となって，「少し組織化され」「今ではあらゆる平等制度が揃っているが，ブライトンではほんとうに問題にならない。みんな心が広いからね。ここではほんとうに問題にならない」（ID 2/5）という。しかし，「のんびりとしている」雰囲気で一見平等な労働環境にもかかわらず，ジェンダー化された縦と横方向の分離が明らかに見られ，インフォーマルなやり方は不平等に対処する最善の方法ではないことがわかる（Gill 2002を参照）。

　平等にかんする問題は高い優先度を認められていないが，従業員たちは高い

第7章　新しい知識経済における生活と労働のパターン

「契約解除要因」を懸念していた。とくに，ある大企業は「景気が上向くと大勢雇って，下向くと解雇する」（ID 2/5）ことで知られていた。2002年に景気が下向きになったとき，会社は従業員50人を解雇した。このできごとのあと連絡を取った地元の労働組合の職員によると，従業員はただ「ある午後呼ばれて部屋に入ると封筒を渡された。封筒には『今開けずに帰宅してから開封してください。あなた方のコンピュータを止めました。全員解雇します』と書いてあった」（ID 2/907）と話した。その後，従業員たちは組合の援助を得て組織化し，残った従業員の労働条件も改善された。これまでのところ，この事例はこの部門で労働者を組織化した珍しい事例であるが，ニューメディア労働者の仕事はますますルーティン化しており，組合の組織化を受け入れる度合いは高まりつつあるのかもしれない。同時に，大企業が組合の組織化に強く抵抗し，つぎに示すように（これはIT労働者の場合だが），会社を移転すると脅すことで，労働者の要求を弱体化させることもある。

　IT労働者を大量に雇用している金融部門のある企業は，PC関連の作業の一部をインドに下請けに出し，ブライトン・アンド・ホーブの労働者にインド労働者の研修をさせようとしたが，ヘレンが指摘するとおり，これは難しい問題だった。「なぜって，自分が研修している人々が，自分の仕事をすることになるのは明らかだったから。どんなに会社がいいつくろっても」（ID 52）。最初は，日常業務だけということになっていたが，ヘレンは「彼らがチームすべてに取って代わる」のは時間の問題だと思った。

　ときが経つにつれ，ITやニューメディアの仕事は，とくに大企業では，徐々に定型化され，「技術の最先端をいく先駆者のイメージが薄れ，日常業務をするホワイトカラー労働者」へと変わっていった（ID 46）。その結果，ニューメディアの仕事はグローバルな競争に晒されやすくなった。安定した労働条件を勝ち取り，機会均等の方針を死文にせず慣行上も確保するうえで，雇用者の力は弱まっている。それとは対照的に，個人サービスやケアの仕事は，つねに場所と人に依存するため，このような仕事が海外に流れる怖れは少ない。しかしこうした部門，とくにケアホームで，高齢化した地元の労働者を補強するために，移住労働者を雇うことが増えている。

第Ⅲ部　新たな雇用形態をジェンダー化する

　調査の時点では，保育分野の雇用者は労働組合が自分たちにとって一番の問題，すなわち低賃金の解決に役立つとはあまり考えていなかった。しかし，組合の組織率は公共と民間で異なっている。地方政府や大学など，公共の機関と関係する保育施設で働く教員や看護師は全員が組合に属している。正式の資格をもっていない人が多い学習支援助手は組合に入っておらず，組合費が払えないといっていた。民間の保育施設で働く保育士や助手は組合に属していない。

　保育労働者の組合加盟の大きな理由は法的保護である。何らかの事故や告発があった場合，親から告訴される可能性を心配しており，不可欠な支援として組合を考えていた。しかし，加入の経験のある人も含め，支持者でさえ労働組合は何となく距離がある，あるいは「遠い」と感じていた。ITやニューメディアの労働者と同じくケア労働者も，組合は自分たち特有の問題に対応してくれない，加入にかんして組合同士の対抗意識が強すぎ，「会員」（会費）をめぐって競合していると感じていた。

　公共部門でも民間部門でも，さまざまな資格をもつ雇用契約や条件が異なる人々が，同じ職場で子どもたちの「保育」に携わっている。すべての活動が保育にかかわっており，実際に行われている労働をスキルに応じて分けることは難しい。ある保育施設の管理者は次のように認めている。「計画を立てることでも，子どもと接することでも，みんな平等に発言権があり，やっている仕事に違いはありません」（ID 4）（強調部分は引用者）。実際，保育労働者たちの大きな関心の1つは，保育助手の責任と賃金の落差が大きくなっていることである。助手の賃金は時給5ポンドから6ポンド（当時の最低賃金をわずかに上回る額）で，子ども相手の仕事ではあるが，なかには社会性に複雑な問題を抱えた子どももいる。ある学習支援助手は，「絵の具を片付けたりするだけの仕事ではないのです。スキルが必要な仕事なのに，賃金はスキルの要らない労働並みです」と述べている（Kelso 2002）[11]。実際に全国的なデータでも，保育労働者の年収の平均は1万1000ポンド以下で，庭師や清掃員より低く，イギリスで最も賃金の低い職業の1つであることがわかる（Daycare Trust 2001）[12]。

　こうした問題にもかかわらず，保育労働者は労働の性格や達成感，ワーク・ライフ・バランスについては，高い満足度を表明している。しかし，低賃金は重大

第**7**章　新しい知識経済における生活と労働のパターン

な問題であり，ブライトン・アンド・ホーブ地域では住宅を購入することはおろか，1人で家賃を払うことさえ不可能といわないまでも大変厳しい。実際，20年以上働いているある保育労働者は，両親からアパートを相続したが，年間の管理費が払いきれないために引っ越すことを考えていた。

　ケア部門は全体的に，賃金や労働契約にきわめて深刻なばらつきがあることが特徴である。おそらく，仕事の性格や背景による理由に加えて，公共部門やそれにつながる施設で働く人と，民間部門で働く人の差異がともなうといっそう大きくなると思われる（Prism Research 2000を参照）。労働にともなう責任を考えると，低賃金の理由はケア労働の技術的特性とともに，女性の労働に低い社会的価値しか認めない社会では労働力のジェンダー構成が影響しているとしか考えられない。職場が小規模なため労働者の組織化が難しく，こうした要因をさらに複雑にしている。なかには複数の施設をもつ大企業が所有している保育施設もあるが，個々の保育施設は20-40人の子どもを預かり，従業員は10人以下で，概して小規模である。

　最初の調査から数か月後，地方公務員の賃金紛争の一環として，公共部門の労働者が1日ストライキに参加した（2002年7月）。その結果，3年間の賃金協定が結ばれ，時給5ポンドの最低賃金が保障された。その行動の力強さと組合員の関与の大きさは報道機関を驚かせ，組合指導者たちを喜ばせた。新聞の見出しには「怒れる女たち，上がらぬ賃金に声をあげる」「ママさん部隊のほとんどが，初めてのストライキ」と紹介された（Kelso 2002）。教室助手やソーシャルワーカー，ケア提供者，司書，住宅局職員など，さまざまな雇用者がストライキに参加し，低賃金，とくに住居費の高さにたいする問題に注目を集めた。この行動は，分断され個人化した労働力でも集団行動が可能であり，国内や超国家的レベルに存在する規制が，地方での交渉に基準や枠組みを提供するために役立つことを示している。民間部門の保育施設労働者にはこの合意は適用されないが，地方の賃金が上昇すればその結果として間接的に恩恵を得られるだろう。

第Ⅲ部　新たな雇用形態をジェンダー化する

5　共有されていないニュー・エコノミーの利得

　本章ではニュー・エコノミーの概念化を行うことで，国家と超国家的法制に
よって機会均等政策が施行されることが増えているにもかかわらず，社会的分断
の拡大がジェンダー化した形をとるのはなぜか，説明するのに役立てようとして
きた。この視点を明らかにするために，ブライトン・アンド・ホーブのニューメ
ディアと保育部門について実施した定性的な調査を紹介した。おもな調査結果の
1つは，保育労働はほとんど例外なく女性が担っており，ニュー・エコノミーで
は労働は大きくジェンダー分離しているということである。ニューメディアの雇
用構成はそれより多様だが，やはり深刻なジェンダー分離が見られる。

　いずれの職業でも，労働者は仕事にたいして高い満足感を示している。労働者
の問題意識はさまざまで，ニューメディア労働者，とくにフリーランスと小規模
起業家は職の不安定性を経験しており，保育労働者の一番の関心は低賃金である。
どちらの労働者集団も，程度の差はあれリスクや自分と家族の健康と福祉の管理
に責任をもち，自律的で独立した自己規制のできる市民という考え方を内面化し
ているため，自分たちの問題の解決を組合に頼るより自分でなんとかしようと考
えていた。それでも，調査期間中に，双方によるこれまでで初めての集団行動が
起きた。大手のニューメディア企業の1つでは労働者が組合と協力し，低賃金の
ケア補助労働者たちはストライキを起こした。

　最後に，ニュー・エコノミーとジェンダー分業に関する幅広い疑問に戻ると，
あらゆる技術は特有の社会経済的枠組みとともに導入されるが，そうした枠組み
が調整され潜在的な力をすべて実現するには時間がかかる。20世紀の初めに，
フォード主義的労働工程とテイラー主義の科学的管理法が結びついたが，労働階
級がその生産性向上の恩恵を受けとるようになるのは，ケインズ学派の需要管理
政策と福祉国家によって，社会的生産物を資本と労働のあいだでより公平に分割
する方法が導入されてからだった。グローバル化の競争圧力が高まるなかで，社
会的集団のあいだの再配分はいっそう複雑になっており，現在，ニュー・エコノ
ミーは経済的不平等の拡大と結びつき，生産性の向上分はいまだ共有されていな

い。この不平等は，知識労働にかかわる人々と，もっと直接的にケアにかかわる人々のあいだでとくにいちじるしく，その分断のジェンダー化は大きい。そのため，新しい「知識」経済であっても，ジェンダーによる分断が継続しているのである。

＊　この調査の費用を一部提供していただいたリバーハルム財団と，この調査のために時間を割いてくれた企業，従業員，組合職員のみなさん，面談の手配をしてくれたロッテ・ダンフォードとロイジン・ライアン・フラッド，テープを書き起こしてくれたポール・ディネン，そして執筆に際して助言をくれたハイディ・ゴットフリートとシルヴィア・ウォルビーに感謝する。

注

(1)　Daniels（2004）によれば，「ニュー・エコノミー」という言葉がアメリカのビジネス紙に使用された回数は，1999年に3000件，2000年に2万件である。

(2)　ICTが労働の規模と質に与える影響について，楽観と悲観のシナリオを記した表は，Rubery and Grimshaw（2001）を参照。

(3)　もう1つ，ハリーポッターの本を例にあげよう。最終製品は物質的な形をとるが，それは世界中の印刷所にバーチャルに配布することができるため，J.K.ローリングは世界的なスーパースターとなった。おそらく，彼女と他の作家の所得差は，チャールズ・ディケンズと同時代の作家の差よりはるかに大きいだろう。

(4)　Goos and Manning（2003）は，職業と産業・部門のカテゴリーで，独自に「よい仕事と悪い仕事」を分類し，賃金を10％ごとに分けて差別化している。

(5)　保育労働者の平均年収は1万1000ポンドであるが，ロンドンの私立保育施設の費用は年間1万7500ポンドする施設もある。通常は8700ポンド台で，政府は低所得家庭の保育費用を援助しているが，それも全費用の30％程度にしかならない。

(6)　未就学の子どものいる母親の雇用率は，1984年から2000年で倍増した。その大半（66％）はパートタイム雇用である（Harkness 2003；Cameron et al. 2002を参照）。

(7)　ごく小規模な企業では，小規模な起業家とフリーランスの区別ははっきりしないことが多い（本書第6章を参照）。

(8)　調査結果の詳細は，Perrons（2004b）に掲載。

(9)　ID n/nは，回答者を表す。最初の数字は引用が何度目の面談かを表し，2番目の数字は各人の識別番号である。

(10)　詳細は，Perrons（2004b）を参照。

第Ⅲ部　新たな雇用形態をジェンダー化する

⑾　この引用は，後述のストライキに参加した労働者の発言である（Kelso 2002を参照）。

⑿　調査結果の表3の平均はもう少し高いが，これは面談したなかに教員が含まれ，半数は公共部門に附属する保育施設で働いているためで，民間保育施設の保育助手はほとんど最低賃金の水準である。

第8章

ケア労働者は知識労働者か？

西川真規子／田中かず子

1 本章の課題と構成

労働力の女性化とともに社会の高齢化が進むにつれ，すべての先進社会において高齢者介護の公式的な取り決めが求められている。日本も例外ではなく，高齢者介護サービスは最も急速に成長している経済部門である。1996年と比較すると，2001年には高齢者介護サービスに従事する組織と労働者の数がほぼ倍増している（厚生労働省 2002）。2000年の介護保険法の施行により，この分野における成長と規制緩和，またこれまで地方自治体が担ってきたサービスの民営化がいっそう加速した。この介護保険法の背景には，費用効率がよく，革新的で，質の高い介護の促進という道理がある。介護保険法の施行にともなって，数多くの公式的な教育機関，資格制度，養成講座が設置された。いっぽう労働市場の柔軟化が全般的に進み，とくに介護保険法施行以降の公共サービスの民営化によって，日本ではパートタイマーや登録型派遣労働者として働く在宅介護労働者の数は，急速に増加している。これらの労働者は雇用主である会社を訪れることはめったになく，必要に応じて労働時間の大部分をクライアントの家庭で過ごすという，労働時間と場所にかんして新しい取り決めのもとで働いている。

介護労働は，使われる技術からいえば，人間の労働に大きく依存する旧来の経済に属する。この意味で，ニュー・エコノミーを代表する他の新しい種類の労働と介護労働とは区別すべきだろう[1]。しかし介護労働はつぎの2つの意味で，ニュー・エコノミーの不可欠な要素である。まず第一に，本書第7章でペロンズが強調しているように，ニュー・エコノミーにはハイリスクの予測不能な長時間

237

第Ⅲ部　新たな雇用形態をジェンダー化する

労働の増加と，そのような条件下で働く女性の数の増加という特徴がある。このため，伝統的に家族が担ってきた非公式のケアに代わる公式的なケアサービスが必要となる。第二に，さらに重要なことに，ニュー・エコノミーには知識によって価値を生み出す知識労働者によるものという特徴がある（Drucker 1993b）。国領（1999）によれば，知識は他の知識と組み合わされることによってその価値を増し，情報通信技術（ICT）はこの知識創造を無限に拡大するプロセスに大いに貢献している。だが，ICTによって伝達するためには，知識はデジタル化されなければならない。現に本書第7章でペロンズは，知識労働者を「デジタル化」できる商品を生産する労働者であると定義している。

　だが知識には形式知と暗黙知の両面があって，デジタル化してICTで伝達できるのは形式知である。いっぽう，暗黙知を伝えるためには対話や集団的考察（Nonaka 1990）が必要で，それには古い「技術」，すなわち直接の人と人との交流が要る。したがってICTは形式知，つまり知識や情報の量的な側面を効率的に扱う能力を高めてくれるが，暗黙知，つまり知識の質的な側面を伝えるためには，やはり人間の交流を通じた豊かなコミュニケーションが必要なのである。ICTをうまく使いこなせる労働者がニュー・エコノミーで有利であるのは事実だが，実際にICTが私たちと知識基盤経済の全般にもたらしてくれるものは，このような意味において限られている。事実，野中（2005）が論じるように，ICTの発展は形式知とデジタル化された情報の価値を増加させるのではなく，むしろ減少させたが，知識基盤経済の激しい競争のなかで成功するカギは，容易には複製できない暗黙知を創造し，蓄積していくことなのである。

　介護労働者が生産するものはサービスだが，それは行為（deed）であり，遂行（performance）であり，努力（effort）である（Rathmell 1966）。そのサービスの成果は基本的に量ではなく質で測られるものであり，それは「抽象的な用語による捉えにくい概念で，人々の経験から定義するのが最もふさわしい」（Henderson and Atkinson 2003：162）ものだ。このような介護労働の質の重視は，先に述べた知識基盤経済の労働の性質と一致するように思われる。さらに，介護労働者が実践の場で自らの知識とノウハウをつねに更新・修正し，将来的に未知のクライアントや状況に適用できるように枠組みと選択肢を広げ，サービスの質を高めよう

第**8**章 ケア労働者は知識労働者か？

と努力しているのは事実であり（Nishikawa 2004），この意味でこの女性たちの労働は明らかに知識集約的である。だが彼女らが一人前の知識労働者となるためには，個々の知識，また特異な知識を他者と共有し，それを客観化するために共同で努力し，客観化された知識を連結し，ふたたびそれを内面化して，より大きな知識と価値を創造しなければならない。

　本章で論じるのは，介護労働がニュー・エコノミーの不可欠な一部であること，にもかかわらず，雇用がますます柔軟化しているために，ニュー・エコノミーの中心的位置を占めるといわれる知識労働として，介護労働が認知されにくくなっていること，である。雇用の柔軟化が介護労働者の知識にどの程度影響しているかを調査し，柔軟化が介護労働者の知識の獲得と蓄積にどう影響するか，介護労働者が一人前の知識労働者になるのを柔軟化がどう阻んでいるかという問題を考える。

　本章ではまず，労働市場の柔軟化への流れと，日本および諸外国の公式的な介護サービスにたいするニードとサービスの発展を分析する。続いて，柔軟化が在宅介護労働者の知識獲得にどう影響するかを，関連文献を検討し，私たちが行った調査のデータを分析することによって考える。調査は2003年夏，東京首都圏の在宅介護サービス組織に所属する在宅介護労働者595人を調査対象として，行ったものである。[2]

2　柔軟化されたジェンダー化労働としての在宅介護労働

（1）労働の柔軟化への流れ

　戦後，一家の稼ぎ手は男性という概念が，主流の雇用モデルとして強く固定化した。このモデルでは，男性が一家を支えられるだけの収入を稼ぎ，女性は家庭で家事と家族の世話を担当するものとされている。だが経済のグローバル化の到来により競争が激しくなると，男性稼ぎ主を守っていた雇用慣行は，先進経済ではコスト高と見られるようになった。くわえてサービス経済への移行で，柔軟な労働力の需要が増加した（OECD 2001a）。サービス部門では製品の「在庫をもつ」ことはできないので，サービス業に従事する労働者は変動する需要に迅速に応じ

なければならない（Scrinzi 2003）。主として家庭で家族への責任を担ってきた女性たちは，仕事と家事を両立させるために柔軟な働き方を「選択する」ようになった。労働市場の柔軟化の進展とともに女性の有給雇用が増加し，その結果，先進社会では男性稼ぎ主モデルが崩れはじめた（Crompton 2002；Perrons 1999；Gottfried and O'Reilly 2002）。

　この点では日本も例外ではない。日本の雇用慣行に深く浸透していた男性稼ぎ主モデルは，増大する国際競争の圧力を受けてしだいに崩れはじめている。この激しい国際競争の時代，1990年代の長引く不況とも相まって，労働市場の柔軟化は急速に進んだ（Tanaka 1999；Nakano 1999）。男性の場合，非標準的な雇用形態は若い世代と高齢世代の両グループで増加しているが，一家の稼ぎ手と思われる中年層では雇用慣行が比較的標準的のままとどまっている。一般に若年層と年配層の両グループが数値的柔軟性を雇用主に提供しているが，これまで機能面での柔軟性を雇用主に提供してきた中年層も，残業や休日出勤をすることによって労働時間を市場の変動に合わせている。しかし女性の場合は，非標準的雇用があらゆる労働年齢層で増加している。比較的若い女性は派遣労働者として働く傾向が強く，結婚して子どもがいる女性はパートタイマーとして働く傾向がある。現在は家計の足しにするためにパートタイムで働く有配偶女性が増えている。伝統的な雇用慣行が変化しているために，もはや夫の給料が着実に上がっていくことは期待できないからだ。このような妻たちは，夫の扶養家族にとどまって現行の社会保障制度の恩恵を受けるために，労働時間と所得を調整することが多い[3]。これにより男性稼ぎ主モデルは，変化した形態ではあるが存続している（Nishikawa 2003a）。

　柔軟化は1990年代に加速した。最近では有給の女性雇用者のうち，非標準的雇用のほうが標準的な雇用よりも数が多い。種々の非標準的雇用の形態において，女性労働者の最大のカテゴリーはパートタイムで，非標準的有給労働者の70％以上を占める。女性の給与は依然として男性より低いが，フルタイム労働者の場合，その相対的割合は徐々に改善している。いっぽう，女性間ではパートタイマーの時間当たりの賃金はフルタイム労働者よりかなり低く，その差はますます広がっている（厚生労働省 2004）。労働力の柔軟化は男性の働き方よりも女性の働き方に

はるかに大きな影響を与えている。

さらに，日本政府は女性労働者にとくに有害な，労働者保護の規制緩和を行った。1993年に成立したパートタイム労働法は，標準的な労働者保護措置の最低限のレベルしか規定していない。不平等な待遇と間接的差別の問題は未解決のままである。1985年に制定された労働者派遣法によって，特定の業務に限られてはいたものの，民間企業が派遣事業に従事できるようになった。1990年代，認められる業務の種類はしだいに増え，ついに1998年の法改正時には制限がほぼ完全にははずされた。実のところ，この改正はすでに労働市場で起こっていたことを是認する認め印のようなものにすぎなかった。この改正の結果，常勤のフルタイム従業員をパートタイム労働者と派遣労働者に置き換える動きが加速した（Nakano 1999）。パートタイム労働も派遣労働も従事しているのはたいてい女性であり，一般にパートタイム労働は中年の有配偶女性が，派遣労働は若い女性が多く，この分野の政府政策の結果，とくに女性の労働条件が着実に悪化している。

つまり，1970年代以降の国際競争の激化で，先進諸国では労働力の柔軟化が主要な流れとなった。その結果，同時に起こった規制緩和の流れと相まって，非標準的労働者として労働市場に参入する女性の数が増えた。日本においても，有配偶女性が非標準的雇用慣行の典型的なターゲットとなっている。フルタイムの労働者は，ますますパートタイムやその他の非標準的労働者に取って代わられつつある。以下に述べるように，この非標準化のプロセスは日本の介護労働にも見ることができる。

（2）ケア労働——柔軟なジェンダー化された労働の拡大

女性の労働力参入の増加は，非公式的な家族によるケアを大幅に減少させた（Badgett and Folbre 1999）。結果としてケア労働の需要は着実に増加し，こんにちOECD諸国では，子どもと高齢者のためのケア労働が大きな関心を呼んでいる。出生率の低下，高齢化，高い離婚率，インフォーマルな社会的サポートのネットワークの弱体化など，最近の社会的・人口動態的変化によって，あらゆる先進社会で高齢者介護の需要が増加している。

長期介護の必要な高齢者の数が増えているが，大多数の家庭にとっては依然と

第Ⅲ部　新たな雇用形態をジェンダー化する

して在宅介護が主要である。高齢者の在宅介護は一般に「女性的な」サービス業として柔軟に構成され，地位も賃金も低く，職業階層の底辺部に置かれている。さらに，伝統的に高齢者介護は家庭で，公式の訓練や資格なしに，女性によって担われてきた。介護労働を専門的な職業と認めることへのそのような構造的障害を，完全な有給労働とも無給労働とも認められない，相反する認識に見ることができる。

　多くのOECD諸国では長期介護にかんする政策が見直されて，ケアサービス提供者と提供形態の柔軟性の面で，利用者の選択肢が増えている（Lundsgaard 2005）。ヨーロッパの多くの国では1990年代後半，現金給付制度が広く導入された（Ungerson 2003）。この制度ではケアサービス利用者が，現金とサービスのどちらの提供を受けるかを選べる。しかし現金を選んだ場合に支払われる額は，後者を選択した場合に提供されるサービスの代価には足りない。ほとんどの場合，現金を選択するケアサービス受益者は，自分を介護してくれる身内に払うことを選ぶ。そのような場合，労働は賃金と完全に交換可能ではないので，ケアサービス提供者はその「クライアント」との標準的な雇用関係をもたず，ケア労働の半商品化された性格が維持される。経済的手段の少ない女性は現金を受け取って自宅でインフォーマルな介護者になるか，グレーマーケットで低賃金の介護者として臨時に働く場合が多く，中流階級の女性たちは現金ではなくサービスを選び，必要に応じて市場から付加的なサービスを買う傾向がある（Theobald 2003）。ほとんどの先進国では，高齢者のための介護労働の質と内容は，たとえば家族による無給の介護労働から，有給の非公式な介護者，無資格の介護労働者，有資格の介護労働者まで，非常に多様である。だが欧米の多くの先進国では，在宅介護労働はまだ専門的な職業としてきちんと確立されてはいない。

3　日本の在宅介護労働——柔軟化されたジェンダー化労働

　先進国のなかでも日本は，晩婚化，出生率の低下，長寿化といった急速な社会的・人口動態的変化を反映して，社会の高齢化が最も急速に進んでおり，結果として適切な在宅介護サービスがつねに不足している。1980年代末から日本政府は

この問題に対処するさまざまな政策を導入してきたが，それらの政策はジェン
ダー中立からはほど遠い。

日本の在宅介護サービス制度は，老人福祉法が制定された1963年に国レベルで
はじまった。初めサービスは低所得世帯に限られていたが，その所得制限は1982
年に廃止された。日本政府は高齢者の世話をする主要な責任は家族にあると一貫
して主張していたが，1980年代末になってようやく，もはや家族では自宅で高齢
者に十分な介護を提供することはできないと認めた。政府が「ゴールドプラン
（1989年）」「新ゴールドプラン（1995年）」「ゴールドプラン21（1999年）」を相つい
で導入し，具体的な目標を設定したことで，在宅介護労働者の数は急速に増加し
た。

日本政府にとっては，一連のゴールドプランの目標を達成するために，養成シ
ステムや資格制度を通じて急いで在宅介護労働者を調達することが緊急課題だっ
た。日本政府は有望な労働力源として，結婚や出産を機に労働市場を離れた中年
の有配偶女性を主要なターゲットとした。初めは特別な資格は必要ではなく，育
児や年老いた親を介護したことがあるというような個人的な介護経験が重要な選
択基準だったが，介護の質を標準化するために，しだいにさまざまな資格制度が
導入されていった（Nishikawa 2003b）。

介護労働者の資格制度はまず1987年に国家資格の「介護福祉士」制度，続いて
1992年にホームヘルパー養成制度の設置によって制度化された。ホームヘルパー
の養成は地方自治体や指定された機関が行った。介護福祉士の資格と比べると，
ホームヘルパーの養成期間ははるかに短い。ホームヘルパー養成講座で取得でき
る資格は1級から3級まで3段階あり，日本の在宅介護労働者では2級が標準的
である。2級の資格は130時間の養成講座の受講で取得できる。この比較的短い
養成期間は，家事と両立させながら「尊敬に値する」職業人としてふたたび働き
たいという有配偶女性の希望にかなっている。在宅介護サービスの標準化は，ケ
アワークに専門職としての地位を与えるための第一歩と見ることができるだろう。

だが1990年代，長引く深刻な不況下で国も地方自治体も，在宅介護サービスの
拡大を必要以上の財政的重荷と感じるようになった。事実，地方自治体は在宅介
護サービスの直接の提供者から，社会福祉協議会を通じた間接的な提供者へと急

第Ⅲ部　新たな雇用形態をジェンダー化する

速に変わっていった（Ito 2001）。やがて日本政府は費用効果を促進するために在宅介護サービスの市場化を選択し、2000年に「介護保険制度」を導入した。介護保険制度は、高齢者に在宅および施設での介護を提供する社会保険制度である。日本では依然として家族による非公式の介護が大きな役割を果たしているが、それを経済的に支援する公的な制度はない。介護保険制度では、サービスが公式に訓練された介護労働者によって提供されるという条件のもとに、地方自治体から給付金が支給されている[4]。

　介護保険制度の開始とともに、地方自治体や社会福祉協議会その他の社会福祉財団のような旧来のサービス提供者に加えて、民間企業、協同組合、病院、NPOなど、さまざまな機関が市場で在宅介護サービスを提供すべく出現した。その結果、在宅介護サービス市場は競争が激しくなり、コスト削減の圧力と、提供するサービスの労働集約的性格から、民間セクターの在宅介護サービス機関は、非正規で非標準的な雇用形態に、より依存するようになった。

　日本の介護サービスシステムは施設介護と在宅介護に分かれている。一連のゴールドプランで日本政府は、後者タイプの介護サービスを増やそうと試みた。主として、施設介護よりも在宅介護のほうが費用効率が高いと思われたためである。この2つのタイプの介護サービスに従事する介護労働者は、異なるフレックスタイム・システムで働いている。施設介護労働者として働く人たちは交替勤務と夜勤に従事して、24時間365日のサービスを提供している。いっぽう、在宅介護労働者として働く人たちはクライアントの要求に応じて働き、その仕事はたいてい日中に集中している。その結果、前者グループは標準的な雇用形態のもとに比較的若い独身の労働者が多く、後者のグループは非標準的雇用の中年の有配偶女性が中心である。2002年に行われた全国調査によると、施設介護労働者の10人に8人はフルタイムの標準的労働者で、在宅介護労働者では同じ比率が非標準的労働者として働いている。前者グループの大多数は20代と30代、後者グループの大多数は40代と50代である。介護労働者は圧倒的に女性が多いが、男女の比率は施設介護と在宅介護で異なっている。施設介護労働者の20％は男性だが、在宅介護労働者では男性はわずか5％だった（介護労働安定センター 2002）。

　在宅介護労働者の場合、約半数は登録型労働者である（介護労働安定センター

第**8**章　ケア労働者は知識労働者か？

2002)。登録型労働者は介護機関に名前を登録（『登録労働者』と呼ばれるゆえんである）しておき，介護機関がクライアントの要求と労働者のスケジュールに合わせて在宅介護の仕事を割り当てる。同じ2002年の調査によると，登録型労働者の一週間の平均労働時間は14時間で，週平均40時間働く常勤のフルタイム介護労働者の半分にも満たない。登録型労働者はクライアントの家庭で過ごした時間数で支払われ，その額は月によって変動することが多いが，標準的なフルタイム介護労働者は安定した月給を得ている。登録型労働者の1か月の平均収入は6万8000円で，月平均22万2000円稼ぐ標準的なフルタイム労働者の3分の1に満たない（介護労働安定センター 2002)。

クライアントの家庭を訪問して個人ベースで介護サービスを提供する在宅介護労働者は，クライアントのさまざまな要求に独自に対応するため，施設介護労働者より高レベルの技能が要ると一般に考えられている。くわえて在宅介護労働者はクライアントの日常生活の現場で働くため，質の高い介護サービスを提供するには技術的な柔軟性とともに精神的な柔軟性も要求されるだろう。また個人で働くため，高度な情報処理技術とリスク管理技術も必要になる。このような労働形態には時間管理も重要である。いっぽう，介護施設内で働く介護労働者は，基本的に上司や先輩から直接指示を与えられる。労働分担がなされていて，その仕事は多かれ少なかれ組織の規則や手順によって標準化されている。在宅介護労働者の非標準的雇用形態と，それにともなう収入および社会的認知の低さは，介護福祉士のような高い資格をもつ労働者にとって魅力的とはいいがたい。比較的多くの施設介護労働者が介護福祉士の資格を取得しているが，在宅介護労働者の大多数はホームヘルパー2級保持者で，労働条件が不安定なために離職率が比較的高い。このことがさらに雇用主の人的資本への投資を妨げている。

つまり，日本の社会的・人口動態的変化によって高齢化社会に急速に移行しており，それが高齢者介護労働の需要増を促した。介護保険制度の導入後，在宅介護労働者の柔軟化が加速した。介護労働市場の激しい競争は，提供されるサービスと雇用形態をますます細分化した。1990年代，在宅介護労働を専門職として確立しようという動きがあったが，介護保険制度の導入はその流れを逆行あるいは少なくともせき止め，細分化された非正規かつ非標準的労働を，主として比較的

245

第Ⅲ部　新たな雇用形態をジェンダー化する

訓練度の低い中年女性が引き受けることになった。

4　知識労働としての在宅介護労働

（1）介護労働者とその知識

　情報技術（IT）が人々の働き方を変え，いまや知識労働者が新しい知識基盤経済で主要な役割を果たしていると指摘する文献が数多くある（Burton-Jones 1999 ; Drucker 2002）。ITはデータや情報にアクセスし利用する私たちの能力を劇的に向上させ，情報の処理と管理を通じて知識を生産する能力をもつ人々がニュー・エコノミーの非常に重要なアクターとなったといわれている（Castells 2000b, 2001）。

　知識労働者の定義は著者によってかなり幅があるが，一般には公式の教育から得たかなりの理論的知識をもち，特定の分野の知識を継続して獲得し更新することに関心をもっている人，という意味で使われている（Burton-Jones 1999 ; Drucker 2002）。知識労働者のもう１つの重要な特徴は，彼らが自分を専門職と考えている点で，そのため同じ組織の異なる知識分野で働いている同僚よりも，他の組織の同じ専門分野で働いている人のほうに，より親近感を抱いていることである。したがって同じ専門分野の知識労働者間の職場での関係は，上司と部下というより，先輩と後輩の関係といえる（Drucker 2002）。高水準の製品の生産はトップダウンの管理より，お互いの仕事をモニターしあうことによって効果的に達成されることが多く，彼らが働く組織は提供するサービスの幅が広い大規模な組織より，分野の特化した小規模な組織である場合が多い（Burton-Jones 1999）。

　では介護労働は，ニュー・エコノミーにおける知識労働の一部だろうか。介護労働が何10年も前から存在していることはよく知られているが，この分野の理論的知識，あるいは「専門的合理性」（Schon 1983, 1987）は，医師やエンジニアなどの伝統的な知識労働者の場合のように十分には発達していない。前述したように日本では介護労働者の資格を与える公式の教育機関が設立され，さまざまな，とくに身体介護の領域の養成講座が公式的に導入されたのは，つい1980年代末のことである。だが，そのような施策は主として入門レベルの認定や資格を与える

ことをねらって考え出されたもので，すでに介護サービスに従事している人々の研修訓練の機会は依然として限られている（Nishikawa 2003b）。したがってこの分野に入った後の継続的な学習と知識の習得は，個々の介護労働者とその組織の努力に委ねられている。しかしながらそのような組織は小規模な場合が多いので，一般に研修の機会はあまり提供されていない。

だが理論的知識，公式の教育，研修システムがあまり発達していないのは，知識の内容にも関係している。介護サービスの対象は人間であり，質のよいケアサービスの提供は介護する人と介護される人の関係を築くことのうえに成り立っている（Himmelweit 1999）。そこで，クライアントの癖や好み，家族背景や局所的特徴のような，クライアントや状況に固有の知識を継続して取得するために，介護労働者の知識は特異なものになる傾向がある。在宅介護労働者の場合はとくにそうだ。その主要な学習スタイルは演繹的というよりは帰納的で，「独自のスタイルと固有の長所と短所をもつ1人の実践者が，ある特定の状況で特定のクライアントに有効であると発見したもの」（Evans 1999）であるような，「特殊化した理論」の構築をともなう。その結果，地域はもとより世界中の同じ職業の人々に知識を伝え，共有しようという動機につながらない。こうしてその知識の大部分は暗黙知のままとなるか，個々の介護労働者の内で生かされるにとどまる。

介護労働者の知識の暗黙知的な性格は，福祉関連の職業の教育と訓練が伝統的に見習い制という方法で行われてきた事実にも現れている。エバンスが指摘するように，ケアサービスの職業の最も重要な学習方法は実地経験であり，実習の教師その他のスタッフが，実践の場でどのようなことが起こっているか，専門的なケアサービス提供者として適切に行動するにはどうすべきかを生徒に学ばせる。学術的な教師の主要な役割は理論的知識との関係性を引き出すことだが，ケアサービスの学習過程においては比較的周辺的な役割である（Evans 1999）。

暗黙知は技術を駆使して簡単に獲得できるものではなく（Nonaka and Takeuchi 1995 ; Kokuryo 1999），他者との交流を必要とする場合が多い。野中の知識変換モデル（図8-1）は，暗黙知が人的交流を通じてどう伝達され，生成されるかを示している（Nonaka 1990）。

このモデルにはつぎの4つの異なる知識変換モードが含まれている。⑴暗黙知

第Ⅲ部　新たな雇用形態をジェンダー化する

図8-1　知識変換の4つの様式

出所：Nonaka and Takeuchi (1995：62).

から暗黙知への「共同化 (socialization)」、(2)暗黙知から形式知への「表出化」、(3)形式知から形式知への「連結化」、(4)形式知から暗黙知への「内面化」。個人は言葉を使わずに経験を共有することによって、他者から直接に暗黙知を獲得できる。共同化は、たとえば見習い制などの場合の教師と生徒間、同僚のあいだ、労働者とクライアント間に見られる。表出化は暗黙知を明確な概念として表現するプロセスである。これには隠喩、類推、概念、仮説、モデルの利用をともなう。このプロセスには集団での対話や考察も必要となる。連結化は、概念を知識体系に組み入れて、異なる形式知の集合と結合するプロセスをいう。最後の内面化は、「実地学習」を通して形式知を暗黙知に組み入れるプロセスである。それぞれの知識変換モードは異なるタイプの知識を生み出す。共同化は共有されたメンタルモデルやスキルのような「共感知」を、表出化は隠喩や類推のような「概念知」を創り出す。連結化はプロトタイプや新しい要素技術のような「体系知」を、内面化は、たとえばプロジェクト管理や生産工程、新製品の利用、政策の実施などに関連する「操作知」を創造する。野中のモデルは、暗黙知から暗黙知への変換と、暗黙知から形式知への変換には共同の努力、つまり労働者どうしが直接顔をつきあわせて交流することが必要なことを示唆している (Nonaka 1990; Nonaka and Takeuchi 1995)。

　さらにバートン=ジョーンズは、形式知から暗黙知と、暗黙知から暗黙知への変換にかんしては、ITには限られた用途しかないといっている。ただし、形式知から暗黙知への変換は、事例にもとづくシステムを使うことによって部分的に対処できるし、暗黙知から暗黙知への変換も、情報提供への文脈を重視するアプ

ローチによって部分的に助けられるだろうという。だが，ほとんどの暗黙知の共有は人と人との直接の交流から生じるもので，「ITシステムが現実世界の緊迫感をシミュレートできるようになるまでには，まだ時間がかかる」と指摘している（Burton-Jones 1999 : 12）。

　先に述べたように，介護労働者の知識の大部分は個々の介護労働者が内面にもっているものなので，知識の伝達と生成には先輩や同僚との直接の交流が非常に重要な役割を果たすと思われる。在宅介護労働者の場合，これは事業所かクライアントの家庭で起こるだろうが，それぞれの場所で伝達され生成される知識は異なると考えられる。在宅介護者はクライアントの家庭を訪問する前や後に，会社で先輩や同僚に相談することができる。そうすることによって形式知を交換したり，暗黙知から形式知を生成したりし，のちにそれを内面化することができる。また共同化にかかわることもできるかもしれない。だが共同化によって事業所で獲得し伝達できる知識は，事業所で経験する仕事に限られる。先に述べたように，介護労働者にとっては実地経験が最も重要な学習方法であり，在宅介護労働者の場合は，実際に仕事をするのはクライアントの家庭である。彼女らはそこで内面化と共同化の両方にかかわると考えられる。公式の教育と事業所で学んだ形式知は，クライアントの家庭での実地学習を通じて暗黙知として組み込まれる（つまり，内面化される）。共同化は，先輩や同僚と一緒にクライアントの家庭を訪問した場合に，先輩や同僚との交流およびクライアントやその家族との交流から生じうる。後者のタイプの交流は，クライアント固有の，したがって特異で局所的な知識を伝達し生成するが，前者の交流によって生み出される知識は，同じ職業の人たちが共有できるメンタル・モデルやスキルのように，より広範囲にわたる。

　つまり，介護労働者の知識は完全に形式知にしたり，世界中で共有や連結したりすることのできない，局所的で特異なものである。そのために理論的知識や公式の教育訓練はまだ十分に開発されていない。形式知の蓄積は依然として不十分なので，内面化（つまり，実地学習）も知識の生成では限られた効果しかないようだ。労働者は他人の経験の蓄積からも，その蓄積から得られた体系知からも効果的に学ぶことができない。したがってその知識の大部分は暗黙知のままにとどまり，知識の共有と獲得は，じつはこれまでも行われてきたように，実習の場で，

第Ⅲ部　新たな雇用形態をジェンダー化する

あるいは仕事中に，先輩や同僚やクライアントとの直接の交流によって最も効果的に行われる。つまり，介護労働者が知識労働者になる主要な方法は，直接的な交流なのである。

（2）柔軟化と在宅介護労働者の知識

前述のように，介護保険法の施行以降，日本では民間の介護サービス提供機関の割合が増加し，それとともに，施設内の介護労働に比較して，とくに在宅介護労働でパートタイムと登録型労働者の割合が増加している。では，この種の柔軟化は在宅介護労働者の知識にどのような影響を与えているのだろうか。

日本の在宅介護サービス機関では非標準な様式の雇用が非常に多いので，第一線の在宅介護労働者のほとんどはパートタイムか登録型労働者である。第一線の在宅介護労働者を監督し，そのクライアントを管理する責任のある主任在宅介護労働者でさえ，恒久的雇用ではなく，一定期間の契約のもとで働いていることが多い。

ではこの種の柔軟化は，在宅介護労働者の知識獲得にどう影響するだろうか。まず第一に，経験豊富な労働者と経験の浅い労働者が直接交流する機会が制限される。彼女たちは基本的にクライアントの家庭で働いているので，事業所で過ごす時間は比較的短い。経験の浅い労働者がフルタイムで働いている場合は，直接コミュニケーションをとる時間と機会が十分にあるので，クライアントの家庭を訪問する前あるいは後に事業所で経験豊富な先輩に相談できるが，パートタイムで働いている場合，とくに登録型労働者の場合は，先輩と直接交流する機会は限られている。彼女たちは基本的にクライアントの家庭で過ごす時間数で給与を支払われており，したがって雇われている会社に出向くインセンティブが低いからである。もちろんクライアントの家庭を訪問する前あるいは後に主任在宅介護労働者と連絡はとるが，それは報告書や電話というかたちをとることが多い。このような場合，暗黙知の伝達は難しい。これはまた，第一線の個々人の労働者がクライアントとの交流から得た暗黙知が，同僚に効果的に伝えられず，したがって集団で共有されないということでもある。

第二に，柔軟化は経験豊富な労働者と経験の浅い労働者間の直接的な接触の機

会を制限するだけでなく，同僚どうしのコミュニケーションの機会も制限する。たとえば私たちがインタビューした東京首都圏に多くの支店をもつ大手の民間在宅介護サービス会社数社では，非正規雇用のパートタイム労働者と登録型労働者がミーティングのために会社に集まるのは月に1度だけというのは，きわめて普通のことである。したがってこれらのパートタイム労働者と登録型労働者が，暗黙知であれ形式知であれ，お互いの知識を伝達し，生み出す機会は非常に限られている。これはまた，先に述べた知識労働者の特徴とは対照的である。すなわち知識労働者では，トップダウン式の監督と管理ではなく，互い検証し合うことで集団的な専門知識の生成と更新を行うことが，標準的な様式である。

　最後に，非正規雇用のパートタイム労働者や登録型労働者の場合，コミュニケーション（つまり共同化）には上司や同僚よりもクライアントがかかわっている場合が多く，したがってクライアントとのかかわりのほうが，介護労働者の知識の獲得と蓄積により大きな影響力をもちうる。このことは当然，彼女たちの知識の特異で局所的な性格を強め，そのために集団的な専門知識の蓄積をいっそう阻むだろう。

　次節では調査データを分析して，日本の在宅介護労働者がどのように知識を獲得し蓄積するか，その知識の獲得と蓄積に柔軟化がどう影響しているかを見ていきたい。

5　データ分析

（1）データ

　以下の結果は，2003年夏に私たちが行った調査で収集したデータの分析をもとにしている。サンプルは日本で在宅介護サービスを提供している大手の民間企業3社が所有する，東京首都圏130か所の在宅介護サービス施設から抽出した。会社と施設に依頼して，経験の豊富さや雇用形態を含め，さまざまな第一線の在宅介護労働者を，バランスのとれた構成比で選んでもらった。調査は構造化アンケートを使って，直接面接のかたちで行った。全体のサンプルサイズは595である。表8-1に経験と雇用形態別の回答者分布を示す。

第Ⅲ部　新たな雇用形態をジェンダー化する

表8-1　経験と雇用形態別回答者分布（N=595）

経　験	％	雇用形態	％
1年未満	30	常勤のフルタイム	21
1年以上3年未満	37	非常勤のフルタイム	24
3年以上	31	パートタイム	40
無回答	2	登録型	15

（2）日本における在宅介護労働者の知識の獲得と蓄積

　調査では「あなたにとってホームヘルパーの仕事をうまく行うために以下にあげる事項はどの程度重要ですか」という質問を回答者に行った。回答項目を14個列記し，「重要」から「重要でない」まで5段階の尺度で答えてもらった。回答者の半数以上が「重要」と答えた項目を表8-2に示す。

　表8-2からわかるように，日本の在宅介護労働者が仕事をうまく行うために最も重要な要因として選んだのは，「同行訪問」だった。同行訪問というのは日本の在宅介護サービスの慣行で，経験の浅い労働者が初めてクライアントの家庭を訪問する際に上司や先輩が同行してクライアントと良好な関係を築けるように助け，その特定のクライアントに効果的に対処するために必要な基本的な知識とスキルを後輩に教えるものだ。同行訪問のつぎには職場（事業所）での上司・先輩の指導，そのつぎに利用者やその家族からの意見，そして職場（事業所）での同僚からのアドバイスが続いている。これら4項目のすべてが人的交流をともなうものであり，したがって暗黙知の重要性を示唆している。職場（事業所）で受ける講習と学校や専門機関による教育も形式知の獲得には重要な要因だが，先の4項目よりも重要性が低いと見られている。このことは，在宅介護労働者が自分たちの仕事をうまく行ううえで，形式知よりも暗黙知のほうをより重要と捉えていることを示している。

　また，在宅介護の仕事を1年以上続けており，前の年よりも自分自身の知識とスキルが向上したと感じている回答者に，自分の知識とスキルの発達に効果的な方法について10項目のなかから選んでもらった。回答者の半数以上が選んだ項目を表8-3に示す。

　在宅介護労働者として1年以上の就労経験をもつ人たちの場合，同僚との意見

第**8**章　ケア労働者は知識労働者か？

表8-2　在宅介護の仕事をうまく行うための重要な要因（M.A.）（%）

	重要	やや重要
同行訪問	81	17
職場（事業所）での上司・先輩の指導	71	27
利用者やその家族からの意見	67	31
職場（事業所）での同僚からのアドバイス	64	33
職場（事業所）で受ける講習	64	33
資格研修や講習など学校や専門機関による教育	59	34

表8-3　知識とスキルの発達に効果的な方法（M.A.）　　（%）

	選んだ回答者の割合
同僚との意見交換	78
上司や先輩から学ぶ	73
失敗を繰り返しながら	70
利用者やその家族から学ぶ	60
社内の研修・講習	54

交換が知識と技能を蓄積する最も効果的な方法であると考えられており，続いて上司や先輩から学ぶこととなっている。つぎに失敗を繰り返すことによる学習，そして利用者とその家族から学ぶことが続く。最初の2つは職場（事業所）での経験に関係しているが，あとの2項目はクライアントの家庭での経験に関係している。これら4項目すべてが，在宅介護労働者がスキルを発展させ知識を獲得する最も効果的な方法は，直接の交流であることを示している。この4項目に比べると，ここでも社内の業務外研修は人気がなく，専門的知識を蓄積するうえで，暗黙知に比べて形式知はそれほど重要とは見られていないことがわかる。

　このように表8-2と表8-3の結果から，在宅介護労働者の知識の獲得と蓄積には，暗黙知の交換を可能にする，先輩や上司，同僚，クライアントとの交流が非常に重要であることがわかる。形式知の学習を助ける公式の教育研修も重要だが，在宅介護労働者にとっては人と人との交流ほど重要ではないのである。

（3）柔軟化と知識の獲得と蓄積

　では柔軟化は，在宅介護労働者の知識の獲得と蓄積にどう影響するのだろうか。前項で述べたように，柔軟化は上司や先輩，または同僚との交流の機会を制限するのであろうか。そうであれば，どの程度まで制限するのであろうか。また柔軟

第Ⅲ部　新たな雇用形態をジェンダー化する

表8-4　雇用の地位別に見る事業所で過ごす週平均時間

雇用形態	事業所で過ごす週あたりの平均時間
正規フルタイム	24.8
非正規フルタイム	18.1
パートタイム	3.1
登録型	2.2

化によって在宅介護労働者の知識の特異な性格を強め，それによって集団知の生成を阻むような影響があるだろうか。

　これらの疑問に答えるために，まず在宅介護労働者が事業所で過ごす時間を見てみる。種々の雇用形態の在宅介護労働者が事業所で過ごす平均時間を表8-4に示す。4タイプの労働者に分けられ，正規のフルタイム労働者は，恒久的な雇用制度のもとでフルタイムで働いている人あり，非正規のフルタイム労働者はフルタイムだが有期雇用契約で働いている人，パートタイム労働者は有期雇用契約で，フルタイマーより労働時間が短い人，登録型労働者は機関に名前を登録しておいて，要求されたときにサービスを提供する人たちである。

　平均すると，正規のフルタイム労働者は事業所で週に約25時間，非正規のフルタイム労働者は週に約18時間過ごしている。したがってフルタイム労働者は，正規・非正規にかかわらず，上司や先輩，同僚と直接コミュニケーションを図る十分な時間があるように思われる。ところがパートタイムと登録型労働者が事業所で過ごす平均時間は，これに比べるとかなり短い。パートタイム労働者は週に約3時間，登録型労働者は週に約2時間である。インタビューした登録型労働者のうち28％は，インタビューした週の前の週に1度も会社に行かなかったと答えた。彼女たちが上司や先輩，同僚と直接交流する機会が非常に限られているのは明らかである。

　この状況は，登録型労働者が自分の仕事をうまく行うために重要と考えていること（表8-5），および自身のスキルと知識の発展（表8-6）に重要なものをどのように見ているかに表れている。

　正規のフルタイム，非正規のフルタイム，パートタイム労働者は，在宅介護労働をうまく行うための最も重要な要因は同行訪問で，そのつぎに事業所で上司や

第**8**章 ケア労働者は知識労働者か？

表8-5 雇用の地位別に見る在宅介護の仕事をうまく行うための重要な要因（M.A.）

（％）

	正規フル	非正規フル	パート	登録型
同行訪問	80	89	83	61
職場（事業所）での上司・先輩の指導	75	77	73	47
利用者やその家族からの意見	61	70	69	66
職場（事業所）での同僚からのアドバイス	69	71	62	52
職場（事業所）で受ける講習	62	65	66	57
資格研修や講習など学校や専門機関による教育	55	57	60	63

表8-6 雇用の地位別に見る知識とスキル発達のための効果的な方法（M.A.）

（％）

	正規フル	非正規フル	パート	登録型
同僚との意見交換	90	85	73	50
上司や先輩から学ぶ	76	69	81	59
失敗を繰り返しながら	62	79	65	77
利用者やその家族から学ぶ	56	69	57	52
社内の研修・講習	50	55	54	55

先輩から指導を受けることと感じている。ところが登録型労働者の場合は，最も重要な要因としてあげられたのは利用者からの意見だった。また利用者からの意見という回答は非正規フルタイムとパートタイムでも３番目に多く，正規のフルタイム労働者に比べると，これを重要と見ている人の割合が大きい。もう１つ興味深い点は，正規でも非正規でもフルタイムの労働者は事業所での同僚からのアドバイスを，パートタイマーや登録型労働者よりも重要と見ていることである。これは表8-4で見たように，前者の２タイプの労働者は後者の２タイプの労働者より事業所で過ごす時間が長い事実を反映しているのだろう。

　表8-6は，在宅介護労働者が自分自身の知識とスキルを発達させる効果的な方法として選んだものを示している。正規，非正規のフルタイム労働者の場合，最も多かったのは同僚との意見交換だった。だが両者間には違いもあり，正規労働者では上司や先輩から学ぶことが効果的と答えた人が90％で，非正規労働者の85％より多かったのにたいして，非正規労働者では，失敗を繰り返しながら学ぶこと（69％）や，利用者やその家族から学ぶこと（69％）を，重要と見ている人が多かった。パートタイム労働者で最も多かったのは，上司や先輩から学ぶこと

255

第Ⅲ部　新たな雇用形態をジェンダー化する

という81％だったが，登録型労働者の場合は失敗を繰り返しながら学ぶという回答が77％と最も多く，その他の項目を効果的と考えている人は比較的少なかった。

表8-4と表8-6の結果は，正規と非正規のフルタイム労働者は事業所で過ごす時間が比較的長いために上司や先輩，同僚と直接交流する機会が多く，その機会を利用して知識とスキルを養うことができることを示している。ところがパートタイマーと登録型労働者は会社で過ごす時間が短いために，上司や先輩，同僚と直接交流する機会が少ない。これは登録型労働者の場合とくに顕著で，その結果彼女たちは，知識の獲得と蓄積を利用者の意見やその家庭で失敗を繰り返しながら学ぶというプロセスに頼っている。パートタイム労働者も事業所で過ごす時間は比較的短いが，上司や先輩とコミュニケーションを図る何らかの経路があるようで，それが知識獲得の効果的な情報源と考えられている。だがそれでもパートタイム労働者が同僚と交流する機会は，フルタイム労働者にくらべれば限られている。

では同僚との交流の機会は，雇用の地位によってどの程度制限されるのだろうか。調査では回答者に，自分たちの仕事について書かれたいくつかの文に賛成するかどうかを尋ねた。記述文には，「同僚とわからないことをよく話しあう」と「同僚とわからないことを話しあいたいが時間がない」を含めた。回答は「あてはまる」から「あてはまらない」まで4段階で答えてもらった。表8-7に「あてはまる」と答えた回答者の割合を，雇用形態別に示す。

表8-7から，正規でも非正規でも，フルタイム労働者はパートタイム労働者や登録型労働者と比較して，同僚とわからないことについてよく話す人がはるかに多いことがわかる。いっぽう，パートタイム労働者と登録型労働者では，わからないことを同僚と話しあいたいが時間がないと答える人の割合が，常勤，非常勤フルタイム労働者よりやや多かった。だがフルタイム労働者でも回答者の5分の1から4分の1が，わからないことについて同僚と話す時間がないと答えていることは注目に値する。

最後に，在宅介護労働者が自分たちの仕事の質を判断する際の基準を調べた。調査では「仕事がうまくいくとか，うまくいかないとかを判断するとき，あなたはどのような基準を重視しますか？」という質問を回答者に尋ねた。表8-8か

第8章　ケア労働者は知識労働者か？

表8-7　雇用の地位別に見る同僚と話しあう機会　　　　　　　（％）

	正規フル	非正規フル	パート	登録型
同僚とよく話しあう	57	59	27	15
話しあいたいが，時間がない	20	24	29	34

表8-8　仕事の質の判断に使う基準（S.A.）　　　　　　　　（％）

	正規フル	非正規フル	パート	登録型
サービス提供の目標に沿って仕事ができた	39	37	28	23
利用者の反応	48	55	55	67
その他	13	8	18	10

らわかるように，どの雇用形態でも最も多かった選択はクライアントの反応をもとにした評価である。だが他のどの形態の労働者よりも，登録型労働者の答えがいちじるしく多い。いっぽう，フルタイム労働者は正規でも非正規でも，特定のクライアントにたいするサービスの目標に沿って自分たちの仕事を評価する傾向が，パートタイムや登録型労働者より強かった。これらの結果は，フルタイム労働者は自分たちの仕事の達成度において，パートタイム労働者や登録型労働者よりも集団知に照らして考える傾向があり，パートタイム労働者と，とりわけ登録型労働者は局所的知識に照らして考える傾向が強いことを示している。

　結論づけると，まず第一に，フルタイム労働者と比べるとパートタイム労働者と登録型労働者が事業所で過ごす時間がはるかに短く，したがって上司や先輩，同僚と直接交流する機会がほとんどない。このことが暗黙知の伝達と，形式知・集団知の生成の可能性を制限している。パートタイム労働者はあまり事業所に行かないが，上司や先輩とコミュニケーションを図る経路をもっているらしく，これらの人たちを知識やスキルを獲得する重要な情報源と見ている。だが登録型労働者の場合は，孤立している状況が深刻な問題のように思われる。登録型労働者は自分たちの知識とスキルの発達を自分自身の試行錯誤のプロセスに大きく頼っており，その仕事は上司や先輩の指導より，クライアントからの意見に対応する傾向がある。その結果，登録型労働者は他の形態の労働者よりも特異な知識とスキルを養う傾向が強い。

　第二に，在宅介護労働者の知識の獲得と開発には，同僚労働者との交流とお互

第Ⅲ部　新たな雇用形態をジェンダー化する

いの意見交換が不可欠であることがわかった。これは，先に述べた相互の検証により知識を高めている知識労働者の特徴と一致する。だがパートタイム労働者と，とりわけ登録型労働者は，フルタイム労働者に比べて同僚と交流する機会がはるかに少ない。フルタイム労働者でさえ，そのような交流をもつ時間が十分ないと感じている人が多い。

このようにフルタイム労働者とパートタイム／登録型労働者間には分断があり，前者は共同の専門的知識を獲得し生成する機会が比較的多いのにたいして，後者，とくに登録型労働者はそのような機会が少なく，他の労働者があまり共有や利用することのできない特異な知識を発達させる傾向が強い。

6　柔軟化が介護知識の共有を阻む

ケアは伝統的に家族や親族によって担われ，多くの先進社会ではつい最近まで公的なケアサービスの提供とその範囲は限られたものだった。だが近年の社会的・人口動態的変化で，有料介護サービスの数と質の両方の向上が必然的に起こっている。この点では日本も例外ではなく，1980年代から政府は介護労働者の数を急速に増やす措置をとり，介護労働を1つの職業として確立するために，さまざまな認定制度を導入した。それにともなって介護労働の標準化と専門化が進んでいる。

いっぽう，日本政府がとった介護サービス事業者の規制緩和は，その意図したとおりサービスの質をめぐる競争を激化させただけでなく，労働コストを低減させることにもなった。その結果，非正規のパートタイム労働者と登録型労働者の数が増加した。在宅介護の仕事は高度なスキルを要する職業のはずだが，柔軟で不安定な業務スケジュール，仕事のジェンダー的性格による収入と社会的認知の低さは，高スキルの労働力にとっては魅力的とはいえず，結果として在宅介護労働者の多くは，家計を助けるために働く比較的スキルの低い，中年の有配偶女性になっている。そのような労働力構成がさらに介護労働の価値を低下させていく。

このような質の標準化と量の柔軟化という逆方向の流れのなかで，在宅介護労働者間に雇用環境の二極化が進んでいる。事業所とクライアントの家庭間を往来

できるフルタイムの在宅介護労働者は，クライアントの家庭での経験から得た知識と，事業所で先輩や同僚との直接の交流から得た知識を伝達し，共有し，開発する機会がある。いっぽう，パートタイム労働者と登録型労働者は，クライアントの家庭での労働経験が比較的限られている場合が多く，同業者の世界に深くかかわる機会がほとんどない。低スキルの労働者として上司の指示で働くか，特定のクライアントとのつきあいから失敗を重ねながら学び，集団的確証はないが特異で局所的な，限られた知識を利用して働いている。

いまやパートタイム労働者と登録型労働者は在宅介護労働者の大多数を占め，その割合は増え続けている。女性たちが獲得した知識は，じつは私たちの社会で大切にされ尊重されてきた集団知であるにもかかわらず，共有されず，十分に生かされていないのは，ケア労働の職業全体にとって大きな損失である。

本章で述べてきたことから，他の知識集約的労働の場合と違って，在宅介護労働者の知識の大部分は暗黙知のまま，個々の在宅介護労働者の内に留まっていることがわかる。したがって，在宅介護労働者が知識労働者になるためには，先輩や同僚との直接的な交流によって知識を共有することが非常に重要である。直接の交流は個々の在宅介護労働者の内に留まっている暗黙知の伝達を可能にするだけでなく，暗黙知から形式知への変換も可能にする。いったん知識が表出化すれば，それを個々人のレベルで効果的に内面化すると同時に，集団で共有し学ぶことのできる理論的知識に発展できる。ところが柔軟化が知識生成のプロセスに悪影響を及ぼし，在宅介護労働者の暗黙知と形式知の効果的な蓄積を妨げているように見受けられる。その結果，在宅介護労働者の集団知は，女性たちを知識労働者と見なせるほど十分に発達していない。

これまでのところニュー・エコノミーの勝ち組は，知識をうまくデジタル化し，ICTを利用することによって知識創造のプロセスを享受している人たちのようだ。確かにICTは，それほどコストをかけず，時間と空間を共有せずに情報の伝達を可能にするので，現在の社会で急速に拡大している知識集約労働にとって1つの可能性をもっている。だが介護労働のように暗黙知を多用する仕事では，ICTの効果は限られている。したがって在宅介護労働者が一人前の知識労働者になるためには，労働の場や雇用形態にかかわりなく，集団知を共有し開発する方法を取

第Ⅲ部　新たな雇用形態をジェンダー化する

り入れることが必要だ。暗黙知のほとんどが形式知に変換されず，在宅介護労働者間に蓄積されていない現状を考えれば，いま本当に必要なのは先輩や同僚との直接の，豊かなコミュニケーションである。このような意味において，介護労働者の雇用の過剰な柔軟化を規制する措置を，ふたたび導入することが必要である。

注

(1)　詳細は本書第**2**章を参照。

(2)　この調査の遂行のために以下の助成を受けた。記して謝意を表する。

　　　平成14-15年度科学研究費補助金基盤C(2)「「ニュー・エコノミー」の比較ジェンダー分析──高齢社会のサービス化と情報化」（研究代表者：田中かず子）。

　　　平成14-15年度科学研究費補助金基盤B(1)「「ニュー・エコノミー」の比較ジェンダー分析──高齢社会のサービス化，情報化と格差問題」（研究代表者：大沢真理）。

(3)　詳細はOsawa（2007）を参照。

(4)　公式に訓練された労働者とは，介護福祉士の資格をもつ人，あるいはホームヘルパー養成講座を修了して，それぞれの認定証（ホームヘルパー１級から３級）を取得した人を指す。

(5)　そのような２人１組の訪問が行われる頻度は，介護機関や新人労働者の能力によって異なるが，一般に１人の新しいクライアントについて１回から３回までである。

(6)　集団知については本書第**9**章も参照されたい。

第**9**章

誰が知識労働者になるのか？
――イギリスのコールセンターの事例――

スーザン・ダービン

1　本章の課題

　1980年代末に誕生したコールセンターは，今やイギリス経済の一部として確立している。コールセンターは競争よって生まれた複雑な企業構造内の空間的・組織的変化の産物である（Bristow et al. 2002）。本章ではコールセンターを知識基盤経済の文脈に置き，知識経済の中心的な製品である「知識」とジェンダーとの関係を探る。コールセンターにおける知識創造の中心は，人間（アドバイザーと顧客）と技術のあいだに生じる相互作用にある。この技術は豊かな知識を創造する能力をもち，組織構造内の知識と情報の共有を可能にする。本章は女性が知識の創造，管理，共有にどの程度かかわっているかを調べ，知識にかかわるプロセスとその産物の排他的（男性的）性格を明らかにすることによって，知識基盤経済におけるジェンダーの意味を考える。

　コールセンターは1つの独立した部門ではなく，公共・民間両部門の組織が採用したビジネス手法である。それらはOECDの定義する「知識労働」に最も合致しているが，EUや国連の定義とも重なる部分がある（本書第**2**章を参照）。コールセンターは新しい労働の形態を象徴し，そこでは女性たちが新しい条件のもとに雇用されている。その条件とは，より平面的な組織構造，より厳しい管理（それがキャリア進展の制限につながる），情報技術革命と柔軟な女性労働力の利用可能性によって生まれた新しい形態の空間的・時間的柔軟性である。これにより「古い」慣行を内包する「新しい」労働の形態が出現した。そこでは，いわゆる「ソフト」スキルを使って柔軟に働く人々の大多数を女性が構成している。

261

第Ⅲ部　新たな雇用形態をジェンダー化する

　本章は，ジェンダーにとらわれない概念という知識経済のイメージに異議を申し立てる。知識の創造，蓄積，拡散はいまや知識経済の重要な生産の源となり，情報技術によって可能となった「知識からの知識の創造」そのものが経済生産性の主要な源，成長の重要な刺激剤となっている（Castells 2000a；David and Foray 2002；Drucker 1993a；European Commission 2001a；OECD 2002a；Reich 2001）。知識経済の重要性の拡大と，労働市場に参加する女性の数を考えると，知識の収集，共有，応用に女性がどの程度かかわっているのかを問うことは重要である。コールセンターで働く女性たちにとって，これはどのような意味をもっているのだろうか。

2　方法論

　本章は，イギリス最大手の金融サービス 2 社（本章においてはBankcoとFincoと呼ぶ）の一部をなす 4 か所のコールセンターでのフィールドワーク分析をもとにしている。イギリスのコールセンター部門はこの業界のコールセンターが独占しており，マーケットシェアの21.2％を占めている（Datamonitor 2004）。コールセンター部門内ではアドバイザーとチーム・マネージャーのおよそ70％が女性である（IDS 2001）。Bankcoはおよそ1500万人の顧客と 8 万人弱の従業員を擁するが，そのうち4000人はコールセンターに雇われている。Fincoはそれより小規模で，顧客およそ1000万人，従業員 1 万5000人で，そのうち700人がコールセンターで働いている。Bankcoの営業所はイギリスの西と北，Fincoは南と東に位置している。

　両社ともコールセンターは「第三世代」の技術を活用して運営され，通話は複数のネットワーク地点を結んでシームレスに処理されている。両社のコールセンターのジェンダー構成（アドバイザーとチーム・マネージャーのレベルでは75％が女性），管理構造，技術システムは同じである。両フィールド調査サイトとも，コールセンター業界の中心的ゲートキーパーを通して選択し，調査許可を交渉した。その人物は両社のコールセンターをコールセンターの「最優良事例（ベストプラクティス）」グループに属すると判断している。各社から 2 か所のコールセンターが提案され，事例研究の調査サイトとして許可された。

262

フィールドワークは1999年から2001年にかけて実施し，シニア・マネージャーとチーム・マネージャーに半構造化インタビュー，チーム・マネージャーにアンケートを使った。また顧客対応の日常業務中に，アドバイザーとチーム・マネージャーにたいして非参与観察を12か月間にわたって継続して行った。これには，「じっと座って」アドバイザーが顧客の電話を受けて対応する様子を聞くことも含まれる。合計114回のインタビューを行った。本章はそのうちチーム・マネージャーとの61件，シニア・マネージャーとの27件のインタビューをもとにしている。

3 知識基盤経済とは何か？

知識基盤経済は1990年代にアメリカで，主として情報技術産業と金融業で出現した。これらの部門の知識基盤組織はすべて共通の特徴をもっており，その特徴として新しい情報技術の提供者やユーザーとしての主要な役割，ネットワーク化された組織，革新的なビジネス，研究開発やコンピュータ関連設備への積極的な投資などがある（Castells 2000a）。コールセンターはこのようなネットワーク化された企業の象徴である。それ自体がニュー・エコノミーの主な特徴であり，ニュー・エコノミーは資本と情報のグローバルなネットワークによって形成されている。生産性と競争力の根底には，技術的ノウハウへのアクセスがある。キャッスル（Castells 2000a）は，ニュー・エコノミーはネットワークで結ばれていると指摘する。なぜならこの新しい歴史的条件のもとで，生産性はビジネスネットワーク間の相互行為からなるグローバルなネットワークを通じて生み出され，競争力はそのなかで発揮されるからである。金融市場はニュー・エコノミーの戦略的・支配的ネットワークであり，その総体的モデルのなかでコールセンターは，より平面的な組織的ハイエラーキーとともに，複数の場所でシームレスに業務展開する機会を組織に与える。システム内のアクターは技術で結ばれ，このシステム内ではコールセンターがインターネット，電話，ITを通じて異なる経路を統合する中枢点となる。これによって企業は，サービスと販売の経路を統合して，24時間週7日間体制で営業できるようになった。

第Ⅲ部　新たな雇用形態をジェンダー化する

　知識基盤経済の特徴は，コミュニケーションだけでなく，新しい知識の創造も新しい情報技術に大きく依存していることである（Foray 2002）。知識生産を目指す組織はつぎのように特徴づけられる。すなわち，広範囲な知識の創造と再生産を行い，その結果生み出される知識の交換と普及のメカニズムをもち，そして新技術を多用することである。知識経済は分裂も生じさせ，富と格差の大きな原因となり「勝者」と「敗者」を生む（Carnoy 2000；Castells 1997, 1998, 2000a；Gill 2002；Liff et al. 1999；Liff 2000；Liff et al. 2000；Liff and Steward 2001a, 2001b；Liff et al. 2002；Lindley 2002；Lisbon European Council 2000；Perrons 2003；Quah 1996；Reich 2001；Rodrigues 2002）。

　カレン・シャイア（本書第**2**章）は，国連，EU，OECDが開発した測定基準を用いて，知識経済を測るための異なる（また部分的に一致する）アプローチを明らかにし，一致した普遍的な定義がないことを指摘している。コールセンターはその偏在的性格のためにこれらの定義のどの基準にも完全には一致しないが，最も近いのがOECDの定義だろう。OECDの定義は分類上，ICTを重要な部門として含めているからだ。国連とEUの定義には部分的に一致するところがある。国連の定義はテレコミュニケーション，ソフトウェア，データ処理を含むあらゆる形態のメディアを含み，EUの定義は金融サービスを含んでいる。

4　知識とは何か？

　知識とは，事実，経験，学習の蓄積であり，私たちはそこから合理的な判断をし，組織においてはそれを利用して知識生産プロセスをつねに向上させる。ここまでコールセンターでは，顧客にかんする情報を集め，検討し，応用して付加価値サービスを生み出すことに重きが置かれている。知識がたんなる情報の集合体以上であるのは，それが新しい情報を拡大し，予測し，推測する能力（知識からの知識の創造）をもっているためだ。いいかえれば私たちは情報を，実体はないが付加価値のある製品として変換するのである（Steinmueller 2002）。情報は知識を引き出し，構築するのに必要な媒体，あるいは「原」材料であり，それに何かを加えたり，それを再構築することによって変化する。それはメッセージの流れ

であり，知識はその情報の流れそのものによって創造され，それをもっている人の考え方や信念のなかに固定される（Nonaka and Takeuchi 1995）。

　知識の概念を「読み解く」１つの方法は，異なる知識の種別を区別し，異なる種類の組織に当てはめることだ（Blackler 1995 ; Lam 2002）。ラム（Lam 2002）は知識を，概念知，身体知，符号知，埋設知の４つの「種別」に分類して，すべての組織はこれらの知識の混合を含んでいるが，特定の知識がその他の知識より強く影響している組織もあると指摘する。形式知と暗黙知，個人知と集団知の知識形態のカテゴリーが，この４種の知識を生み出す。

- ・概念知（個人知―形式知）は個人の概念的スキルと認知能力に依存し，公式の，あるいは抽象的，理論的な知識の形態をとり，読書や公式の教育によって習得される。概念知は西欧文化のなかでは社会的に優位な地位にあり，専門的官僚制（個人的な標準化された知識にもとづく）の「理想的な典型的組織形態」に最も多く見られる。
- ・身体知（個人知―暗黙知）は行動指向型で，経験と見習い制の関係にもとづく訓練を通して学ばれる。実践的な問題解決でとくに重要となる知識である。「経営的アドホクラシー」（知識や作業工程がほとんど標準化されていない，きわめて有機的な形態の組織）に最も多く見られる。
- ・符号知（集団知―形式知）は，明文化された規則や手続き，および公式の情報システムを通じて組織内で共有される。これは暗黙知をできるかぎり形式化することによって形成される。労働者の経験とスキルを客観的な科学的知識にコード化しようとする科学的経営管理の原則にそれがよく表れている。符号知は集団的な標準化された知識基盤をもつ，機械的官僚制の「理想的な典型的組織形態」に最も多く見られる。この支配原理は，専門化，標準化，管理である。これはフォード主義的生産とテイラー主義的経営管理が支配する大量生産環境であり，そこでは「管理職が重要なエージェントであり，個人の知識を規則と手続きに変換し，組織内のハイエラーキーを上下する情報を濾過する責任をもつ」（Lam 2002 : 71）。
- ・埋設知（集団知―暗黙知）は，慣例，習慣，規範に組み込まれていて，簡単に

第Ⅲ部　新たな雇用形態をジェンダー化する

は情報システムに転換できない知識である。組織内の異なるメンバー間の社会的交流を通して生み出され，その組織が共有する文化的規範によって支えられている。埋設知は関係に固有で，散在する。明文化されたルールがないところで，相互作用の複雑なパターンを支えられる知識として現れる。埋設知はＪ型組織（日本型組織）（集団的な非標準化知識基盤をもつ）に最も多く見られる（Lam 2002 : 69）。

　ラムの知識分類は，知識にアクセスできるのは誰で，その知識はどのように創造されるかを判断するうえで役立つ。野中と竹内（Nonaka and Takeuchi 1995）と野中と西口（Nonaka and Nishiguchi 2001）は，知識の種別よりも知識の形態に注目し，形式知と暗黙知の分類を明確にすることによって，日本の組織のなかでどのように知識が創造されるかに焦点を合わせている。形式知は文法にかなった言説，数式，仕様マニュアルなど，公式の言語で表現されるもので，人から人へ公式に，簡単に伝えられるものと定義されている。いっぽう暗黙知は公式の言語で表現するのは難しく，個人的な知識として個人の経験のなかに埋め込まれているもので，個人的な信念や視点，価値感のような，実体のない要素をともなうものと定義されている。野中たちによれば，人間の集団行動の重要な要素としての暗黙知が見過ごされてきたが，それは日本企業の競争力の重要な源であり，日本企業は組織知を創造するスキルをもち，それに熟達しているから成功したという。暗黙知から形式知へ，形式知から暗黙知への循環的な変換の過程で組織知が創造されていくことが重要なのだ。

　この考え方によれば，知識創造の中心となるものは第一線の労働者，中間管理職，上級管理職である。知識スパイラルが生み出されて暗黙知と形式知が相互に作用し，概念体系上のレベルを上昇するにつれてその規模が拡大していく。つまり組織知の創造はスパイラル形のプロセスであって，個人のレベルからスタートして課，部門，組織全体へと，相互作用の共同体を拡大しながら上昇していく（Nonaka and Takeuchi 1995 ; Nonaka and Nishiguchi 2001）。だが，顧客や情報技術との相互作用から知識を創造するコールセンターの中心的労働者のあいだで，もし相互作用が生じなかったらこの知識スパイラルはどのようなかたちをとるのだ

第**9**章　誰が知識労働者になるのか？

ろうか。野中たちがいうように知識は個人からはじまるのだとすれば，コールセンターの中心的な従業員の暗黙知が活用されない場合どうなるのだろうか。コールセンターでは，知識の収集，普及，創造に情報技術が重要な役割を果たしている。

　野中たちは事例を取り上げ，知識が暗黙知と形式知の循環的な相互作用を通してどのように創造されるかを示し，ラムは4つの知識の種別を通してそれをさらに発展させた。これをジェンダーの視点で考えると，知識へのアクセスが組織構造内のさまざまなレベル，さまざまな労働者のあいだでいかにジェンダー化されているかが明らかになる。ラムも野中たちも知識のジェンダー化を考慮していない点が重要である。したがって，コールセンターにおけるラムの4つの知識分類の存在，それが存在する組織構造内のレベル，それらの知識への女性の関与とアクセシビリティを明らかにすることには意味がある。

　ラム（Lam 2002）によれば，知識経済においては，社会的交流と労働の移動がないところでは創造と伝達が難しい暗黙知が，学習と持続可能な競争力の最も重要な源であり，それを利用できる組織が強力な革新的能力を発揮する。暗黙知とは，個人が完全には表現したり描写したり符号化できない，あらゆる知的あるいは身体的な能力とスキルをいう（Styhre 2004）。暗黙知はいったん利用され，獲得されると，符号化されて組織の知識体系のなかに組み込まれる。知識の符号化は，知識の創造と共有の重要な段階である。

　知識の符号化によって1つの体系がつくられ，組織はそれを通して重要な目標や優先事項，年間のビジネスサイクルでそれらが達成されたかどうかについての情報を伝える。これは明確に伝えられ共有される，一個の知識集合体を形成する。いっぽう，暗黙知は非公式の交流と観察の産物であり，この形態の知識を共有する公式のプロセス（たとえばクオリティ・サークルを通じて）がなければ，明確な知識には変換されないかもしれない。暗黙知も同じく貴重だが，その価値は，あらゆるレベルで学習されたことを意味のある適切な知識に変換する組織の能力によってのみ生きる。

　知識型組織が知識を職場で最も効果的に利用し応用するためには，知識は透明で明確かつ集団的で，自由に共有できるものでなければならない（Blackler 1995；

267

第Ⅲ部　新たな雇用形態をジェンダー化する

Foray 2002)。知識集約型企業は，知的（象徴的）資本を最大限に利用し，市場で効果的に競争するためには，従業員がもっている知識を共有する必要がある（Swart and Kinnie 2003)。本章では，一般に女性は個人的な知識タイプに関与・アクセスできるが，男性は集団的な形態の知識を占有し続け，結果として組織の慣例，習慣，規範（文化）の枠組みを決定し続けていることを明らかにする。コールセンターの場合は，符号知と埋設知が最も重要である。後者はビジネスの文化的枠組みを設定し，前者は優先事項や目標を設定するからだが，女性はそのどちらにも完全なアクセスをもたない。逆に，女性は貴重な暗黙知へのアクセスを広く行うことができ，それを簡単に非公式の形で共有するが，それは上級管理職には決して利用されない。顧客と従業員の意見に進んで耳を傾けるかどうかは，経営スタイルしだいであり，権力のある人たちは公式の知識（符号知と埋設知）へのアクセスを制限し，非公式の経験的学習（身体知）を無視しようとする例もある。

　ラム（Lam 2002）が明らかにした特定の知識の諸形態（概念知，身体知，符号知，埋設知）は，男性に統制され続けるかもしれず，その場合には知識はジェンダー化された概念であり続けるだろう。ラムの4つの知識種別は組織内の知識の源を分類するには有用だが，ジェンダーの視角で検討すると，男性との比較で女性は，知識の創造と分配に異なる関係をもっていることが明らかになってくる。

5　知識経済とコールセンター

　コールセンターは知識型組織の典型である（本書第**10**章も参照されたい。著者のホルトグレーヴェはコールセンターを労働全体のなかの「低スキル」側に置いている)。コールセンターは，技術の革新的利用によって知識を創造的に利用し，実体のない新しい製品を開発する活動の中心にある（David and Foray 2002)。コールセンターは顧客と従業員の情報と知識を集めて，全体的な知識システムのなかで符号知を創造する。それはそのシステムのなかで共有され，表出される。これが新たな技術革新と組み合わされ統合されて，顧客サービスを強化し，労働力の監視能力を向上させる。

第9章　誰が知識労働者になるのか？

コールセンターは情報処理活動に従事し，場合によっては，包括的かつ洗練された情報管理能力に支えられて，組織と顧客の関係を積極的に調整するために利用される。コールセンター概念のパイオニア的性格とは，その多くが「未開拓地」から生まれた，まったく新しい構造，実践，プロセス，労働環境をもつものだったことにある。このアプローチの基本は，サービスの効率的な提供を保証するだけでなく，サービスの継続的改善を推進する情報収集能力を開発することであった。

コールセンターの成長と発展を説明する4つの要因があるといわれている。すなわち外部委託（たとえば支店網の一部閉鎖などによってコストを低減するため），金融サービスとテレコミュニケーション産業にたいする障壁の撤廃（規制緩和），技術の発達，そして能力のある柔軟な労働力の利用可能性のような社会人口動態学的な要因である（Market Assessment International 1999）。くわえて5つ目の要因が生産と消費のグローバル化であり，それがコールセンター部門内に空間的・時間的柔軟性をもたらした。

コールセンターは異なる働き方のうえに築かれた新興の知識産業を代表している。そこでは電話で可能になったサービスの処理と作業管理の両方に技術が利用され，顧客との関係を管理する1人ひとりのオペレーターの能力に非常に重きが置かれている。コールセンターの仕事はイギリス経済では比較的新しい雇用形態であり，ファーストダイレクト銀行が1980年代末に初めてこの概念を取り入れた。2001年にはイギリス国内のコールセンターは5000か所を超え，労働力のおよそ1.5％を占めていた。アドバイザーとチーム・マネージャーのレベルでは女性が圧倒的多数（約70％）を占めている（IDS 2001）。

6　イギリスの銀行業とコールセンター

イギリスの銀行業はコールセンターの仕事の出現と拡大の中心にあった。その驚異的な成長の要因は，銀行業がいち早くこの新しいサービス提供方法を採用したことにあり，これは支店網の規模の縮小と並行して行われた。1990年代半ばにはほとんどすべての産業がコールセンターに大規模な投資をするようになるが，

269

第Ⅲ部　新たな雇用形態をジェンダー化する

そのはるか以前から，金融機関は中央集中的な顧客サービス日常業務に情報通信技術を利用し，その規模を拡大していた（Bain and Taylor 2002 : 44）。このサービス提供方法の変化を進めたものは，競争の激化する市場でコストを削減し，もっと時間的に柔軟なサービスを顧客に提供したいという銀行業界の願いだった（Storey et al. 1999）。

　1990年，市中銀行（個人向けの小売りとサービス，商業貸付けを行う銀行）は50万人を雇用していた。「ビッグ・フォー」（ロイズTSB，バークレーズ，ミッドランド，ナショナル・ウェストミンスター）が当時の銀行業の全労働者の半数以上を雇用し，その62％が女性だった（Storey et al. 1999）。情報技術はイギリスの銀行の顔を変え，最初に銀行家の心をつかんだのは，それによって経営業務をより迅速かつ正確に行えるからであり，顧客関係データベースの開発によってクロスセリング（抱き合わせ販売）戦略の開発と，ビジネス活動の拡大が可能になったからである（Baethge et al. 1999）。ストーリーら（Storey et al. 1999）は，1990年代末のイギリスの銀行業にはつぎの2つの技術戦略，つまり(1)支店レベルへの処理業務の移転，あるいは(2)地域センター（コールセンター）への処理業務の移転があったと指摘する。新技術から予測された未来像は，コンピュータの活用と技術分野のソフトウェア・ハードウェア企業が，直接の競争者でもあり産業の大々的改造の設計者にもなる，というものである。さらに現在は，コールセンター業務（処理と顧客サービス関連の両方）を国外の，インドやアフリカのような海外へ外注することも行われている。

　BankcoもFincoも，処理能力を支店とコールセンター間で，またコールセンター間で調整できるまでにコールセンターを発展させた。また「サービスを通じたセールス」という概念を開発して，顧客サービス活動を販売の機会や促進剤にした。両社の場合，サービスと販売の両部門の営業時間枠を広げて，24時間週7日営業ができるまでになった。その結果，空間的柔軟性が増大し，コールセンターはその時間的・契約的取り決めを見直さなければならなくなった。

7　コールセンターの柔軟性の再ジェンダー化

コールセンターで行われる仕事の性格とサービス提供の時間枠，作業の枠組みを設定し運営する洗練された情報技術によって，空間的，時間的，契約的な柔軟性の幅が拡大している。柔軟で教育のある安い労働力を利用するために，コールセンターの業務をアジア，アフリカ，東ヨーロッパに外注するイギリス企業が増えているので，文化的なニュアンスや違い，顧客の不満の増大が，空間的柔軟性を制限するかもしれない。このような文化的制約のなかで，コールセンターはネットワークで結ばれて「バーチャルな」能力を生み出し，それによって組織は地理的制約を超越してもてる能力を最大限に活用する。この空間的能力は金融サービスのような薄利多売ビジネスには非常に重要だ。空間的柔軟性のこのような拡大の当然の結果が，こうしたネットワーク・モデルを時空を超えて運営するために必要な，時間と契約の柔軟性の開発である。

BankcoとFincoのコールセンターは100余りの労働パラメータを使って週7日24時間営業をカバーし，柔軟な働き方の機会を広範囲に提供しているが，その大部分を占めるのは女性の第一線のアドバイザーである。この営業時間をカバーする労働パラメータは，フルタイム（週37時間），短縮労働時間（週25, 20, 16時間），ゼロ労働時間（必要に応じて呼び出される），年間労働時間（固定の時間ではなく，年間に何時間というように働く），固定時間契約，固定交替（隔週末），フレックス契約（25時間のコアタイムと10時間の通常営業時間外勤務を含まなければならない）など，広範囲なフレックスタイム労働形態で構成されている。フルタイム労働には，原則として2週間サイクルで仕事の開始時間と終了時間を交替する労働「パラメータ」を適用することによって，柔軟性が取り入れられている。このような特異なフレックス労働は雇用主側の主導でも従業員側の主導でも可能であり（Perrons 2000），コールセンターに特有のもので，操作技術，管理情報，容量計画ツールによって実現される。

こうした柔軟性の拡大はサービス労働の再ジェンダー化を引き起こし，女性が家事と両立させながら働くことのできる雇用契約機会を増やした。この変化で家

第Ⅲ部　新たな雇用形態をジェンダー化する

表9-1　雇用の地位（アドバイザー，チーム・マネージャー，シニア・マネージャー）

性別構成比（アドバイザーとチーム・マネージャー）	75％が女性
フルタイム雇用（アドバイザー）	57％
パートタイム雇用（アドバイザー）	43％
フルタイム雇用（チーム・マネージャー）	93％
パートタイム雇用（チーム・マネージャー）	7％
有期労働者（エージェンシー）	2％
雇われている学生数	6人
シニア・マネージャーの数	27人（全員男性）
女性のチーム・マネージャー	
年齢特性	25-35歳が68％
婚姻上の地位	46％が有配偶，24％がパートナーと同居
扶養する子どもがいる者	46％（5歳以下が13％）

　庭から飛び出して有給労働の世界に入る女性が増えたが，これはまだ地位と賃金の低い雇用（パートタイム労働など）に限られている場合が多い。ウォルビー（Walby 1997）は，この変化の淵源について，20世紀初頭に第一波フェミニズムが政治的市民権を勝ちとったことをあげ，その文脈として，発展する経済により女性労働力の需要が増加したことと，あらゆるレベルで女性が教育を受けられるようになった事情を指摘する。イギリス労働市場への女性参加の増加は，製造業からサービス産業への変化とかかわっている。それはコールセンター固有の社会的，技術的スキルの要求とも一致していた。つまり一般に女性と結びつけられていて，しばしば「ソフト」スキルと呼ばれる人間関係を調整する技能や器用さ（キーボード操作）である。

　イギリスのコールセンターの雇用に占める女性の比率の高さと学生の限定的な使用（表9-1）は，ウルスラ・ホルトグレーヴェの研究結果（本書第10章）とは対照的である。ホルトグレーヴェはドイツの金融分野のコールセンターで非標準的な形態の柔軟性がとられていることを指摘する。ドイツの銀行はジェンダーにかかわりなく学生を雇用しており，これはジェンダーの「解体」であって，柔軟性の脱ジェンダー化のプロセスであるという。ドイツの大学の課程がより長期であることと奨学金の削減が相まって，学生がより長時間働くようになっているのである。それとは対照的にイギリスでは，事例研究で取り上げたコールセンターでは，奨学金の削減が働く学生の増加にはつながっていない。場所にも原因があ

るかもしれない。BankcoもFincoも主要な大学キャンパスからは遠く，失業率の低い地域にあるからだ。イギリスのコールセンターにかんする今回の分析によって，女性の雇用と非常に限られた範囲での学生の雇用による再ジェンダー化のプロセスが明らかになった。これは圧倒的にパートタイムに多く，新しい労働パラメータのなかで起こっている。

アドバイザーのレベルでは，4つのコールセンターのすべてで，フレックスタイムで働いているのは圧倒的に女性である。女性の利用可能性と組織が求める柔軟性の特性が合致しているからだ（たとえば，ジェンダーに関係なく学生が雇われているドイツのモデルのようには，イギリスの女性は外向けに柔軟化されていない）。チーム・マネージャー間ではより狭い範囲で柔軟な働き方が見られるが，これはこのレベルではめずらしいことではない。このグループの大多数（男性の76%，女性の52%）はフルタイムのフレックスタイムで働いている。

8　組織知

人間社会の発展にはつねに知識の蓄積と応用が重要な役割を果たしてきたが，現代との大きな違いは情報通信技術によるその蓄積と伝播の速さである（Lisbon European Council 2000）。知識の生産，普及，利用の拡大が意味することは，今後ますます知識の符号化の範囲が広がって，知識がより利用しやすく，売りやすくなるという可能性である。したがって暗黙知と形式知の関係は重要であり，「知識からの知識の創造」において，組織の知識共有がより有効になっていくだろう（Lindley 2002）。

フレンケルら（Frenkel et al. 1999）は，コールセンターの「第一線」の仕事にはさまざまなレベルの文脈知（contextual knowledge）が必要だと主張する。またさまざまなレベルのスキルも要求される（Belt 2003 ; Belt and Richardson 2000 ; Callaghan and Thompson 2002 ; Korczynski 2001 ; Thompson et al. 2004）。コールセンターの仕事は決まりきった，退屈で繰り返しの多い仕事だとも定義されている（Bain et al. 2002 ; Belt 1999 ; Fernie and Metcalf 1997 ; Kinnie et al. 2000a, 2000b ; Knights et al. 1999 ; Taylor and Bain 1998）。フレンケルらはコールセンターの雇用

第Ⅲ部 新たな雇用形態をジェンダー化する

形態の複雑さと要求される多様なレベルのスキルをうまく描き出している。コールセンターの仕事はつねに複雑な知識労働と，繰り返しの多い決まりきった作業との融合であり，両者の差はそのセンターが運営されている文脈によって異なる。

会社内の事務部門の仕事に比べて，第一線の顧客関係の仕事はそれほど定型化されておらず，従業員は顧客への対応にある程度の自由裁量の余地をもっている。製品やサービスにたいする要求の多様さは第一線の労働者に直接に影響し，彼らに情緒の弾力性と作業の柔軟性を発揮する能力を求める。第一線の仕事はつねに戦略的に重要であり，従業員が重要な接点となって企業はその顧客知識基盤を築くことができる。そのためコールセンターは，採用と選別の洗練されたプロセスを生み出し，そこで雇用主は特定の社会的・技術的スキルを探している（Belt 2003, 2004 ; Thompson et al. 2004）。

顧客の要求は，簡単な口座情報から新しい製品やサービスの販売にいたるまで，非常に多様である。アドバイザーは顧客対応を行いながら，同時に知識の収集をつかさどる情報システムを操作しなければならない。アドバイザーは幅広い技術的スキル（最大8種類のソフトウェアと電話，コンピュータ，インターネットの使用）とともに，つねに変化するさまざまな製品の専門的知識を発揮しなければならない。高度なキーボード操作技術（速さと正確さ），計算力，言語運用力，適切な文法とスペリング能力と製品知識が，この役割には非常に重要である。

したがってコールセンターのアドバイザーは，フレンケルら（Frenkel et al. 1999）がいう「低いレベル」の文脈知（その会社固有の製品と手続きについての知識）のユーザーと，高いレベルの知識（さまざまな製品，市場，業界一般についての概念的知識）のユーザーの中間にあたる。アドバイザーはその役割の定型的な面では大部分が低いレベルの文脈知に頼っているが，より複雑な仕事の遂行ではある程度の創造力と社会的・組織的スキルを発揮する。アドバイザーはコールセンターに入ってくる顧客知識の流れの「入り口」にいる。ここで知識は創造され，獲得され，伝播される。だがこの知識のすべてが符号化され，利用されるわけではないので，一部は未開発の資源としてその人のなかに埋没したままになる。

チーム・マネージャーはアドバイザーたちと日々密接なコンタクトをもっており，人事管理の第一の責任を担っている。チーム・マネージャーは知識労働者に

第**9**章　誰が知識労働者になるのか？

求められる社会的・技術的スキル（情報技術の高スキルの使用能力，チームワーク，コミュニケーション，学習能力，不断の変化に対応できる能力）をもち，そのスキルをコールセンターに適用して，多様でますます専門的に複雑化する仕事を処理する。チーム・マネージャーは符号化された知識を（アクセスできる範囲で）利用し，アドバイザーの作業を監視してアドバイザーの指導プロセスを支え，知識抽出と顧客関係を築く技術をさらに強化する。指導内容の一部は，アドバイザーが得てチーム・マネージャーと共有された身体知から引用されることもあり，この知識は限られた場所で非公式な形態で共有されている場合が多い。

　アドバイザーたちは知識創造の主たる源である。その信頼性と価値は，彼らが顧客から適切な情報を引き出そうとしているか，またその能力があるかどうかにかかっている。集められ，符号化された知識はその後，システムを操作する別のアドバイザーには共有されない。上級管理職にアクセスが制限されているからだ。アドバイザーたちはかなりの身体知（暗黙知－個人知）をもっており，それは知識体系に寄与するはずなのに利用されていない。埋設知の創造とアクセスは，企業内のトップレベルの地位を占め，権力が集中している男性従業員がほとんど独占し続けているように見える。これが企業内の女性排除の文化的風潮を形成する。したがってこの「文化創造」プロセスへのアクセスは，企業内のこのレベル以外の人（圧倒的に女性）には許されていない。

　コールセンターはネットワーク化され，知識によって可能となる業務の主要な例である。そこでは内容とシステム効率がつねに厳しく監視され，情報技術の力を使って情報を分解し，再収集し生産的な知識を生産する。じつのところ，コールセンターは概念知，身体知，符号知を共有する機会が最も大きいところである。埋設知の生成と伝播は権力の分布と密接に結びついていると認めるとすると，その埋設知をより簡単にすばやく分配する能力はコールセンター自体のなかにある。女性はこれらの知識能力（概念知と身体知）をもっているにもかかわらず，雇用主はいまだに女性の価値を，「ソフト（感情的）」スキルの利用と応用によって顧客関係を処理する能力，いってみれば彼女たちの感情知に置いている。コールセンターは知識のネットワーク能力の可能性をもつ，ネットワーク化された組織なのである。

275

第Ⅲ部　新たな雇用形態をジェンダー化する

「アドバイザー」という言葉は，金融サービス機関のコールセンターで働く人たちにたいして総称的に用いられており，製品知識の有無や，なかには厳しく規制されているものもある，特定の種類の顧客サービスや販売業務を処理するスキルには無関係に使われている。「アドバイザー」という肩書きには，雇用形態にかかわりなく，サービスや販売にかんして助言する資格があって，独自の立場で行動している人のような印象がある。だが実際には「助言付き」サービスを提供できるのは特定の資格をもつ従業員だけであり，そのような取引は定期的に録音され，規則に違反していることはないか，内部的に，また特別監査局の監査時に外部的に調査され，しっかりと管理されている。

9　FincoとBankco──ジェンダー化された知識の事例

BankcoとFincoのチーム・マネージャーは比較的高いレベルの教育資格をもっており（表9‐2），したがって概念知を習得している。概念知は個人知および形式知であり，社会と組織の両レベルで獲得できる。これは重要な点である。なぜなら知識経済の中枢は教育であり（Bell 1973；Castells 2000a；Drucker 1993a；Foray 2002），概念知は社会の「特権的」地位を占め，「専門職的組織」に結びついているからだ（Lam 2002）。

表9‐2は比較的高学歴の労働者の場合，学修した学科は依然としてジェンダーを反映しているものの，概念知へのアクセスから女性は制限されていないことを示している。女性は形式知かつ個人知であるこの知識タイプを共有している。

第二の知識分類（身体知）はその知識を有する人々の公式的な概念知に依存しているが，さまざまな「ノウハウ」，たとえばアドバイザー──技術──顧客の相互作用を通して個人のなかに織り込まれた実践的な問題解決スキルからもその能力を引き出している。この種の知識は暗黙知や個人知の形態をとり，男性も女性もすべての人が知識を「取り込む」ことができるという点で，概してジェンダー中立である。部分的なジェンダー化は起きるが，それは概念知に依存しているためだ。アドバイザーは顧客の問い合わせや問題を処理するプロセスと，同僚やチーム・マネージャーとの交流を通じて，つねに身体知を生成している。チーム・マ

第9章　誰が知識労働者になるのか？

表9-2　チーム・マネージャーの教育資格　　　　　　　　　　（％）

	男　性	女　性
学　位	32[1]	33[1]
GCE（大学入試資格試験）（Aレベル）	29[2]	18[2]
「義務教育後」の資格の合計（学位とAレベル）	61[3]	52[3]
経営管理資格	14	12
コールセンター経営管理資格	7	15

注1）：イギリス全体の学位またはそれに相当する資格の取得者は男性の17％，女性の14％。
　2）：イギリス全体のGCEのAレベルの取得者は男性の30％，女性の17％。
　3）：イギリス全体の義務教育後の資格の取得者は男性の47％，女性の34％。
出所：Social Trends（2002）.

ネージャーはチーム・ミーティングやそれに関連する活動に積極的に参加することによって問題解決に関与することがあり，そこでアイディアの交換や解決策の構築が頻繁に生じる。

　顧客と従業員にかんする蓄積され身体化された知識の大部分は暗黙知のままにとどまり，ある特定の状況でのみ，形式知になる。アドバイザーは労働時間の80％から90％を情報技術を使った顧客応対に費やし，暗黙知を収集する機会として利用している。この暗黙知からの価値の創造は，将来それを他のアドバイザーや組織の他の部門が利用できるように整理するシステム能力による。チーム・マネージャーの90％は自分の仕事の遂行を情報システムに頼っているが，84％が，主に操作するシステム数を減らすことによって，スピードとアクセシビリティを向上させるために技術を変えたいと答えている。多くのチーム・マネージャーが，暗黙知を共有する機会がもっとあれば，それを利用して顧客へのサービスの質を向上させ，販売を増やすことができるはずだと感じている。

　ユーザビリティ・センターやミーティングを通じて，設計者がユーザーの意見を聞く機会はある。しかし75％のチーム・マネージャーが，自分たちが使っている技術や，新しい技術の導入について一度も相談を受けたことがないといっているのは重大だ。このように技術の主要なユーザーが排除されているということは，大切な暗黙知が設計ネットワークのなかで利用されないでいることを意味する。チーム・マネージャーの多くは何も相談を受けないことにとくに不満を述べ，顧客やシステム・ユーザーについて蓄積された知識が形式知に変換されず，共有さ

第III部　新たな雇用形態をジェンダー化する

れていないことを強調した。西川・田中（本書第**8**章）は，日本の在宅介護労働者間で身体知の共有が限られていることを論じた。知識の共同化と表出化が限られているため，上方向と水平方向の情報の流れが遮られているからである。BankcoとFincoの場合は，アドバイザーとチーム・マネージャー間で非公式に知識の共同化が起きている。事例研究から知識共有のプラスの影響が明らかになったが，身体知が形式知に変換されて知識ネットワーク内で共有される可能性は，まだ実現されていない。

　第三の知識分類（符号知）は，明文化された規則や手続きと，公式的な情報システムを通じて組織内で共有され（Lam 2000），集団知・形式知の形態をとる。この「公式的な」情報システムは，洗練された情報技術を通じて利用可能になる。符号化される情報や知識そのものがジェンダーの影響を受ける可能性はある。符号化のアプローチは，ふつう情報や知識に適用される男性による意思決定プロセスの結果であるからだ。知識経済では符号知が中心的な役割を果たす（David and Foray 2002）が，これはコールセンターについてもあてはまる。符号化された情報は，しばしば組織の官僚的性格を反映する公式的な情報システムを使い，明文化された規則や手続きを通して組織内で共有される。労働者の経験やスキルは符号化され，機械的官僚制内の客観的な科学的管理経営に組み込まれる。機械的官僚制は集団的かつ標準化された知識基盤をもち，それを支配する原則は専門化，標準化，管理である（Lam 2002）。顧客とのやりとりや従業員の作業は文章で表すことのできる共有知識になり，符号化されて情報システムに組み込まれ（たとえばスクリプト化），標準化される（たとえば顧客の対応法）。

　アドバイザーは符号化された知識にアクセスできない。手にできるのは，通常の作業内容のプリントアウトだけである。アドバイザーは顧客の問い合わせや取引を処理するためにシステムにアクセスし，利用することはできるが，個人の，あるいはコールセンター全体の業務にかんするデータにはアクセスできない。チーム・マネージャーは，管理情報アナリストがこの情報を集め，符号化し，再フォーマットした後に，限定的にアクセスできる。チーム・マネージャーはこの情報によって，誰が顧客に対応しているか（あるいは，していないか），通話時間，コールセンターにかかった電話の数など，個人とチームのパフォーマンスを評価

第9章　誰が知識労働者になるのか？

できる。上級管理職は符号化された知識のすべてを制限なしに利用でき，どのグループのスタッフにどの情報へのアクセスを許すかを決定する。女性はチーム・マネージャーのレベルでは限定的にアクセスできるが，形式知・集団知をつくる符号化のプロセスには関与していない。

　第四の知識分類（埋設知）は組織文化と強い関連性をもち，その組織が共有する価値観を反映しており，男性上級管理職の集団知・暗黙知のかたちをとる。この種類の知識はジェンダー化されている。この知識は文化（と戦略）が形成される組織の上層部に埋め込まれていて，「内情に通じている」人たちに明示されるからだ。上級管理職に女性が少ないので，埋設知そのものがジェンダー化されている。埋設知は，認識の縁辺にあり，多くの意味で男性支配の組織のなかで「うまくやっていく」のに必要な，最も重要なタイプの知識である。調査したコールセンターでは，上級管理職レベルを除けば，埋設知はほとんど確認できなかった。埋設知は関係に固有で，散在し，明文化された規則のないところで機能する。これはコールセンターの高度に構造化された環境とは対照的で，コールセンターでは知識は符号化され，形式知に変換されて共有される。埋設知は非常にジェンダー化されており，知識経済における女性の位置を評価する際に埋設知の重要性を過小評価すべきではない。この種の知識は文化的・戦略的性格をもち，どの組織でも最も重要な知識であるといえるからだ。

　コールセンター・モデルでは組織のどの階層に属しているかによって，知識にアクセスできるグループが異なる。このハイエラーキーでは下層部は圧倒的に女性で，上層部は男性がほぼ独占している。アドバイザーは顧客に対応すると同時にITシステムを操作して情報を収集・処理し，顧客と，プロセスとシステムの有効性について新しい知識を生成する。この過程でアドバイザーは，公式的な職業訓練中に獲得し，その後その組織文化の文脈に応用した概念知を用いる。アドバイザーはサービスを売る際に「スクリプト（台本）」に従わなければならない。このようにアドバイザーは知識の第一の収集者であり，その知識は最終的には符号化されるが，その大部分は身体化された暗黙知のままであり回収されない。

　チーム・マネージャーは，作業にかんする情報と知識を最初に集めるレベルにある。チーム・マネージャーはこのレベルで符号化された知識を使って個人と

279

第Ⅲ部　新たな雇用形態をジェンダー化する

チームのパフォーマンスを管理し，オペレーティング・システムそのものに改善すべきところはないか見極める。チーム・マネージャーは彼らの符号知を使ってアドバイザーの指導と訓練を行い，プロセス（方法と技術）の有効性を測り，販売量と満足度を通じて顧客への総合的な影響を判断する。チーム・マネージャーは先に述べたように高度の概念知ももっている。このレベルでは個人やアドバイザー・グループ，同僚とのグループ・セッションを通じて，しばしば非公式に身体知が共有されるが，そのようなセッションはあまり頻繁ではない。埋設知についていえば，チーム・マネージャーはアドバイザーの主な行動の教師・監視者としての役割のなかで，文化を伝えるエージェントになることも多い。チーム・マネージャーはアドバイザーと上級管理職をつなぐリンクであり，暗黙知の収集者である。知識を創造する最良の経営スタイルは，トップダウン方式でもボトムアップ方式でもなく，「ミドルアップダウン」だと野中・竹内（Nonaka and Takeuchi 1995）は主張する。そこでは中間管理職が経営上層部の理想と前線の無秩序な現実の橋渡しをする。中間管理職が知識管理の中央，つまり会社内の縦方向と横方向の情報の流れが交わる点にいるのだ（Nonaka and Takeuchi 1995 ; Mintzberg 1983）。

　コールセンター産業と，コールセンターの特定の動向にかんする知識の収集という点では，上級管理職が符号知と埋設知の主要な源である。この知識は上級管理職のなかで共有される。コールセンターで収集された知識は1か所に集められ，外部の情報と合わせてコールセンターの戦略設定に利用される。たとえば，アドバイザーのパフォーマンスを測る主要基準として「通話時間」（アドバイザーは1日の65％以上を顧客への電話に費やさなければならない）を使うか，「サービスのグレード」（アドバイザーは電話の80％に20秒以内に応答しなければならない）を使うか，などが決められる。上級管理職は他の組織と話すことによって身体知を収集する。彼らはほとんどあらゆることにかんする知識を創造できるので，符号知の頂点にいる。

　組織階層内の地位と知識種別の関係でいえば，下層部には個人的な形態の知識（概念知と身体知）があり，上層部には集団的な形態の知識（符号知と埋設知）がある。このすべてのタイプの知識が次世代のコールセンターの開発に使われる。概

念知はコールセンターのすべてのレベルにおいて指導と訓練，採用にかかわっている。符号知は，プロセスとITシステム周辺の動向を検討し，IT設備やコールセンターの設計と構造を決定するために使われる。身体知はクオリティ・サークルを通じて蓄積され，埋設知（戦略形成のための）は新しい動向を見極めるために業界の内外を見ることによって蓄積される。すべての情報は，何らかの行動の変化を起こす触媒となるときに知識となる。

　個人知（概念知と身体知）は個人がもっているもので，社会と組織の両レベルで習得され，経験され，特定のタイプの仕事や問題に独自に応用される。それは人に伝えることのできるものだが，その人とともに移動もするので，組織のものではなくなる可能性がある。逆に集団知は組織全体に分配，共有され，特定の規則，手続き，慣行，習慣，共有規範に従って，共有情報としてあるいは交流から生じる情報の流れの状態で蓄積され，系統立てられ，保存される（Lam 2002）。一般に，知識が「集団的」（埋設知と符号知）であるところでは女性は知識の共有から排除されているが，個人的（概念知と身体知）なところではこれより少しは関与している。重要な点は，コールセンターで何らかの役に立つためには，暗黙知は形式知にならなければならないということである。女性が暗黙知にアクセスできるところでは知識は概して個人ベースのものであって，上級管理職レベルでは重要なものとして扱われない（たとえば埋設知）。したがって知識経済において，知識は有給労働の家父長的構造の重要な要素となる。

　コールセンターとその親組織の上層部の意思決定・戦略形成レベルには，女性は多くないので，もし女性がこれらのレベルにいたら符号知や埋設知の共有のされ方がどのように違うかというようなことはいえない。もしもこのレベルへの女性の進出が進めば経営スタイルは変わり，顧客や従業員の意見がより取り入れられるようになるだろうか。ジュディ・ワイスマン（Wajcman 1998）は，女性が経営幹部になったらどのような「利益」が生じるかを徹底的に分析し，その過程で女性が管理職になった場合の組織への影響と，経営そのものの男性的性格にかんするさまざまな神話を突き崩した。このような研究結果は，たんに男性が独占しているポストへの道を女性に開くことより，「平等」の実現がはるかに重要であることを示している。もっとも，女性が組織の性格を変える機会をもつために，

第Ⅲ部 新たな雇用形態をジェンダー化する

組織自体の価値観と文化を形成する埋没知へのアクセスとその創造への参加が重要であるのは，いうまでもない。

10　コールセンターの女性は「敗者」

コールセンターはそもそも，組織のコスト削減を促進し，同時に電話による営業時間外サービスの向上にたいする顧客の要求の高まりに応じるために開発された。この元来の考えが洗練された情報技術を利用することによって実現され，発展した。さらにその情報技術そのものが新しい形態の柔軟性の可能性を増し，その結果，サービス業の再ジェンダー化を促した。ジェンダー・レジームの変化と，イギリス経済の製造業からサービス業への変化によって，有給労働市場に参加する女性が増加した。その一部は，コールセンターの新しい形態の時間的柔軟性と，仕事そのものの関係性を重視する特徴に引き寄せられている。

イギリスにはそれまでにも柔軟な働き方はあったが，コールセンターの出現は新しい形態の空間的・時間的柔軟性をもたらした。コールセンターは，地方，全国あるいは国際ネットワークの別にかかわりなく「バーチャル」な能力を生み出すために使われ，場所の制約を受けることなく，洗練されたルーティング（経路制御）によって顧客にシームレスなサービスを提供するために利用されている。多様な労働パラメータの採用によって新しいかたちの時間的柔軟性が可能になり，あらかじめ決められた労働（サービス）パターンに合う人が雇用される傾向はあるものの，従業員にも顧客にも組織にも等しく利益をもたらす可能性を秘めている。組織はこの「バーチャル」なネットワークによって所有する建物の活用を最適化し，仕事量をシステム内で簡単に移転し，顧客サービスの窓を広げ，販売能力を高めることができる。

キャッスル（Castells 2000a）の言葉を借りれば，知識経済は「勝者」と「敗者」を生むが，これはコールセンターにもあてはまる。ここでは女性は敗者である。なぜなら男性が経営構造内で優位を占めることによって権力の座を維持し，処理と情報構造の設計と運営を支配し，さらに最も重要な点だが主要な知識タイプ（符号知と埋設知）を牛耳っているからだ。ジェンダーと知識の生産と利用の関係

を探る今回の分析は，知識がいかにジェンダー化されているかを説明し，それによってラム（Lam 2002）の知識分類にさらなる特徴を付加するものである。

デイビッドとフォーレイ（David and Foray 2002）は，符号知は共有された組織知であるので，最も重要な種類の知識だといっている。女性はその生成に1つの役割を演じているが，ハイエラーキーにおける地位のために，完全にはアクセスすることができない。逆にラム（Lam 2002）は最も重要なのは暗黙知であって，それは最も豊かな学習の源であり，持続可能な競争力の基盤だといっている。しかし，女性はこのタイプの知識を自由に共有できるかもしれないが，組織がこれを利用するのはまれであり，その結果，符号知（形式知）には変換されない。組織文化を支える慣行，習慣，規範を形成する埋設知（暗黙知と形式知）は，支配的な権力の座にいる人々，つまり男性の領分にとどまっている。

コールセンターは組織の活動に戦略的柔軟性という側面を加える。その仕事内容の性格と構造は女性的な「ソフト」スキルに最も適しているにもかかわらず，知識労働者としての女性は，上述の知識を支えるネットワークから排除されているために，負け続けているのである。

注

(1) 個々の従業員と顧客のやりとりを録音したものを使って，コンプライアンスの問題に注目させ，関係と電話の運営技術を向上させる。

第10章

組織におけるジェンダー化された柔軟性を再構築する
——ドイツのコールセンターの比較分析——

ウルスラ・ホルトグレーヴェ

1 本章の目的

コールセンターは、ニュー・エコノミーにおいてあまり高スキルではない、外的柔軟性をもつ部分として表象されている。サービス業のネオ・テイラー主義的標準化と自動化の典型的な例として頻繁に取り上げられる。そこでは作業は単純化され、仕事は低賃金で不安定である。そのような労働条件の引き下げによって企業は数量的柔軟性を達成する。この柔軟化の方式はジェンダー化されていることが多く、とくにコンピュータ化されたサービス業や事務職において顕著である。仕事と労働力におけるジェンダー分離は、企業が合法的に、より数量的に柔軟化する1つの方法であった。とくに調整された経済では、パートタイムという労働形態が柔軟性のジェンダー化に重要な役割を果たす（本書第**8**章を参照）。情報通信技術に支えられた柔軟な労働形態のもう1つの例であるコールセンターでは、労働条件の引き下げ、脱スキル化、女性化の図式が再現されうる。しかしコールセンターはたんに合理化のテイラー主義的論理を再現するわけではないことや、この新しい分野には異質なジェンダー化パターンがあてはまることを、実証研究結果が示している。[1]

コールセンターとは、ネットワーク化された情報通信技術を利用し、電話で顧客と接触することを専門とする会社、あるいは組織の一部門である。コールセンターは標準化の論理と、サービスの質による論理および顧客指向の論理の両者を体現している。そこでは合理化は、柔軟性とコミュニケーションの不確定性によって強化されると同時に制限される。女性は歴史的に（初期の電話交換手からは

285

第Ⅲ部 新たな雇用形態をジェンダー化する

じまって），合理化された新技術の限界を補完する仕事に雇用されてきたが，本章はコールセンターの例を取り上げ，企業が多様な労働力と人事慣行を再統合し，ジェンダー化された柔軟性を伝統的な手法で再構築している点について論ずる。

　ドイツのコールセンターでは，ジェンダー化プロセスの分化が見られる。通信販売のような高いスキルを必要としないコールセンターでは，脱スキル化と女性化のネオ・テイラー主義的状況が続いている。中小企業ではこれとは異なり，より機能的に柔軟な女性雇用の形態が見られる。これは事務職に典型的である。小さなマーケティング・コールセンターでは，高スキルの女性パートタイマーがかなり安い賃金で柔軟なスケジュールやフレックスタイムで働いているが，仕事の内容は電話の応対からプロジェクト運営まで幅広い。技術ホットラインや金融サービスのような，男性が多くを占める分野のコールセンターでは，コールセンターという職業の女性的な感情労働のイメージに反して，スキルにたいする伝統的な男性的な概念が再形成されている。ドイツの銀行ではジェンダーにとらわれない新しい形態が見られる。銀行業では高スキル女性パートタイマーの代わりに，ジェンダーにかかわりなく学生が雇用されている。このように，ダイナミズムと知識労働の点から柔軟性が再定義されているのである。

　この分化が示すのは，ますます市場化・知識化する「ニュー・エコノミー」と，変化するジェンダー・レジームとの緊張関係を前に，特定の業種の企業はそのような変化を生き抜くため，戦略的選択肢を増やし拡大しようとしている，ということである。本章の目的は，経済とジェンダー・レジームにおける突発的な変化と戦略的な変化，経路依存的な変化と変革的な変化の狭間で組織が果たす役割を，理論的に浮き彫りにし，検討することである。

2　ジェンダー，再構築，組織

（1）コールセンターとニュー・エコノミー

　コールセンターがニュー・エコノミーの一部である要因はいくつかある。まず，コールセンターは電気通信とコンピュータ技術を結んで情報通信技術（ICT）を集中的に使い，時間と空間を超えて仕事を移転させるために技術を活用する。

コールセンターの業務は外部委託されることもあり，既存の労使関係の制度や労働協約の範囲の外にある未開発地に移転され，その業務は電話とデータ回線で結ばれたコールセンターのネットワークを通じて行われることもある。ネットワーク化された他の産業と同様，これは場所の制約がなくなることを意味するのではなく，「新しいICTが潜在的にもつ脱ローカル化という可能性により……場所の特性がいっそう重要になる」（Huws 2003：58；Castells 1996の各所を参照）。コールセンターは一般に，それぞれのサービスに適した労働力が得られるところに立地している。各国と同様にドイツでは（Belt et al. 2002），ブレーメンやハンブルグ，ベルリン・ブランデンブルグのような，産業の空洞化した都市部の地域や，学生の多いルール地方，あるいはより単純なサービス業では，雇用が不足しており離職率が低く抑えられている東ドイツ地域にある場合が多い（Arzbächer et al. 2002；Arnold and Ptaszek 2003）。

　コールセンターはまた，顧客関係と消費様式の新しい一般的なあり方を代表するものである。コールセンターを活用する組織は，たんにコミュニケーションのための新たな経路を提供しているのではない。その組織がもっている情報，収集できる情報をもとに新しい知識を創造し，戦略的に業務を行おうとしているのである。たとえば，コンピュータによるデータマイニングは顧客のデータベースから実際に行われている消費様式，あるいは可能性のある消費様式を見つけ出し，潜在的顧客と販売の可能性についての知識を生み出す。そうすれば電話をかけることによって，そのような潜在的顧客に働きかけができる。その場合，顧客サービス担当者の相互行為的な仕事の一部は，顧客の協力を得て，顧客を組織の日常業務に結びつけることであり，かつては組織内で行われていた仕事の一部を顧客が肩代わりすることさえある。技術ホットラインや顧客情報サービスは，ICT利用の限界と帰結に反比例して増える。コンピュータ技術は製品，サービス，価格の差別化とカスタム化を可能にするが，そこではコールセンターが提供するIT，コミュニケーション，専門知識がより柔軟に組み合わされ，インターネットによるセルフサービスを補い，サポートしなければならない。

　時間的な再編成という点においては，コールセンターが提供する柔軟性は明らかに市場主導である。コールセンターの仕事の相互行為的性格は，就労時間を顧

第Ⅲ部　新たな雇用形態をジェンダー化する

客の要求に可能なかぎり一致させることを求める。コールセンターは「24時間営業」にまで営業時間を伸ばすために利用される。もっとも，顧客の需要にたいして24時間週7日営業は過剰であるとわかった事例もある。人員不足や過剰配置は，不稼働時間や「受け損なった電話」を記録する自動通話分配システムのデータからすぐにわかる。結果として仕事のシフトのあり方や就労時間の調整は，しばしばコンピュータによる日程計画システムなどを援用して，非常に洗練されたものになっている。また，急な就労日程の変更に顧客サービス担当者が快く応じるかどうかが，評価システムで業績測定の基準に含められていることも多い。雇用契約（およびもしあれば団体協約）では，時間外手当をなくすために，週何時間とか月何時間というような柔軟な「労働時間計算」の運用が増えている。いっぽう，会社の通話量予想の条件内では，たとえ他の労働条件は厳しく規定されているところでも，多くの従業員が自分の労働スケジュールをかなり自由裁量で選択できる。後述するように，コールセンターのサービスの種類によって労働者にたいする時間的柔軟性の要求は異なり，それがコールセンターの労働力のジェンダー化に重要な役割を果たしている。

　知識労働についていえば，コールセンターの労働者は知識の種別の境界線，すなわちフレンケルら（Frenkel et al. 1999）がいみじくも表現した「最前線」にいる。彼らは顧客と対話しながら，状況にあてはめた要求と問題を符号知の基盤として，あるいはその逆に変換する。実際，彼らは組織に代わって知識を符号化し，概念化（本書第**9**章；Lam 2002を参照）しているのである。話すことがこの仕事の商売道具なので，西川・田中（本書第**8**章）の介護労働者とは興味深い対照をなしている。コールセンターでは知識をある程度，詳述することが不可欠であり，この作業は顧客と顧客サービス担当者の両者によって行われる。だがこれはかならずしも顧客サービス担当者の専門化（つまり，彼らのスキルの符号化）にはつながらない。むしろ，業務の支援と管理の両方への情報技術の集中的な利用を引き起こし，これは集中的に利用するがかならずしも評価しているわけではないスキルの利用をともなうもので，コールセンターは訓練にかなりの努力が必要となる。したがって知識労働と組織を分析する際には，たんに知識の種類だけでなく，各種の知識間の移動と変容をも考慮する必要があることを，コールセンターは示し

ている。

　まとめると，コールセンターは「ニュー・エコノミー」の基本となるある側面を代表するものである。つまり，いかに「最新のICTが企業が利用可能な組織的選択肢の幅を広げ」（Huws 2003：65），企業環境のさまざまな側面，すなわち労働市場，顧客関係，競争，制度的規制などにもとづいて組織が戦略的に行動する余地を，ICTがどのように開くかをよく表している。だが，戦略的選択肢が増えることで，企業がそれにもとづいて行動する必然性も生じる。この選択肢は，ある特定の資本主義の類型の経路依存性によってつくられる（Hall and Soskice 2001）かもしれないが，同時に変化のための機会も提供する。

　しかしコールセンターは，経済の知識基盤部門というものにうまく合致するわけではない。というのも，コールセンターは多様な組織構成のなかや多様な産業や部門に存在するからだ。専門のサービス会社から社内の一部門まで，行政や医療機関から，小売り，金融サービス，情報通信，製造業まで範囲は広い。これまでのところコールセンターの数や雇用数を数える国際的に有効な方法はないが，コールセンターの多くはOECDの「知識集約型サービス部門」に属している（本書第**2**章）。

　もちろん，ニュー・エコノミーやネットワーク，あるいは知識社会にかんする議論は，たんに社会構造や労働組織の変化を取り上げているのではない。ジェンダー（Acker 2003）や全般的な社会関係（Giddens 1984）のように，そこには強い象徴的・論理的側面もある。象徴的なレベルでは，コールセンターは，本質的に革新的で，知識にもとづいており，非物質的であるとするニュー・エコノミーの意味論に依拠している。設立されたばかりの新しい組織として，コールセンターは革新的なものとして存在し，また一般にそのように思われている。ひるがえって革新の規範とそれにたいする期待が，変化を正統化する。

　だが意味づけと正統化は，たんに構造変化を反映して正統化するのではない。構造変化は言説の遂行性だけで説明できるものでもない。実際，コールセンターにおけるジェンダー関係の構造変化にかんする「議論」と，実際の変化のあいだには違いがあることが実証されている。そのような言説的（discursive）なものと構造的なものとのゆるやかな結合や両者の違いを説明するために，従来のドイツのシステム理論から意味論の概念（Lurmann 1980）を借りることにしよう。意味

第Ⅲ部　新たな雇用形態をジェンダー化する

論とは，社会システムが自らを描写し，行動と決定の原因を帰するために利用す
る，一般化された意味の集合である。ジェンダー関係の場合，問題となる意味領
域は，平等と差異である。労働組織では合理性，市場の需要，業績，スキルが重
要となる。コールセンターでは，サービスと知識，専門知識と顧客指向が思い浮
かぶ。体系的に見れば，社会構造と意味論は別々に発展するが，相互に関連し
あっている。ほとんどの場合，社会構造の発展が歴史的，分析的に先行している
（Stäheli 1998）。なぜなら構造が意味をなすためには，まずそこに構造が存在しな
ければならないからだ。いっぽう，シュティッヒヴェー（Stichweh 2000）は意味
領域と概念の変化が構造変化に先行する，あるいは構造変化を促すと主張してい
る。いずれにしても，この概念は構造的なものと象徴的なものとの実際の関係に
かんする実証的調査にたいして門戸を開いている。しかしフェミニスト的視点か
らは，社会的自己描写には本質的に矛盾する性格があることを覚えておくことが
重要である。それは正統派のルーマン的言説とはあまりなじまない。意味論の観
点から見た場合，さまざまな形態の「知識」はたんに組織と個人のための資源で
はない。組織の議論と行動における知識の認識と評価が，労働者と組織間の，経
営層派閥間の，そして専門家グループ間，また男女間の言説的かつ具体的な闘争
の場となる（本書第**9**章を参照）。

（2）とくに柔軟な組織としてのコールセンター

　組織的観点からいえば，コールセンターとは顧客との関係や顧客とのコミュニ
ケーションを総合的にデザインするための組織戦略の一部である。コールセン
ターは境界線をまたぐユニット，つまり，組織が置かれた環境とコミュニケー
ションを図ることを専門とするユニットである。その環境とは，どのビジネス組
織にとっても戦略的に重要な，顧客や取引先である。顧客のニーズと要求は処理
され，会社が提供するものと結びつけられる。販売とマーケティング戦略のポイ
ントは，顧客の需要と嗜好に影響を与えて，製品やサービスに合わせることだ。
ここでは情報と通信技術のつながりを利用して，製品とサービスを標準化し，ま
た多様化し，顧客グループを柔軟にまとめ，分割し，顧客の情報を集め組織に協
力させるように影響を与える。このすべての機能は相互に結びついており，顧客

サービス担当者のコミュニケーション・スキルと顧客への対応の柔軟性を通じて，組織的・技術的手段が効力を発揮する。コールセンターがなぜ（ネオ・）テイラー主義的な合理化の論理にまったく従わないかの理由は，この境界線をまたぐという機能にある。そのような論理は，組織の柔軟性と市場と顧客の変化に対応する能力によって打ち消されてしまう。組織の境界では，経営と日常業務の両方でこの平衡化するような行動が起こる（Frenkel at al. 1999；Korczynski 2001，2002；Holtgrewe and Kerst 2002a, 2002b；Kerst and Holtgrewe 2003）。

　したがってコールセンターでは，複数のレベルで「柔軟性の構築」（Arzbächer et al. 2002）が見られる。制度的には，コールセンターは従来の労働協約や規制，伝統的な人事管理方針の外に置かれることが多い。労働力と人事慣行が再構成されて，時間的・相互行為的柔軟性が日常レベルで達成される。後述するように，この包括的・多層的な柔軟性はジェンダー関係にも関係し，柔軟性の「古い」パターンと「新しい」パターンを柔軟に結びつける。

（3）ジェンダー，スキル，組織的柔軟性

　従来，組織の柔軟性は，決定的にではないが主としてジェンダー・レジームによって構築されてきた。それがさらなるジェンダー・レジームと，ジェンダー化された制度を構築してきた。このように見ると，柔軟性が経路依存的に進められてきたことがわかってくる。そこでは制度的・文化的に埋め込まれたジェンダー契約が再生産され，あるいは漸進的に変更される（Smith and Gottfried 1998；Gottfried 2000；Pfau-Effinger 2000）。

　一見するとコールセンターは，サービス業や事務職でおなじみの，ほとんど伝統的ともいえる形態で女性労働を利用しているように見える（Game and Pringle 1984；Gottschall et al. 1985；Gottschall et al. 1989；Webster 1996）。電話交換からはじまってタイプ，データ入力，植字，事務など，労働の定型化と合理化は，これまで労働の女性化と結びつけられてきた。だがそのような職に就いている女性はたいていスキルのない労働者ではなく，一定レベルの一般教育や職業訓練を受けている。したがって定型化された労働の女性化は，数量的柔軟性と機能的柔軟性の利点を兼備する。もし定型化された労働が，労働市場での選択肢が限られた高

第Ⅲ部　新たな雇用形態をジェンダー化する

スキル女性によって行われるとすれば，彼女たちのスキルは評価される必要がなく，合理化の問題そのものと副次的影響を埋め合わせるために予備として蓄えられる。組織的柔軟性はこの女性労働者のスキルの蓄積と，下向きの柔軟性によって得られる。たとえばジュリエット・ウェブスターは，いわゆる柔軟性の新しい形態における継続性を次のように指摘している。

　　いま柔軟であるとして歓迎されている雇用形態は，じつは女性労働者にはあまりにもなじみ深い，確立されて久しい労働市場搾取の構図であるという強固な証拠がある。柔軟性として制度化され正統化されたその構図は，何百何千万という女性労働者の劣悪な労働条件をますます固定化し，広げるだけだろう。低賃金，雇用保護の欠如，機会均等や昇進の可能性の欠如，不安定性は，女性労働ではざらである（Webster 1996 : 84）。

コールセンターのジェンダー関係にかんする最近の研究でも，女性労働の格下げとしての柔軟性のあり方が再生産されているとしている（Belt et al. 2002 ; Krenn et al. 2003 ; 本書第**9**章）。

　しかし，一般にジェンダーと雇用関係の変化はもはや一方向ではないと主張する研究者もいる。スキル，安定性，標準的雇用，労働市場区分のジェンダー化の影響は，女性がより高い資格を取得し，労働市場に継続的に参加しようとするにつれて，変わりはじめている。ジェンダーと雇用の相互関係は，1990年代にさまざまな研究者が指摘したように，社会のそれぞれの制度的文脈と，文化的かつ個々人の経歴に埋め込まれた女性の意思決定に，いっそう依存する（Rubery and Fagan 1994 ; Flecker 2000 ; Pfau-Effinger 2000）。

　したがって規制緩和はかならずしも柔軟性の一貫したパターンにはつながらないし，労働力の女性化は決してそのまま労働市場の柔軟性にはつながらない。シルヴィア・ウォルビー（2002a ; 本書第**1**章）は，ジェンダー関係を考慮すると，柔軟性の増加を全面的な規制緩和と見誤ってはいけないと指摘する。市場要因はグローバル化の過程で地歩を得ているが，ジェンダー・レジームは国民国家とEUによる規制増加の方向へ変化しており，その結果，制度的変化はしばしば緊

張した対立する関係のなかで生じる。したがって経路依存性（Gottfried 2000）か，あるいはそれまでの経路の変革かという問題に，実証的に取り組む必要がある。

コールセンターの事例を見ると，ある種の文脈では組織はそのような経路依存性から戦略的に離脱しうることがわかる。コールセンターは純粋に「ニュー・エコノミー」を代表するものであり，それは組織的選択肢を広げ，企業が伝統的労使関係を回避しうる道[2]を表している。後述のように，ドイツのコールセンターの雇用と人事慣行は，たんに下方向に柔軟な女性労働の従来のあり方を再現しているのではない。柔軟性そのものが再構築されているのであり，その柔軟性の様式は国や国際的な制度によって形成されるだけでなく，特定の産業や組織の文脈によって形づくられるのだ。とくにドイツの銀行の事例は，組織や特定の産業と，社会全体の制度的ジェンダー・レジームとの柔軟な関係の構築を示している。柔軟な組織は，既存のジェンダー化された柔軟性のあり方に加えて，またそれを超えて労働を柔軟化する。柔軟性は，新たな一時的労働力が得られるようになるとジェンダーと切り離される。いっぽう，後述のように，スキルとダイナミズムの意味論は，かなり伝統的なジェンダー区分を踏襲する。

（4）柔軟性と組織

以上のような議論はすべて，柔軟性はジェンダー関係とジェンダー・レジームに関係していること，それは矛盾したあり方のなかで進展するだろうことを示唆している。そのような制度的変化の過程において，これらの矛盾，不平等，一時的な不均衡が実際にどう進展するかは，産業と組織のレベルで考えるのが最もよいと思われる。

理論的には，ジェンダー・レジームとジェンダー契約が労働と雇用形態のジェンダー化を構築するという概念は，新制度学派的な見方を含んでいる。新制度学派は，規制や規範あるいは専門的基準に同型的に順応して規範と期待に従う組織に注目する（Powell and DiMaggio 1991 ; Scott 1995）。いっぽうで組織，とくにビジネス組織は，主としてジェンダー・レジームの労働と雇用を明確に表し形成する集団的アクターである。組織は仕事と階層（Acker 2003），雇用関係，人事戦略をデザインし，特定の労働力を使う（Jenkins 2004）。そうすることによって組織

第Ⅲ部　新たな雇用形態をジェンダー化する

はたんに，ジェンダー化された労働市場，社会制度，文化的イメージを確立する
のではない。むしろ戦略的に，あるいは無意識的に，それらにもとづいて積極的
に行動する（Jepperson 1991）。このように，いっぽうでは市場主導の規制緩和と
柔軟性のあいだの緊張，他方では平等にたいする政治的規制と社会規範のあいだ
の緊張が処理されているのは，労働組織のレベルであり，この処理は戦略的に行
われているのである。たとえば，組織は機会均等制度をつくったり，利用できる
「手段」や目的を選択したり，そのような期待や要求から逃げたり避けたりしよ
うとする。だが明らかに組織は，その環境に全面的に順応しているわけではない
し，完全に合理的で戦略的なのでもない。ジェンダー・レジームとジェンダー関
係の確立とそれにもとづいた戦略的行動は，組織のそれぞれの文脈と環境，つま
り，労働市場，社会福祉制度，文化的期待，地域，産業，ネットワークなどのな
かで生じるのである（Tienari et al. 1998 ; Quack and Morgan 2000a, 2000b）。

　順応と戦略の両側面を再帰ループの一部と考えると，アクターの行動する能力，
つまり社会関係を再生産したり変革したりする能力（Ortmann and Sydow 2001）
を，発揮させると同時に制限するような，制度・文化・社会の構造化論のモデル
（structurationist model）（Giddens 1984）に帰着する。このモデルでは，組織領域，
アクター，その領域の規則と資源，アクターの戦略は相互に構成し合っている
（Friedberg 1995）。ジェンダー（あるいは年齢，民族，経験）はいつ，どこで問題と
なるのか，サービス，質，スキルとは「実際に」どのようなものか，これらすべ
ては，問題となる組織領域内で確立され，交渉されうる。

　したがってコールセンターは，新しい特性と古い特性が組み合わさり結びつい
た組織領域として考えなければならない。これらの変化の変革的な「新しい」側
面にあるのは，知識と顧客関係と柔軟性の戦略的重要性，顧客・製品・サービ
ス・構造の織り混ざった組織デザイン，ニュー・エコノミーとイノベーションの
意味論である。にもかかわらず，これらの新しい特性は，伝統的にジェンダー化
された労働市場と職業の形成，そしてスキルと専門知識のジェンダー化された形
成の持続性や経路依存的発展と共存する。

294

3 コールセンターの労働の再ジェンダー化と脱ジェンダー化

（1）ドイツのコールセンター──柔軟性を操る

　1990年代半ばからドイツのコールセンター部門は，2000年以降の一部の整理統合をともなって，オペレータ・サービス，通信販売，ダイレクト・マーケティングの領域を超えて拡大してきた。初めてのダイレクト・バンキングサービス（旧Bank24）は1995年秋に営業を開始した。こうした展開の引き金を引いたのは，1990年代半ばに集中した技術的・制度的要因が相互に連動したことである。電気通信とエネルギー市場の自由化，移動体通信の目覚ましい成長，個人家庭へのインターネットの普及が，新しい市場，新しい製品とサービス，新しいタイプの顧客，情報にたいする新しいニーズを出現させた（Arzbacher et al. 2002 ; Bain and Taylor 2002）。現在（2006年 3 月）およそ28万人がドイツのコールセンターで働いている。コールセンターのジェンダー関係の問題はようやく研究されはじめたばかりである（Bialucha-Rhazouani 2002 ; Holtgrewe 2003 ; Kutzner 2003）。ジェンダー研究者たちは，あまりにもおなじみの脱スキル化と格下げのプロセスを再確認するだけだと予想したのであろう。[3]

　コールセンター労働者の大多数は女性だが，コールセンターの仕事は女性だけに限られたものではない。ほとんどの研究が示すのは，コールセンターで働く人の平均 3 分の 2 は女性であり，その女性化の度合いは，どの国においても技術ホットラインの50％からダイレクト・マーケティングと通信販売業務の90％まで，幅があるということである（Belt et al. 2002 ; Bittner et al. 2002）。ドイツのコールセンターのパートタイム雇用率は一般に40％から50％といわれ，コールセンターの種類によってかなりの開きがある。高度なスキルを要する社内のコールセンターでは，フルタイム従業員の率が高い。[4]パートタイマーとして再就職する女性のほかに，大学生と男女のフルタイム労働者がコールセンターの労働力を構成している（Bittner et al. 2002）。年齢層は一般に若く，顧客サービス担当者の少なくとも 3 分の 1 が30歳未満，4 分の 3 が40歳未満である。私たちが行った調査対象のコールセンター（コールセンター 5 か所の491人）では，全体の28.1％がフルタイ

第Ⅲ部　新たな雇用形態をジェンダー化する

ム労働者で，そのうち46％が女性だった。調査したなかでは，学生以外のパート
タイム労働者は27.9％で，そのうち86％が女性だった。大学生はコールセンター
労働者の44％を占めていた。これらの学生の男女比は同じである。他の研究と比
較して，私たちの調査において学生の比率が高いのは，学生が銀行のコールセン
ターに集中しているためである。フルタイム労働者は主として社内のコールセン
ターで働いており，たいてい会社組織の他の部署からの移動である。女性のパー
トタイマーは主に外部委託のコールセンターと，スキルをあまり要求されない業
務が多いコールセンターで働いていた。だが全体としてコールセンターのパート
タイム労働はかなり長時間で，平均労働時間は週20時間だった。[5]

（2）コールセンターの労働力

　コールセンターの労働市場は古い形態と新しい形態の両方に沿って区分けされ
ており，それはジェンダーと直接の関係があるというより，むしろ労働時間と利
用可能性に関係している。コールセンターの労働者の配置は通話量の変化にでき
るかぎり対応するように行われているので，柔軟性の規範が重要である。私たち
の調査では明確に区別される3タイプの労働者が観察された（Kerst and
Holtgrewe 2003参照）。ここではジェンダー化とジェンダーの解体のプロセスを見
ることができる。以下に，私たちの事例研究で明らかになった事実とともに，そ
れらのタイプを示す。

⑴　通信販売のような比較的高いスキルを必要としないコールセンターの労働
　　では，ネオ・テイラー主義的形態が維持されていた。このようなコールセン
　　ターは，特殊的でないサービス業の資格をもつ女性パートタイマーを好み，
　　彼女たちが厳しい労働条件に従い感情労働に従事することを期待していた。

⑵　中小企業の事務職に一般的な女性雇用の形態があることがわかった。小規
　　模のマーケティング・コールセンターでは高スキルの女性パートタイマーが
　　柔軟な労働時間とかなり低い賃金に甘んじながらも，電話応対からプロジェ
　　クト運営まで幅広い仕事を受けもっていた。

⑶　高スキルの女性パートタイマーを雇うことによって，銀行は事務職を定型

化するという従来の形態から抜け出した。代わりにジェンダーにかかわりなく学生を雇って，柔軟性をジェンダーから切り離し，知識労働とダイナミックな労働力の必要性という観点から柔軟性を捉えなおした。

最初の2つの労働力形態は，ドイツのジェンダー化された伝統的な雇用形態を踏襲しているが，銀行業に見られる3つ目の傾向は新しい。ここでは柔軟性がまさしく定義し直されている。従来，数量的・機能的柔軟性は，高スキル女性を低スキルのパートタイム労働に採用することによって最適化されてきた（Gottschall et al. 1985；Jenkins 2004）。しかし，現在のドイツの銀行では，学生という一時的な身分に保証された機能的柔軟性と数量的柔軟性が，脱ジェンダー化された形で発現している。

（3）通信販売業におけるネオ・テイラー主義

私たちが調査した通信販売のコールセンターでは，テレビのテレフォン・ショッピングの個人顧客から寄せられる注文や問い合わせを処理していた。500人の顧客サービス担当者の全員がパートタイム，そのうち75％は女性で，ほとんどの人が以前に顧客サービスの職業訓練を受けており，そのような経験があった。このセンターの労働条件はかなり厳しく，賃金は安く，非常に柔軟なシフト制をとっており，顧客サービス担当者は異なった計画期間に対応する3つのグループに雇用され，これによって労働条件が決まる（Holtgrewe and Kerst 2002b）。女性パートタイマーの雇用は，徐々に生じてきた労働力の均質化の結果であった。経営協議会のあるメンバーは，当初学生の割合はおよそ90％だったが，学生には規律を守らせるのが難しかったため，私たちの調査時の40％にまで減ったと話していた。

ここが始まったとき［引用者注：1998年］はほとんど学生で，90％がそうでした。でももうあまり使いたがらないですね。ばかなことばかりするのに我慢できないんです。どうでもいいんですよ……（通信販売業1の経営協議会メンバー：著者翻訳）

第Ⅲ部　新たな雇用形態をジェンダー化する

このコールセンターは，仕事のネオ・テイラー主義的な標準化を補うために，伝統的な小売りビジネスの顧客にたいする親しみやすさや親近感を再構築するという懐古的試みを用いていた。ここの顧客は低所得者層の高齢者が多く，スタッフは顧客からとても感謝されるとつぎのように話した。「最近はデパートでこんな親しげな応対はされませんからね」（通信販売業1のスタッフ：著者翻訳）。顧客への応対は脚本化されて厳しく監督されているが，親しみやすさと共感力はコミュニケーションの訓練で繰り返し教え込まれていた。スタッフは以前のサービス業の経験も生かしていた。それらはたとえばタクシー運転手，パブのパートタイムのおかみ，その地域に典型的な小さな商店の売り子など，彼女たちの顧客である労働者階級のハビトスに近いものが多かった。

このタイプのコールセンターの雇用では，規範的な魅力と厳しい労働条件との組み合わせにより，合理化と感情労働との結合が維持されている。それは，1920年代にジークフリート・クラカウアーが，1950年代にC. ライト・ミルズが，最近ではバーバラ・エーレンライクのような研究者が，小売業において繰り返し指摘しているものである（Kracauer 1929/1971；Mills 1953/1971；Ehrenreich 2001）。

（4）マーケティング分野の仕事の充実化

ドイツの中小企業に特有の2つ目の女性労働の形態（Gottschall et al. 1989を参照）を表すのは，企業間商取引のサポートを専門とするスタッフ26人の小さなマーケティング・コールセンターの例である。このセンターの一般的業務は投資財の有望な買い手を見つけて，コールセンターの取引先である営業スタッフのために面会の約束を取りつけることである。この会社は高い品質を目指した明確なアプローチをとっており，販売前調査の信頼性を強調していた。男性が雇われることも時々あるが，私たちがインタビューした時点ではスタッフはすべて女性で，パートタイムであり，その就業時間はほとんど9-5時のあいだであった。見込みのある顧客にコンタクトをとるのは通常営業時間内だからだ。経営者は事務か営業職の経験のある成熟した再就職者を雇いたがっていた。私たちが出会ったチームリーダーの1人は，1991年以前の東ドイツの工学士の資格をもっていた。

298

これは東西ドイツの再統一以降，とくに価値がなくなった資格である。このコールセンターでは顧客サービス担当者がプロジェクト運営業務も行っていた。仕事の割り振りと雇用構造は，他の中小企業と同様である。ここでは単純な電話対応の仕事をすべき人たちではないような高スキルの女性労働力が見られたが，同時に彼女たちはより複雑な仕事をする能力もあり，そうすることが奨励されていた。労働者側から見れば，賃金は比較的安いが，その代わりに仕事は面白く，同僚や上司との協力的で親しい関係がある。

（5）銀行1──ジェンダーと柔軟性の分離

　銀行業のコールセンターは，ジェンダー化された（ジェンダー化傾向にある）既存の雇用形態から逸脱したタイプである。調査をはじめたとき，私たちは銀行のコールセンターはパートタイマーとして再就職する女性たちの労働を，脱スキル化するような形態を続けていると予想していた。だが実際は，銀行業の柔軟性への要求が女性パートタイム労働者によって提供される柔軟性を上回っていた。パートタイマーとして再就職する女性は母親が多く，子どもが学校へ行っているあいだ（ドイツでは半日）働きたいと思っているので，労働時間の柔軟性が制限される。銀行はこの制限に対処するために，しだいに女性パートタイム労働者の雇用を減らすようになった。またハビトスの点でも，学生のほうが仕事が速いと人事担当者は思っているようだ。ある部長は次のように話していた。

　　初めは主婦や子もちの女性をたくさん雇っていたんですよ……しかしコールセンターの仕事がどんどん複雑になっているので，難しくなっています。労働時間が長ければ長いほど，より知識が得られますからね。それに頭の柔軟性が──何も主婦が悪いということはないんですよ。しかし学生はもちろんかかわり方が非常に違いますし，この変化の速い業界でよりよく対応できるし，それに順応できます。そういうことがあるので，今では在学でない人はほとんど雇っていません（銀行3のコールセンター長。Bialucha-Rhazouani 2002：63f.から引用）。

第Ⅲ部　新たな雇用形態をジェンダー化する

　このように銀行では，時間や適性の面でより柔軟で，また異なった形態で柔軟な労働者が利用できる場合には，伝統的な役割分業から離れてきている。いくらかの説明によれば，銀行のコールセンターはしばらくのあいだ，多様な労働者の採用という規範を実践していたが（Belt 2002を参照），柔軟性が「ニュー・エコノミー」とそのダイナミズムの意味論的含みを帯びたとたんに，銀行業務の資格をもつ女性たちは，主婦や子もちの女性と見られるようになったという。それまで彼女たちが有するとみなされてきた対人関係のスキルは無視されるようになった。パートタイムで働く学生が新しく魅力的な高スキルの臨時労働力になったのである。学生はまだ認定は受けてはいないがスキルをもち，知識をすばやく習得することに慣れているし，印象操作，つまり実際はそうではないのに有能なように見せることにも慣れている。また，通常の営業時間外に働くこともできるし，今の仕事にそれほど野心をもつこともない。さらに，これは重要な点として，学生はコールセンターの仕事を，大学では教えてくれないサービスやコミュニケーション・スキルを身につける学習の機会と捉えている。

（6）銀行2──男性性の表出

　銀行では一般的な顧客サービス担当者を雇用する際にジェンダーにとらわれない傾向が進み，対人関係のスキルが女性だけのものとは見られなくなっていたが，経営管理と技術的な専門知識の面では，覇権的男性性が継続していた。監督や管理職の人材を採用する場合，銀行のコールセンターはフルタイム労働者を優先している。管理者は決まったグループやチームを担当するわけではないので，この雇用形態は職務上の必要性とはあまり関係がなく，むしろ規範と柔軟性の意味論に関係している。

　　管理職は原則として無限に柔軟であることが期待されています。これはたんに態度の問題です。管理職としていえば，私は週に3日も来ればよく，そうしてみなが柔軟になり日々能力計画を実践するように，動機づけをしなければならない。それが，リーダーシップの例です（銀行1の部長：著者翻訳）。

第**10**章　組織におけるジェンダー化された柔軟性を再構築する

「無限」の柔軟性は，直接ジェンダーにかんしてではなく，仕事への利用可能性についていわれているのだが，この発言は無限に柔軟な労働者以外の人にはキャリアの道が閉ざされていることを表している。それでもコールセンターの監督者や管理職に占める女性の率はかなり高く，11%（Kutzner 2003の調査）から31%（Bitter et al. 2002 : 69）にのぼる。[6]

　男性が大多数を占めるコールセンター，つまり技術ホットライン，サービス・コールセンターの営業，プライベート・バンキングでは，より明確に男性性の表出があらわとなる。ここでは管理職がスキルと能力の意味を変化させることによって，ジェンダーのもつ意味を再定義しようとしている。一般にこの分野では，人員において従業員の社会的能力やコミュニケーション・スキル，個人の性格を重視する必要があるという考えが，管理職のあいだに共有されており，それが教育用のハンドブックにも反映している。それにたいして専門知識は，学習によって獲得できるものである（Frenkel et al. 1999）。ところがホットラインでは，この技術的な専門知識がより高く評価されている（Belt et al. 2002を参照）。

　　私たちの場合は違います。ホットラインの同僚たちの場合は，もっと違うかもしれません。あそこには，本当のコンピュータのオタクがいますし，ある意味，連中はまったく感じはよくないですよ。そういう質の人たちじゃないんです。顔つきも悪いし，性格も悪い。しかし彼らの専門分野ではものすごく有能です。これはおそらく他のサービスとは違うだろうし，明らかに対外的な仕事とは違います。そういうところでは最も重要なのは親しみやすさやコミュニケーション・スキルです。しかし専門知識がものをいう分野では，そういうものはそれほど重要ではありません（銀行1の監督者）。

このイメージはやや誇張しすぎのように思われる。電話で技術的な問題を解決する仕事では，純粋に技術的な能力よりもコミュニケーション・スキルが重要なことは明らかで，男性が親しみやすいと同時に有能であるのは，社会生活のなかで十分ありうることだ。しかしこの監督者の考え方からすると，そのような親しみやすさはあまりプロらしくないらしい。しばしば女性的で低スキル労働と見ら

第Ⅲ部　新たな雇用形態をジェンダー化する

れる分野では，この監督者（インタビューした他の管理職も）は，専門知識と男性のオタク文化というステレオタイプなイメージを名目にして，「自分の」部下の男性たちは「本来のものでない」社会性はなくてもよいと弁護した。管理職は営業の分野でも社会的能力を男性的に捉えて，共感力より押しの強さと粘り強さを重視していたと指摘している（Bialucha-Rhazouani 2002）。ホットラインと営業は偶然にもコールセンターの業務のなかで賃金が最も高い分野である。

　新しいことではないが，スキルにたいするジェンダー化された属性と定義がいかに柔軟で，あいまいで，ときには矛盾しているかを見るのは，いつも興味深いことだ（Game and Pringle 1984）。残る疑問点は，専門知識や親しみやすさを，そのように表現することの影響をどう見るかということである。ある種のスキルを一部の部門のコールセンターの仕事に帰することは，女性にたいする社会的閉鎖を正統化するかもしれない（Cyba 1998）。しかし同時に，その分野の女性は専門知識とプロ意識をもっていると主張することもできるわけで，そのことから利益を得る可能性もある（事実，技術ホットラインで働いている女性たちはそのような専門知識をもっていると主張している）。

（7）労働力の再構成

　3つのどの事例でも，コールセンターがその「理想的な」労働力を，それぞれのコールセンター・ビジネスの業務構造，顧客市場構造，労働時間と柔軟性への要求に沿って見出すようになってきていることは明らかである[7]。したがって，限られた範囲でのやる気と労働市場における選択肢をもち，かつ予備として蓄えられるようなスキルをもつ女性パートタイマーは，雇用される形態に違いが生じてくる。通信販売その他の高いスキルを必要としないコールセンターは，画一的な仕事と感情労働を担う労働力の組み合わせのテイラー主義の伝統に則って，既存の方法で女性のパートタイム労働者を雇い続ける。高スキル女性が電話応対と複雑なプロジェクト運営の仕事のあいだで「弾力的に」使われる中小企業モデルも，小規模なコールセンターにおいて行われており，結果的に充実した面白い仕事と限られた賃金が組み合わされる。通信販売も小規模のコールセンター・ビジネスも，そのもともとの産業がたどってきた労働力使用の経路をたどり，その一貫性

は顧客の期待にたいする認識によって強化される。だが銀行は，別の柔軟な労働者グループが出現し戦略的重点がダイナミズムとイノベーションに置かれるようになったときに，ジェンダー化された雇用形態を廃止した。ほとんどの銀行のコールセンターの労働条件は，比較的よいことに注目する必要がある。

　このようにコールセンターのジェンダー化の違いは，それぞれの産業とサービスの種類，会社の規模，とりわけ，コールセンターの利用を計画する会社の戦略の程度と焦点によるようだ。通信販売と小企業のサービス・コールセンターの場合は，ジェンダー化された伝統的な雇用形態が維持されている。その形態はそれぞれのもともとの産業にも顧客の期待にも整合性をもつ。ドイツの小売業には全般的に，人件費の削減，人手不足，ますます厳しくなる労働条件という特徴があり，そこでは市場成果主義と顧客指向という矛盾する要求が直接従業員に向けられている（Voss-Dahm 2003）。私たちが調査した事例におけるサービスの革新は，使用されるコミュニケーションの経路（テレフォン・ショッピング）に限られ，このサービスは厳しい時間的制約のもとに，せいぜいが「伝統的な」共感力と親しみやすさ（の構築）によって遂行されている。小企業のマーケティングの品質指向と個別化指向は，戦略的に市場を形成し，顧客が求めるサービスの質について顧客を教育することを狙っている。このようなコールセンターは，情報を電話で収集し，顧客の販売活動記録へと提供することにより，販売予測にかんする質の高い知識というものへの信頼を築く。それによって，自分たちのサービスを安い低レベルのマーケティング会社と差別化している。労働者の安い賃金を補っているのは，友好的な労働関係と，ある程度の仕事内容の充実と自由裁量権である。

　銀行はコールセンターの利用にかんして最も包括的な戦略アプローチをとっている。それは，伝統的な労使関係，組織的ハイエラーキー，顧客関係から，計画的に脱却することである。未開発地に立地し（しばしば従来の銀行の立地から遠い），ハイエラーキーは平坦化され，顧客はまったく新しいサービスと供給経路を提供され，その過程で新しい一時的な労働者が見出されている。

　まとめると，知識経済が「随意的」であるという概念に沿って，コールセンター，ICT，ジェンダー化された柔軟性のあり方は，企業に幅広い戦略的選択肢を提供する。それらはさまざまな度合いの経路依存性と伝統的様式の変形で活用

第Ⅲ部　新たな雇用形態をジェンダー化する

される。コールセンターにたいする企業と産業のアプローチがより戦略的で包括的であればあるほど，彼らは特定の労働力とジェンダー・レジームをより柔軟に利用する。それによって選択肢はいっそう増える。だが銀行業全体のジェンダー化された雇用形態についていえば，これらの事象はコールセンター固有のものであって，産業全体でジェンダーの影響が減少しているということではない。

（8）コールセンターのスキルの再形成

　事例全体を通じて，コールセンターはとりわけ柔軟な要求，非標準的な雇用形態，雇用システムの新しさの点で，既存のドイツの職業訓練システムから乖離してきている。ドイツでは，事務職とサービス職はたいてい緻密に規定された職業訓練制度のなかに含まれていて，学校教育と職場での実習を組み合わせた，制度化された徒弟制になっている（Hillmert 2002）。事務と秘書関連のスキルの訓練は，後期中等学校でも，学科面より職能面に重点を置いて行われており，この場合は商工会議所が公式の資格を制度化している。女性はこの「デュアル・システム（二重制度）」に参画している（数は男性より少ない。Rabe-Kleberg 1993）が，事務職とサービス業に集中する傾向がある。ドイツの制度や規制は女性を不連続的なキャリアに追いやりがちで，キャリアの中断が予想されるために，職業訓練を受けた女性のスキルの価値が労働市場で低下する場合が多い。たとえば，学校や保育施設は半日であるために，母親たちの労働時間のニーズにかなりの制度的圧力が加わり，それが彼女たちの労働市場の選択肢を制限している。したがって，民間サービスや民間部門を見ると，エステベス=アベ（Estévez-Abe 2005）の説には修正が必要になる。エステベス=アベの説では，調整された市場経済の職業訓練は職業を区分し企業固有のスキルを奨励するため，女性にとって不利になる傾向があるという。しかし，事務職とサービス業の職業訓練は，企業固有というよりは産業固有になる傾向がある。さらに女性の断続的なキャリアを通じて，彼女たちの資格やスキルはより一般化された形で利用される。このように，制度的影響と労働市場は女性のスキルの価値を下げ，文化的認識はスキルを女性本来の資質と混同する。こうして高スキル女性は，純粋に数量的な柔軟性を超えた，「下方向に弾力的な」柔軟性の伝統的な源となる。

304

しかしながらコールセンターは，スキルの再形成を体現している。コールセンターの人事部長は「とくに正式な資格は必要ない」としばしば言っているのを世界各地で耳にする。採用時には訓練の認定証よりも対人関係とコミュニケーション・スキルのテスト結果を重視し，採用後に社内で新人の顧客サービス担当者に広範囲な教育訓練を行っている（Thompson et al. 2000を参照）。

ドイツでは顧客サービス業のスキルは，その一部しか事務職の職業訓練に組み込まれておらず（Arzbächer at al. 2002），商工会議所が訓練講座や認定証を提供している。しかしこれらは主として，失業者をコールセンターの仕事に斡旋するために設置されたものだ。ここでの訓練は確立された職業訓練システムというよりは，ポスト福祉国家的な労働市場政策への変化と，雇用適性の新しくも懐古的な重視と結びついている（Larner 2002を参照）。

銀行のある人事部長の言葉は，訓練とスキルの両方の意味の変化を象徴している。「資格は二の次です。私たちが求めているのはやる気です。知識やその他のことはすべて社内でやります。そうして，ごくごく小さな，規模の小さい銀行家に育てあげるのです」（銀行3の人事部長）。

緻密に規定された職業訓練制度では，そのような方針は既定の資格の定義から外れる。実際に銀行は，その産業固有の職業訓練に関連するキャリアや期待から脱却しようとしている（Vitols 2003を参照）。この脱却のテコとなるのが，変化する販売戦略における顧客とのかかわりにたいする固有の要求である。制度化された産業固有の学習や経験は，「個性」と思われるものと置き換えられ，特定の商品や戦略にかんする，より短期で限定的な企業固有の訓練に取って代わられる。

とはいえ，私たちの調査対象のコールセンターでは，学生以外の顧客サービス担当者の80％以上が，主に事務職とサービス業の分野で，2年から3年の職業訓練を受けていた。したがってこれらの会社のスキルの再形成は，労働者の資格と過去の経験をもとにしている。従前の資格は消えるわけではなくまだ利用できるわけだが，個性にたいする新しい意味論を通じて，価値を奪われ目に見えないものにされている。この目に見えないという側面が，訓練システムとその制度化の変化を示している。産業固有のスキルにもとづき規制された訓練制度を通じて約束されてきた長期的なキャリアと昇進（Estévez-Abe et al. 2001）は，伝統的に

第Ⅲ部　新たな雇用形態をジェンダー化する

ジェンダー化されてきた（Smith and Gottfried 1998；Estévez-Abe 2005）。コールセンター（おそらく知識経済の他の分野も。Thompson et al. 2000を参照）の資格が脱制度化されて，企業固有の短期的なスキルと個人的資質のポートフォリオに変えられるとすれば，このスキル・レジームにたいするジェンダーの意味は予想しづらく，業種によって，また会社の戦略と文脈によって違ってくるだろう。スキルについていえば，ここでもまた会社の選択肢は増加し，その結果として資本主義の多様性のあるタイプのなかでも，多様性な資本主義のあいだでも，いっそう多様化すると予想される。

4　銀行業のジェンダー化された雇用と再編成

　銀行業は「ジェンダー化された官僚制の中心」（Tienari et al. 1998：24）といわれているので，ドイツの銀行コールセンターの脱ジェンダー化された柔軟性のあり方と，銀行業のその他のジェンダー化された（ジェンダー化されつつある）組織変化の例を比較することには意味がある。イギリスでもドイツでも銀行業の伝統的な職は男性に占有されてきたが，最近は女性がかなり進出している。ドイツでは銀行の実習生の50％が女性で，最近はそのうえの職業訓練コースや銀行専門学校の卒業生の半数が女性であり，学士訓練生プログラムの女性の比率は，1990年代には50％近くまで増加した（Tienari et al. 1998：29）。

　同時期，銀行業界では大規模な組織改編が行われた（Regini et al. 1999）。制度と規制の変化による影響および情報技術の利用は，「銀行のスリム化」のような国際的な経営モデルと方向性の収斂（Leitbilder）を引き起こすとともに，再編成にかんする国固有の現実のあり方と慣行は持続することにもなった（Tienari et al. 1998；Hildebrandt 1999；Quack and Morgan 2000a）。ほとんどの国で，再編成は分散化，国内市場化，ハイエラーキーの平坦化，チームワーキングの広がり，多分野間のプロジェクト・ワークにより特徴づけられる。主として顧客関係は，総合的な金融サービスにたいするそれぞれの価値と可能性に応じて，販売と顧客グループの区分けに重点を置いて再形成された（Batt 2000）。これらのできごとは，販売経路の分岐を招き，銀行は有望な顧客や製品については直接的な接触と助言

能力に焦点を合わせ，その他にたいしてはセルフサービス型の電子取引とテレフォン・バンキングを拡大した。

ドイツの銀行制度は伝統的に，さまざまな顧客に包括的なサービスを提供する総合銀行を基盤としてきた（Baethge et al. 1999b ; Quack 1999 ; Morgan and Quack 2000 ; Quack and Morgan 2000a）。資格はドイツのデュアル・システム（二重制度）による徒弟制度と，さらに制度化された職業訓練と強い国内労働市場を基盤としている。近年は，大学卒業生の採用と訓練生プログラムの設置が増えている。1990年代には，自動化による漸進的な規模縮小とコスト削減戦略が，投資銀行への資源の切り替えによって実現された。

このような進展が他の国に比べて遅れたドイツでは，再編成戦略はしばしば一時的にまた矛盾したやり方で取り入れられた。たとえば1980年代末までは，標準化された商品とセルフサービス型のシティバンク方式はドイツでは受け入れられないだろうというのが一般的な見方だった（Arzbächer et al. 2002）。1990年代にはそれでもダイレクト・バンクが設立され，大衆市場の銀行業務はコールセンターとインターネット基盤の子会社に外部委託され，結局その数年後にはフルサービスの銀行に再統合された。サービスと販売のルートの分離と分割ののちに，「マルチチャンネル・サービス」が確立した。

とりわけ顧客の細分化は銀行の商品構造，必要なスキル，ジェンダー化された職業に大きな変化をもたらした。従来のドイツの銀行員は，徒弟制的な実習を通じてビジネスの詳細な総合的知識を身につけたが，しだいに訓練はソフトスキルと対人関係の能力に重点を置き，標準化された商品を「平均的な」個人顧客に売ることに焦点を合わせるようになってきた（Vitols 2003）。シャイア（Shire 2005）は，私たちが調査したコールセンターの事例とは対照的に，直接販売の管理者は依然としてジェンダー化された低スキル労働のイメージに依存していると指摘している。ある支店の管理職は，この仕事の理想的な人材は銀行員というより化粧品の販売員だと話したという。標準化された金融商品を売るには，容貌と親しみやすさで十分と考えているのである。

いっぽう，より裕福な顧客層（Vermögenskunden）への助言は，大卒か銀行専門学校卒のファイナンシャル・アドバイザーの仕事となった。この販売への移行

により，支店長クラスや下級・中間管理職の女性比率が増加したことは注目に値する（Quack 1997, 1999 ; Tienari et al. 1998）。

　このように顧客の細分化とコミュニケーション経路の多様化という銀行の戦略は，ジェンダーの面でさまざまな結果をもたらした。ドイツの銀行業では相変わらず，高スキル女性労働者が格下げされた仕事をする下方向の柔軟性が重要な役割を果たしているが，中間管理職層では1980年代の定型化された事務職よりレベルが上がっている。銀行のスリム化と事務管理部門の自動化が進むにつれて，女性はスキルを向上させて，管理職のポストへと上がってきた。だがそれは，より厳しい管理によってやや価値が低下したポストである。金融サービス販売の要求も増加した。イノベーションの継続に支えられたデータマイニングと商品の標準化は，コンピュータを使った特定の顧客向けの販売提案書を生み，販売担当者はそれを売ることを期待される。したがって販売員は，組織の別の部門でつくられた販売戦略を伝達し相互行為的な意味をもたせる必要がある（Bienzeisler and Tünte 2003）。こうして従来の銀行員の専門知識と助言能力は，データベースで生み出された知識と，顧客に会社の提案を説得するスキル，いわゆる「対人関係」スキルの組み合わせに取って代わられ，あるいは目に見えないものにされてしまう。顧客との直接的な接触では，管理職はそれらの要求にたいしジェンダー化された解釈を行い，女性固有の美的・感情労働力に頼り（Witz et al. 2003を参照），いっぽう，コールセンターには新しい労働力が登場する。

　この文脈のなかで，コールセンターはスキルの再定義と労働力の再構成の実験室的役割を果たしてきた。マルチ・チャンネル販売への移行とともに，支店の低スキル銀行員と，働く社会的能力はもつが銀行業務の資格をもたない学生やその他のコールセンターの従業員たちは，職場で同じように矛盾した要求に直面している。彼らはスキルと専門知識の定義をめぐって，じつのところ，職をめぐって競合しているのである。

5　ドイツとイギリスのコールセンター労働とジェンダーの比較

　コールセンターはイギリスとドイツのそれぞれの経済で，明らかに異なる役割

を果たしている。

　早期にコールセンターを導入したイギリスは，サービス雇用の拡大が成功した例だとよくいわれる。ドイツではホワイトカラー職は職業訓練と協調的労使関係の独特な伝統からなるドイツ・モデルのなかに埋め込まれてきた。コールセンターはこのモデルにたいする戦略的挑戦である。その拡大は，ドイツの雇用の柔軟化を目指す変化の最前線にある（Shire, Holtgrewe and Kerst 2002 : 2）。

このように，かなり似通ったジェンダー化された雇用構造が，明確に異なる社会的文脈のなかにあり，その文脈を見るとイギリスとアメリカでなぜ早期にコールセンターが導入され普及したかがわかってくる（Bain and Taylor 2002）。「資本主義の多様性」にかんする研究（Hall and Soskice 2001）は，自由主義的な資本主義社会は市場指向の再編成とプロセスの革新に有利であり，それを可能にする制度的環境を提供する（Lehrer 2001を参照）が，規制された資本主義社会ではそのような戦略は時間がかかり，異なる形をとるという。

　ドイツでは女性の一般的な労働力率もパートタイム労働における女性の比率もイギリスより低いが，[8]コールセンターの女性化は同様に起こっており，3分の2から70％が女性である。各コールセンターの実際の女性の比率は業種によって違いがあり，通信販売と外部委託ビジネスでは最大90％，技術ホットラインでは50％前後である（Bittner et al. 2002 ; Belt et al. 2002）。とくに外部委託のコールセンターではキャンペーンやプロジェクトの種類によってもジェンダーの比率が異なってくる。ドイツのコールセンターの女性パートタイマーの比率はイギリスより高い（Belt et al. 2002によれば，ドイツ40-50％，イギリス27％）。ただしダービン（本書第9章）の事例研究では，パートタイマーの43％が女性となっている。

　だがコールセンターのジェンダーにかんするイギリスの多くの研究は，伝統的な性別役割分業の再現を指摘している。女性は脱スキル化されて価値の低下した新たなサービス業に就いており（Jenkins 2004），その採用理由は彼女たちがもっているとされる社会的能力であるが，これはたいてい対応力のことで（Webster 1996 ; Tyler and Taylor 2001 ; Belt 2002 ; Belt et al. 2002 ; Thompson and Callaghan

第Ⅲ部 新たな雇用形態をジェンダー化する

2002），それが「女性本来の」資質，あるいは個人的な資質と誤って認識されている。業種を問わずコールセンターはかなり伝統的なジェンダー化された，あるいはジェンダー化されつつある属性にあてはまる（本書第**9**章）ようだが，これまで見てきたようにドイツでは，とくにコールセンターを利用する最も戦略的かつ野心的な産業である銀行では，ジェンダーがやや妥当性を失っている。

　資本主義の多様性とジェンダー・レジームに沿って解釈を試みると，つぎのようになるだろう。自由主義的市場経済における市場主導のジェンダー・レジームと商品化された女性労働力（Esping-Andersen〔1990〕の意味での）の結合は，新しい知識とICTを基盤とした新しい組織形態にさえ，まだ十分な柔軟性を提供することができ，スキルにたいするジェンダー化された属性を温存するだろう。しかし近代化された男性稼ぎ主モデルを基盤としたジェンダー・レジームをもつ規制経済では，企業が市場主導の柔軟性を求める場合，女性の労働市場参加が限られているために機能不全に陥る。したがって市場がこのジェンダー・レジームと合わない柔軟性パターンを求める場合，企業は規制された制度的枠組みとジェンダー・レジームを脱却あるいは回避しようとする。自由主義経済における公共的ジェンダー・レジームへの移行は，一般に柔軟な女性労働力の拡大を意味するが，ドイツの銀行コールセンターの場合は，ジェンダー・レジームと規制経済における企業の「ニュー・エコノミー」市場指向とのあいだの緊張を示している。

　これを補足する説明として，ドイツの銀行に脱ジェンダー化された柔軟性を提供する「新しい」労働力の特殊性があげられる（Arzbächer et al. 2002を参照）。ドイツの大学教育は総じてイギリスよりも長く，課程にたいする規制は一般に少ない。近年は州政府による奨学金の削減で，学生が学期中でも長時間のパートタイム職に就くことが珍しくなくなっている。生活費が高い大都市圏ではとくにそれが顕著である。ドイツの大学教育期間が長いため，学生は在職率と離職率のバランスがちょうどよくとれた労働力になる。そのうえ学生はコミュニケーション・スキルをもっている。そのスキルは，いまではジェンダーよりも，むしろ年齢とライフスタイルに属するものとみなされている。

　ドイツの銀行の事例では，潜在的労働力としての学生の労働力の商品化は，少なくとも柔軟な労働時間とスケジュールの点では，女性のそれを上回っている。

この新しい労働力を利用できるようになったことで，企業は労働力構成の選択肢が増えたという認識を強めた。こうして女性の柔軟性が限られており学生の柔軟性が拡大しているという2つの要因は相互に関連し，強化しあっていくように思われる。この事例で見られる柔軟性の再構築では，近代化された保守的ジェンダー・レジームのもとで，ニュー・エコノミーが企業に提供する戦略的選択肢の増加に直面する際に，規制された資本主義が固有に直面する緊張と矛盾が際立っている。

6　銀行業のジェンダー化とコールセンターの脱ジェンダー化

　他の産業のコールセンターはまさしくフォード主義的合理化のジェンダー化された経路を踏襲しているが，銀行の場合は非常に複雑である。理論的には，銀行業の事例は新しい組織の形を通じて，組織や特定の産業と社会全体のジェンダー・レジームとの関係における柔軟性が拡大していることを示している。

　ドイツでは，既存のジェンダー化された柔軟性とは，高スキル女性労働者の労働の価値低下と，限られた労働市場の機会を意味する。しかしドイツの銀行業のコールセンターの場合は，組織的柔軟性が再構築され市場指向が拡大するにつれて，近代化した一家の稼ぎ主モデルを基盤としたジェンダー・レジームのなかで，女性労働者が提供する柔軟性という能力の価値が下がり，その限界が露わになった。戦略的に導入されたこの新しい組織形態では，ジェンダー化された労働時間と労働力供給の伝統的な形は，資源というよりむしろ制約となる。銀行業のコールセンターが独立したコールセンターの子会社を設立することによって，それまでの規制から逃れることは，従来のジェンダー化されたあるいはジェンダー化されつつある柔軟性のパターンを脱却することでもある。したがって新しい組織形態が設立されると，柔軟だが固定化した労働力がより一時的な別の労働力に置き換えられることによって，役割分業が脱ジェンダー化する。

　パートタイムで働く女性も学生も，福祉国家の制度や，あるべきライフスタイルと仕事の内外の義務にたいする文化的規範によって，その労働市場参加が強く影響される労働力である。したがってジェンダー・レジームとジェンダー関係を

311

第Ⅲ部　新たな雇用形態をジェンダー化する

利用して柔軟性を生むことは，1つの選択肢となる。組織や産業は彼らの戦略的展望に従って拡大した選択肢を利用できる。だが象徴的なレベルでは，スキルとダイナミズムの意味論は既存のジェンダーによる区別を踏襲しているにすぎない。女性性の属性と意味は「実質的な」妥当性を失っているが，経営幹部と技術的な専門知識にたいする男性性の属性は再び表出し，ケアの義務がない女性がやや近づきやすくなっているにすぎない。

　したがってジェンダーが妥当かどうか（Wilz 2002を参照）という点は，ジェンダー・レジームが会社や産業の戦略の範囲や戦略的代案と「合致」するかどうかにかかっているようだ。経路依存と脱却は同じ産業内でどちらも可能であり，組織の市場への指向が，選択肢と制約の認識のもとに，両者の再結合へと組織を導く。組織およびその市場（既存の市場および潜在的市場）にたいする戦略に注目することは，変容するジェンダー・レジームと経済のあいだの変わりつつある相互関係の影響分析を行うために有望な視座を与える。

注

⑴　本章に示す研究結果は，私が主研究者となって（Julia Althoff, Sandra Arzbächer, Hanns-Georg Brose, Christian Kerstとともに）2000年から2002年にかけてデュースブルグ大学で行ったDFG研究プロジェクト「ネオ・テイラー主義と顧客指向の狭間にあるコールセンター」をもとにしている。これらの共同研究者たち，インタビューに応じてくれた方々，草稿を徹底的に吟味して本章の結論を引き出すのを助けてくれた本書の編者，著者の方々にお礼を申し上げる。とくに英語訳その他多くの面で助けてくれたカレン・シャイアに感謝したい。そのうえで誤りがあるとすれば，すべて私の責任である。

　　このDFGプロジェクトにはドイツ国内の7つのコールセンターの事例研究（専門家のインタビュー，職場観察，491人のコールセンター・スタッフの調査）と，さらに4か所のコールセンターの短期調査が含まれている。調査対象は，関連する産業，業務，スキルのレベルを幅広くカバーするように選んだ。調査対象となったコールセンターは銀行3，外部委託／マーケティング・コールセンター3，情報通信のコールセンター2，運輸，通信販売，医療分野のコールセンターそれぞれ1か所を含む。調査した組織の種類は，3か所700人のスタッフで運営されているテレフォン・バンクから，スタッフ26人の小さなテレマーケティング代理店までさまざまである。情報通

第 **10** 章　組織におけるジェンダー化された柔軟性を再構築する

信関連のコールセンター 1 か所を除いて，すべてがドイツ企業である。

(2)　この回避の概念（Oliver 1991）は，制度的圧力にたいして組織がとりうる対応的な戦略を意味する。古典的な新制度学派は，構造と日常業務を制度化された期待に順応させる組織に注目しているが，オリバーは回避や忌避や無視から，環境にたいする操作，影響，制御まで，さまざまな戦略的対応を探っている。

(3)　同じ理由から私たちの研究のテーマもジェンダー関係が主ではなかった。私たちは初めに，組織的また機能的観点から境界を越えるユニットとしてコールセンターを考えた。いっぽうでは組織的柔軟性，他方ではライフ・コースとジェンダー・レジームの非標準化の条件のもとで，ジェンダー化されたスキル活用のパターンは労働力の他の分野に拡大していくと私たちは予測した（Gundtoft and Holtgrewe 2000 : 197）。

(4)　全国のコールセンター「産業」全体を示す統計はまだ存在しない。

(5)　短時間のパートタイム労働（geringfügige Beschäftigung：ドイツでは低い税率と低い社会保険料を通じて補助されている）はまったく見られなかった。人事部長らによると，顧客サービス担当者の訓練コストが高いので効率的ではないということだった。

(6)　これは最近のドイツの小規模国勢調査データとだいたい一致している。同データでは，女性は管理職ポストの 33%，最高幹部級ポストの 21% となっている（Statistisches Bundesamt 2005 : 53）。

(7)　この研究は長期的事象を扱っていないので，このような労働力の均質化が本当に一般的な傾向かどうかは証明できないが，管理者たちの解釈は額面どおりに受けとる必要がある。

(8)　15 歳から 64 歳までの女性の労働力率は，ドイツ 64.5%，イギリス 69.2%。女性の総雇用数に占めるパートタイム雇用の割合はドイツ 36.6%，イギリス 40.1%（OECD 2004a）。

終　章

ジェンダー平等が持続可能な
グローバル・コミュニティをつくる

大沢　真理

本書の原書が出版されてから8年，この間に世界と日本で起こった変動は大きく，研究にとってもそれらをどう捉えるかが問われてきた。この終章では，8年間の変動とともに，研究の側での変化をごく手短に見ておきたい。

結論からいうと，本書が捉えた事象の基調は大きく変わっていない。ただし，諸事象は同様のまま推移したというより，大きく振れて戻ったという動きが目立つ。また本書の対象4か国のなかで，ドイツと日本のあいだに芽生えた分岐が注目される。もとより本書は事例研究を行っており，ドイツと日本を類似とは扱っていない。ただし，雇用の非標準化という動きは日独で共通に顕著である（英米では顕著でない），と整理した。ところが，日本では非標準化が進行しているのにたいして（本書図3-2，94頁），後述のようにドイツでは2000年代後半に雇用の非標準化への反転が起こっている。非標準化の進行か反転かという日独の分岐は，階級次元の規制の強弱とは照応関係がつけにくい。雇用の性差別の禁止やワーク・ライフ・バランスなどジェンダー平等にかんする規制の次元では，ドイツはイギリスについで規制が強く，日本で最も弱かった。本書は規制の強弱を，階級次元とジェンダー次元の複線で捉えているため，最近のドイツと日本の分岐をあらかじめ射程に収めているといっていいだろう。

1　2007-15年の世界と日本における変動

（1）「100年に一度のツナミ」と政権交代

本書の原書の出版後に起こった世界的な変動として，まずあげるべきは，2008-09年のリーマン・ショックであろう。2008年9月15日に，アメリカの大手

投資銀行（証券会社）リーマン・ブラザースが倒産申請したことをきっかけに，「100年に一度のツナミ」と呼ばれた世界的な金融経済危機が起こった。日本では株価とともに自動車や電子部品関連の輸出が崩落し，国内総生産GDPはアメリカやドイツをはじめとするユーロ圏よりも深く落ち込んだ（内閣府 2010：11-12）。

　金融自由化に代表される規制緩和が危機の一因であるという認識が広く共有され，新自由主義への批判が高まるなかで，日本では1955年以来初めて，選挙によって政権が交代した（2009年9月に民主党中心の内閣が成立）。アメリカの2008年の大統領選挙では，初のアフリカ系候補であるオバマが勝利した。新自由主義的な政策動向の威信は大きく低下し，一時は死に体（「ゾンビ」）とも見られた。日本の民主党政権は「コンクリートから人へ」などの方針を掲げ，2010年度に向けた税制改正大綱において，「中間層が低所得層へと落ちていく下への格差拡大をくい止める」ことを，「喫緊の課題」と位置づけた。また，親の所得によって支給を制限しない「子ども手当」や高校授業料の実質無償化などを導入した（大沢 2013：404）。いっぽうオバマ政権は，周知のように最も主要な課題として医療保険制度改革に取り組んだ。国民に医療保険加入を義務づけ，保険料の支払いが困難な中・低所得者には補助金を支給することにより，保険加入率を9割以上とすることを目指すのである。そしてEUでは2010年に，リスボン戦略を継ぐ「欧州2020──知的で持続可能で包摂的な成長への欧州戦略」を策定した。そこでは，知識経済の波に乗ることとともに，福祉国家を再編し貧困と社会的排除を克服するという課題が，経済社会政策の主流に据えられている（大沢 2011）。

（2）「ゾンビの勝利」

　しかし，危機に対応する財政出動や不況による税収低下などにより，各国の財政は逼迫した。とくにギリシャやポルトガル，アイルランド，イタリア，スペインなどの政府債務危機は，共通通貨ユーロの信認を揺るがすにいたった。イギリスでは2010年5月の総選挙で保守党が13年ぶりに第一党となり，財政再建のためとして社会的支出を削減した。経済学者のポール・クルーグマンは早くも2010年12月に，「ゾンビ［新自由主義］が勝利するとき」というコラムをニューヨーク・タイムズに寄せている。とはいえ，金融経済危機にたいして各国の社会経済は

終章　ジェンダー平等が持続可能なグローバル・コミュニティをつくる

「多様な脆弱性」を示し、対処策も新自由主義一辺倒ではなかった（Lehndorff 2012）。

　本書の対象4か国では、上記のように危機によるGDPの低下は日本、ドイツの順に大きく、危機の震源地であるアメリカではさほど大きく低下しなかった。そして、失業者数を見ると、アメリカでは2008年初めから09年初めにかけて1.8倍以上に膨れ上がり、日本では2008年10月以降に増加したが、ドイツでは2008年を通じて失業者は減少し就業者が増加した（内閣府 2010：第3-1-20図）。つまり、ドイツではGDPの大きな低下にもかかわらず失業者が減少したが、それは非労働力化したためではない。これは日独間の分岐の1側面である。

（3）3.11の3重災害と政権再交代

　さて日本の政治では、2010年7月の参議院選挙で与党が多数を失い、自民党と公明党の協力なしには法案を成立させることができない状態（「ねじれ国会」）に陥った。そうしたなかで、2011年3月11日に文字通り1000年に一度の規模の東日本大震災と津波が発生し、東京電力福島第一原子力発電所で致命的な事故が起こった。原子炉の損傷の深さと被害の広がりが順次明らかになり、事態の収束が見通せないなかで、再稼働に反対しエネルギー政策の転換を求める世論が形成された。

　しかし、2012年12月の総選挙で自民党が大勝し、公明党と合わせた巨大与党に立脚する安倍晋三内閣が成立した。安倍政権は、金融の大幅な緩和、円安誘導、大規模な公共投資などを柱とする経済財政政策（アベノミクス）を展開し、原発を順次再稼働させる方針である。成長戦略の一環として、労働の規制緩和（階級次元）とともに、「女性が輝く社会」のための新たな規制（ジェンダー次元）も模索されている。

2　2007-15年の研究動向

（1）ジェンダー・レジームの多様性

　以上のような変動をふまえて、研究の側ではどのような変化が見られただろう

か。資本主義の多様性とジェンダー・レジームの多様性のうち，後者から見よう。本書の筆頭編者であるウォルビーは，2009年に『グローバル化と不平等——複雑性および競合する現代性』と題する大部の書物を出版した。そこでは現代世界に複雑に存在し交差する不平等の分析において，階級（一辺倒）レジームを超え，ジェンダー・レジームとエスニック・レジームなどを導入する必要性が唱えられている。ジェンダー・レジームの概念は，微修正されながらも本書の概念と同一であり（Walby 2009：259-264)，2015年の著書『危機』でもジェンダー・レジーム概念が駆使されている（Walby 2015)。また彼女は，『ジェンダー，労働および組織』誌の2011年1月号の「特集　知識社会」に，序章「知識社会はジェンダー化しているか？」を寄稿している。同特集には本書の共著者のうちダービンと西川も寄稿しており，その課題設定と分析は本書の延長線上にある（Walby 2011)。

（2）資本主義の多様性か収斂か

　他方で資本主義の多様性の研究動向については，この潮流の論客の1人であるキャサリーン・テーレンが，欧州大学研究所で2012年に行ったマックス・ウェーバー講義「資本主義の多様性——自由化の諸軌道と新しい連帯の政治」が参考になる（Thelen 2012)。彼女は「過去20年間の経済的混乱」という以上には金融経済危機にふれていないが，講義のテーマは，ホールとソスキスらが「調整された市場経済（CME)」と呼んだ諸国が，金融グローバル化の圧力によって結局は自由主義化するのかを，問うものである。自由主義的市場経済（LME）に接近すると唱える論者として，ストリークらが参照されている。

　テーレンによれば，資本主義の多様性が維持されるという論者と自由主義化すると主張する論者は，1次元モデルに立脚する点では一致している。すなわち，調整が行われるのが一国レベルか（北欧)，産業部門レベルか（ドイツ)，調整でなく自由市場（LME）なのかという連続体にそって，より平等主義的な資本主義から不平等が大きい資本主義までが分布することになる。双方とも「自由主義化」のなかの異なるベクトルを区別していない，と批判される。テーレンは自由主義化の軌道の理念型を，「規制緩和（deregulation)」（LME)，「二極化（dualization)」（ドイツなど)，「社会に埋め込まれた柔軟化（socially embedded flexibilization）」（北欧）の３つに識別する。

　規制緩和は，「転置（displacement）」を通ずる制度変化にともなうことが多い，という。「転置」は，テーレンがストリークとの共編著『連続性を超えて──先進政治経済における制度変化』（2005年）の序章で規定した制度変化の類型の１つであり，既存のルールが別のルールに取って代わられることを意味する（Streeck and Thelen 2005）。例示されるのは，オーストラリアやニュージーランドにおいて強制仲裁や裁判所による調整のシステムが解体されたこと，またアメリカのウィスコンシンにおいて公務部門の団体交渉権が正面から攻撃されたことなどである（Thelen 2012：9）。これにたいして「二極化」は「制度的ドリフト」を指す。ドリフトも制度変化の類型の１つであり，既存のルールは変化せずに環境条件が変化することによって影響が変化することを指す。ドイツの例では，自動車や機械産業などの男性労働者に代表される労働市場のインサイダーについては，団体交渉制度やそれを通ずる規制が維持されながら，サービス業などにおいて地位や保護が劣る非標準的雇用が膨張していくことを指す。それにともなって社会的不平等が広がっていくことになる。最後に「社会に埋め込まれた柔軟化」では，市場を推進する労働市場政策と社会的プログラムが組み合わされる。それらの社会的プログラムは，社会のより弱い部分が市場の変化によりスムーズに適応できるように設計される（保護でなくアクティベーション）。

（3）自由主義化の軌道の分岐はジェンダーに根差す

　二極化と社会に埋め込まれた柔軟化との軌道の分岐について，テーレンはその端緒を1950年代から60年代にかけて行われた選択にまでさかのぼる。西欧・北欧諸国では持続的な力強い経済成長のもとで労働力が不足したが，社会民主主義的な北欧諸国は女性の雇用労働力化を進め，キリスト教民主主義が優勢なドイツなどは，女性の労働市場進出を促さず外国人労働力を導入した。前者では女性の雇用労働力化を促すために社会サービス（保育，高齢者福祉など）が拡充され，サービス部門が成長して雇用が増すことで，さらに女性の雇用が増大した。社会サービス部門の労働者は労働組合に組織され，社会民主主義政党にとって頼りになる支持基盤となった。これにたいしてドイツなどでは，多くの女性が家庭に留まっ

て，無償の育児・介護・家事サービスを提供することで「男性稼ぎ主」型を支え続けたこともあり，サービス部門は相対的に小さいままで，労働組合は製造業の男性労働者を中心とする。女性たちはパートタイムで労働しても，社会支出の増大よりは夫のための減税などを支持する（Thelen 2012：4-15）。

ようするにCMEの軌道の分岐は，「男性稼ぎ主」型に固執するのか，両立支援型に向かうのかの差異であり，ジェンダーに根差していたのである。

テーレンの結論部分では「二極化」の例示に日本が含まれている。ところで本書の第1章によれば，資本主義の多様性論は，雇用の非正規化がLMEにおいていちじるしいと想定したことになっていて，本書はその想定を支持しない。しかし，テーレンらは2006年頃から二極化論を提示しており（Thelen and Kume 2006），その意味で本書の分析と符合していたのである[(1)]。

（4）ドイツと日本の分岐

さて，テーレンはドイツおよび日本を二極化の典型とし，オランダを「社会に埋め込まれた柔軟化」にシフトした例と見ているが，日独の分岐には一層の注意が必要だろう。上記のように金融経済危機のさなか，GDPの大きな低下にもかかわらずドイツでは失業者が増えなかった。その理由は，ドイツ労使関係の専門家である田中洋子によって，最近の論文で明快に説明されている（田中 2015）。

すなわち，リーマン・ショックの直後に，政府と労働組合総同盟および経営者団体の3者は，労働時間を削減し，調整することを通じて経営危機を乗り越えることに合意し，即座に実施した。労働時間削減の方法は，労働時間口座のポイントを休日取得によって取り崩す，操業を短縮する，有給休暇や親時間（育児休業）を取得する，正社員パートとして労働時間を減らす，などだった。従業員数を減らさなかったことで，景気回復局面では迅速に増産することができたという。しかも，危機に先立つ2000年代半ばから，雇用の非正規化の動向は反転し，正社員が増え，非標準的雇用への規制も強まるなど，労働組合の求心力が増していた（田中 2015：35-40）。

ドイツでは，主要国のなかで日本についで大きくGDPが低下したものの，実質で2011年初めには危機直前の水準に達するなど，回復も速かった[(2)]。日本の内閣

終章　ジェンダー平等が持続可能なグローバル・コミュニティをつくる

府の分析では，その回復は輸出主導であり，国際競争力や収益力が元来高かったドイツ企業にとって，共通通貨ユーロの導入（決済用は1999年初めから，現金通貨としては2002年初めから）がいっそう有利な輸出環境をもたらしたと指摘される。2009年後半以降の南欧諸国の債務問題はユーロを減価させ，ユーロ圏外へのドイツの輸出にとってさらに有利な状況につながったのである（内閣府 2011：63）。

　なお田中は，テーレンが制度的ドリフトと呼ぶ事象，すなわち健康・社会福祉分野やサービス業などにおける低賃金・不安定な雇用の広がりも，視野に収めている。そのうえで，全国一律の統一最低賃金制度を設ける法律が2014年に成立したことを紹介する。2017年までに一律8.5ユーロ（2015年1月の為替相場で1200円）となる最低賃金が段階的に導入されるのである（田中 2015：42）。

　OECDのデータによれば，労働時間当たり雇用者報酬の推移と1人当たり雇用者報酬の推移とのあいだには，興味深い差がある。1995年を100として前者の労働時間当たり雇用者報酬の指数で見ると（本書図3-1，93頁），ドイツは2000年代前半に120程度で停滞したあと，2007年以降に上昇して145程度に達している（日本は2001年から低下して95程度に）。これにたいして後者の1人当たり雇用者報酬の指数（1995年＝100）を2013年頃まで見ると，ドイツでは115弱への伸びにとどまる（日本は90弱へと低下）（OECD Economic Outlook 90 database）。ドイツにおいて労働時間当たり雇用者報酬が2007年以降に上昇したことは，正社員が増加したことと整合的である。逆にいうとドイツの1人当たり雇用者報酬の伸びが鈍かったことには，労働時間の短縮の影響もあると見られる。両方の指標でも，他の諸国にくらべればドイツの雇用者報酬の伸びは鈍かったとはいえ，マイナスとなった日本との差は大きいと考えなければならない。

　さらにドイツでは，ジニ係数と相対的貧困率は，1990年代にくらべれば2000年代では高いが，2000年代に上昇してはいない。これにたいして日本では両指標とも上昇してきた（OECD.Stat）。日本とドイツを同列に扱えないことは，確かなように思われる。とはいえ，はたしてドイツが，二極化から社会に埋め込まれた柔軟性へと軌道転換しつつあるのかは，今後見定める必要があろう。

3　ジェンダー研究の地平の広がり

（1）災害をジェンダー化する

　金融的な「ツナミ」とともに，インド洋大津波やハリケーン・カトリーナ，そして東日本大震災・津波などの激甚災害は，危機的なショックにたいする個人と社会の「レジリエンス」（強靭性，回復力）という課題を，学術の諸領域に投げかけた。危機とレジリエンスは，ジェンダーの視点ではどのように捉えられるのだろうか（危機のジェンダー化）。

　国際連合はこれまでに自然災害と気候リスクにかんする世界会議を3回組織しており，1994年の第1回は横浜，2005年の第2回は神戸，2015年の第3回は仙台と，いずれも日本で開催された。2005年会議で採択された「災害に強い国・コミュニティの構築：兵庫行動枠組2005-2015」では，「災害リスクは，ハザードが，物理的・社会的・経済的・環境的な脆弱性と相互に作用するときに発生する」（para. 3）として，「災害リスク削減」が主題となった。そして，あらゆるリスク管理政策，計画，意思決定過程にジェンダー視点を取り入れること（para. 13），女性や脆弱な人々に訓練や教育機会への平等なアクセスを確保すること，ジェンダーや文化への配慮を，災害リスク軽減にかんする教育訓練の不可欠な要素とすること（para. 18,（ii)-(m)) などが，提案されている（http://www.unisdr.org/we/coordinate/hfa）。

　このような「災害のジェンダー化」の研究と実践の領域を切り開いたのは，エレイン・エナーソンの1998年の論文であり（Enarson 1998)，彼女は1997年に国際的な「ジェンダーと災害ネットワーク」を立ち上げた（www.gdnonline.org/who_are_we.php）。2007年には，環境と開発の専門家であるノイマイアーとプリュマーが，1981年から2002年までに141か国で発生した4605件の自然災害の分析を発表した。その結果によれば，女性が男性より多く死亡しており，大災害ほど犠牲者数の男女差が大きく，女性の社会経済的地位が高い国ほど災害の犠牲者数の男女差は小さかった（Neumayer and Plümper 2007）。

　残念ながら兵庫行動枠組の提案もノイマイアーとプリュマーの知見も，日本の

施策に生かされていなかったことは，東日本大震災・津波の被害状況によって露わになった（スティール・大沢 2013）。2015年3月に合意された災害リスク削減のための仙台枠組では，すべての政策や実践に，ジェンダー，年齢，障害や文化の視角を取り入れ，女性と若者のリーダーシップを高めることが，「指導原則」の第4項目として掲げられた（http://www.unisdr.org/we/coordinate/sendai-framework）。

（2）金融経済危機をジェンダー化する

災害に強い社会の構築にとって，ジェンダー平等が1つのカギであることは，──日本では常識となっていないものの──世界の共通認識になってきた。では，金融経済危機とジェンダーについてはどうだろうか。ウォルビーの2009年の大著は，第11章「競合する未来」の前半で，2007-09年の金融経済危機を取り上げている。諸国が危機から抜け出そうとする経路には，「新自由主義」（微修正），「社会民主主義」（グローバル正義のための相当の変革），そして自国本位の「権威主義的保護主義」の3つが考えられると述べている。うち社会民主主義的な経路では，ノルウェーで実施されたように，企業・銀行の経営陣や規制当局者に女性が適切な割合を占めることとする，といったガバナンス改革が含まれるという（Walby 2009：430-432）。2015年の非常に刺激的な著書『危機』は，危機のジェンダー化を当然の要素としつつ，「社会」の概念そのものの再考を呼びかけている[3]（Walby 2015）。

上記のようなガバナンス改革の背景には，金融界の中枢における女性の少なさが，「衝撃的」（オレル 2011：166）と表現されるほどである，という事情がある。金融トレーダーは圧倒的に若年の男性であり，男性ホルモンのテストステロンと金融リスク選好の相関は，ハーバード大学で科学的検証のテーマにもなった（Apicella et al. 2008）。

すでに広く知られているように，リーマン・ショックの端緒はサブプライム・ローンを介した住宅バブルの破綻だった。アメリカ消費者連合CFAは，2005年のローン申請登録データから，440万件の単身世帯にたいする第一抵当権の住宅ローンをジェンダー分析していた。その結果，同じ所得階層やエスニック・グループのなかでも，女性と男性を比較すると，女性のほうが男性よりも不釣合い

に多くサブプライム・ローンを貸し付けられたことが判明した（Fishbein and Woodall 2006）。金融資本主義の利益は，ジェンダーや所得階層・エスニシティなどによる複合差別に強く根ざしていたといえよう。

　もちろん，金融経済危機の原因はアメリカだけでつくられたのではない。経済学者ラグラム・ラジャンは，リーマン・ショックを予見したとして注目を浴び，2010年に出版した著書『大断層——隠れた割れ目が世界経済をいかに脅かすか』で多くの賞を獲得した。同書によれば，日本とドイツ，とくに日本が，経済大国になってからも内需主導型の成長構造に転換しなかったことが，いわゆるグローバル・インバランスの一因である（ラジャン 2011：第2章）。グローバル・インバランスとは，アメリカの経常収支赤字と，日本・中東諸国・中国などの輸出国の黒字が，2000年代に天文学的な規模に膨張したことを指す。それは金融市場の急拡大と表裏の関係にあった（内閣府 2008：第1章第2節1）。経常収支黒字国は黒字（外貨準備）の多くをアメリカ国債等のドル建て証券で保有するため，赤字を通じて流出した膨大なドルはアメリカに還流した。それがアメリカの財政赤字を埋め，証券市場を沸騰させ，住宅バブルをもたらしたのである。

　内需の最大の項目は民間最終消費，つまり家計消費である。「中間層が低所得層に落ちていく」ような二極化のもとでは，当然ながら力強い内需は期待できない。限られた品目の輸出に成長を依存させる経済構造は，また脆弱なものでもある。内閣府の分析でも，世界金融経済危機による日本のGDPの低下が主要先進国で最大だったことは，自動車やIT製品に偏っていた輸出が激減した結果だった（内閣府 2009：99）。

　日本では安倍政権のもとで2013年夏から実質賃金が低下しており，内需主導の成長構造にはほど遠い。ドイツは，リーマン・ショック後の経済危機から輸出主導で回復したが，二極化の軌道から明確に離脱しなければ，「割れ目」が広がる恐れが強い。以上に述べてきたことから，そのカギが「男性稼ぎ主」型からの脱却にあることは明らかだ。ジェンダー平等こそが，持続的な経済社会を構築する。そうした洞察の基盤を本書は提供していたといえよう。

注

(1) テーレンは，マックス・ウェーバー講義で提示したアイディアを2014年には単行本として出版し（Thelen 2014），アメリカ社会学会の比較・歴史社会学部門の賞を受けた。

(2) 日本の実質GDPの回復も速かったが，日本だけがデフレであったため，他国と同列に論じられない。

(3) ウォルビーの2015年の著書は，金融危機がほとんど瞬時に他の領域に波及したこと（cascading）を重視し，金融，経済，福祉国家，政治といった社会の諸制度を，社会科学の各分野で別個に分析するのでは不十分であること，社会を1つの「社会システム」としてマクロレベルで研究する必要があることを，呼びかける。しかも，複雑系科学を援用することにより，システムを各部分からなるものとしてではなく，ある部分システムにとって他のシステムが「環境」であると捉えることで，社会システム概念に柔軟性をもたせるように提唱している（Walby 2015 : 165-167）。

引 用 文 献

Acker, Joan (1990) 'Hierarchies, jobs, bodies: a theory of gendered organizations', *Gender & Society*, 4 (2): 139-58.

Acker, Joan (2003) 'Hierarchies, jobs, bodies: a theory of gendered organizations', in Robin J. Ely, Erica Gabrielle Foldy and Maureen Scully (eds.), *Reader in Gender, Work and Organization* (Oxford: Blackwell): 49-61.

Adema, W., P. Fron and M. Ladaique (2014) 'How much do OECD countries spend on social protection and how redistributive are their tax/benefit systems?', *International Social Security Review*, 67 : 1-25.

Allmendinger, Jutta and J. Richard Hackman (1995) 'The more, the better? On the inclusion of women in professional organizations', *Social Forces*, 74 (2): 423-60.

Altvater, Elmar and Birgit Mahnkopf (1996/2000) *Grenzen der Globalisierung. Ökonomie, Ökologie und Politik in der Weltgesellschaft* (Münster: Westfälisches Dampfboot).

Alvarez, Sonia (1999) 'Advocating feminism: the Latin American feminist NGO "boom"', *International Feminist Journal of Politics*, 1 (2): 181-209.

Anker, Richard (1998) *Gender and Jobs: Sex Segregation of Occupations in the World* (Geneva: International Labour Office).

Annacker, M. (2005) 'Die Hartz-Reformen des Arbeitsmarkts unter Geschlechterperspektiven', Diploma thesis (Ruhr University Bochum: Faculty of Social Science).

Apicella, Coren L., Anna Dreber, Benjamin Campbell, Peter B. Gray, Moshe Hoffman and Anthony C. Little (2008)'Testosterone and financial risk preferences', *Evolution and Human Behavior* 29 : 384-90.

Arnold, Katrin and Mariusz Ptaszek (2003) 'Die deutsche Call-Center-Landschaft: Regionale Disparitäten und Arbeitsmarktstrukturen', in Frank Kleemann and Ingo Matuschek (eds.), *Immer Anschluss unter dieser Nummer-rationalisierte Dienstleistung und subjektivierte Arbeit in Call Centern* (Berlin: Edition Sigma): 31-48.

Arntz, Melanie, Michael Feil and Alexander Spermann (2003) 'Die Arbeitsangebotseffekte der neuen Mini- und Midijobs- eine ex-ante Evaluation', *Mitteilungen aus der Arbeitsmarkt- und Berufsforschung*, 36 (3): 271-90.

Arzbächer, Sandra, Ursula Holtgrewe and Christian Kerst (2002) 'Call centres: constructing flexibility', in Ursula Holtgrewe, Christian Kerst and Karen A. Shire (eds.), *Re-Organizing Service Work. Call Centres in Germany and Britain* (Aldershot: Ashgate): 19-41.

Atkinson, Anthony (2003) Top Incomes in the United Kingdom over the Twentieth Century, http://www.nuff.ox.ac.uk/users/atkinson/TopIncomes20033.pdf, accessed 25 June 2005.

Bach, Hans-Uwe, Christian Gaggermeier, Anja Kettner, Sabine Klinger, Thomas Rothe, Eugen Spitznagel und Susanne Wanger (2004) 'Entwicklung des Arbeitsmarktes im Jahr 2005', *IAB-Kurzbericht*, 17 (12 November).

Badgett, M. V. Lee and Nancy Folbre (1999) 'Assigning care: gender norms and economic outcomes', *International Labour Review*, 138 (3): 311-26.

Baethge, Martin, Jim Kitay und Ida Regalia (1999a) 'Managerial strategies, human resource practices, and labour relations in banks: a comparative view', in Martin Baethge, Jim Kitay and Ida Regalia (eds.), *From Tellers to Sellers: Changing Employment Relations in Banks* (Cambridge, Mass.: MIT Press).

Baethge, Martin, Nestor D' Alessio and Herbert Oberbeck (1999b) 'The end of institutional stability? The German banking industry in transition', in Marino Regini, Jim Kitay and Martin Baethge (eds.), *From Tellers to Sellers. Changing Employment Relations in Banks* (Cambridge, Mass.: MIT Press): 287-315.

Baier, M. (2004) 'The Working women's (international) network in Osaka', MA thesis (Vienna University).

Bain, Peter and Phil Taylor (2002) 'Consolidation, "cowboys" and the developing employment relationship in British, Dutch and US call centres', in Ursula Holtgrewe, Christian Kerst and Karen A. Shire (eds.), *Re-organizing Service Work. Call Centres in Germany and Britain* (Aldershot: Ashgate): 42-62.

Bain, Peter, Aileen Watson, Gareth Mulvey, Phil Taylor and Gregor Gall (2002) 'Taylorism, targets and the pursuit of quantity and quality by call centre management', *New Technology, Work and Employment*, 17 (3): 170-85.

Baines, Susan and Jane Wheelock (2000) 'Work and employment in small businesses: perpetuating and challenging gender traditions', *Gender, Work and Organisation*, 7 (1): 45-56.

Bakker, Isabella (1998) *Unpaid Work and Macroeconomics: New Decisions, New Tools for Action* (Ottawa, Canada: Status of Women Canada).

Barker, Kathleen and Kathleen Christensen (eds.) (1998) *Contingent Work* (Ithaca:

引用文献

Cornell University Press).

Batt, Rosemary (2000) 'Strategic segmentation in front-line services: matching customers, employees and human resource systems', *International Journal of Human Resource Management*, 11 (3): 540-61.

Batt, Rosemary, Susan Christopherson, Ned Rightor and Danielle D. van Jaarsveld (2001) *Net Working. Work Patterns and Workforce Policies for the New Media Industry* (Washington DC: Economic Policy Institute).

Baumann, Arne (2002) 'Informal labour market governance: the case of the British and German media production industries', *Work, Employment & Society*, 16 (1): 27-46.

Baumol, William J. (1967) 'Macroeconomics of unbalanced growth: the anatomy of the urban crisis', *American Economic Review*, 57 (2): 415-26.

Beck, Ulrich (1992) *Risk Society: Towards a New Modernity* (London: Sage). 日本語訳は，東廉・伊藤美登里訳『危険社会──新しい近代への道』法政大学出版局，1998年。

Beck, Ulrich (2000) *Schöne neue Arbeitswelt* (published in English as *The Brave New World of Work*) (Frankfurt: Campus).

Beck, Ulrich (2002) 'Zombie categories: interview with Ulrich Beck', in Ulrich Beck and Elisabeth Beck-Gernsheim (eds.), *Individualization* (London: Sage).

Bell, Daniel (1973) *The Coming of Post-industrial Society* (New York: Basic Books). 日本語訳は，内田忠夫ほか訳『脱工業社会の到来──社会予測の一つの試み（上・下）』ダイヤモンド社，1975年。

Belt, Vicky (1999) 'Are call centres the new sweatshops?', *The Thursday Review, Independent*, 14 January: 4.

Belt, Vicky (2002) 'Capitalising on femininity: gender and the utilisation of social skills in telephone call centres', in Ursula Holtgrewe, Christian Kerst and Karen A. Shire (eds.), *Re-organizing Service Work. Call Centres in Germany and Britain* (Aldershot: Ashgate): 123-45.

Belt, Vicky (2003) 'Work, employment and skill in the New Economy: training for call centre work in the North East of England', 21st Annual International Labour Process Conference, University of the West of England, Bristol, UK, 14-16 April.

Belt, Vicky (2004) 'A female ghetto? Women's careers in telephone call centres', in Stephen Deery and Nick Kinnie (eds.), *Call Centres and Human Resource Management:a Cross-national Perspective* (Basingstoke: Palgrave Macmillan).

Belt, Vicky and Ranald Richardson (2000) 'Women's work in the information economy: the case of telephone call centres', Centre for Social and Policy Research, University of Teeside, Occasional Paper No. 1: 7-22.

Belt, Vicky, Ranald Richardson, and Juliet Webster (2002) 'Women, social skill and interactive service work in telephone call centres', *New Technology, Work and Employment*, 17 (1): 20-34.

Benner, Chris (2002) *Work in the New Economy. Flexible Labour Markets in Silicon Valley* (Oxford: Blackwell).

Berkovitch, Nitza (1999) *From Motherhood to Citizenship. Women's Rights and International Organizations* (Baltimore: Johns Hopkins University Press).

Betzelt, Sigrid (2003) 'Trade unions between innovation and gender-blindness. Evidence from the cultural industries in Germany', IIRA 13th World Congress, Berlin, 8-12 September, http://www.zes.uni-bremen.de/~sbetzelt/vortraege.htm.

Betzelt, Sigrid and Karin Gottschall (2004) 'Publishing and the new media professions as forerunners of pioneer work and life patterns', in Janet Zollinger Giele and Elke Holst (eds.), *Changing Life Patterns in Western Industrial Societies* (London: Elsevier): 257-80.

Betzelt, Sigrid und Uwe Fachinger (2004) 'Jenseits des "Normalunternehmers": Selbständige Erwerbsformen und ihre soziale Absicherung', *Zeitschrift für Sozialreform*, 50 (3): 312-43.

Bialucha-Rhazouani, K. (2002) 'Erwerbstätigkeit von Frauen in Callcentern. Eine Untersuchung zur Bedeutung von Geschlecht in einer neuen Organisationsform,' Diploma thesis in sociology (Duisburg: Duisburg University).

Bienzeisler, Bernd and Markus Tünte (2003) 'Parallelwelten: Telefongestützte Rationalisierung im Finanzdienstleistungssektor', in Frank Kleemann and Ingo Matuschek (eds.), *Immer Anschluss unter dieser Nummer- Rationalisierte Dienstleistung und subjektivierte Arbeit in Call Centern* (Berlin: Sigma): 109-26.

Bittner, Susanne, Marc Schietinger, Jochen Schroth and Claudia Weinkopf (2002) 'Call centres in Germany: employment, training and job design', in Ursula Holtgrewe, Christian Kerst and Karen A. Shire (eds.), *Re-Organising Service Work. Call Centres in Germany and Britain* (Aldershot: Ashgate): 63-85.

Blackler, Frank (1995) 'Knowledge, knowledge work and organisations: an overview and interpretation', *Organization Studies*, 16 (6): 1021-46.

Blair, Helen (2001) 'You're only as good as your last job: the labour market in the British film industry', *Work, Employment and Society*, 15 (1): 149-69.

Blossfeld, Hans-Peter and Sonja Drobnic (2001) *Careers of Couples in Contemporary Societies. From Breadwinner to Dual Earner Families* (Oxford: Oxford University Press).

引用文献

Bögenhold, Dieter and Uwe Fachinger (2004) 'Struktureller Wandel selbständiger Erwerbsarbeit: Analysen auf der Grundlage der Scientific Use Files der Mikrozensen', *ZeS-Arbeitspapier* 3 (Universität Bremen: Zentrum für Sozialpolitik).

Boyer, Robert and Jean-Pierre Durand (1997) *After Fordism* (Basingstoke: Palgrave Macmillan).

Brasse, Claudia (2002) 'Zusatzauswertungen der "Connexx-Studie"' (unpublished tables) (Dortmund: Prospektiv GmbH).

Breen, Richard (1997) 'Risk, recommodification and stratification', *Sociology*, 31 (3): 473-89.

Brinton, Mary (1993) *Women and the Economic Miracle. Gender and Work in Postwar Japan* (Berkeley: University of California Press).

Bristow, Gillian, Peter Gripaios, S. Keast and Max Munday (2002) 'Call centre growth and the distribution of financial services activity in the UK', *The Service Industries Journal*, 22 (3): 117-34.

Broadbent, Kaye (2003) *Women's Employment in Japan* (London: Routledge).

Broadbent, Kaye (2005) 'Pawaa Appu! Women only unions in Japan', *Electronic Journal of Contemporary Japanese Studies*, Article 8 (31 October), http://www.japanesestudies.org.uk/articles/2005/Broadbent.html, accessed 23 February 2006.

Brown, Gordon (2003) Hansard Columns 277 and 281, http://www.publications.parliament.uk/pa/cm200203/cmhansrd/vo030409/debtext/30409-04.htm#30409-04_spmin1, accessed 9 April 2005.

Brush, Lisa D. (2002) 'Changing the subject: gender and welfare regime studies', *Social Politics*, 9 (2): 161-86.

Burchell, Brendan, Jill Earnshaw and Jill Rubery (1993) *New Forms and Patterns of Self-Employment in Britain* (Baden-Baden: Nomos).

Burgoon, Brian and Phineas Baxandall (2004) 'Three worlds of working time: the partisan and welfare politics of work hours in industrialized countries', *Politics & Society*, 32 (4): 439-73.

Burton-Jones, Alan (1999) *Knowledge Capitalism. Business, Work, and Learning in the New Economy* (Oxford: Oxford University Press). 日本語訳は，野中郁次郎・有賀裕子訳『知識資本主義――ビジネス，就労，学習の意味が根本から変わる』日本経済新聞社，2001年。

Butler, Judith (2004) *Undoing Gender* (London and New York: Routledge). 日本語訳は，竹村和子訳「ジェンダーをほどく」『思想』989号 4-15，岩波書店，2006年。

Cabinet Office (2003) *FY2002 Annual Report on the State of Formation of a Gender-*

Equal Society and Policies to be Implemented in FY2003 to Promote the Formation of a Gender-Equal Society (Tokyo: Cabinet Office, June).

Cabinet Office (2004) *FY2003 Annual Report on the State of Formation of a Gender-Equal Society and Policies to be Implemented in FY2004 to Promote the Formation of a Gender-Equal Society* (Tokyo: Cabinet Office, June).

Callaghan, George and Paul Thompson (2002) 'We recruit attitude: the selection and shaping of routine call centre labour', *Journal of Management Studies*, 39 (2): 233-54.

Cameron, Claire, Ann Mooney and Peter Moss (2002) 'The child care workforce: current conditions and future directions', *Critical Social Policy*, 22 (4): 572-95.

Campbell, John Creighton (2002) 'Japanese social policy in comparative perspective', World Bank Institute Working Papers, Stock No. 37197.

Carnoy, Martin (2000) *Sustaining the New Economy* (New York: Russell Sage Foundation).

Casey, Catherine (2004) 'Knowledge-based economies: organisations and sociocultural regulation of work', *Economic and Industrial Democracy*, 25 (4): 607-27.

Castells, Manuel (1996) *The Rise of the Network Society. The Information Age: Economy, Society and Culture*, Volume I (Massachusetts: Blackwell Publishers).

Castells, Manuel (1997) *The Power of Identity. The Information Age: Economy, Society and Culture*, Volume II (Oxford: Blackwell).

Castells, Manuel (1998) *End of Millennium. The Information Age: Economy, Society and Culture*, Volume III (Oxford: Blackwell).

Castells, Manuel (2000a) *The Rise of the Network Society. The Information Age: Economy, Society and Culture*, Volume I, 2nd edition (Oxford: Blackwell).

Castells, Manuel (2000b) 'Materials for an exploratory theory of the network society', *British Journal of Sociology*, 51 (1): 5-24.

Castells, Manuel (2001) *The Internet Galaxy: Reflection on the Internet, Business, and Society* (Oxford University Press: Oxford). 日本語訳は，矢沢修次郎・小山花子訳『インターネットの銀河系——ネット時代のビジネスと社会』東信堂，2009年。

Cerny, Philip G. (1996) 'International finance and the erosion of state policy capacity', in Philip Gummett (ed.), *Globalization and Public Policy* (Cheltenham: Edward Elgar).

Charles, Maria (2004) 'Skill profiles, gender ideology, and sex segregation: structural and cultural constraints on occupational choice', paper prepared for presentation at the Conference of Europeanists, Chicago, 13 March.

Charles, Maria (2005) 'Skill profiles, gender ideology, and sex segregation: structural and cultural constraints on occupational choice', *Social Politics*, 12 (3): 289-316.

引用文献

Chase-Dunn, Christopher, Yukio Kawano and Benjamin D. Brewer (2000) 'Trade globalization since 1795: waves of integration in the world-system', *American Sociological Review*, 65 (1): 77-95.

Christopherson, Susan (2004) *The Divergent Worlds of New Media. How Policy Shapes Work in the Creative Economy* (Ithaca: Cornell University Press).

Cohany, Sharon R. (1998) 'Workers in alternative employment arrangements: a second look', *Monthly Labour Review*, 121 (11): 3-21.

Congregation for the Doctrine of the Faith (2004) Letter to the Bishops of the Catholic Church on the Collaboration of Men and Women in the Church and in the World, http://www.vatican.va/roman_curia/congregations/cfaith/documents/rc_con_cfaith_doc_20040731_collaboration_en.html, accessed 24 December 2005.

Connell, Robert W. (1987) *Gender and Power: Society, the Person, Sexual Politics* (Cambridge: Polity Press). 日本語訳は，森重雄ほか訳『ジェンダーと権力――セクシュアリティの社会学』三交社，1993年。

Connell, Robert W. (2002) *Gender* (Cambridge: Polity Press).

Convention on the Elimination of All Forms of Discrimination against Women (CEDAW) (1979), http://www.un.org/womenwatch/daw/cedaw/text/ econvetion. htm, accessed 11 October 2005.

Cook, Alice and Hiroko Hayashi (1980) *Working Women in Japan: Discrimination, Resistance, and Reform* (Ithaca and New York: Cornell University Press).

Copeland, P. (2000) *New Media Factfile* (Brighton: Wiredsussex).

Coyle, Diane (2004) 'Getting the measure of the new economy', presentation at the Social Study of Information Technology Workshop, London School of Economics Information Systems Department, 24 April.

Crompton, Rosemary (2002) 'Employment, flexible working and the family', *British Journal of Sociology*, 53 (4) (December): 537-58.

Crompton, Rosemary and Gunn Elisabeth Birkelund (2000) 'Employment and caring in British and Norwegian banking: an exploration through individual careers', *Work, Employment and Society*, 14 (2): 331-52.

Crouch, Colin (1982) *Trade Unions. The Logic of Collective Action* (London: Fontana).

Crouch, Colin (1993) *Industrial Relations and European State Traditions* (Oxford: Clarendon Press).

Crouch, Colin and Wolfgang Streeck (eds.) (1997) *Political Economy of Modern Capitalism. Mapping Convergence and Diversity* (London: Sage). 日本語訳は，山田鋭夫訳『現代の資本主義制度――グローバリズムと多様性』ＮＴＴ出版，2001年。

Cyba, Eva (1998) 'Geschlechtsspezifische Arbeitsmarktsegregation: Von den Theorien des Arbeitsmarktes zur Analyse sozialer Ungleichheiten am Arbeitsmarkt', in Birgit Geissler, Friederike Maier and Birgit Pfau-Effinger (eds.), *Frauenarbeitsmarkt. Der Beitrag der Frauenforschung zur sozioökonomischen Theorieentwicklung* (Berlin: Sigma): 37-61.

Dackweiler, Regina (2000) 'Wir sind der Nukleus der globalen Zivilgesellschaft-Zusammenspiel und Wechselverhältnis der internationalen und nationalen Frauen-bewegungen am Beispiel des österreichischen Gewaltschutzgesetzes', in Ilse Lenz and Michiko Mae (eds.), *Frauenbewegungen weltweit. Aufbrüche, Kontinuitäten, Veränderungen* (Opladen): 167-99.

Daniels, P. (2004) 'Reflections on the "old" economy, "new" economy and services', *Growth and Change*, 35 (2): 115-38.

Datamonitor (2004) *Call Centres in the United Kingdom: Industry Profile.*

David, Paul A. and Dominique Foray (2002) 'An introduction to the economy of the knowledge society', *International Social Science Journal*, 54 (171): 9-23.

Davis, Flora (1999) *Moving the Mountain. The Women's Movement in America since 1960*, 2nd edition (Urbana: University of Illinois Press).

Daycare Trust (2001) *Who Will Care? Recruiting the Next Generation of the Childcare Workforce, policy paper 4* (London: Daycare Trust).

Devine, Theresa. J. (1994) 'Characteristics of self-employed women in the United States', *Monthly Labour Review*, 117 (3): 20-34.

Dex, Shirley and Andrew McCulloch (1997) *Flexible Employment. The Future of Britain's Jobs* (Basingstoke: Palgrave Macmillan).

Dex, Shirley, Janet Willis, Richard Paterson and Elaine Sheppard (2000) 'Freelance workers and contract uncertainty: the effects of contractual changes in the television industry', *Work, Employment and Society*, 14 (2): 283-305.

Dickens, Linda (2004) 'Problems of fit: changing employment and labour regulation', *British Journal of Industrial Relations*, 42 (4): 595-616.

Dore, Ronald (1973) *British Factory-Japanese Factory. The Origins of National Diversity in Industrial Relations* (Berkeley: University of California Press). 日本語訳は，山之内靖・永易浩一訳『イギリスの工場・日本の工場──労使関係の比較社会学』筑摩書房，1987年。

Dore, Ronald (2000) *Stock Market Capitalism: Welfare Capitalism* (Oxford: Oxford University Press). 日本語訳は，藤井眞人訳『日本型資本主義と市場主義の衝突　日・独対アングロサクソン』東洋経済新報社，2001年。

引 用 文 献

Dostal, Werner (1996) 'Arbeitsmarkt für Computerberufe leicht erholt', *Materialien aus der Arbeitsmarkt- und Berufsforschung* (MatAB), 2.

Drucker, Peter (2002) *Managing in the Next Society* (New York: St. Martin's Griffin). 日本語訳は, 上田惇生訳『ネクスト・ソサエティ──歴史が見たことのない未来がはじまる』ダイヤモンド社, 2002年。

Drucker, Peter F. (1993a) *Post-Capitalist Society* (New York: HarperCollins). 日本語訳は, 上田惇生訳『ポスト資本主義社会』ダイヤモンド社, 2007年。

Drucker, Peter F. (1993b) *Post-Capitalist Society* (Oxford: Butterworth Heinemann).

DTI (2004) Gender and Innovation, http://www.setwomenstats.org.uk/set4statistics/index.htm, accessed 11 October 2005.

Durbin, Susan (2004) 'Is the knowledge economy gendered?' Unpublished PhD, School of Sociology and Social Policy, University of Leeds.

Dyson, Kenneth (1992) 'Theories of regulation and the case of Germany: a model of regulatory change', in Kenneth Dyson (ed.), *The Politics of German Regulation* (Aldershot: Dartmouth Publishing): 1-28.

Ebbinghaus, Bernhard (2001) 'When labour and capital collude: the political economy of early retirement in Europe, Japan and the USA', in Bernhard Ebbinghaus and Philip Manow (eds.), *Comparing Welfare Capitalism. Social Policy and Political Economy in Europe, Japan and the United States* (London: Routledge): 76-101.

Ebbinghaus, Bernhard and Phillip Manow (eds.) (2001) *Comparing Welfare Capitalism. Social Policy and Political Economy in Europe, Japan and the United States* (London: Routledge).

Economist, The (2005) 'Japan's economy: reading the tea leaves', 6 August: 32.

Ehrenreich, Barbara (2001) *Nickel and Dimed. On (Not) Getting By in America* (New York: Metropolitan). 日本語訳は, 曽田和子訳『ニッケル・アンド・ダイムド　アメリカ下流社会の現実』東洋経済新報社, 2006年。

Ehrenreich, Barbara (2005) 'Gender inequality: old patterns, new challenges', Ralph Miliband Lectures on Inequalities: Dimensions and Challenges, LSE, 3 February.

Enarson, Elaine (1998) 'Through women's eyes: A gendered research agenda for disaster social science', *Disasters*, 22 (2): 157-73.

England, Paula (2005) 'Gender inequality in labour markets: the role of motherhood and segregation', *Social Politics*, 12 (2): 264-88.

E-Skills UK (2004) Quarterly Review of the ICT Labour Market, E-Skills Bulletin, Quarter 1, http://www.e-skills.com/public/downloads/bulletin_1_2004.pdf, accessed 10 October 2005.

Esping-Andersen, Gøsta (1990) *The Three Worlds of Welfare Capitalism* (Cambridge: Polity Press). 日本語訳は，岡沢憲芙・宮本太郎監訳『福祉資本主義の三つの世界——比較福祉国家の理論と動態』ミネルヴァ書房，2001年。

Esping-Andersen, Gøsta (ed.) (1996) *Welfare States in Transition: National Adaptations in Global Economies* (London: Sage). 日本語訳は，埋橋孝文監訳『転換期の福祉国家——グローバル経済下の適応戦略』早稲田大学出版部，2003年。

Esping-Andersen, Gøsta (1997) 'Hybrid or unique? The Japanese welfare state between Europe and America', *Journal of European Social Policy*, 7 (3): 179-89.

Esping-Andersen, Gøsta (1999) *Social Foundations of Postindustrial Economies* (Oxford: Oxford University Press). 日本語訳は，渡辺雅男・渡辺景子訳『ポスト工業経済の社会的基礎——市場・福祉国家・家族の政治経済学』桜井書店，2000年。

Esping-Andersen, with Gøsta, Duncan Gallie, Anton Hemerijck and John Myles (2002) *Why We Need a New Welfare State* (Oxford: Oxford University Press).

Esping-Andersen, G. with John Myles (2009) 'The Welfare State and Redistribution', Salverda, W., Nolan, B. and Smedding, T. (eds.), *The Oxford Handbook of Economic Inequality* (Oxford: Oxford University Press).

Estévez-Abe, Margarita (1999) 'Comparative political economy of female labour force participation', paper prepared for the 95th American Political Science Association Meeting at the Atlanta Hilton and the Marriott Marquis, 2-5 September.

Estévez-Abe, Margarita (2002) 'Gendering the varieties of capitalism', unpublished manuscript delivered to the Conference on Female Employment and Fertility, Yale University, July.

Estévez-Abe, Margarita (2005) 'Gender bias in skills and social policies: the varieties of capitalism perspective on sex segregation', *Social Politics*, 12 (2): 180-215.

Estévez-Abe, Margarita, Torben Iversen and David Soskice (2001) 'Social protection and the formation of skills: a reinterpretation of the welfare state', in Peter A. Hall and David Soskice (eds.), *Varieties of Capitalism. The Institutional Foundations of Comparative Advantage* (Oxford and New York: Oxford University Press): 145-83.

European Commission (2000a) Communication from the Commission to the Council, the European Parliament, the Economic and Social Committee and the Committee of the Regions. Towards a Community Framework Strategy on Gender Equality (2001-2005), Brussels, 7 June 2000, COM (2000) 335 final, 2000/0143 (CNS).

European Commission (2000b) *The Lisbon Special European Council (March 2000). Towards a Europe of Innovation and Knowledge*, http: //europa. eu. int/scad plus/leg/en/ cha/c10241.htm, accessed 2 March 2006.

引 用 文 献

European Commission (2001a) *Employment in Europe 2001. Recent Trends and Prospects* (Brussels : European Commission DGV).

European Commission (2001b) *Exploitation and Development of the Job Potential in the Cultural Sector*, DG Employment and Social Affairs (München: MKW Wirtschaftsforschung GmbH).

European Commission (2002) *Employment in Europe 2002. Recent Trends and Prospects*, DG Employment and Social Affairs (Luxembourg: European Commission Directorate-General for Employment and Social Affairs).

European Commission (2003) Building the Knowledge Society. Social and Human Capital Interactions, Commission Staff Working Paper, Brussels, 28 May.

European Industrial Relations Observatory On-Line (EIRO) (2004) Trade Union Membership 1993-2003, http://www.eiro.eurofound.eu.int/2004/03/update/tn0403105u. html, accessed 15 January 2006.

Eurostat (2005) Technology and Knowledge Intensive Sectors, http://europa.eu.int/ estatref/info/sdds/en/hrst/hrst_sectors.pdf, accessed 8 December 2005.

Evans, Dave (1999) *Practice Learning in the Caring Professions* (Ashgate: Aldershot).

Evans, Mary (1997) *Introducing Contemporary Feminist Thought* (Cambridge: Cambridge University Press). 日本語訳は, 奥田暁子訳『現代フェミニスト思想入門』明石書店, 1998年。

Ezawa, Aya and Fujiwara Chisa (2003) 'Lone mothers and welfare-to-work policies in Japan and the United States: towards an alternative', paper presented at the annual conference of ISA Research Committee No. 19, University of Toronto, 21-24 August, Toronto.

Fachinger, Uwe (2002) Sparfähigkeit und Vorsorge gegenüber sozialen Risiken bei Selbständigen: Einige Informationen auf der Basis der Einkommens und Verbrauchsstichprobe 1998, *ZeS-Arbeitspapier* No. 1 (Universität Bremen: Zentrum für Sozialpolitik).

Fachinger, Uwe, Dieter Bögenhold and René Leicht (2001) 'Self-employment and wealth creation: observations on the German case', *International Journal of Entrepreneurship and Innovation*, 2 (2): 81-91.

Felski, Rita (1997) 'The doxa of difference', *Signs*, 23 (1): 1-22.

Ferber, Marianne A. and Jane Waldfogel (1998) 'The long-term consequences of nontraditional employment', *Monthly Labour Review*, 121 (5): 3-12.

Fernie, Sue and David Metcalfe (1997) (*Not*) *Hanging on the Telephone: Payment Systems in the New Sweat Shops, Centre for Economic Performance* (London: London

School of Economics).

Ferree, Myra Marx (1995) 'Making equality: the women's affairs offices in the federal republic of Germany', in Dorothy Stetson and Amy Mazur (eds.), *Comparative State Feminism* (London: Sage): 95–114.

Ferree, Myra Marx (2004) 'The framework of gender politics: race, class and gender discourses in the context of European integration', paper presented to ESRC Gender Mainstreaming Seminar, Leeds, May.

Ferree, Myra Marx and Beth Hess (1994) *Controversy and Coalition: the New Feminist Movement across Three Decades of Change* (New York: Twayne).

Ferree, Myra Marx, Carol Mueller and Carol McClurg (2004) 'Feminism and the women's movement: a global perspective', in David Snow, Sarah A. Boule and Hanspeter Kriesi (eds.), *The Blackwell Companion to Social Movements* (London: Blackwell).

Fishbein, Allen and Patrick Woodall (2006) *Women are Prime Targets for Subprime Lending: Women are Disproportionately Represented in High-Cost Mortgage Market.* Consumers Federation of America.

Flecker, Joerg (2000) '"Sachzwang Flexibilisierung"? Unternehmensreorganisation und flexible Beschäftigungsformen', in Heiner Minssen (ed.), *Begrenzte Entgrenzungen. Wandlungen von Organisation und Arbeit* (Berlin: Sigma): 269–91.

Florida, Richard (2002) *The Rise of the Creative Class and How it's Transforming Work, Leisure, Community and Everyday Life* (New York: Basic Books). 日本語訳は，井口典夫訳『クリエイティブ資本論──新たな経済階級（クリエイティブ・クラス）の台頭』ダイヤモンド社，2008年。

Folbre, Nancy and Julie A. Nelson (2000) 'For love or money ─ or both?', *Journal of Economic Perspectives*, 14 (4): 123–40.

Foote, Daniel (2001) 'Deregulation and labour law: the United States', *Bulletin of Comparative Labour Relations*, 38 : 147–68.

Foray, Dominique (2002) 'Introduction and general perspectives', *International Social Science Journal*, 54 (171): 5–7.

Fraser, Janet and Michael Gold (2001) '"Portfolio workers": Autonomy and control amongst freelance translators', *Work, Employment & Society*, 15 (4): 679–97.

Freeman, Richard B. (2003) 'The labour market in the new information economy', *Oxford Review of Economic Policy*, 18 (3): 288–305.

Frenkel, Stephen J., Marek Korczynski, Karen A. Shire and May Tam (1999) *On the Front Line: Organisation of Work in the Information Economy* (Ithaca: Cornell

引 用 文 献

University Press).

Fried, Mindy (1998) *Taking Time: Parental Leave Policy and Corporate Culture* (Philadelphia: Temple University Press).

Friedberg, Erhard (1995) *Ordnung und Macht. Dynamiken organisierten Handelns* (Frankfurt/Main, New York: Campus).

Fuente, Angel de la and Antonio Ciccone (2002) *Human Capital in a Global and Knowledge-Based Economy* (Brussels: European Commission Employment and Social Affairs Directorate).

Gadrey, Jean (2003) *New Economy, New Myth* (London: Routledge).

Gagnon, Suzanne and Sue Ledwith (eds.) (2000) *Women, Diversity and Democracy in Trade Unions* (Oxford: Oxford Brookes University).

Game, Ann and Rosemary Pringle (1984) *Gender at Work* (London: Pluto Press).

Gamson, William A. (1975) *The Strategy of Social Protest* (Homewood, Ill.: Dorsey Press).

Geissler, Birgit, Friederike Maier and Birgit Pfau-Effinger (eds.) (1998) *Frauenarbeitsmarkt. Der Beitrag der Frauenforschung zur sozioökonomischen Theorieentwicklung* (Berlin: Sigma).

Gelb, Joyce (2003) *Gender Policies in Japan and the United States. Comparing Women's Movements, Rights and Politics* (New York: Palgrave).

Genda, Yuji and Ryo Kambayashi (2002) 'Declining self-employment in Japan', *Journal of the Japanese and International Economies*, 16 (1): 73-91.

George, Rebecca (2003) 'Achieving workforce diversity in the e-business on demand era', IBM Global Solutions, http://www.e-skills.com/pdfs/ITchampions_03.pdf, accessed October 2005.

Giddens, Anthony (1984) *The Constitution of Society* (Cambridge: Polity Press). 日本語訳は，門田健一訳『社会の構成』勁草書房，2015年。

Giddens, Anthony (2001) *Sociology*, 4th edition (Cambridge: Polity Press). 日本語訳は，松尾精文・成富正信訳『社会学』而立書房，改訂第4版，2004年。

Gill, Rosalind (2002) 'Cool, creative and egalitarian? Exploring gender in project-based new media work in Europe', *Information Communication and Society*, 5 (1): 70-89.

Goos, Maarten and Alan Manning (2003) 'McJobs and MacJobs: the growing polarisation of jobs in the UK', in Richard Dickens, Paul Gregg and Jonathan Wadsworth (eds.), *The Labour Market Under New Labour* (Basingstoke: Palgrave Macmillan): 70-85.

Gottfried, Heidi (2000) 'Compromising positions: emergent neo-Fordisms and embedded

339

gender contracts', *British Journal of Sociology*, 52 (2): 235-59.

Gottfried, Heidi (2002) 'Comments on "atypical" and "irregular" labour in contemporary Japan', *Social Science Japan Journal*, 5 (2) (October): 247-50.

Gottfried, Heidi (2003) 'Temp (t) ing bodies: shaping gender at work in Japan', *Sociology*, 37 (2): 257-76.

Gottfried, Heidi and Lina Beydoun (2002) 'Women and the new economy in the US', unpublished manuscript presented to the GLOW workshop at the University of Tokyo, September.

Gottfried, Heidi and Kato Nagisa Hayashi (1998) 'Gendering work: deconstructing the narrative of the Japanese economic miracle', *Work, Employment and Society*, 12 (1): 25-46.

Gottfried, Heidi and Keiko Aiba (2002) 'Women and the new economy in the UK', unpublished manuscript presented to the GLOW workshop at the University of Tokyo, September.

Gottfried, Heidi and Jacqueline O'Reilly (2002) 'Re-regulating breadwinner models in socially conservative welfare regimes: comparing Germany and Japan', *Social Politics*, 9 (1): 29-59.

Gottfried, Heidi and Laura Reese (2003) 'Gender, policy, politics and work: feminist comparative and transnational research', *Review of Policy Research*, 20 (1) (Spring): 3-20.

Gottschall, Karin (2000) *Soziale Ungleichheit und Geschlecht: Kontinuität und Brüche, Sackgassen und Erkenntnispotentiale im deutschen soziologischen Diskurs* (Opladen: Leske & Budrich).

Gottschall, Karin (2002) 'New forms of employment in Germany: labour market regulation and its gendered implications', Occasional Paper Series No. 8, March (Detroit: Wayne State University, College of Urban, Labor and Metropolitan Affairs).

Gottschall, Karin and Katherine Bird (2003) 'Family leave policies and labor market segregation in Germany: reinvention or reform of the male breadwinner model?', *Review of Policy Research*, 20 (1): 115-34.

Gottschall, Karin and Annette Henninger (2004) 'Freelancers in the German new media industry: beyond standard patterns of work and life', paper presented at the international workshop 'Studying New Forms of Work: Concepts and Practices in Cultural Industries and Beyond', Berlin, 26-27 March, http://www.zes. uni-bremen. de/~ahenni/paper_ah_kgs.pdf.

Gottschall, Karin, Otfried Mickler and Jürgen Neubert (1985) *Computerunterstützte*

Verwaltung (Frankfurt/Main, New York: Campus).

Gottschall, Karin, Heike Jacobsen and Ilse Schütte (1989) *Weibliche Angestellte im Zentrum betrieblicher Innovation. Die Bedeutung neuer Bürotechnologien für Beschäftigungssituation und Berufsperspektiven weiblicher Angestellter in Klein-und Mittelbetrieben* (Stuttgart: Kohlhammer).

Granger, Bill, John Stanworth and Celia Stanworth (1995) 'Self-employment career dynamics: the case of "unemployment push" in UK book publishing', *Work, Employment and Society*, 9 (3): 499-516.

Grass, Bernd (1998) 'Arbeitsbedingungen freier Journalisten. Bericht zu einer Umfrage unter Mitgliedern des DJV', *Journalist*, 11: 65-80.

Greenspan, Alan (1998) 'Is there a new economy?', *California Management Review*, 41 (1): 74-85.

Gundtoft, Lars and Ursula Holtgrewe (2000) 'Call-Center — Rationalisierung im Dilemma', in Hanns-Georg Brose (ed.), *Die Reorganisation der Arbeitsgesellschaft* (Frankfurt/Main, New York: Campus): 173-203.

Haak, Carroll and Günther Schmid (1999) *Arbeitsmärkte für Künstler und Publizisten — Modelle einer zukünftigen Arbeitswelt, Arbeitspapier*, Wissenschaftszentrum Berlin (WZB), Querschnittsgruppe Arbeit und Ökologie.

Hall, Peter and David Soskice (eds.) (2001) *Varieties of Capitalism: the Institutional Foundations of Comparative Advantage* (Oxford: Oxford University Press). 日本語訳は，遠山弘徳・安孫子誠男・山田鋭夫・宇仁宏幸・藤田菜々子訳『資本主義の多様性——比較優位の制度的基礎』ナカニシヤ出版，2007年。

Hanami, Tadashi (2000) 'Equal employment revisited', *Japan Institute of Labour Bulletin*, 39, Special Topic V. 1 January, W1: 1-8.

Handy, Charles (1994) *The Empty Raincoat. Making Sense of the Future* (London: Hutchinson).

Harkness, Susan (2003) 'The household division of labour: changes in families' allocation of paid and unpaid work, 1992-2002', in Richard Dickens, Paul Gregg and Jonathan Wadsworth (eds.), *The Labour Market Under New Labour* (Basingstoke: Palgrave Macmillan): 150-69.

Hassel, Anke (2001) 'The governance of the employment-welfare relationship in Britain and Germany', in Bernhard Ebbinghaus and Philip Manow (eds.), *Comparing Welfare Capitalism* (London and New York: Routledge): 146-68.

Heinz, Walter R. and Victor W. Marshall (2003) *Social Dynamics of the Life Course. Transitions, Institutions, and Interrelations* (New York: Walter de Gruyter).

Helfferich, Barbara and Felix Kolb (2001) 'Multilevel action coordination in European contentious politics: the case of the European women's lobby', in Imig, Doug and Sidney Tarrow (eds.), *Contentious Europeans. Protest and Politics in an Emerging Polity* (Lanham: Rowman & Littlefield).

Henderson, Jeanette and Dorothy Atkinson (eds.) (2003) *Managing Care in Context* (London: Routledge).

Henninger, Annette (2004) 'Freelancer in den Neuen Medien: Jenseits standardisierter Muster von Arbeit und Leben?', in Heike Kahlert and Claudia Kajatin (eds.), *Arbeit und Vernetzung im Informationszeitalter. Wie neue Technologien die Geschlechterverhältnisse verändern?* (Frankfurt a.M./New York: Campus): 143-65.

Hicks, Stephen and Tom Palmer (2004) 'Trade union membership: estimates from the autumn 2003 Labour Force Survey', *Labour Market Trends*, 112 (3) (March): 99-101.

Higuchi, Yukio (2004) 'Employment strategies required in an aging society with fewer children', *Japan Labour Review*, 1 (1) (Winter): 17-28.

Hildebrandt, Swen (1999) *Lean Banking als Reorganisationsmuster für deutsche und französische Kreditinistitute? Anmerkungen zur Tragfähigkeit eines leitbildorientierten Managementkonzepts*, FS I 99-101 (Berlin: WZB).

Hillmert, Steffen (2002) 'Labour market integration and institutions: an Anglo-German comparison', *Work, Employment & Society*, 16 (4): 675-701.

Himmelweit, Susan (1999) 'Caring labour', in Ronnie J. Steinberg and Deborah M. Figart (eds.), *Emotional Labour in the Service Economy, the Annals of the American Academy of Political and Social Science* (London : Sage).

Hirst, Paul and Jonathan Zeitlin (1997) 'Flexible specialization: theory and evidence in the analysis of industrial change', in J. Rogers Hollingsworth and Robert Boyer (eds.), *Contemporary Capitalism. The Embeddedness of Institutions* (Cambridge: Cambridge University Press): 220-39.

Hobson, Barbara (1994) 'Solo mothers, social policy regimes, and the logics of gender', in Diane Sainsbury (ed.), *Gendering Welfare States* (London: Sage).

Hochschild, Arlie (1990) *The Second Shift* (New York: Avon Books). 日本語訳は，田中和子訳『セカンド・シフト：第二の勤務──アメリカ共働き革命のいま』朝日新聞社，1990年。

Hochschild, Arlie Russel (2000) 'Global care chains and emotional surplus value', in William Hutton and Anthony Giddens (eds.), *On the Edge. Living with Global Capitalism* (London: Jonathan Cape): 130-46.

Hochschild, Arlie (2001) *The Time Bind. When Work becomes Home and Home*

引用文献

Becomes Work (New York: Owl Books). 日本語訳は, 坂口緑・中野聡子・両角道代訳『タイム・バインド（時間の板挟み状態）働く母親のワークライフバランス——仕事・家庭・子どもをめぐる真実』明石書店, 2012年。

Hollingsworth, J. Rogers (1997) 'Continuities and change in social systems of production: the cases of Japan, Germany, and the United States', in J. Rogers Hollingsworth and Robert Boyer (eds.), *Contemporary Capitalism. The Embeddedness of Institutions* (Cambridge: Cambridge University Press): 265-310.

Hollingsworth, J. Rogers and Robert Boyer (1997a) 'Coordination of economic actors and social systems of production', in J. Rogers Hollingsworth and Robert Boyer (eds.), *Contemporary Capitalism. The Embeddedness of Institutions* (Cambridge: Cambridge University Press): 1-47.

Hollingsworth, J. Rogers and Robert Boyer (eds.) (1997b) *Contemporary Capitalism. The Embeddedness of Institutions* (Cambridge: Cambridge University Press).

Holtgrewe, Ursula (2003) 'Geschlechtergrenzen in der Dienstleistungsarbeit: Aufgelöst und neu gezogen. Das Beispiel Callcenter', in Ellen Kuhlmann and Sigrid Betzelt (eds.), *Geschlechterverhältnisse im Dienstleistungssektor- Dynamiken, Differenzierungen und neue Horizonte* (Baden-Baden: Nomos): 147-60.

Holtgrewe, Ursula and Christian Kerst (2002a) 'Call Center: Die Institutionalisierung von Flexibilität', *Industrielle Beziehungen*, 9 (2): 186-208.

Holtgrewe, Ursula and Christian Kerst (2002b) 'Zwischen Kundenorientierung und organisatorischer Effizienz – Callcenter als Grenzstellen', *Soziale Welt*, 53 (2): 141-60.

Holtgrewe, Ursula, Christian Kerst and Karen A. Shire (eds.) (2002) *Re-organizing Service Work. Call Centers in Germany and Britain* (Aldershot: Ashgate).

Hoskyns, Catherine (1996) *Integrating Gender. Women, Law and Politics in the European Union* (London: Verso).

Houseman, Susan and Machiko Osawa (eds.) (2003) *Non-standard Work in Developed Economies* (Michigan: W. E. Upjohn Institute for Employment Research). 日本語訳は, 大沢真知子監訳『働き方の未来——非典型労働の日米欧比較』日本労働研究機構, 2003年。

Huber, Evelyne and John D. Stephens (2000) 'Partisan governance, women's employment, and the social democratic service state', *American Sociological Review*, 65 : 323-42.

Huber, Evelyne and John D. Stephens (2001a) *Development and Crisis of the Welfare State. Parties and Policies in Global Markets* (Chicago: Chicago University Press).

Huber, Evelyne and John Stephens (2001b) 'Welfare state and production regimes in the era of retrenchment', in Paul Pierson (ed.), *The New Politics of the Welfare State*

(Oxford: Oxford University Press).

Hughes, Karen D. (2003) 'Pushed or pulled? Women's entry into self-employment and small business ownership', *Gender, Work and Organization*, 10 : 433-54.

Huws, Ursula (2003) *When Work takes Flight. Research Results from the EMERGENCE Project*, IES-report 397 (Brighton: Institute for Employment Studies).

Huws, Ursula, Nick Jager and Siobhan O'Regan (1999) Teleworking and Globalisation, Institute of Employment Studies, report number 358 (London : IES).

ILO (2002) *Yearbook of Labour Statistics* (Geneva: International Labour Organization).

Incomes Data Services Limited (IDS) (2001) *Pay and Conditions in Call Centres* (London).

Ishii-Kunz, Masako (2003) 'Balancing fatherhood and work: emergence of diverse masculinities in contemporary Japan', in James Roberson and Nobue Suzuki (eds.), *Men and Masculinities in Contemporary Japan. Beyond the Urban Salaryman Model* (London: Routledge Curzon).

Itoh, Hideshi (1994) 'Japanese human resource management from the viewpoint of incentive theory', in Masahiko Aoki and Ronald Dore (eds.), *The Japanese Firm. The Sources of Competitive Strength* (Oxford: Oxford University Press): 233-64.

Jahn, Werner and Kai Wegrich (2003) 'Phasenmodelle und Politikprozesse: Der Policy Cycle', in Klaus Schubert and Nils Bandelow (eds.), *Lehrbuch der Politikfeldanalyse* (München, Wien: Oldenbourg Verlag): 71-107.

Japan Institute of Labour (2000) *Japanese Working Life Profile 2000 — Labour Statistics* (Tokyo: Japan Institute of Labour): 30.

Japanese Labour Force Survey (2002) Japanese Statistics Bureau Online Tables, http://www.stat.go.jp, accessed 1 June 2004.

Jenkins, Sarah (2004) 'Restructuring flexibility: case studies of part-time female workers in six workplaces', *Gender, Work and Organization*, 11 (3): 307-33.

Jenson, Jane (1997) 'Who cares? Gender and welfare regimes', *Social Politics*, 4 (2): 182-87.

Jepperson, Ronald L. (1991) 'Institutions, institutional effects and institutionalism', in Walter W. Powell and Paul J. DiMaggio (eds.), *The New Institutionalism in Organizational Analysis* (Chicago and London: Chicago University Press): 204-31.

Jessop, Bob (2002) *The Future of the Capitalist State* (Cambridge: Polity). 日本語訳は，中谷義和監訳『資本主義国家の未来』御茶の水書房，2005年。

Johnson, Ailish (2005) *European Welfare States and Supranational Governance of Social Policy* (Basingstoke and New York: Palgrave Macmillan).

Jungbauer-Gans, Monika (1999) 'Der Lohnunterschied zwischen Frauen und Männern in selbständiger und abhängiger Beschäftigung', *Kölner Zeitschrift für Soziologie und Sozialpsychologie*, 51 : 364-90.

Katrougalos, G. and Lazaridis, G. (2003) *Southern European Welfare States, Problems, Challenges and Prospects* (New York: Palgrave Macmillan).

Keck, Margaret and Kathryn Sikkink (1998) *Activists Beyond Borders. Advocacy Networks in International Politics* (Ithaca and New York: Cornell University Press).

Kelsky, Karen (2001) *Women on the Verge. Japanese Women, Western Dreams* (Durham and London: Duke University Press).

Kelso, Paul (2002) 'Angry women find voice over pay that doesn't add up', *The Guardian*, 18 July.

Kerst, Christian and Ursula Holtgrewe (2003) 'Interne oder externe Flexibilität? Call Center als kundenorientierte Organisationen', in Frank Kleemann and Ingo Matuschek (eds.), *Immer Anschluss unter dieser Nummer — Rationalisierte Dienstleistung und subjektivierte Arbeit in Callcentern* (Berlin: Sigma): 85-108.

Kezuka, Katsutoshi (2000) 'Legal problems concerning part-time work in Japan', *Japan Labour Bulletin*, 39 (9): 5-10.

Khor, Diana (1999) 'Organizing for change: women's grassroots activism in Japan', *Feminist Studies*, 25 (3): 633-61.

Kilkey, Majella (2000) *Lone Mothers between Paid Work and Care* (Aldershot: Ashgate). 日本語訳は，渡辺千壽子監訳『雇用労働とケアのはざまで――20カ国母子ひとり親政策の国際比較』ミネルヴァ書房，2005年。

Kim, Anna and Karin Kurz (2001) 'Precarious employment, education and gender: a comparison of Germany and the United Kingdom', *Arbeitspapier* 39 (Mannheim: Zentrum für europäische Sozialforschung).

Kinnie, Nick, Sue Hutchinson and John Purcell (2000a) 'Fun and surveillance: the paradox of high commitment management in call centres', *International Journal of Human Resource Management*, 11 (5): 967-85.

Kinnie, Nick, Sue Hutchinson and John Purcell (2000b) 'Managing the employment relationship in telephone call centres', in Kate Purcell (ed.), *Changing Boundaries in Employment* (Bristol: Bristol Academic Press).

Kleemann, Frank and Ingo Matuschek (eds.) (2003) *Immer Anschluss unter dieser Nummer- Rationalisierte Dienstleistung und subjektivierte Arbeit in Call Centern* (Berlin: Sigma).

Klenner, Christina and Christiane Lindecke (2003) 'Representation of women in works councils and equal treatment of men and women at company level', *WSI Mitteilungen*, 56 (00) (Special Issue): 66-73.

Knight, Genevieve and Stephen McKay (2000) 'Lifetime experiences of self-employment', DSS Research Report, 120 (London: Department of Social Security).

Knights, David, David Calvey and Pamela Odih (1999) 'Social managerialism and the time-disciplined subject: quality-quantity conflicts in a call centre', paper presented to the 17th Annual International Labour Process Conference, 29-31 March, School of Management, Royal Holloway University of London, UK.

Koch, Angelika and Gerhard Bäcker (2004) 'Mini- und Midi-Jobs — Frauenerwerbstätigkeit und Niedrigeinkommensstrategien in der Arbeitsmarktpolitik', in Dagmar Baatz, Clarissa Rudolph and Ayla Satilmis (eds.), *Hauptsache Arbeit? Feministische Perspektiven auf den Wandel von Arbeit* (Münster: Verlag Westphälisches Dampfboot): 85-102.

Koch-Baumgarten, Sigrid (2002) 'Changing gender relations in German trade unions', in Fiona Colgan and Sue Ledwith (eds.), *Gender, Diversity and Trade Unions. International Perspectives* (London: Routledge): 132-53.

Kohli, Martin (1986) 'The world we forgot: a historical review of the life course', in Victor W. Marshall (ed.), *Later Life. The Social Psychology of Aging* (Beverly Hills, CA: Sage): 271-303.

Kojima, Noriaki and Keiko Fujikawa (2000) 'Non-standard work arrangements in the US and Japan from a legal perspective', paper presented at the Non-Standard Work Arrangements in Japan, Europe, and the United States, sponsored by the W. E. Upjohn Institute, the Japan Foundation and Japan Women's University.

Kolb, David (1984) *Experiential Learning* (New Jersey: Prentice-Hall).

Korczynski, Marek (2001) 'The contradictions of service work: call centre as customer-oriented bureaucracy', in Andrew Sturdy, Irena Grugulis and Hugh Willmott (eds.), *Customer Service. Empowerment and Entrapment* (Basingstoke: Palgrave Macmillan): 79-101.

Korczynski, Marek (2002) 'Call centre consumption and the enchanting myth of customer sovereignty', in Ursula Holtgrewe, Christian Kerst and Karen A. Shire (eds.), *Re-organising Service Work. Call Centres in Germany and Britain* (Aldershot: Ashgate): 163-82.

Korpi, Walter (2000) 'Faces of inequality: gender, class and patterns of inequalities in different types of welfare states', *Social Politics on Class and Gender*, 7 (2): 127-91.

Kotamraju, Nalini P. (2002) 'Keeping up: web design skill and the reinvented worker

引用文献

information', *Communication and Society*, 5 (1): 1-26.

Kracauer, Siegfried (1929/1971) *Die Angestellten. Reportagen aus dem Neuesten Deutschland* (Frankfurt/Main: Suhrkamp). 日本語訳は，神崎巌訳『サラリーマン―ワイマル共和国の黄昏』法政大学出版局，1979年。

Kramerae, Cheris and Dale Spender (eds.) (2000) *Routledge International Encyclopedia of Women. Global Women's Issues and Knowledge* (New York and London: Routledge).

Krätke, Stefan (2002) 'Global media cities in a worldwide urban network, GAWC-globalization and world cities study group and network', Research Bulletin, 80, 15 March, http://www.lboro.ac.uk/gawc/rb/rb80.html, accessed 11 October 2005.

Krenn, Manfred, Jörg Flecker and Christian Stary (2003) *Die informationstechnische Revolution - Fortschritte und Rückschritte für die Arbeit. Zum Zusammenhang von Informations- und Kommunikationstechnologien und neuen Formen der Arbeitsorganisation* (Wien: FORBA).

Krüger, Helga (2003) 'The life-course regime: ambiguities between interrelatedness and individualization', in Walter R. Heinz and Victor W. Marshall (eds.), *Social Dynamics of the Life Course. Transitions, Institutions, and Interrelations* (New York: Aldine de Gruyter): 33-56.

Krugman, Paul (2002) 'For Richer', *New York Times*, 20 October.

Kuhlmann, Ellen and Sigrid Betzelt (eds.) (2003) *Geschlechterverhältnisse im Dienstleistungssektor — Dynamiken, Differenzierungen und neue Horizonte* (Baden-Baden: Nomos).

Kutzner, Edelgard (2003) 'Arbeitsbeziehungen in Callcentern — Irritationen der Geschlechterordnung', in Ellen Kuhlmann and Sigrid Betzelt (eds.), *Geschlechterverhältnisse im Dienstleistungssektor — Dynamiken, Differenzierungen und neue Horizonte* (Baden-Baden: Nomos): 161-74.

Laafia, Ibrahim (2002) 'National and regional employment in high tech and knowledge intensive sectors in the EU 1995-2000', *Eurostat Statistics in Focus*, Theme 9-3.

Labour Market Trends (UK) (1988) Table 1 : 595 (December).

Lam, Alice (1992) *Women and Japanese Management: Discrimination and Reform* (London and New York: Routledge).

Lam, Alice (2002) 'Alternative societal models of learning and innovation in the knowledge economy', *International Social Science Journal*, 54 (171): 67-82.

Land, Hilary (2003) 'Leaving care to the market and the courts', European Social Policy Association Conference, Copenhagen, http://www.sfi.dk/graphics/ESPAnet/papers/

Land.pdf, accessed 28 June 2005.

Land, Hilary (2004) *Women, Child Poverty and Childcare. Making the Links* (London: Daycare Trust).

Larner, Wendy (2002) 'Globalization, governmentality and expertise: creating a call centre labour force', *Review of International Political Economy*, 9 (4): 650-74.

Lash, Scott and John Urry (1987) *The End of Organized Capitalism* (Cambridge: Polity Press).

Lash, Scott and John Urry (1994) *Economies of Signs and Space* (London: Sage).

Leadbeater, Charles and Kate Oakley (1999) *The Independents. Britain's New Cultural Entrepreneurs* (London: Demos).

Lehmbruch, Gerhard (2001) 'The institutional embedding of market economies: the German "model" and its impact on Japan', in Wolfgang Streeck and Kozo Yamamura (eds.), *The Origins of Nonliberal Capitalism* (Ithaca: Cornell University Press): 39-93.

Lehndorff, S. (ed.) (2012) *A triumph of failed ideas, European models of capitalism in the crisis*, European Trade Union Institute.

Lehrer, Mark (2001) 'Macro-varieties of capitalism and micro-varieties of strategic management in European airlines', in Peter A. Hall and David Soskice (eds.), *Varieties of Capitalism. The Institutional Foundations of Comparative Advantage* (Oxford and New York: Oxford University Press): 361-86.

Leicht, Rene (2000) '"Die neuen Selbständigen" arbeiten alleine. Wachstum und Struktur der solo-selbständigen in Deutschland', *Internationales Gewerbearchiv*, 48 (2): 75-90.

Leicht, Rene and Maria Lauxen-Ulbrich (2003) *Soloselbständige Frauen in Deutschland: Entwicklung, wirtschaftliche Orientierung und Ressourcen*, Download-Paper No. 3 (Universität Mannheim: Institut für Mittelstandsforschung (IFM)).

Leicht, Rene and Silvia Luber (2000) 'Growing self-employment in Western Europe: an effect of modernization?', *International Review of Sociology*, 10 (1): 101-23.

Leisering, Lutz (2003) 'Government and the life course', in Jeylan T. Mortimer and Michael J. Shanahan (eds.), *Handbook of the Life Course* (New York: Kluwer): 205-25.

Leitner, Sigrid, Ilona Ostner and Margit Schratzenstaller (2004) *Wohlfahrtsstaat und Geschlechterverhältnis im Umbruch. Was kommt nach dem Ernährermodell?* (Wiesbaden: Verlag für Sozialwissenschaften).

Lenz, Ilse (1997) 'Neue Wege, alte Barrieren? Veränderungen für Frauen in der japanischen Betriebsgesellschaft', in Ilse Lenz and Michiko Mae (eds.), *Getrennte Welten, gemeinsame Moderne? Geschlechterverhältnisse in Japan* (Opladen): 179-210.

引 用 文 献

Lenz, Ilse (2000) 'What does the women's movement do, when it moves? Subjektivität, Organisation und Kommunikation in der neuen japanischen Frauenbewegung', in Ilse Lenz, Michiko Mae and Karin Klose (eds.), *Frauenbewegungen weltweit. Aufbrüche, Kontinuitäten, Veränderungen* (Opladen: Leske and Budrich): 95-133.

Lenz, Ilse (2001a) 'Globalisierung, Frauenbewegungen und internationale Regulierung', *Zeitschrift für Frauenforschung und Geschlechterstudien*, 19 (1 and 2): 8-29.

Lenz, Ilse (2001b) 'Bewegungen und Veränderungen. Frauenforschung und Neue Frauenbewegungen in Deutschland', in Ursula Hornung, Sedef Gümen and Sabine Weilandt (eds.), *Zwischen Emanzipationsvisionen und Gesellschaftskritik. (Re) Konstruktionen der Geschlechterordnungen in Frauenforschung- Frauenbewegung-Frauenpolitik*, Forum Frauenforschung Band 14 (Münster: Westfälisches Dampfboot): 188-220.

Lenz, Ilse (2002) 'Geschlechtsspezifische Auswirkungen der Globalisierung in den Bereichen Global Governance, Arbeitsmärkte und Ressourcen', *Gutachten für die Enquete-Kommission 'Globalisierung der Weltwirtschaft- Herausforderungen und Antworten' des Deutschen Bundestags*.

Lenz, Ilse (2003a) 'Globalisation, gender and work: perspectives on global regulation', *Review of Policy Research*, 20 (1): 21-43.

Lenz, Ilse (2003b) 'Aufbruch ins Reich der Sinne nach dem Überdruss im Käfig der Anforderungen? Der Wandel der Thematisierungen von Sexualität und Körpern in der Entwicklung der Neuen Frauenbewegung in Deutschland', in Ilse Lenz, Lisa Mense and Charlotte Ullrich (eds.), *Reflexive Körper? Zur Modernisierung von Sexualität und Reproduktion* (Opladen: Leske and Budrich): 17-51.

Lenz, Ilse and Michiko Mae (eds.) (1997) *Getrennte Welten, gemeinsame Moderne? Geschlechterverhältnisse in Japan* (Opladen: Leske and Budrich).

Lenz, Ilse, Michiko Mae and Karin Klose (eds.) (2000) *Frauenbewegungen weltweit. Aufbrüche, Kontinuitäten, Veränderungen* (Opladen: Leske and Budrich).

Lenz, Ilse et al. (eds.) (2005) *Die Neue Frauenbewegung in Deutschland* (Wiesbaden: Verlag für Sozialwissenschaften).

Levi-Faur, David (2005) 'The global diffusion of regulatory capitalism', *Annals of the American Academy of Political and Social Science*, 598: 12-32.

Levi-Faur, David and Jacint Jordana (2005) 'Preface — the making of a new regulatory order', *Annals of the American Academy of Political and Social Science*, 598: 6-9.

Lewis, Jane (1992) 'Gender and the development of welfare regime', *Journal of European Social Policy*, 2 (3): 159-73.

Lewis, Jane (ed.) (1993) *Women and Social Policies in Europe. Work, Family and the State* (Aldershot: Edward Elgar).

Lewis, Jane (1997) 'Gender and welfare regimes: further thoughts', *Social Politics*, 4 (2): 160-77.

Lewis, Jane and Ilona Ostner (1994) 'Gender and the evolution of European social policy', ZeS-Arbeitspapier, No. 4 (Universität Bremen: Zentrum für Sozialpolitik).

Liff, Sonia (1993) 'Information technology and occupational restructuring in the office', in Eileen, Green, Jenny Owen and Den Pain (eds.), *Gendered by Design? Information Technology and Office Systems* (London: Taylor & Francis).

Liff, Sonia (2000) 'Consumer e-commerce: potential for social inclusion?', *Consumer Policy Review*, 10 (5): 162-66.

Liff, Sonia and Fred Steward (2001a) 'Communities and community e-gateways: networking for social inclusion', in Leigh Keeble and Brian D. Loader (eds.), *Community Informatics: Shaping Computer-mediated Social Relations* (London: Routledge).

Liff, Sonia and Fred Steward (2001b) 'Community e-gateways: locating networks and learning for social inclusion', *Information, Communication and Society*, 4 (3): 317-40.

Liff, Sonia, Fred Steward and Peter Watts (2002) 'New public places for internet access: networks for practice-based learning and social inclusion', in Steve Woolgar (ed.), *Virtual Society? Technology, Cyberbole, Reality* (Oxford: Oxford University Press).

Liff, Sonia, Peter Watts and Fred Steward (1999) 'Routes to inclusion in the information society: the contribution of e-gateways', in Claire Milne and Sean Creighton (eds.), *Universal Community Service: Access For All to Internet Services at Community Level* (General Report, Malta Conference, 2-3 November): 57-68.

Liff, Sonia, Peter Watts and Fred Steward (2000) 'Inclusion in the information society: the distinctive role of e-gateways', *Teleworker*, 7 (1): 13-16.

Lindley, Robert (2002) 'Knowledge-based economies: the European employment debate in a new context', in Maria Joao Rodrigues (ed.), *The New Knowledge Economy in Europe. A Strategy for International Competitiveness and Social Cohesion* (Aldershot: Edward Elgar): 95-145.

Lisbon European Council (2000) *Presidency Conclusions*, 23 and 24 March 2000, http://www.bologna-berlin2003.de/pdf/PRESIDENCY_CONCLUSIONS_Lissabon.pdf.

Lohmann, Henning (2001) 'Self-employed or employee, full-time or part-time? Gender differences in the determinants and conditions for self-employment in four European countries and the US', *Arbeitspapier* 38 (Mannheim: Zentrum für Europäis-che

Sozialforschung).

Lovenduski, Joni (1995) 'An emerging advocate: the equal opportunities commission in Great Britain', in Dorothy Stetson and Amy Mazur (eds.), *Comparative State Feminism* (London: Sage): 114-32.

Lovenduski, Joni (ed.) (2005) State Feminism and Political Representation (Cambridge: Cambridge University Press).

Luber, Silvia (2003) *Berufliche Selbständigkeit im Wandel* (Frankfurt/Main: Peter Lang).

Luber, Silvia and Markus Gangl (1997) 'Die Entwicklung selbständiger Erwerbstätigkeit in Westeuropa und den USA 1960-1995', *Arbeitspapier Nr. 1/16* (Mannheim: Mannheimer Zentrum für Europäische Sozialforschung (MZES)).

Luhmann, Niklas (1980) *Gesellschaftsstruktur und Semantik. Studien zur Wissenssoziologie der modernen Gesellschaft*, Vol. 1 (Frankfurt/Main: Suhrkamp).

Lundsgaard, Jens (2005) 'Consumer direction and choice in long-term care for older persons, including payments for informal care: how can it help improve care outcomes, employment and fiscal sustainability?', *OECD Health Working Papers*, 20.

Mackie, Vera (2003) *Feminism in Japan* (Cambridge: Cambridge University Press).

Mae, Michiko (2000) 'Wege zu einer neuen Subjektivität. Die neue japanische Frauenbewegung als Suche nach einer anderen Moderne', in Ilse Lenz, Michiko Mae and Karin Klose (eds.), *Frauenbewegungen weltweit. Aufbrüche, Kontinuitäten, Veränderungen* (Opladen): 95-133.

Manning, Stephan and Jörg Sydow (2005) 'Transforming creative potential in project networks: how TV movies are produced under network-based control', *Critical Sociology*, 31 (4).

Manza, Jeff and Clem Brooks (1999) *Social Cleavages and Political Change. Voter Alignments and US Party Coalitions* (Oxford: Oxford University Press).

Market Assessment International (1999) *Call Centres 1999: Strategic Market Intelligence for the Professional* (London: Market Assessment International).

Marshall, Victor W., Walter R. Heinz, Helga Krüger and Abil Verma (2001) *Restructuring Work and the Life Course* (Toronto: University of Toronto Press).

Martin, Hans-Peter and Harald Schumann (1997) *The Global Trap. Globalization and the Assault on Democracy and Prosperity* (London: Zed Press).

Martin, Bill and Judy Wajcman (2003) 'Fun, excitement and passion: positive emotions amongst men and women managers', unpublished paper, presented at the 98th Annual Meeting of the American Sociological Association, Atlanta, Georgia, 16-19

August.

Mathews, Gordon (2004) 'Seeking a career, finding a job: how young people enter and resist the Japanese world of work', in Gordon Mathews and Bruce White (eds.), *Japan's Changing Generations. Are Young People Creating A New Society?* (London and New York: Routledge Curzon).

Maurice, Marc, François Sellier and Jean-Jacques Silvestre (1986) *The Social Foundations of Industrial Power. A Comparison of France and Germany* (Cambridge, Mass.: MIT Press).

Maurice, Marc and Arndt Sorge (eds.) (2000) *Embedding Organizations. Societal Analysis of Actors, Organizations and Socio-Economic Context* (Amsterdam/Philadelphia: John Benjamins Publishing Company).

Mayer-Ahuja, Nicole and Harald Wolf (2005) 'Beyond the hype: working in the German internet industry', *Critical Sociology*, 31 (4).

Mazur, Amy (2001a) 'Introduction', in Amy Mazur (ed.), *State Feminism, Women's Movements and Job Training. Making Democracies Work in a Global Economy* (New York: Routledge).

Mazur, Amy (ed.) (2001b) *State Feminism, Women's Movements and Job Training. Making Democracies Work in a Global Economy* (New York: Routledge).

Mazur, Amy (2002) *Theorizing Feminist Policy* (Oxford: Oxford University Press).

McBride, Dorothy E. (2001) *Abortion Politics, Women's Movements and the Democratic State. A Comparative Study of State Feminism* (Oxford: Oxford University Press).

McCall, Leslie (2001) *Complex Inequality. Gender, Class and Race in the New Economy* (New York and London: Routledge).

McCall, Leslie and Ann Orloff (2005) 'Introduction to special issue of social politics: gender, class and capitalism', *Social Politics*, 12 (3) (Summer): 159-69.

McManus, Patricia (2000) 'Market, state, and the quality of new self-employment jobs among men in the US and Western Germany', *Social Forces*, 78 (3): 865-905.

McManus, Patricia (2001a) 'Women's participation in self-employment in Western industrialized nations', *International Journal of Sociology*, 31 (2): 70-97.

McManus, Patricia (2001b) 'Autonomy and dependency in the self-employment careers of men and women in the United States and Germany', paper presented at the Annual Meeting of the American Sociological Association.

Meager, Nigel (1994) 'Self-employment schemes for the unemployment in the European Community', in Günter Schmidt (ed.), *Labour Market Institutions in Europe* (Armonk, New York: M. E. Sharpe): 183-242.

引用文献

Meager, Nigel and Peter Bates (2001) 'The self-employed and lifetime incomes: some UK evidence', *International Journal of Sociology*, 31 (1): 27-58.

Meager, Nigel and Peter Bates (2002) 'From salary workers to entrepreneurial workers?', in Günter Schmidt and Bernard Gazier (eds.), *The Dynamics of Full Employment. Social Integration through Transnational Labour Markets* (Cheltenham: Edward Elgar): 298-339.

Meguro, Yoriko (2004) Statement by Dr. Yoriko Meguro Representative of Japan, 3 March, http://www.mofa.go.jp/announce/speech/un2004/un0403.html, accessed 12 October 2005.

Messner, Dirk and Franz Nuscheler (1996) 'Global governance. Organisationselemente und Säulen einer Weltordnungspolitik', in Dirk Messner and Franz Nuscheler (eds.), *Weltkonferenzen und Weltberichte. Ein Wegweiser durch die internationale Diskussion* (Bonn: Dietz Verlag): 12-37.

Meyer, Mary and Elisabeth Prügl (1999) *Gender Politics in Global Governance* (Lanham: Rowman & Littlefield).

Mills, C. Wright (1953/1971) *White Collar. The American Middle Classes* (New York: Oxford University Press). 日本語訳は,杉政孝訳『ホワイト・カラー——中流階級の生活探究』創元社,1971年。

Millward, Neil, Alex Bryson and John Forth (2000) *All Change at Work? British Employment Relations 1980-1998, as Portrayed by the Workplace Industrial Relations Survey Series* (London: Routledge).

Ministry of Health, Labour and Welfare [Japan] (2003) *White Paper on the Labour Economy: Economic and Social Change and Diversification of Working Styles*, http://www.mhlw.go.jp/english/wp/wp-l/index.html, accessed 13 October 2005.

Mintzberg, Henry (1983) *Structure in Fives. Designing Effective Organisations* (New Jersey, USA: Prentice Hall).

Moghadam, Valentine M. (2000) 'Transnational feminist networks: collective action in an era of globalization', *International Sociology*, 15 (1): 57-85.

Molony, Barbara (1995) 'Japan's 1986 equal employment law and the changing discourse on gender', *Signs*, 20 (2) (Winter): 268-301.

Monthly Labor Review Editor's Desk (2004) *Union Membership Declines Again in 2003*, http://www.bls.gov/opub/ted/2004/jan/wk3/art03.htm, accessed 2 January 2006.

Morgan, Glenn und Sigrid Quack (2000) 'Confidence and confidentiality: the social construction of performance standards in banking', in Glenn Morgan, Sigrid Quack and Richard Whitley (eds.), *National Capitalisms, Global Competition and Economic*

353

Performance (Amsterdam, Philadelphia: John Benjamins): 131-57.

Müller, Ursula et al. (1991) 'Sexuelle Belästigung am Arbeitsplatz', Schriftenreihe des BMJFFG (Stuttgart: Kohlhammer Verlag).

National Institute of Population and Social Security Research (1998) *The Cost of Social Security in Japan. FY 1997* (Tokyo: NIPSSR).

National Institute of Population and Social Security Research (2000) *The Second National Survey on Family in Japan 1998* (Tokyo: National Institute of Population and Social Security Research).

National Institute of Population and Social Security Research (2001) *The Cost of Social Security in Japan. FY 2000* (Tokyo: NIPSSR).

National Institute of Population and Social Security Research (2002) *The Cost of Social Security in Japan. FY 2001* (Tokyo: NIPSSR).

National Institute of Population and Social Security Research (2003) *Child Related Policies in Japan* (Tokyo: NIPSSR).

Nelson, Barbara J. and Nalma Chowdhury (eds.) (1994) *Women and Politics Worldwide* (New Haven: Yale University Press).

Neumayer, Eric & Thomas Plümper (2007) 'The Gendered Nature of Natural Disasters: The Impact of a Catastrophic Events on the Gender Gap in Life Expectancy, 1981-2002', *Annals of the Association of American Geographers*, 92 (3): 551-66.

Nishiguchi, Toshihiro (2001) 'Coevolution of interorganizational relations', in Ikujiro Nonaka and Hirotaka Takeuchi (eds.), *Knowledge Emergence. Social, Technical and Evolutionary Dimensions of Knowledge Creation* (New York: Oxford University Press): 197-222.

Nolan, Peter and Gary Slater (2002) 'The labour market: history, structure and prospects', in Paul Edwards (ed.), *Industrial Relations. Theory and Practice* (Oxford: Blackwell).

Nonaka, Ikujiro and Hirotaka Takeuchi (1995) *The Knowledge Creation Company. How Japanese Companies Create the Dynamics of Innovation* (Oxford: Oxford University Press). 日本語訳は, 梅本勝博訳『知識創造企業』東洋経済新報社, 1996年。

Nonaka, Ikujiro and Toshihiro Nishiguchi (eds.) (2001) *Knowledge Emergence. Social, Technical and Evolutionary Dimensions of Knowledge Creation* (New York: Oxford University Press).

Nussbaum, Martha C. (2000) *Women and Human Development. The Capabilities Approach* (Cambridge: Cambridge University Press). 日本語訳は, 池本幸生・田口さつき・坪井ひろみ訳『女性と人間開発——潜在能力アプローチ』岩波書店, 2005年。

O'Connor, Julia, Ann Shola Orloff and Sheila Shaver (1999) *States, Markets, Families. Gender, Liberalism and Social Policy in Australia, Canada, Great Britain and the United States* (Cambridge: Cambridge University Press).

OECD (1993) *Employment Outlook* (Paris: OECD).

OECD (1996) *Employment Outlook* (Paris: OECD).

OECD (1997) *Employment Outlook* (Paris: OECD).

OECD (1999) *Employment Outlook* (Paris: OECD).

OECD (2000a) *Employment Outlook* (Paris: OECD).

OECD (2000b) *Labour Force Statistics 1979-1999* (Paris: OECD).

OECD (2001a) *Employment Outlook. The Characteristics and Quality of Service Sector Jobs*, Chapter 3, http://www.oecd.org/dataoecd/11/15/2079411.pdf, accessed 13 October 2005.

OECD (2001b) *OECD Science, Technology and Industry Scoreboard 2001*, www1.oecd.org/publications/e-book/92-2001-04-1-2987/, accessed 13 October 2005.

OECD (2002a) *Measuring the Information Economy* (Paris: OECD).

OECD (2002b) *OECD Employment Outlook* (Paris: OECD).

OECD (2003) *OECD Science, Technology and Industry Scoreboard 2003*, www1.oecd.org/publications/e-book/92-2003-04-1-7294/, accessed 13 October 2005.

OECD (2004a) *OECD Employment Outlook* (Paris: OECD).

OECD (2004b) *Education at a Glance* (Paris: OECD).

OECD (2005a) *Statistics Data and Indicators*, http://www.oecd.org/findDocument/0, 2350,en_2649_33703_1_119656_1_1_1, 00.html, accessed 30 November 2005.

OECD (2005b) OECD *Science, Technology and Industry Scoreboard*, http://www.oecd.org/document/43/0, 2340, en_2649_33703_35455595_1_1_1_1, 00.html, accessed 6 December 2005.

OECD (2005c) *OECD Communications Outlook*, http://www.oecd.org/document/15/ 0, 2340,en_2649_33703_35269391_1_1_1_1, 00.html, accessed 6 December 2005.

OECD (2005d) *Biotechnology Statistics in OECD Member Countries*, http://www.oecd.org/countrylist/0, 2578,en_2649_33703_1794151_1_1_1_1, 00.html, accessed 6 December 2005.

OECD (2005e) *Main Science and Technology Indicators*, http: //www.oecd.org/document/26/0, 2340,en_2649_33703_1901082_1_1_1_1, 00.html, accessed 6 December 2005.

OECD (2005f) 'OECD in figures: statistics on the member countries', *OECD Observer/Supplement 1* (Paris: OECD).

OECD (2005g) *Income Distribution and Poverty in OECD Countries in the Second Half of the 1990s. OECD Social, Employment and Migration Working Paper No. 22*, by Foerster, M. and M. d'Ercode, http://papers.ssrn.com/sol3/papers.cfm?abstract_id=671783, accessed 13 October 2005.

OECD (2005h) *Taxing Wages 2004-2005*, OECD.

OECD (2010) *Taxing Wages 2008-2009*, OECD.

OECD (2011) *Taxing Wages 2009-2010*, OECD.

OECD (2012) *Taxing Wages 2011*, OECD.

OECD (2013) *Taxing Wages 2013*, OECD.

OECD (2014) *Taxing Wages 2014*, OECD.

OECD (2015) *Taxing Wages 2013-2014*, OECD.

Ogasawara, Yuko (1998) *Office Ladies and Salaried Men: Power, Gender and Work in Japanese Companies* (Berkeley: University of California Press).

Ogasawara, Yuko (2001) 'Women's solidarity: company policies and Japanese office ladies', in Mary Brinton (ed.), *Women's Working Lives in East Asia* (Stanford: Stanford University Press): 151-79.

Oliver, Christine (1991) 'Strategic responses to institutional processes', *Academy of Management Review*, 16 (1): 145-79.

Olson, Mancur (1982) *The Rise and Decline of Nations. Economic Growth, Stagflation and Social Rigidities* (New Haven: Yale University Press).

O'Reilly, Jacqueline (2000) 'Is it time to gender the societal effect?', in Marc Maurice and Arndt Sorge (eds.), *Embedding Organizations. Societal Analysis of Actors, Organizations and Socio-Economic Context* (Amsterdam/Philadelphia: John Benjamins Publishing Company): 343-56.

O'Reilly, Jacqueline and Colette Fagan (eds.) (1998) *Part-Time Prospects. An International Compmarison of Part-Time Work in Europe, North America, and the Pacific Rim* (London: Routledge).

Orloff, Ann Shola (1993) 'Gender and the social rights of citizenship: state policies and gender relations in comparative perspective', *American Sociological Review*, 58 (3): 303-28.

Orloff, Ann Shola (2002) 'Gender equality, women's employment: cross-national patterns of policy and politics', presented at the Workshop on Welfare, *Work and Family: Southern Europe in Comparative Perspective*, European University Institute.

Ortmann, Günther and Jörg Sydow (eds.) (2001) *Strategie und Strukturation. Strategisches Management von Unternehmen, Netzwerken und Konzernen* (Wiesbaden:

引用文献

Gabler).

Osano, Hiroshi and Mami Kobayashi (2005) 'Reforming corporate governance and employment relations', *Japan Labour Review*, 2 (1) (Winter): 58-80.

Osawa, Mari (2000) 'Government approaches to gender equality in the mid-1990s', *Social Science Japan Journal*, 3 (1): 3-21.

Osawa, Mari (2001) 'People in irregular modes of employment: are they really subject to discrimination?', *Social Science Japan Journal*, 4 (2): 183-99.

Osawa, Mari (2002) 'Twelve million full-time housewives: the gender consequences of Japan's post-war social contract', in Olivier Zunz, Leonard Schoppa and Nobuhiro Hiwatori (eds.), *Social Contracts under Stress. The Middle Classes of America, Europe, and Japan at the Turn of the Century* (New York: Russell Sage Foundation): 255-77.

Osawa, Mari (2003) 'Japanese government approaches to gender equality since the mid-1990s', Wayne State University, *Occasional Paper Series*, 9.

Osawa, Mari (2007) 'Comparative Livelihood Security Systems from a Gender Perspective, with a Focus on Japan', Sylvia Walby, Heidi Gottfried, Karin Gottschall and Mari Osawa (eds.), *Gendering the Knowledge Economy, Comparative Perspectives* (Basingstoke and New York: Palgrave Macmillan) : 81-108.

Osawa, Mari (2011) *Social Security in Contemporary Japan, A comparative analysis* (London and New York: Routledge/University of Tokyo Series).

Ostner, Ilona and Jane Lewis (1995) 'Gender and the evolution of European social policies', in Stephan Leibfried and Paul Pierson (eds.), *European Social Policy Between Fragmentation and Integration* (Washington: Brookings Institution): 159-94.

Outshoorn, Joyce (ed.) (2004) *The Politics of Prostitution. Women's Movements, Democratic States and the Globalisation of Sex Commerce* (Cambridge: Cambridge University Press).

Panteli, Niki, Janet Stack and Harvie Ramsay (2001) 'Gendered patterns in computing work in the late 1990s', *New Technology, Work and Employment*, 16 (1): 3-17.

Pascall, Gillian and Jane Lewis (2004) 'Emerging gender regimes and policies for gender equality in a wider Europe', *Journal of Social Policy*, 33 (3): 373-94.

Pempel, T. J. (1998) *Regime Shift. Comparative Dynamics of the Japanese Political Economy* (Ithaca: Cornell University Press).

Peng, Ito (2004) 'Post-industrial pressure, political regime shifts, and social policy reform in Japan and South Korea', *Journal of East Asian Studies*, 4 (3): 389-425.

Perlow, Leslie (1997) *Finding Time: How Corporations, Individuals and Families Can*

Benefit from New Work Practices (Ithaca: Cornell University Press).

Perrons, Diane (1999) 'Flexible working patterns and equal opportunities in the European Union — conflict or compatibility?', *European Journal of Women's Studies*, 6 (4): 391–418.

Perrons, Diane (2000) 'Flexible working and equal opportunities in the United Kingdom: a case study from retail', *Environment and Planning A*, 32 (10): 1719–34.

Perrons, Diane (2003) 'The new economy and the work–life balance: conceptual explorations and a case study of new media', *Gender, Work and Organization*, 10 (1): 65–93.

Perrons, Diane (2004a) *Globalisation and Social Change. People and Places in a Divided World* (London: Routledge).

Perrons, Diane (2004b) 'Equity and representation in the new economy', in John Kelly and Paul Willman (eds.), *Union Organization and Activity. Leverhulme*, Volume 2 (London: Routledge): 51–72.

Perrons, Diane (2005) 'Gender mainstreaming in European Union policy. Why now?', *Social Politics*, 12 (3): 389–411.

Perrons, Diane, Linda McDowell, Colette Fagan, Kath Ray and Kevin Ward (eds.) (2006) *Gender Divisions and Working Time in the New Economy. Public Policy and Changing Patterns of Work in Europe and North America* (Cheltenham: Edward Elgar).

Peters, Julie and Andrea Wolper (eds.) (1995) *Women's Rights, Human Rights. International Feminist Perspectives* (London: Routledge).

Pfarr, Heide (ed.) (2001) *Ein Gesetz zur Gleichstellung der Geschlechter in der Privatwirtschaft* (Düsseldorf: Hans–Böckler–Stiftung).

Pfarr, Heide and Klaus Bertelsmann (1989) *Diskriminierung im Erwerbsleben. Ungleichbehandlung von Frauen und Männern in der Bundesrepublik Deutschland* (Baden–Baden: Nomos).

Pfau-Effinger, Birgit (2000) *Kultur und Frauenerwerbstätigkeit in Europa. Theorie und Empirie des internationalen Vergleichs* (Opladen: Leske and Budrich).

Pierson, Paul (1994) *Dismantling Welfare States? Reagan, Thatcher and the Politics of Retrenchment* (Cambridge: Cambridge University Press).

Pierson, Paul (2000) 'Three worlds of welfare state research', *Comparative Political Studies*, 33 (6/7): 791–821.

Pierson, Paul (2001a) 'Introduction: investigating the welfare state at century's end', in Paul Pierson (ed.), *The New Politics of the Welfare State* (Oxford: Oxford University

Press): 1-14.

Pierson, Paul (2001b) 'Post-industrial pressures on the mature welfare states', in Paul Pierson (ed.), *The New Politics of the Welfare State* (Oxford: Oxford University Press): 80-104.

Piketty, Thomas and Emmanuel Saez (2003) 'Income inequality in the United States', *Quarterly Journal of Economics*, 118 (1): 1-39.

Pillinger, Jane (1992) *Feminising the Market. Women's Pay and Employment in the European Community* (Basingstoke: Macmillan).

Piore, Michael J. and Charles F. Sabel (1984) *The Second Industrial Divide. Possibilities for Prosperity* (New York: Basic Books). 日本語訳は，山之内靖・永易浩一・石田あつみ訳『第二の産業分水嶺』筑摩書房，1993年。

Pitt-Catsouphes, Marcie and Leon Litchfield (2001) 'How are small businesses responding to work and family issues?', in Rosanna Hertz and Nancy L. Marshall (eds.), *Working Families. The Transformation of the American Home* (Berkeley: University of California Press): 131-51.

Pollack, Mark A. and Hafner-Burton, Emilie (2000) 'Mainstreaming gender in the European Union', *Journal of European Public Policy*, 7 (3): 432-56.

Porat, Marc (1977) *The Information Economy* (Washington DC: US Government Printing Office). 日本語訳は，小松崎清介監訳『情報経済入門』コンピュータ・エージ社，1982年。

Powell, Walter W. and Paul J. DiMaggio (eds.) (1991) *The New Institutionalism in Organizational Analysis* (Chicago: Chicago University Press).

Pries, Ludger (2002) 'Transnationalisierung der sozialen Welt?' *Berliner Journal für Soziologie*, 12 (2): 263-72.

Pries, Ludger (2004) 'Change of employment interests regulation forms?', in Limits of the Disintegration of Work Boundaries. *The Necessity of a New Form of Labour*, Research Proposal for the Federal Ministry for Education and Research.

Prism Research (2000) *Homecare Workers Recruitment and Retention Study*. Draft Final Report (Brighton: Prism Research).

Quack, Sigrid (1997) *Karrieren im Glaspalast. Weibliche Führungskräfte in europäischen Banken*, FS I 97-104 (Berlin: WZB).

Quack, Sigrid (1999) 'Unternehmensreorganisation, Karrierewege und Geschlecht. Banken im internationalen Kontext', in Hildegard Maria Nickel, Susanne Völker and Hasko Hüning (eds.), *Transformation — Unternehmensreorganisation — Geschlechteforschung* (Opladen: Leske): 109-30.

Quack, Sigrid and Glenn Morgan (2000a) 'Institutions, sector specialisation and economic performance outcomes', in Sigrid Quack, Glenn Morgan and Richard Whitley (eds.), *National Capitalisms, Global Competition and Economic Performance* (Amsterdam, Philadelphia: John Benjamins): 27-52.

Quack, Sigrid and Glenn Morgan (2000b) 'National capitalisms, global competition and economic performance: an introduction', in Sigrid Quack, Glenn Morgan and Richard Whitley (eds.), *National Capitalisms, Global Competition and Economic Performance* (Amsterdam, Philadelphia: John Benjamins): 3-24.

Quah, Danny (1996) *The Invisible Hand and the Weightless Economy*, Centre for Economic Performance, Occasional Paper No. 12, London School of Economics, http://cep.lse.ac.uk/pubs/download/occasional/OP012.pdf, accessed 14 October 2005.

Quah, Danny (2003) *Digital Goods and the New Economy*, London School of Economics, Economics Department, December 2002, http://econ.lse.ac.uk/staff/dquah/p/dp-0212hbne.pdf, accessed 14 October 2005.

Quinn, James Brian (1992) *Intelligent Enterprise. A Knowledge and Service-Based Paradigm for Industry* (New York: Free Press).

Rabe-Kleberg, Ursula (1993) 'Frauen auf dem Weg zur Bildungsbiographie?', *Frauenforschung*, 11 (4): 5-16.

Randall, Vicky (2000) 'Childcare policy in the European states: limits to convergence', *Journal of European Public Policy*, 7 (3): 346-68.

Rathmell, John M. (1966) 'What is meant by services?', *Journal of Marketing*, 30 (4) (October): 32-36.

Regini, Marino, Jim Kitay and Martin Baethge (eds.) (1999) *From Tellers to Sellers. Changing Employment Relations in Banks* (Cambridge, Mass. and London: MIT Press).

Rehberg, Frank, Ursula Stöger and Detlef Sträter (2002) 'Frauen in der Medienwirtschaft: Chancen und Hemmnisse für Frauenerwerbstätigkeit in einer prosperierenden Zukunftsbranche', *Bayrische Landeszentrale für neue Medien Series*, 69 (München: BLM).

Reich, Robert B. (1991) *The Work of Nations. Preparing Ourselves for the 21st Century Capitalism* (London: Simon and Schuster).

Reich, Robert B. (2001) *The Future of Success Work and Life in the New Economy* (London: Heinemann).

RNGS (2005) *Research Network on Gender Politics and the State*, http://libarts.wsu.edu/polisci/rngs, accessed 12 February 2006.

引 用 文 献

Rieger, Elmar and Stephan Leibfried (2003) *Limits to Globalization* (Oxford: Polity Press in association with Blackwell Publishing Ltd).

Ritzer, George (2000) *The Macdonaldization of Society*, 3rd edition (Pine Forge Press). 日本語訳は, 正岡寛司監訳『マクドナルド化する社会』早稲田大学出版部, 1999年。

Roberson, James and Nobue Suzuki (eds.) (2002) *Men and Masculinities in Contemporary Japan. Beyond the Salaryman Model* (London and New York: Nissan Institute/Routledge).

Roberts, Glenda S. (1994) *Staying on the Line. Blue-Collar Women in Contemporary Japan* (Honolulu: University of Hawaii Press).

Roberts, Glenda S. (2002) 'Pinning hopes on angels: reflections from an aging Japan's urban landscape', in Roger Goodman (ed.), *Family and Social Policy in Japan* (Cambridge: Cambridge University Press): 54-91.

Roberts, Glenda S. (2003) 'Globalisation and work/life balance: gendered implications of new initiatives at a US multinational in Japan', in Heidi Gottfried and Laura Reese (eds.), *Equity in the Workplace: Gendering Workplace Policy Analysis* (Lanham, Boulder, New York, Toronto and Oxford: Lexington Books): 294-314.

Robinson, Peter (1999) 'Explaining the relationship between flexible employment and labour market regulation', in Alan Felstead and Nick Jewson (eds.), *Global Trends in Flexible Labour* (London: Macmillan): 84-99.

Rodrigues, Maria João (2002) 'Introduction: for a European strategy at the turn of the century', in Maria João Rodrigues (ed.), *The New Knowledge Economy in Europe. A Strategy for International Competitiveness and Social Cohesion* (Cheltenham: Edward Elgar): 1-27.

Rodrigues, Maria João (2003) *European Policies for a Knowledge Economy* (Cheltenham: Edward Elgar).

Rose, Nikolas (1999) *Powers of Freedom. Reframing Political Thought* (Cambridge: Cambridge University Press).

Rubery, Jill and Colette Fagan (1994) 'Does feminisation mean a flexible labour force?', in Richard Hyman and Anthony Ferner (eds.), *New Frontiers in European Industrial Relations* (Oxford: Blackwell): 140-66.

Rubery, Jill and Damian Grimshaw (2001) 'ICTs and employment: the problem of job quality', *International Labour Review*, 140 (2): 165-92.

Rubery, Jill, Mark Smith and Colette Fagan (1999) *Women's Employment in Europe* (London: Routledge).

Rupp, Leila (1997) *Worlds of Women. International Women's Organizations 1888-1945*

(Princeton: Princeton University Press).

Ruppert, Uta (ed.) (1998) *Lokal bewegen, global verhandeln. Internationale Politik und Geschlecht* (Frankfurt and New York: Campus).

Sainsbury, Diane (ed.) (1994) *Gendering Welfare States* (London: Sage).

Sainsbury, Diane (1996) *Gender, Equality and Welfare States* (Cambridge: Cambridge University Press).

Sainsbury, Diane (ed.) (1999) *Gender and Welfare State Regimes* (Oxford: Oxford University Press).

Sassen, Saskia (1999) 'Embedding the global in the national: implications for the role of the state', in David A. Smith, Dorothy J. Solinger and Steven C. Topik (eds.), *States and Sovereignty in the Global Economy* (London: Routledge): 158-71.

Sato, Hiroki (2001) 'Is "atypical employment" a flexible form of working life?', *Japan Labour Bulletin*, 40 (4) (April 1): 6-10.

Satzer, Ralf (2001) 'Nicht nur Traumjobs — vom Arbeiten und Verdienen in den Medien', *Research Project of connexx.av* (*ver.di*) (Frankfurt a. M.: connexx.av).

Schäfer, Reinhild (2001) *Demokratisierung der Geschlechterverhältnisse. Politische Strategien der Neuen Frauenbewegung gegen Gewalt* (Bielefeld: Kleine Verlag).

Schmidt, Verena (2000) 'Zum Wechselverhältnis zwischen europäischer Frauenpolitik und europäischen Frauenorganisationen', in Ilse Lenz, Michiko Mae and Karin Klose (eds.), *Frauenbewegungen weltweit* (Opladen: Leske and Budrich): 199-232.

Schmidt, Verena (2005) *Gender Mainstreaming as an Innovation? The Institutionalisation of Gender Mainstreaming in the European Commission* (Leverkusen: Barbara Budrich Verlag).

Scholte, Jan Aart (2000) *Globalization. A Critical Introduction* (Basingstoke: Palgrave Macmillan).

Schon, Donald A. (1983) *The Reflective Practitioner. How Professionals Think in Action* (London: Ashgate). 日本語訳は，柳沢昌一・三輪健二監訳 『省察的実践とは何か　プロフェッショナルの行為と思考』鳳書房，2007年。

Schon, Donald A. (1987) *Educating the Reflective Practitioner* (San Francisco: Jossey-Bass).

Schoppa, Leonard (2006) *Race for the Exits. Women, Firms, and the Future of Social Protection in Japan* (Ithaca: Cornell University Press).

Schulz, Kristina (2002) *Der lange Atem der Provokation. Die Frauenbewegung in der Bundesrepublik und in Frankreich 1968-76* (Frankfurt: Campus Verlag).

Schulze Buschoff, Karin (2005) 'Von der Scheinselbstständigkeit zur Ich-AG -neue sozialpolitische Weichenstellungen?', *Zeitschrift für Sozialreform*, 51 (1): 64-93.

Scott, Joan W. (1988) 'Deconstructing equality-versus-difference: or, the uses of post-structuralist theory for feminism', *Feminist Studies*, 14 (1): 33-49.

Scott, W. Richard (1995) *Institutions and Organizations* (Thousand Oaks: Sage).

Scrinzi, Francesca (2003) 'The globalisation of domestic work: women migrants and neo-domesticity', in Jane Freedman (ed.), *Gender and Insecurity. Migrant Women in Europe* (Vermont: Ashgate): 77-90.

Segal, Lynne (1987) *Is the Future Female? Troubled Thoughts on Contemporary Feminism* (London: Virago).

Seifert, Wolfgang (1997) *Gewerkschaften in der japanischen Politik: der dritte Partner?* (Opladen: Westdeutscher Verlag).

Sen, Amartya (1984) *Resources, Values and Development* (Oxford: Blackwell).

Sen, Amartya (1999) *Development as Freedom* (Oxford: Oxford University Press). 日本語訳は, 石塚雅彦訳『自由と経済開発』日本経済新聞出版社, 2000年。

Sennett, Richard (1998) *The Corrosion of Character* (London: W. W. Norton and Company). 日本語訳は, 斎藤秀正訳『それでも新資本主義についていくか──アメリカ型経営と個人の衝突』ダイヤモンド社, 1999年。

Serrano-Pascual, Amparo and Lilja Mósesdóttir (2003) 'The implications of the KBS for employment and gender relations: towards a conceptual and analytical framework', WELLKNOW-HPSE-CT-2002-00119, in Project report No. 1 (Brussels: European Trade Union Institute).

SEU (2000) *Closing the Digital Divide: ICT in Deprived Areas* (London: Stationary Office).

Shardlow, Steven and Mark Doel (1996) *Practice Learning and Teaching* (BASW).

Shire, Karen (2000) 'Gender organization and workplace culture in Japanese customer services', *Social Science Japan Journal*, 3 (1): 37-58.

Shire, Karen (2005) 'Die Gestaltung der Kundeninteraktionen in wissensbasierter Dienstleistungsarbeit: eine empirische Studie', in Heike Jacobsen and Stephan Voswinkel (eds.), *Der Kunde in der Dienstleistung. Beiträge zur Soziologie der Dienstleistung* (Wiesbaden: VS): 219-40.

Shire, Karen and Jun Imai (2000) 'Gender and the diversification of employment in Japan', in Hanns-Georg Brose (ed.), *Reorganisation der Arbeit* (Frankfurt: Campus Verlag): 117-36.

Shire, Karen, Cornelia Bialucha and Katrin Vitols (2002) 'Women and the new economy in Germany', presented at the GLOW Workshop at the University of Tokyo,

September.

Shire, Karen A., Ursula Holtgrewe and Christian Kerst (2002) 'Re-organising customer service work: an introduction', in Ursula Holtgrewe, Christian Kerst and Karen A. Shire (eds.), *Re-organizing Service Work. Call Centres in Germany and Britain* (Aldershot: Ashgate): 1-16.

Smeaton, Deborah (2003) 'Self-employed workers: calling the shots or hesitant independents? A consideration of the trends', *Work, Employment and Society*, 17 (2): 379-91.

Smith, Vicki (2001) *Crossing the Great Divide. Worker Risk and Opportunity in the New Economy* (Ithaca: Cornell University Press).

Smith, Vicki and Heidi Gottfried (1998) 'Flexibility in work and employment: the impact on women', in Birgit Geissler, Friederike Maier and Birgit Pfau-Effinger (eds.), *FrauenArbeitsMarkt. Der Beitrag der Frauenforschung zur sozio-ökonomischen Theorieentwicklung* (Berlin: Sigma): 95-125.

Social Trends (2001) Table 4. 12.

Social Trends (2002) Table 3. 17.

Soete, Luc (2001) 'ICTs, knowledge work and employment: the challenges to Europe', *International Labour Review*, 140 (2): 143-63.

Soskice, David (2005) 'Varieties of capitalism and cross-national gender differences', *Social Politics*, 12 (2): 170-79.

Special issue of Social Politics (2005) 'Gender, class, and capitalism', *Social Politics*, 12 (2) (Summer).

Spellman, Elizabeth (1988) *Inessential Woman. Problems of Exclusion in Feminist Thought* (Boston: Beacon Press).

Stäheli, Urs (1998) 'Zum Verhältnis von Sozialstruktur und Semantik', *Soziale Systeme*, 4 (2): 315-40.

Standing, Guy (1999) *Global Labour Flexibility* (New York: St. Martin's Press).

Statistisches Bundesamt (2005) *Leben und Arbeiten in Deutschland. Ergebnisse des Mikrozensus 2004* (Wiesbaden: Statistisches Bundesamt), http://www.destatis.de/presse/deutsch/pk/2005/MZ_Broschuere.pdf, accessed 19 October 2005.

Steinberg, Ronnie J. and Deborah M. Figart (eds.) (1999) 'Emotional labour in the service economy', *Annals of the American Academy of Political and Social Science*, 561 (January) (Sage Publications).

Steinmueller, W. Edward (2002) 'Knowledge-based economies and information and communication technologies', *International Social Science Journal*, 54 (171): 141-53.

引用文献

Stetson, Dorothy McBride (1995) 'The oldest women's policy agency: the women's bureau in the United States', in Dorothy Stetson and Amy Mazur (eds.), *Comparative State Feminism* (Thousand Oaks: Sage): 254-72.

Stetson, Dorothy McBride and Amy Mazur (eds.) (1995a) *Comparative State Feminism* (Thousand Oaks: Sage).

Stetson, Dorothy McBride and Amy Mazur (1995b) 'Introduction', in Dorothy McBride Stetson and Amy Mazur (eds.), *Comparative State Feminism* (Thousand Oaks: Sage): 1-21.

Stewart, Kitty (2005) 'Changes in poverty and inequality in the UK in international context', in John Hills and Kitty Stewart (eds.), *A More Equal Society* (Bristol: Policy Press).

Stichweh, Rudolf (2000) 'Semantik und Sozialstruktur. Zur Logik einer systemtheoretischen Unterscheidung', *Soziale Systeme*, 6 (2): 237-50.

Storey, John, Adrian Wilkinson, Peter Cressey and Timothy Morris (1999) 'Employment relations in UK banking', in Marino Regini, Jim Kitay and Martin Baethge (eds.), *From Tellers to Sellers. Changing Employment Relations in Banks* (Cambridge, Mass.: MIT Press).

Strack, Guido (2003) 'High-tech and knowledge-intensive sectors creating employment in Europe', *Eurostat Statistics in Focus*, Theme 9-10.

Strack, Guido (2004) 'High-tech trade, employment and value added in high-tech industries and knowledge-intensive services', *Eurostat Statistics in Focus*, Theme 9-10.

Streeck, Wolfgang (1992) *Social Institutions and Economic Performance. Studies of Industrial Relations in Advanced Capitalist Economies* (London and Beverly Hills: Sage).

Streeck, Wolfgang (1999) *Korporatismus in Deutschland. Zwischen Nationalstaat und Europäischer Union* (Frankfurt/Main: Campus-Verlag).

Streeck, Wolfgang and Kozo Yamamura (eds.) (2002) *The Origins of Non-Liberal Capitalism: Germany and Japan in Comparison* (Ithaca: Cornell University Press).

Streeck, W. and K. Thelen (2005) 'Introduction: institutional change in advanced political economies', W. Streeck and K. Thelen (eds.), *Beyond Continuity: Institutional Change in Advanced Political Economies* (Oxford, UK: Oxford University Press) : 1-39.

Sturdy, Andrew, Irena Grugulis and Hugh Willmott (eds.) (2001) *Customer Service. Empowerment and Entrapment* (Basingstoke and New York: Palgrave Macmillan).

Styhre, Alexander (2004) 'Rethinking knowledge: a Bergsonian critique of the notion of tacit knowledge', *British Journal of Management*, 15 (2): 177-88.

Suzuki, Fujikazu (2005) 'Corporate governance reform and individual democracy in Japan', *Japan Labour Review*, 2 (1) (January): 81-104.

Swank, Duane (2002) *Global Capital, Political Institutions, and Policy change in Developed Welfare States* (Cambridge: Cambridge University Press).

Swart, Juani and Nicholas Kinnie (2003) 'Sharing knowledge in knowledge-intensive firms', *Human Resource Management Journal*, 13 (2): 60-75.

Tabata, Hirokuni (1998) 'Community and efficiency in the Japanese firm', *Social Science Japan Journal*, 1 (2): 199-215.

Takahashi, Hiroyuki (1998) 'Working women in Japan: a look at historical trends and legal reform', *Japan Economic Institute Report*, 42.

Tanaka, Yukiko (1995) *Contemporary Portraits of Japanese Women* (Westport, Connecticut: Praeger).

Taylor, Mark C. (2004) 'What Derrida really meant', *The New York Times* (14 October): A29.

Taylor, Phil and Peter Bain (1998) 'An assembly line in the head: the call centre labour process', presented at the 16th Annual International Labour Process Conference, 7-9 April, Manchester, UK.

Thelen, Kathleen (2012) 'Varieties of Capitalism: Trajectories of Liberalization and the New Politics of Solidarity', Max weber lecture No. 2012/03, European University Institute.

Thelen, Kathleen (2014) *Varieties of Liberalization and the New Politics of Social Solidarity* (New York: Cambridge University Press).

Thelen, Kathleen and I. Kume (2006) 'Coordination as a political problem in coordinated market economies', *Governance*, 19 (1): 11-42.

Theobald, Hildegard (2003) 'Care for the elderly: welfare system, professionalisation and the question of inequality', *International Journal of Sociology and Social Policy*, 23 (4/5): 159-85.

Thompson, Graham (2004) 'Getting to know the knowledge economy: ICTs, networks and governance', *Economy and Society*, 33 (4) (November): 562-81.

Thompson, Paul and George Callaghan (2002) 'Skill formation in call centres', in Ursula Holtgrewe, Christian Kerst and Karen A. Shire (eds.), *Re-organizing Service Work. Call Centres in Germany and Britain* (Aldershot: Ashgate): 105-22.

Thompson, Paul, George Callaghan and Diane van den Broek (2004) 'Keeping up appearances: recruitment, skills and normative control in call centres', in Stephen Deery and Nicholas Kinnie (eds.), *Call Centres and Human Resource Management. A*

Cross-national Perspective (Basingstoke: Palgrave Macmillan).

Thompson, Paul, Chris Warhurst and George Callaghan (2000) 'Human capital or capitalising on humanity? Knowledge, skills and competencies in interactive service work', in Craig Prichard, Richard Hull, Mike Chumer and Hugh Willmott (eds.), *Managing Knowledge. Critical Investigations of Work and Learning* (Basingstoke: Palgrave Macmillan): 122-40.

Tienari, Janne, Sigrid Quack and Hildegard Theobald (1998) *Organizational Reforms and Gender. Feminisation of Middle Management in Finnish and German Banking*, FS I 98-105 (Wissenschaftszentrum Berlin für Sozialforschung), http://skylla. wz-berlin.de/pdf/1998/i98-104.pdf, accessed 20 October 2005.

Toffler, Alvin (1990) *Powershift. Knowledge, Wealth and Violence at the Edge of the 21st Century* (New York: Bantham Books). 日本語訳は，徳山二郎訳『パワーシフト 21世紀へと変容する知識と富と暴力（上・下）』中央公論社〈中公文庫〉，1993年。

Tomlinson, Jennifer (2004) 'Part-time workers and the EU Directive', unpublished PhD, University of Leeds, School of Sociology and Social Policy.

Toynbee, Polly (2005) 'Gender Inequality: old patterns, new challenges', Ralph Miliband Lectures on Inequalities: *Dimensions and Challenges*, LSE, 3 February.

Tyler, Melissa and Steve Taylor (2001) 'Juggling justice and care: gendered customer service in the contemporary airline industry', in Andrew Sturdy, Irena Grugulis and Hugh Willmott (eds.), *Customer Service. Empowerment and Entrapment* (Basingstoke: Palgrave Macmillan): 60-78.

UNDP (2004) *Human Development Report* (New York: Oxford University Press). 日本語版は，秋月弘子（監修），横田洋三訳『国連開発計画（ＵＮＤＰ）人間開発報告書〈2004〉この多様な世界で文化の自由を』国際協力出版会，2004年。

Unesco Institute for Statistics (2000) 'International flows of selected cultural goods 1980-89', United Nations Report (Paris: United Nations).

Ungerson, Clare (2003) 'Commodified care work in European labour markets', *European Societies*, 5 (4): 377-96.

Unifem (2000) 'Progress of the world's women', *Unifem Biennial Report*, UN, New York.

United Nations (1995) *Report on the Fourth World Conference on Women*, A/CONF. 177/20 (Beijing, 4-15 September 1995).

United Nations (1999) '1999 world survey on the role of women in development — globalisation, gender and work', UN, New York.

United Nations (2000) 'The world's women 2000', Trends and Statistics (New York).

UN Statistics Division (2005a) *Information Sector*, http://unstats.un.org/unsd/cr/

registry/docs/i31_information.pdf, accessed 13 December 2005.

UN Statistics Division (2005b) Information and Communication Technology (ICT), http: //unstats.un.org/unsd/cr/registry/docs/i31_ict.pdf, accessed 13 December 2005.

Upham, Frank K. (1987) *Law and Social Change in Post-war Japan* (Cambridge, Mass.: Harvard University Press).

Vargas, Virginia and Saskia Wieringa (1998) 'The triangles of empowerment: processes and actors in the making of public policy', in Geertje Lycklama a Nijeholt, Virginia Vargas and Saskia Wieringa (eds.), *Women's Movements and Public Policy in Europe, Latin America and the Caribbean* (New York: Garland): 3-23.

Verloo, Mieke (2005) 'Reflections on the Council of Europe approach to gender mainstreaming and gender equality', *Social Politics*, 12 (3): 344-65.

Vitols, Sigurt I. (2003) 'Changes in Germany's bank-based financial system: a varieties of capitalism perspective', WZB Discussion Paper SP II 2004-03 (Berlin:WZB).

Voss-Dahm, Dorothea (2003) 'Zwischen Kunden und Kennziffern — Leistungspolitik in der Verkaufsarbeit des Einzelhandels', in Markus Pohlmann, Dieter Sauer, Gudrun Trautwein-Kalms and Alexandra Wagner (eds.), *Dienstleistungsarbeit. Auf dem Boden der Tatsachen. Befunde aus Handel, Industrie, Medien und IT-Branche* (Berlin: Sigma): 67-111.

Wade, R. (2002) 'Globalization, Poverty and Income Distribution: Does the Liberal Argument Hold?', LSE DESTIN Working Paper Series 02-33.

Wajcman, Judy (1998) *Managing Like a Man. Women and Men in Corporate Management* (Cambridge: Polity Press).

Walby, Sylvia (1986) *Patriarchy at Work* (Cambridge: Polity Press).

Walby, Sylvia (1990) *Theorizing Patriarchy* (London: Blackwell).

Walby, Sylvia (1997) *Gender Transformations* (London: Routledge).

Walby, Sylvia (2009) *Globalization & Inequalities, Complexity and Contested Modernities* (London: SAGE).

Walby, Sylvia (2015) *Crisis* (Cambridge : Polity Press).

Walby, Sylvia (1994) 'Methodological and theoretical issues in the comparative analysis of gender relations in Western Europe', *Environment and Planning A*, 26 (9): 1339-54.

Walby, Sylvia (1999a) 'The new regulatory state: the social powers of the European Union', *British Journal of Sociology*, 50 (1): 118-40.

Walby, Sylvia (1999b) 'The European Union and equal opportunities policies', *European Societies*, 1 (1): 59-80.

Walby, Sylvia (2001) *Globalization and Regulation. The New Economy and Gender in the UK* (Wayne State University, USA: Working Paper Series). 日本語訳は，大沢真理監訳「グローバル化と規制　イギリスにおけるニュー・エコノミーとジェンダー」『現代思想』，2003年1月号：48-53頁。

Walby, Sylvia (2002a) 'Gender and the new economy: regulation or deregulation?', presented at the ESRC seminar 'Work, Life, and Time in the New Economy' (London: LSE). (October), www. lse. ac. uk/collections/worklife/Walbypaper. pdf, accessed 20 October 2005.

Walby, Sylvia (2002b) 'Feminism in a global age', *Economy and Society*, 31 (4): 533-57.

Walby, Sylvia (2002c) 'Women and the new economy in the UK', presented at the GLOW workshop at the University of Tokyo (September 2002).

Walby, Sylvia (2005) 'Gender mainstreaming: productive tensions in theory and practice', *Social Politics*, 12 (3): 1-25.

Walby, Sylvia (2011) 'Is the Knowledge Society Gendered?', *Gender, Work and Organization*, 18 (1) : 1-29.

Wallerstein, Immanuel (1983) *Historical Capitalism* (London: Verso). 日本語訳は，川北稔訳『史的システムとしての資本主義』岩波書店，1985年。

Weathers, Charles (2005) 'In search of strategic partners: Japan's campaign for equal opportunity', *Social Science Japan Journal*, 8 (1): 69-89.

Webster, Juliet (1996) *Shaping Women's Work. Gender, Employment and Information Technology* (London: Longman).

Weeks, Jeffrey (1989) *Sex, Politics & Society. The Regulation of Sexuality Since 1800*, second edition (London: Longman).

Weir, Guy (2003) 'Self-employment in the UK labour market', *Labour Market Trends* (September): 441-51.

Whittaker, D. Hugh (1994) 'SMEs, entry barriers, and strategic alliances', in Masahiko Aoki and Ronald Dore (eds.), *The Japanese Firm. The Sources of Competitive Strength* (Oxford: Oxford University Press): 209-32.

Wichterich, Christa (1996) 'Wir sind das Wunder, durch das wir überleben', *Die 4. Weltfrauenkonferenz in Peking* (Köln).

Wichterich, Christa (2001) 'From passion to profession. Mehr Fragen als Antworten zu Akteurinnen, Interessen und Veränderungen politischer Handlungsbedingungen der neuen internationalen Frauenbewegung', *Zeitschrift für Frauenforschung und Geschlechterstudien*, 19 (1 and 2): 128-38.

Wilz, Sylvia M. (2002) *Organisation und Geschlecht. Strukturelle Bindungen und kontingente Kopplungen* (Opladen: Leske).

Witz, Anne, Chris Warhurst and Dennis Nickson (2003) 'The labour of aesthetics and the aesthetics of organization', *Organization*, 10 (1): 33-54.

Wiredsussex (2004) *Wired Women — Women in Media Breakfast*, http://www.wiredsussex.com/events/0407/womenbreakfast.asp, accessed August 2004.

Woodward, Alison (2001) 'Die McDonaldisierung der internationalen Frauenbewegung: Negative Aspekte guter Praktiken', *Zeitschrift für Frauenforschung und Geschlechterstudien*, 19 (1 and 2): 29-45.

Woodward, Alison (2004) 'Building velvet triangles: gender and informal governance', in Simona Piattoni and Thomas Christiansen (eds.), *Informal Governance and the European Union* (London: Edward Elgar): 76-93.

Yamamura, Kozo and Wolfgang Streeck (eds.) (2003) *The End of Diversity? Prospects for German and Japanese Capitalism* (Ithaca: Cornell University Press).

Yuval-Davis, Nira (1997) *Gender and Nation* (London: Sage).

Zippel, Kathrin (2004) 'Sexual harassment policy in the EU', *Social Politics*, 11 (1): 57-85.

朝日新聞 (2005年1月5日記事)「日本型経営　どうなる――日本の企業社会を研究するロナルド・ドーア氏 未来を語る」。

アジア女性資料センター (編) (1997)『北京発，日本の女たちへ。世界女性会議をどう生かすか』明石書店。

伊藤周平 (2001)『介護保険を問い直す』筑摩書房。

大沢真理 (1993)『企業中心社会を超えて――現代日本を「ジェンダー」で読む』時事通信社。

大沢真理 (編) (2000)『男女共同参画社会基本法』ぎょうせい。

大沢真理 (2006)「社会政策の比較ジェンダー分析とアジア」『アジア女性研究』15，20-28頁。

大沢真理 (2007)『現代日本の生活保障システム――座標とゆくえ』岩波書店。

大沢真理 (2011)「社会的経済の戦略的意義――EUと日本の2000年代経済社会ガバナンスを対比して」大沢真理編『社会的経済が拓く未来――危機の時代に「包摂する社会」を求めて』ミネルヴァ書房，13-44頁。

大沢真理 (2013)『生活保障のガバナンス――ジェンダーとお金の流れで読み解く』有斐閣。

オレル，デイヴィッド (2011) 松浦俊輔訳『なぜ経済予測は間違えるのか？　科学で問い直す経済学』河出書房新社。

介護労働安定センター (2002)『事業所における介護労働実態調査』。

北明美 (2014)「社会政策の結節点としての児童手当制度とジェンダー」『社会政策』5 (3)，38-61頁。

引 用 文 献

厚生労働省（2002）『労働経済白書　2002』日本労働研究機構。

厚生労働省（2003）『労働経済白書　2003』日本労働研究機構。

厚生労働省（2004）『労働経済白書　2004』日本労働研究機構厚生労働省，雇用均等・児童
　　家庭局（編）（2003）『平成15年版　女性労働白書』財団法人21世紀職業財団。

行動する会記録集編集委員会(編)『行動する女たちが拓いた道――メキシコからニューヨー
　　クへ』未来社，1999年。

国際婦人年日本大会の決議を実現するための連絡会（編）（1989）『連帯と行動　国際婦人年
　　連絡会の記録』市川房枝記念会出版部。

国立女性教育会館（2003）『男女共同参画統計データブック――日本の女性と男性2003』ぎょ
　　うせい。

国領二郎（1999）『オープン アーキテクチャー戦略　ネットワーク時代の協動モデル』ダイ
　　ヤモンド社。

ゴットフリート，ハイディ，S・ローズ，H・ハートマン，D・ハーゼンフェスト（2004）
　　田中かず子（監修）・朝倉哉帆（訳）「同時進行する経済的自立と脆弱性」『女性労働研究』
　　46：17-39頁，2004年。

駒村康平・山田篤裕・四方理人・田中聡一郎（2011）「社会移転が相対的貧困率に与える影
　　響」樋口美雄・宮内環・C. R. McKenzie・慶應義塾大学パネルデータ設計・解析センター
　　（編）『貧困のダイナミズム――日本の税社会保障・雇用政策と家計行動』慶應義塾大学出
　　版会，81-101頁。

佐藤博樹（2001）「日本における『ファミリーフレンドリー』施策の現状と課題」『季刊家計
　　経済研究』50，11-17頁。

佐藤博樹・武石恵美子（2004）『男性の育児休業――社員のニーズ，会社のメリット』中公
　　新書。

集英社（2005）『イミダス』集英社。

総理府男女共同参画室『男女共同参画白書』各年版。

高梨昌（編）（1994）『変わる日本型雇用』日本経済新聞社。

橘木俊詔（1998）『日本の経済格差』岩波新書。

田中洋子（2015）「ドイツにおける労働への社会的規制」『社会政策』7（1），28-47頁。

田宮遊子（2003）「公的年金制度の変遷――ジェンダー視点からの再考」国立女性教育会館
　　研究紀要7，57-68頁。

田中和子（1999）「危機を好機とするために」『女性学』7，112-30頁。

土田とも子（2004）「日本のジェンダー平等と政策ネットワーク」お茶の水大学21世紀ＣＯ
　　Ｅ「ジェンダー研究のフロンティア」Publication Series No.3『国・自治体のジェンダー政
　　策』14-24頁。

内閣府（2008）『世界経済の潮流　2008年Ⅱ』。

内閣府（2009）『平成21年度年次経済財政報告』。

内閣府（2010）『平成22年度年次経済財政報告』。

内閣府（2011）『世界経済の潮流　2011年Ⅱ』。

中野麻美（1999）「危機に立つ女性の雇用」『女性学』7，80-93頁。

西川真規子（2003a）「1990年代の日本女性の労働供給に関する考察」『社会科学研究』54（6），99-167頁。

西川真規子（2003b）「研究ノート　ホームヘルパーの仕事に関する考察」『経営志林』（法政大学）40（3），117-126頁。

西川真規子（2004）「介護職の技能と学習」『経営志林』（法政大学）40（4），73-85頁。

日経連（日本経営者団体連盟）（1994）『新・日本的経営システムと研究プロジェクト　中間報告』。

二村一夫（1987）「日本労使関係の歴史的特質」『社会政策学会年報』31，77-95頁。

野中郁次郎『知識創造の経営――日本企業のエピステモロジー』日本経済新聞社，1990年。

野中郁次郎（2005）「知識社会と企業」『日本経済新聞』1月7日～2月3日。

原ひろ子・大沢真理（1996）「女性学と女性政策」原ひろ子・前田瑞枝・大沢真理（編）『アジア・太平洋地域の女性政策と女性学』新曜社，1-25頁。

三山雅子（2001）「大競争時代の日本の女性パート労働」竹中恵美子（編）『労働とジェンダー』明石書店，169-89頁。

横浜女性フォーラム（編）（1991）『新版　女のネットワーキング　女のグループ全国ガイド』学陽書房。

ラジャン，R.（2011）伏見威蕃・月沢李歌子（訳）『フォールト・ラインズ　「大断層」が金融危機を再び招く』新潮社。

労働省女性局（編）（2000）『ファミリー・フレンドリー企業をめざして――「ファミリー・フレンドリー」企業研究会報告書』大蔵省印刷局。

人名索引（アルファベット順）

＊　ゴシック体の頁数は図表を示す。

アデマ（Adema），W.　98,99

アッカー（Acker），J.　62,63,289,293

合場（Aiba），恵子（Keiko）　80

アルメンディンジャー（Allmendinger），J.　199

アルトファーター（Altvater），E.　117,118

アルツベッヒャー（Alzbächer），S.　287,291,
　295,305

アンカー（Anker），R.　13

アトキンソン（Atkinson），A.　215,218,238

ベスゲ（Baethge），M.　270,307

ベイン（Bain），P.　270,273,295,309

バッカー（Bakker），I.　14

バーカー（Barker），K.　65

ベイツ（Bates），P.　184,191

バット（Batt），R.　192,193,196,199-201,
　204,306

バウマン（Baumann），A.　196,199

ベック（Beck），U.　65,214,215

ベルト（Belt），V.　274,287,292,295,309
　銀行と　300,301

ベナー（Benner），C.　215

ベルコビッチ（Berkovitch），N.　29

ベルテルスマン（Bertelsmann），K.　137,138

ベッツェールト（Betzelt），S.　72,191,196,203

ビアルッカ（Bialucha）＝ラゾウアニ（Rha-
　zouani），K.　295,299,302

バード（Bird），K.　21,25

ビトナー（Bittner），S.　295,301,309

ブラックラー（Blackler），F.　265,67

ブロスフェルト（Blossfeld），H.-P.　201

ボアイエ（Boyer），R.　15,17,25

ブリーン（Breen），R.　184

ブリントン（Brinton），M.　156

ブリストウ（Bristow），G.　261

ブラウン（Brown），G.　218

ブラッシュ（Brush），L. D.　21

バーチェル（Burchell），B.　184

バートン＝ジョーンズ（Burton-Jones），A.　246

キャラハン（Callaghan），G.　273,309

カーノイ（Carnoy），M.　264

キャセイ（Casey），C.　67

キャッスル（Castells），M.　4,10-12,14,67,
　214,246

チェース＝ダン（Chase-Dunn），C.　27

クリストファーソン（Christopherson），S.　204

チッコーネ（Ciccone），A.　13

コンネル（Connell），R. W.　23

クック（Cook），A.　157

コープランド（Copeland），P.　223

コイル（Coyle），D.　217

クロンプトン（Crompton），R.　201,240

クラウチ（Crouch），C.　11,15,67

サイバ（Cyba），E.　302

デービッド（David），P. A.　262,268,278,283

ダービン（Durbin），S.　177,318

デバイン（Devine），T. J.　189-191

デックス（Dex），S.　11

ディケンズ（Dickens），L.　208

ディマジオ（DiMaggio），P. J.　293

ドア（Dore），R.　157,187

ドロブニック（Drobnic），S.　201

ドラッカー（Drucker），P. F.　10,66,238,246,
　262,276

デュランド（Durand），J.-P.　15,17,25

エビングハウス（Ebinghaus），B.　18

エーレンライヒ（Ehrenreich），B.　219,298

エナーソン（Enarson），E.　322

エスピン＝アンデルセン（Esping-Andersen），G.
　105,106,310
　──の脱商品化　106,112
　生活保障システムと　105,106
　自営業と　201,206
　理論化と　18,20,30,31,**31**,33

エステベス＝アベ（Estévez-Abe），M.　33,64,
　86,194,304,305

エヴァンス（Evans），D.　247

ファッシンガー（Fachinger），U. 188,191

フェーガン（Fagan），C. 41,65,292

フェルスキ（Felski），R. 19

ファーバー（Ferber），M. A. 191

フェリー（Ferree），M. M. 134,149

フレッカー（Flecker），J. 292

フロリダ（Florida），R. 215

フォルブレ（Folbre），N. 217,241

フォーレイ（Foray），D. 262,264,268,276,
　278,283

フレイザー（Fraser），J. 200,208

フリーマン（Freeman），R. B. 214

フレンケル（Frenkel），S. J. 273,274,288,
　291,301

ゲーム（Game），A. 291,302

ゲルブ（Gelb），J. 135,141,143-145,147,149

玄田（Genda），有史（Yuji） 187,190,196

ギデンス（Giddens），A. 289,294

ギル（Gill），R. 79,184,193,199,200,201,
　264

ゴールド（Gold），M. 200,208

ゴットフリート（Gottfried），H. 123,135,240
　コールセンターと 291,306
　雇用と 159,164
　ジェンダー平等と 123,135,153
　自営業と 195,201
　知識経済の概念化と 65,80,86
　理論化と 21,25,26

ゴットシャル（Gottschall），K. 21,24,72,87,
　128
　コールセンターと 291,297,298
　自営業と 195,196,198,202,203

ハックマン（Hackman），J. R. 199

ハフナー＝バートン（Hafner-Burton），E. 28

ホール（Hall），P. 127,185,206,289,309,318

林（Hayashi），弘子（Hiroko） 157,164

ヒンメルヴァイト（Himmelweit），S. 247

ハースト（Hirst），P. 15

ホブソン（Hobson），B. 20

ホリングワース（Hollingsworth），J. R. 15,17

ホルトグレーヴェ（Holtgrewe），U. 291,295,
　296,309

ホスキンス（Hoskyns），C. 27,28

ハウスマン（Houseman），S. 65

フーバー（Huber），E. 18,28

ヒューズ（Hughes），K. D. 184,208

ヒュース（Huws），U. 21,289

今井（Imai），順（Jun） 195

伊藤（Itoh），秀史（hideshi） 157

ジェンキンス（Jenkins），S. 293,297,309

ジェンソン（Jenson），J. 20

ジェソップ（Jessop），B. 15

神林（Kambayashi），龍（Ryo） 187,190,196

ケック（Keck），M. 27,29,115,117

ケルソ（Kelso），P. 232,233

カースト（Kerst），C. 291,296,309

キム（Kim），A. 183,188

北明美 112

ナイツ（Knights），D. 273

コーリ（Kohli），M. 197

国領（Kokuryo），二郎（Jiro） 247

駒村康平 109

コルチンスキー（Korczynski），M. 291

コルピ（Korpi），W. 20

クリューガー（Krüger），H. 197

クルーグマン（Krugman），P. 316

クルツ（Kurz），K. 183,188

クッツナー（Kutzner），E. 295,301

ラム（Lam），A. 10,135,158,265-267,276,
　278,281,283

ランド（Land），H. 217,221

ラッシュ（Lash），S. 15

ラウシェン＝ウルブリッヒ（Lauxen-Ulbrich），M.
　186,188

レームブルッシュ（Lehmbruch），G. 128

ライヒト（Leicht），R. 184,186,188-190

レンツ（Lenz），I. 115,117,123,134-137,
　142,143

ルイス（Lewis），J. 20,65

リーブフリート（Liebfried），S. 184

リフ（Liff），S. 264

リンドリー（Lindley），R. 264,273

ローヴェンダスキ（Lovenduski），J. 22,133,
　148

ルーバー（Luber），S. 187,188

ルーマン（Luhmann），N. 289

マッコール（McCall），L. 65，185

マクマナス（McManus），P. 184，188-191，194

マーンコップ（Mahnkopf），B. 117

メイノウ（Manow），P. 18

モーリス（Maurice），M. 65

マズール（Mazur），A. 22，120，132

ミーガー（Meager），N. 184，190，191

メルケル（Merkel），アンゲラ（Angela） 138

ミルズ（Mills），C. Wright 298

モハダン（Moghadam），V. M. 29

モーガン（Morgan），G. 294

モーゼスドッター（Mósesdóttir），L. 13，183

ミュラー（Müller），U. 138

中野（Nakano），麻美（Mami） 240，241

西口（Nishiguchi），敏宏（toshihiro） 10，266

西川（Nishikawa），真規子（Makiko） 239，240，
　　243，247，318

ノラン（Nolan），P. 217

野中（Nonaka），郁次郎（Yujiro） 265-267，280
　　ケア労働者と 238，247，248
　　理論化と 4，7，10，216

ノイマイヤー（Neumayer），E. 322

ヌシーラー（Nuscheler），F. 125

ヌスバウム（Nussbaum），M. C. 14

オークレー（Oakley），K. 39

オコナー（O'Connor），J. 5，20

小笠原（Ogasawara），祐子（Yuko） 156，164

オライリー（O'Reilly），J. 63-65，86，123，195，
　　201，240
　　理論化と 21，25，26

オーロフ（Orloff），A. S. 5，15，20，185

大沢（Osawa），真知子（Machiko） 55

大沢（Osawa），真理（Mari） 25，41，91，92，94，
　　95，98，108-110，112，113，191，195，260，
　　316，323
　　雇用と 156，160，161，164
　　ジェンダー平等と 129，135，146，147
　　生活保障システムと 91-113

オストナー（Ostner），I. 20，201

パンテッリ（Panteli），N. 220，223

ペロンズ（Perrons），D. 7，39，240
　　コールセンターと 264，271
　　自営業と 192，204，208

生活パターンと 213-235

ファー（Pfarr），H. 138

ファウ＝エフィンガー（Pfau-Effinger），B. 65，
　　128，291，292

ピリンガー（Pillinger），J. 27，28

ピオーレ（Piore），M. J. 15，17

プリュマー（Plümper），T. 322

クアック（Quack），S. 294，306，307

クアー（Quah），D. 215，216，264

クイン（Quinn），J. B. 10，66

ラジャン（Rajan），R. 324

リース（Reese），L. 21

レーバーグ（Rehberg），F. 192，193，201

ライヒ（Reich），R. B. 10，215，262，264

リッツアー（Ritzer），G. 149

ロバーツ（Roberts），G. S. 156，160，164

ローズ（Rose），N. 220

ルベリー（Rubery），J. 65

セイベル（Sabel），C. F. 15，16

セインズベリー（Sainsbury），D. 5，20

佐藤（Sato），博樹（Hiroki） 161，162，175

シュミット（Schmid），G. 198

シュミット（Schmidt），V. 123

ザイフェルト（Seifert），W. 129，130，141

セン（Sen），A. 14，**31**，32

セネット（Sennett），R. 11，65，214

セラーノ＝パスカル（Serrano-Pascual），A. 13，
　　183

シャイア（Shire），K. 7，24，80，164，195，307，
　　312

シッキンク（Sikkink），K. 27，28

スミス（Smith），V. 65，291，306

ソージ（Sorge），A. 65

ソスキス（Soskice），D. 127，185，206，289，
　　309，318
　　理論化と 4，9，15，16，27，30，**31**

スペルマン（Spellman），E. 19

スタンディング（Standing），B. 11，12

スティール（Steele），J. F. 323

スティーブンス（Stephens），J. D. 18

ステットソン（Stetson），D. M. 22，120，132

ストリーク（Streeck），W. 11，15，16，30，67，
　　128，130，319

田端(Tabata), 博邦(Hirokuni) 157

武石(Takeishi), 恵美子(Emiko) 162, 175

竹内(Takeuchi), 弘高(Hirotaka) 4, 7, 10, 216, 247, 248

　コールセンターと 265-267, 280

田中(Tanaka), かず子(Kazuko) 240, 260

田中洋子 320, 321

テーレン(Thelen), K. 318-320, 325

トムソン(Thompson), P. 273, 274, 305, 309

ティエナリ(Tienari), J. 294, 306, 308

トムリンソン(Tomlinson), J. 41

トインビー(Toynbee), P. 219

アッパム(Upham), F. K. 157

ウリー(Urry), J. 15

ヴィトルス(Vitols), S. I. 305, 307

ワイスマン(Wajcman), J. 281

ウォルビー(Walby), S. 192, 272, 292, **325**

　ジェンダー平等と 115, 123, **125**, 131, 148, **153**

　理論化と 14, 15, 22-24, **25-29, 31**, 34, 35, **44, 57, 60, 61-63, 67, 80, 82**

ウェザーズ(Weathers), C. 158, 161

ウェブスター(Webster), J. 291, 309

ワイア(Weir), G. 186, 188, 190

ヴィヒテリヒ(Wichterich), C. 119, 123

ヴィッツ(Witz), A. 308

ウッドワード(Woodward), A. 115, 124

山村(Yamamura), 耕造(Kozo) 15, 16, 30

ユーヴァル＝デイヴィス(Yuval-Davis), N. 19

ズィッペル(Zippel), K. 115, 126

事項索引 ［五十音順］

＊ ゴシック体の頁数は図表を示す。

あ 行

ICFTU（国際自由労働連合組合） 128

ICT 情報通信技術を見よ

IT 情報技術を見よ

朝日新聞 160

安倍晋三政権 317, 324

アベノミクス 317

アムステルダム条約（1997年） 115, 121, 124, 140, 148

Eスキル（E-Skills）（イギリス） 220

イギリス世帯パネル調査（BHPS） 11

育児・介護休業法（日本, 1999年） 161

育児休業（日本） 161, 162, 167-172, 174, 177

育児休業法（日本, 1991年） 161

遺族年金 97

エコロジー（にかんする1992年リオ会議） 119

MNF（金融サービス企業） 155, 158, 159, 164-177

MFNとナルセにおける平等 164-167

エンゼル・プラン（日本） 161

欧州委員会（European Commission） 6, 11, 13, 68, 72-74, 124, 183, 262

欧州委員会雇用・社会問題総局（EU） 68, 124

欧州委員会統計局（Eurostat） 6, 68

　労働力調査 13

欧州雇用年次報告（EU） 68

欧州裁判所 123, 125, 137, 148, 149

欧州社会モデル 218

欧州女性ロビー（EWL） 124, 134

欧州評議会 148

欧州理事会（リスボン, 2000年） 10, 273, 316

欧州連合（EU）

　勧告：積極的差別（1984年） 124

　　職業教育（1987年） 124

　　セクシュアル・ハラスメント（1991年） 124

　　コールセンターと―― 261, 264

　生活水準と―― 219

　ジェンダー平等と―― 115, 118, 123-125, 133, 137-140, 150

　理論化と―― 5, 6, 11, 28, 29, 45, 54

欧州連合（EU）指令

　機会均等 148

　均等待遇（1976年） 123, 137, 148, 150, 218

　社会的排除指標 92

　社会保障（1978年, 1986年） 123

　同一賃金（1975年） 123, 137

　パートタイム労働 123

　労働時間 218

欧州労働組合連合（ETUC） 128

OECD（経済協力開発機構） 93, 95-104, 106-111, 113, 160, 183, 186, 239, 242, 321

　科学, 技術および産業総局（DSTI） 68

　コールセンターと 261, 262, 264, 289

　理論化と 6, 13, 31, 35-37, 39-44

「男同士の絆（Männerbund）」（ウェーバー） 140

オバマ大統領 316

か 行

介護保険制度 98, 244

介護保険法（日本） 237, 250

介護労働安定センター 244, 245

下院（イギリス） 221

科学技術および工学（SET） 220

科学・技術・産業スコアボード（OECD） 68

家族・医療休暇法（アメリカ, 1993年） 168

型（モデル）

　欧州社会モデル 218

　社会保障保険 128

　　「ワーク・ライフ・バランス」型も参照

　男性稼ぎ主型 19-21, 91

　知識転換の型（野中） 247, 248

　ビスマルク型 128

機会均等委員会（EOC）（イギリス） 133, 135,

377

148

機会均等法（ドイツ，1994年） 138

「企業戦士」 163

企業の社会的責任（CSR） 166, 173

「共同化（socialization）」 247-249

銀行業 269, 270, 299-302, 306-308, 311, 312

空間性（spatialities） 8-10

国の保育戦略 220

グローバル化 27-29, 115-117, **118**

グローバル・ガバナンス 125-127

グローバル・ガバナンス委員会（国際連合） 125

「グローバル化，ジェンダー，労働の変容」研究グループ（GLOW） 3, 80, 127, 135

ケア労働者 221-233, 237-260
　概観 50
　規制と代表 230-233
　在宅―― 250
　ジェンダー・バイアス 223-227
　柔軟化と 239-245, 250, 251, 253-258, **254, 255, 257**
　知識労働と 246-258, **248, 252, 253**
　データ分析 251-258
　不安定性 228-230
　有資格（介護福祉士） 243

経済発展 14, 15
　ニュー・エコノミーも参照

契約性 8-10

ケインズ主義的需要管理 234

原理主義的な男性中心運動 122

小泉純一郎政権 91

公的年金制度 97, 191

行動する会記録集編集委員会 142

コーポラティズム 136-141
　グローバル指向と 141-147

コールセンター 261-313
　銀行業 269, 270, 299-302, 306-308, 311, 312
　国際比較 308-311
　柔軟性と 271-273, **272**, 293-296
　組織的 290-294
　スキル 292, 293, 304-306

知識基盤経済 263, 264, 268, 269
　通信販売 297, 298
　ニュー・エコノミーと 286-290
　方法論 262, 263
　マーケティング 298, 299
　労働力 296, 297, 302-304

ゴールドプラン（日本） 243, 244

顧客サービス担当者（CSRs） 287, 291, 297, 300, 305

国際婦人年日本大会の決議を実現するための連絡会（連絡会） 135, 142

国際連合（UN） 6, 27
　コールセンターと 261, 264
　ジェンダー平等と 115, 116, 120, 126, 132, 149

国民健康保険（日本） 190

国民年金制度（日本） 191

国民保険（イギリス） 191

国民保健サービスNHS（イギリス） 190

国立社会保障・人口問題研究所
　第12回出生動向基本調査（2002年） 163

国連開発計画（UNDP） 14, 31

国連女性の10年 115, 119-123, 125, 131, 137, 142, 144, 149

「個人企業」（'Ich-AG'） 194

雇用 29-45
　ジェンダー関係のパターン 18, 19, **31**, 32
　「終身」―― 157
　地位 **254, 255, 257**, 272
　知識部門 **34, 35**
　パートタイム―― 41-44, **41, 44**, 82-84, **83**, 123, 159, 189
　パフォーマンス 93-96
　比較の方法論 30-32, **31**
　非標準化 315
　非標準的 8-10, **35**, 82-84
　――保護 94, 95
　有期職 35-38, **36, 37**
　雇用規制，自営業者も参照

雇用機会均等委員会（EEOC）（アメリカ） 133

雇用の規制 25-27, 32-34, **33**, 155-179
　MNFとナルセにおける平等 164-167
　概観 **46, 47**

378

サンプルの特徴　163,164
仕事と家族の調和　167-175
代表と　230-233
日本の女性　156-160
「ファミリー・フレンドリー」政策　160-162

さ　行

再分配　96-105
差別，——の禁止（ドイツ）　137,138,143
「三本柱」，日本企業の　157
自営業　38-41,**39,40**,84,183-211
　規模，構造と社会的リスク　186-195,**186,**
　　188
　文化産業におけるリスク管理　196-205
　マクロトレンドの比較　193-195
ジェンダーおよび政治と国家にかんする研究
　　ネットワーク（RNGS）　22,24,131,132
ジェンダー主流化　118,121,137,140,147,
　　148
ジェンダー・バイアス　223-228
　規制と代表　230-233
　情報通信技術も参照
　不安定性　228-230
「ジェンダー平等推進グループ」　166
ジェンダー・レジーム
　規制枠組　131,**132**
　資本主義の多様性とジェンダー・レジーム
　　の多様性も参照
　収斂と分岐　60-65
資格　**277**
仕事（労働）
　コールセンターのスタッフ（労働者）　296,
　　297,302,303
　仕事と家庭の両立政策　166-175
　時間　189,**254**
　の質　**257**
　　労働生活の質　10-14
　　雇用，生活と労働のパターンも参照
仕事の質　257
自殺（日本）　92
資本主義の多様性　4,184,185,194,318-320
　ジェンダー・レジームと　14-27,317,318
　　経済発展と　14,15

雇用の規制と　25-27
男性稼ぎ主型　19-21
フェミニスト政治と　22
福祉国家と　127-136,128,**129**,130,**130**
社会（的）支出　96-98,110,111,316
　純——　98,99
社会的排除　45,46,92,112
　租税支出　98
社会的リスク　186-195
社会保障　190,191
　ビスマルク型　128
社会民主党（ドイツ）　139
社会民主党（日本）　146
「自由主義的市場経済」（LME）　16,127,185,
　　189,193,194,197,206
「終身」雇用　157
柔軟化　239-245,253-258,**254,255,257**
　拡大　241,242
　知識と——　250-252
　日本の　242-245
柔軟性
　コールセンターと——　271-273,**272**,293-
　　296,299
　組織的——　291-294
自由民主党（日本）　146,147,317
収斂　60-65
出生率　160-162
シュレーダー首相　139
常勤雇用（permanent employment）　36,37,**37**
情報技術（IT）　219,220,225,231,232,261-
　　264,266,267,270,274,275,277,278,
　　282
　ケア労働者と　246,249
情報通信技術（ICT）　117
　コールセンターと　263,264,285-290,302,
　　310
　ケア労働者と　238,259
情報部門　60,68,70-72,74,76,77,83,84
職業，新しい　79-81,**80**
職場の平等を規制する　115-153
　欧州連合（EU）　123-125
　概観　46,47
　機会均等　148,149

グローバル化　27-29,117,**118**
グローバル・ガバナンス　125-127
国連女性の10年　119-123
ドイツのコーポラティズム　136-141
日本の女性運動　141-147
福祉国家と資本主義の多様性　127-136,
　129,130,132
女性運動　**117,118**,119-123,140-147
女性局（アメリカ）　132
女性政治機構（WPM）　120,131,132,136,
　137,144,146,147,150,151
女性にたいするあらゆる形態の差別の撤廃に関
　する条約（CEDAW）　29,120,137,144,
　149
女性・平等局（WEU）　148
所得
　社会保障と　190,191
所得データサービス会社（IDS）　262,269
シリコン・バレー　215
「シリコン・ビーチ」　222
事例研究対象国　**31**
人口動態調査（アメリカ）　13,**79**
新ゴールドプラン（1995年，日本）　243
人事管理（HRM）　291
新党さきがけ（日本）　146
スキルが高い女性労働　311
生活と労働のパターン　213-235
　IT労働者　219-234
　概観　49,50
　ニュー・エコノミーを理論化する　214-219
　保育　220-234
生活保障システム　91-113
　概観　45-46
　ガバナンス　91,92,104-110,112
　逆機能　92,112
　国際比較　**93,95,99,100,102,103**,104-
　112,**107,109,113**
　「市場志向」型　91
　「男性稼ぎ主」型　91,92,319,320,324
　「両立支援」型　91,320
「性差別」　120
性差別（禁止）法（1974年，イギリス）　133,148
政府省庁

家族・女性（ドイツ）　138
厚生労働（MHLW）（日本）　112,187,190,
　237,240
　雇用規制と　159,160,163,166
　労働（日本）　135,141,145
政府部局
　貿易産業（イギリス）　133,220
　労働（アメリカ）　132
世界社会開発サミット（1995年）　119
世界女性会議（国際連合）　120,121,142
　第4回（北京，1995年）　120-122,124,142
セクシュアル・ハラスメント　138,145
世帯
　所得　104
　共稼ぎ　101
相対的貧困率　104-112,321
　貧困削減率　105-112

た　行

「第三世界」　136
代表　230-233
多様性　60-65
男女共同参画
　局　147
　審議会（会議）　147
男女共同参画会議（日本）　166
男女共同参画室（日本）　144
男女共同参画社会基本法（日本）　146,147,161
男女雇用機会均等法（日本，1986年）　145,146,
　157-160,165
男女雇用均等待遇法（1980年）（ドイツ）　137
男性稼ぎ主中心のシステム　239,240
　──型　19-21,91,128,185,195
知識
　暗黙知　238,247-253,257,259,260,265,
　276,280
　概念知　48,265,280,281
　共感知　248
　──経済部門　75-81,**76,78**
　　新しい職種　79-81,**80**
　個人的形態の──　280,281
　集団　265,281
　身体知　265,276-278,280,281

操作知 248
組織知 273-276
体系知 248
定義する 6-8,264-268
転換モデル（野中） 247,248,**248**
転換様式 247,248,**248**
——の質的次元 238
——のタイプ 265,266,276-281
——の量的次元 238
符号知 265,278,280-283
埋設知 265,279-281
労働者 ケア部門の 246-251,251-253,**252,253**
　　コールセンターの項目も参照
知識集約的サービス部門 60,68,72-79,**73**,83,84
中小企業（SME） 286,298,302
調整された市場経済（CMEｓ） 15,129,131,185,194,206,207
賃金 156
テイラー主義的科学的管理法 234
データモニター（Datamonitor） 262
「鉄の三角同盟」 128
ドイツ女性評議会 134
同一賃金法（イギリス，1970年） 133,148
東京女性ユニオン 144
統計局（国連） 6
同行訪問 232,255
登録労働者 237,244,245,250,251,254-259
共稼ぎ世帯 101-103

な 行

内閣府（日本） 95,157,163,316,317,320,321,324
長妻昭厚生労働大臣 112
ナショナル・ウェストミンスター銀行 270
2001年9月11日 122,173
ニュー・エコノミー 4,63,66,67
　ジェンダー化を国際比較する 84-86
　新部門のカテゴリー化 68-75
　　測定を比較する 74,75
　　ICT部門 69,**69**,70
　　情報 70-72,**71**

情報通信技術（ICT） 69,70,80,**80**
知識集約型サービス（KIS） 72-74,**73**
測る 68-75
ニューメディア 情報通信技術（ICT），情報技術（IT）を見よ
人間開発指数（HDI） 14
年金 97,191

は 行

バークレーズ銀行 270
パートタイム雇用 83,**83**,160,189
　EU指令 123
　理論化と 41-45,**41,44**
パートタイム労働法（日本，1993年） 241
橋本（龍太郎）首相 146
バチカン 122
ハルツ労働市場改革 139
Bankco 262,270,271,273,276-282,**277**
Finco 262,270,276-282,**277**
非営利組織（NPOs） 244
比較ジェンダー・レジーム 22-24
東日本大震災 317
非政府組織（NGOs） 117,118,123,125,145,146,149
ビロードの三角同盟 124,141
ファミリー・フレンドリー企業表彰 162,167
「ファミリー・フレンドリー」政策 155,160-162,167-175
不安定性 228-230
フェミニスト政治 22
フォード主義 15,17,234,311
福祉（国家）レジーム 206
　資本主義の多様性と 127-135,**129,131**
ブッシュ政権 148
フリーランサー 205,208,210
文化産業 191-193,196-205
分化した統合 133,134
並列コーポラティズム 134
北京JAC（日本） 143,146
北京宣言および行動綱領（国際連合1995） 121,126,137,143
保育 ケア労働者を見よ
「ポジティブ・アクション」 173

保守党政権（イギリス）　11
ポスト・フォーディズム　15

ま　行

マーガレット・サッチャー首相　207
マーケティング　298
マクドナルド化　149
未開発地　303
緑の党（ドイツ）　138,139
民法典（ドイツ）　137

や　行

有期雇用　35-38,**36,37**,95
ユニフェム（UNIFEM）　121
　生活保障と　91

ら　行

リーマン・ショック　315,320,323
リスク管理　196-205
　個人的　198-202
　集団的　202-205
理論化　3-57
　グローバル化　27-29
　雇用慣行　29-45
　仕事（労働）生活の質　10-14
　資本主義の多様性　14-27

知識経済の定義　6-8
　ニュー・エコノミー　214-219
　非標準的雇用　8-10
累進度　98-104,111,112
　ローカルな――　112
連邦契約遵守プログラム部（OFCCP）（アメリカ）
　133
老人福祉法（日本,1963年）　243
労働基準法（日本）　135
労働組合　11,123,128,137,202,203,230,
　231,319,320
　企業別の　157
労働者派遣事業の適正な運営の確保及び派遣労
　働者の保護等に関する法律（労働者派遣法）
　（1985年）（日本）　241
労働統計年鑑2002年版（ILO）　173
労働党政権（イギリス）　150
ローマ条約（1957年）　123

わ　行

ワーキング・ウィメンズ・ネットワーク（WWN）
　（大阪）　144
ワーク・ライフ・バランス型　225
　規制と　5,155-156,160-163,174-195
「湧いて出たフェミニスト」　132

《編著者紹介》
ウォルビー，シルヴィア　ランカスター大学教授
ゴットフリート，ハイディ　ウェイン州立大学教授
ゴットシャル，カリン　ブレーメン大学教授
大沢真理　東京大学教授

《執筆者紹介》
シャイア，カレン　デュースブルグ＝エッセン大学教授
レンツ，イルゼ　ルール＝ボッフム大学名誉教授
ロバーツ，グレンダ　早稲田大学教授
クロース，ダニエラ　調査・コンサルティング「インターバル」上級研究員
ペロンズ，ダイアン　ロンドン・スクール・オブ・エコノミクス教授
西川真規子　法政大学教授
田中かず子　国際基督教大学名誉教授
ダービン，スーザン　西イングランド大学准教授
ホルトグレーヴェ，ウルスラ　社会的投資センター研究員

《編訳者紹介》

大沢真理（おおさわ・まり）

1953年　群馬県生まれ
1981年　東京大学大学院経済学研究科博士課程単位取得退学
現　在　東京大学社会科学研究所教授，経済学博士（1987年，東京大学）
主　著　『イギリス社会政策史』（東京大学出版会，1986年）
　　　　『男女共同参画社会をつくる』（NHKブックス，2002年）
　　　　Social Security in Contemporary Japan, A comparative analysis, London and New York:
　　　　Routledge/University of Tokyo Series, 2011
　　　　『生活保障のガバナンス』（有斐閣，2013年）

現代社会政策のフロンティア⑩
知識経済をジェンダー化する
──労働組織・規制・福祉国家──

2016年8月30日　初版第1刷発行　　　　　　　〈検印省略〉

定価はカバーに
表示しています

編 訳 者　　大　沢　真　理
発 行 者　　杉　田　啓　三
印 刷 者　　藤　森　英　夫

発行所　株式会社　ミネルヴァ書房
607-8494 京都市山科区日ノ岡堤谷町1
電話代表　（075）581-5191番
振替口座　01020-0-8076番

© 大沢真理，2016　　　　　亜細亜印刷・新生製本

ISBN978-4-623-07783-0

Printed in Japan

現代社会政策のフロンティア

岩田正美／遠藤公嗣／大沢真理／武川正吾／野村正實 監修

① 生活保護は最低生活をどう構想したか
——保護基準と実施要領の歴史分析
岩永理恵 著　本体五〇〇〇円 A5判三五二頁

② 東アジアにおける後発近代化と社会政策
——韓国と台湾の医療保険政策
李　蓮花 著　本体六五〇〇円 A5判三二四頁

③ 金融によるコミュニティ・エンパワーメント
——貧困と社会的排除への挑戦
小関隆志 著　本体四五〇〇円 A5判二九二頁

④ 労働統合型社会的企業の可能性
——障害者就労における社会的包摂へのアプローチ
米澤　旦 著　本体六〇〇〇円 A5判二四〇頁

⑤ 個人加盟ユニオンと労働NPO
——排除された労働者の権利擁護
遠藤公嗣 編著　本体五〇〇〇円 A5判二六四頁

⑥ 韓国の都市下層と労働者
——労働の非正規化を中心に
横田伸子 著　本体六〇〇〇円 A5判二六六頁

⑦ 地方自治体の福祉ガバナンス
——「日本一の福祉」を目指した秋田県鷹巣町の20年
朴　姫淑 著　本体七〇〇〇円 A5判三七六頁

⑧ 戦後河川行政とダム開発
——利根川水系における治水・利水の構造転換
梶原健嗣 著　本体七五〇〇円 A5判四〇四頁

⑨ 介護はいかにして「労働」となったのか
——制度としての承認と評価のメカニズム
森川美絵 著　本体六〇〇〇円 A5判三三六頁

ミネルヴァ書房

http://www.minervashobo.co.jp/